Höllenritt nach Bujumbura

Zu diesem Buch

Seit über 25 Jahren veröffentlicht das Magazin GEO große Reportagen aus fernen Ländern, von exotischen Plätzen. „Forschend und überraschend, ungewöhnlich und schön, präzise und mehrdimensional sollen diese Texte sein – und vor allem: immer nahe an den Menschen, immer authentisch und direkt im Inneren einer Geschichte“, schreibt der GEO-Chefredakteur Peter-Matthias Gaede im Vorwort zu diesem Buch: „Immer auf der Spur der Geheimnisse. Ein Weg zur Entdeckung, ein Blick in verborgene und ein Blick in neue Dimensionen. Eine journalistische Tiefenbohrung. Ein Erlebnis.“ Der vorliegende Band versammelt 25 dieser Erlebnisse – 25 Texte, in denen GEO-Reporter versucht haben, die Welt mit anderen Augen zu sehen.

Peter-Matthias Gaede, geboren 1951 in Selters, Studium der Sozialwissenschaften in Göttingen, ist seit 1983 bei GEO, seit 1994 als Chefredakteur. Zahlreiche Auszeichnungen.

Höllenritt nach Bujumbura

25 Reportagen

Ein GEO-Buch

Herausgegeben von
Peter-Matthias Gaede

Piper München Zürich

Als GEO-Bücher liegen in der Serie Piper vor:
S.O.S. im Nordmeer (2770)
Frühstück in Timbuktu (2773)
Die Seele des weißen Bären (2898)
Wolf Schneider: Am Puls des Planeten (3161)
Als die Liebe auf die Welt kam (3519)
Höllenritt nach Bujumbura (3680)

Ungekürzte Taschenbuchausgabe
Piper Verlag GmbH, München
Juli 2003

Umschlagkonzept: Büro Hamburg
Umschlaggestaltung: Birgit Kohlhaas
Umschlagfoto: M. Goldwater/Network/FOCUS
Satz: Dörlemann Satz, Lemförde
Druck und Bindung: Clausen & Bosse, Leck
Printed in Germany ISBN 3-492-23680-4

www.piper.de

Inhalt

Vorwort

Forschend und überraschend, ungewöhnlich und schön, präzise und mehrdimensional sollten die Texte sein – und vor allem: immer nahe an den Menschen, immer authentisch und direkt im Inneren einer Geschichte. Immer auf der Spur der Geheimnisse. Ein Weg zur Entdeckung, ein Blick in verborgene und ein Blick in neue Dimensionen. Eine journalistische Tiefenbohrung. Ein Erlebnis.

So war er beschrieben, der Auftrag an GEO, als dieses Magazin im Jahre 1976 auf dem deutschen Zeitschriftenmarkt erschien. Als es seinen langen Marsch begann mit nicht viel mehr als dem Vertrauen auf Menschen, welche die knappste und kostbarste Ressource dieser Tage in das Blatt mit dem grünen Rahmen investieren würden: ihre Zeit.

Zeit, sich hineinzusehen, hineinzulesen, hineinzudenken in Geschichten von Menschen in fremden Räumen, von Menschen auf nahen und fernen Planeten. Zeit, sich zu versenken in Geschichten, in die sich Reporter zuvor – gründlicher, leidenschaftlicher und auch eigenwilliger, als das zum Dienst nach Vorschrift gehören würde – hinein*gelebt* hatten. Zeit, sich ein genaues Bild von der Welt zu machen. Zeit, die Ferne aus der Nähe zu spüren, das Binnenklima der Außenwelt zu fühlen.

Und so zogen sie aus, die GEO-Reporter. Abenteurer und Romantiker unter ihnen, Weichzeichner und Klarsichtige, Asphaltreporter und Analytiker; Frauen und Männer, die es verstanden, mit Wörtern Bilder zu malen.

Sie starteten in dem Bewusstsein, dass es eben Leser gibt, die einem Journalisten gut und teuer sein sollten. Und dass der billige Weg dazu nicht passt. Vor-Ort-Erfahrung statt Wiederaufbereitung zu liefern, Recherche statt Salonbar-Journalismus: Das war Bedingung für besondere Geschichten.

GEO, so verstand und versteht es zumindest die Redaktion, war und ist der genaue und der sympathisierende Blick auf die großen und kleinen, die sensationellen und die sehr normalen Entwürfe, Träume und Bewegungen der Menschen auf dieser Welt. Auf die haarfeinen Risse und unauffälligen Verwerfungen genauso wie auf die Dramen und die Katastrophen der Weltgesellschaft. Auf die Natur der Erde und die

Psyche ihrer Bewohner, auf die Quantensprünge der Wissenschaft und den Reichtum der Phantasie.

Als Jahrbuch, als Generalanzeiger für Tagesthemen, als Protokoll in Reportageform, gar mit Sekundenanzeiger, hat sich dieses Magazin nie verstanden und nie seine besondere Stärke gesucht. Im Gegenteil: Es hat sich die Freiheit für Kürschleifen genommen, für den Blick in die entgegengesetzte Richtung. Und mag sie auch langsam sein, die Kunst des Erzählens, unauffälliger als das Flackern massenmedialer Signallichter, so kann doch Reportage die verführerischste und gefährlichste, kurz: die vitalste Form des Journalismus sein.

Sie braucht Redaktionen, die anders ticken als Versicherungen. Sie braucht Verleger, die Zeitschriften nicht allein in Höhe mal Breite mal Länge vermessen. Die erkennen, dass Printtitel, Qualitätstitel zumal, so etwas wie Charakterköpfe sein müssen; Persönlichkeitsträger, die nicht unwichtig sind für die Rezeption von Informationen, Botschaften, Nachrichten. Printtitel können ein spezifisches Gewicht entwickeln, Temperament haben, Wärme, eine Intensität, die weder das Fernsehen noch die dispersen, atomisierten Online-Angebote je werden entfalten können.

Natürlich hat sich GEO gewandelt in 25 Jahren. Die Grenzüberschreitung, der Blick auf andere Kulturen und Existenzformen, die Expeditionen in große Höhen und Tiefen, die Südsee und der Nordpol, der Restwald und die Wüste – sie sind ein thematisches Kontinuum dieses Blattes geblieben. Doch bald schon hat sich in den letzten Tanz kultureller Traditionen, in die Erkundung der Vielfalt, in das Feiern aller Schätze der Natur ein Bewusstsein für deren Bedrohung gemischt. Für Spitz-auf-Knopf-Situationen, für die Dunkelziffern, für die latenten Kriegszustände, für die Ambivalenzen dieser Welt, die Ungleichverteilung der Ressourcen. Und schließlich: für die wachsende gesellschaftliche Bedeutung vieler Bereiche der Wissenschaft, von der Klimaforschung bis zur Psychologie, von der Biotechnologie bis zur Robotik.

GEO hat dabei immer auf zweierlei gesetzt. Auf engagierte, aber ausgeruhte, seriöse Recherche im Textbereich, verbunden mit dem Ziel, noch schwerste Materie und 1001 Informationen in gut erzählte, nuancenreiche, im Idealfall durch Kopf *und* Bauch schießende Reportageform zu bringen.

Dieser Band nun ist der sechste in einer seit 1996 bei Hoffmann und Campe erscheinenden Reihe mit Textsammlungen aus GEO. Der zweite, der den Schwerpunkt nicht auf ein spezielles Themenfeld setzt, etwa historische Ereignisse oder Humanwissenschaft – sondern versammelt, was schwer auf einen gemeinsamen Begriff zu bringen ist. Es sei denn, man sagte: Es geht in (fast) allen hier zu lesenden Geschichten um eigenartige Soziotope; um Merkwürdiges von mächtiger Alltäglichkeit; um die kleinen Spuren zu oder hinter großen politischen Wandlungen.

Peter-Matthias Gaede
Chefredakteur GEO

ANDREAS ALTMANN

Höllenritt nach Bujumbura

1500 Kilometer über die Straßen und Highways Ostafrikas, durch Hitze, Staub und Schlaglöcher. Andreas Altmann begleitete Joe, den Lastwagenfahrer, auf dessen Sechs-Tage-Trip von Kenia bis nach Burundi und erlebte, wie der Trucker drei Reifenpannen und sechs Zollkontrollen bewältigte, dazu ein paar Dutzend Schmiergeldaffären und Schwarzgeschäfte sowie 41 Polizeikontrollen – und 1001 Schlaglöcher.

Alle haben sie Angst. Keiner will mich mitnehmen. Sechs Tage und fünf Nächte dauert die Fahrt. Eintausendfünfhundert Kilometer, vier Länder, vorbei an Hundertschaften von Polizei und Armee. Nur der Trucker und sein *turnboy*, der Mechaniker, dürfen mitfahren. Ich bin „unberechtigt" und nicht versichert. Aber Joe lacht. „Angst reinigt die Seele", sagt er. Dann klärt er mich auf, verkündet Vorsichtsmaßnahmen, dramatisiert, verweist auf den Kleinmut der anderen, lässt nichts aus, um die Transportkosten nach oben zu treiben. Sein Job steht auf dem Spiel, er hat jeden Grund zu wuchern.

Wir einigen uns. Es ist ein warmer Abend in Nairobi, Joe zieht einen *bhangi*, einen Marihuanajoint, aus der Tasche. Im Nebenraum der Pension zirkuliert ein anderer Stoff. Brown Sugar, sauberes Heroin aus Pakistan. Stilles Rauchen. Bis es unten an der Haustür scheppert. Schnell und präzis verschwinden die Utensilien. Polizei. Ein Routinefall, nirgends Panik. Eine typisch afrikanische Lösung steht bevor. Die Polizisten beschuldigen, die Fahrer leugnen. Ich bin eher lästig, da nun Zeuge eines lang erprobten Rituals. Schließlich geht einer der Anwesenden mit hinunter und besteigt den Polizeiwagen. Jetzt ist Teezeit. „Toa chai", sagen sie hier. Gib Tee, soll heißen: Rück den Kies raus! Diesmal sind es 200 *bob*, 200 Shilling in die Privatschatulle der Beamten. Nach drei Runden um den Häuserblock steigt der Geldgeber wieder aus. Freundlicher Abschied, sogar die winzigen Tütchen mit dem brisanten Stoff gehen an ihn zurück. „Du siehst", grinst Joe, „da ist immer Gefahr. Und da ist immer ein Ausweg.“ Er lacht wieder. Morgen geht es los.

Sieben Uhr früh treffen wir uns am Parkplatz. Alles bereit. André aus Burundi, der Turnboy. Ein lieber, einfacher Mensch mit einem tollkühnen Pferdegebiss. Der Tanklaster mit Anhänger, ein Mercedes-L 1924-Modell mit 240 PS und 40000 geladenen Litern Superbenzin. Und Joe, der 37-jährige Mann aus Tansania, der nun schon seit fast zwei Jahren die Strecke Nairobi–Bujumbura fährt. „Jesus is love“ steht auf dem Armaturenbrett. Und im Handschuhfach liegt der Rosenkranz.

Richtung Westen. Richtung Uganda. Nach elf Minuten der erste *road block* mit quer liegenden Nagelbrettern. Was sich jetzt abspielt, wird so oder in ähnlicher Form noch ein knappes hundertmal passieren. Joe lügt irgendeine Geschichte, um meine Anwesenheit zu rechtfertigen. Einmal bin ich Getriebespezialist, der den Motor überwacht. Irgendwann reise ich als Generalvertreter von Daimler-Benz durch Ostafrika. Mindestens zehnmal gehe ich als *co-driver* durch, der angelernt werden muss. Ein halbes Dutzend Mal bin ich ohne Widerrede als Bruder des Spediteurs unterwegs. Alles das ist nicht wichtig. Sobald die Polizei mich sieht, verlässt ein Schein meine Börse. Ohne Aufsehen, zügig und diskret findet ein Geldwechsel statt.

Eine kleine Lieblingsgeschichte ereignet sich kurz nach Nakuru. Dort kriecht der Dienst habende Inspektor in unser Führerhaus, hängt die Maschinenpistole an den Außenspiegel und fragt, zu welchem Stamm ich gehöre. „Zum Bayernstamm“, antworte ich wahrheitsgemäß. Worauf sich Freude in seinem Gesicht ausbreitet, und er begeistert nach Rummenigge fragt.

Immer wieder müssen wir runter von der Hauptstraße. Gesperrt für Schwertransport. Und rauf auf elende Pisten. Jeder fährt am äußersten Rand, um den schlaglochgepflasterten Mittelstreifen zu vermeiden. Das hat ungute Folgen, da bisweilen die Ränder so schief und abgeschrägt sind, dass die voll beladenen Lkw das Gleichgewicht verlieren und mit 25 Tonnen Gepäck in den Straßengraben donnern. Lautstarke Landung in der Seitenlage. Anschließend die rührigen Versuche hilfsbereiter Kollegen, die Wagen mit dünn gefransten Seilen wieder auf die Räder zu hieven. Joe hat andere Sorgen. Mit dem explosiven Material auf der Ladefläche darf er auf keinen Fall die relativ ebene, gelöcherte Mitte der Straße verlassen. Fallen wir um, war das Joes letzte Fahrt. Er schwitzt jetzt, die Konzentration verbrennt eine Menge Energie. Sechseinhalb Stunden brauchen wir für die ersten 150 Kilometer.

Wir haben viel Freude. Ein Höhepunkt ist der Motorradfahrer, der einen entgegenkommenden Truck überholt und sich dabei todesmutig verrechnet. Will er am Leben bleiben und nicht an unserer Stoßstange zerfetzen, bleibt ihm nur ein Ausweg: Schussfahrt ins Teefeld. Sein Hechtsprung, der Augenblick der Trennung von Maschine und Mensch, ist so überwältigend komisch, dass wir alle drei tiefe, zählebige Augenblicke des Glücks empfinden. Der Rennfahrer hat Format. Wir winken, er winkt zurück.

Am Abend kommen wir nach Kisumu. Der rosafarbene Seidenhimmel, Menschen auf dem Weg nach Hause, die bunten Lampen an den Veranden der Häuser. Außerhalb der Stadt dürfen wir parken. Wir gehen essen. Joe erzählt eine wunderbare Geschichte: Als er 1987 zum ersten Mal nach Burundi fährt, wird er an der Grenze verhaftet. Als angeblich eingeschleuster Hutu-Spion aus Ruanda. Zwei Monate vegetiert er in einer großen Gemeinschaftszelle im Gefängnis von Bujumbura, der Hauptstadt. Er trinkt viel Wasser, um den Hunger zu beschwichtigen. Manchmal gibt es Fleischsauce – auf die Handfläche. Mit der Zeit wird die Zelle geräumiger. Ein paar Dutzend siechen weg, Unterernährung, Schwäche, Krankheit. Am 3. September 1987 inszeniert der spätere Präsident einen erfolgreichen Staatsstreich, die Zuchthäuser werden geöffnet, in Hemd und Hose steht Joe auf der Straße. Er geht in eine Bar, bettelt um ein Bier und findet da eine brave, gute, kugelrunde Burundierin. Zahara wird seine Freundin. Sie nimmt ihn zu sich nach Hause, legt ihn ins Bett und behütet seinen verstörten, misstrauischen Schlaf. Tage später wird Joe einen Brief schreiben, an seine Frau im fernen Dar es Salaam. Dass er sie liebt. Dass er ein Mann ist und so weit, so lange von ihr fort. Sie versteht. Und bleibt seine Frau.

Am nächsten Mittag erreichen wir Busia, einen Grenzort zwischen Kenia und Uganda. Das Verhältnis der beiden Staaten ist nicht ohne Spannung. Manchmal wird hier geschossen. Es gibt Tote. Hinterher konfuse Verlautbarungen und gegenseitige Schuldzuweisungen. Wir trennen uns, ich gehe allein hinüber. Ein gemeinsamer Grenzübergang wäre zu teuer. Zu viele müssten hier bedacht werden.

Im „Immigration Office“ hängen neun Aids-Plakate an den Wänden: „I say NO to Aids“ (Wer nicht?). Ausgesprochen witzig die Zeichnung eines Truckers hinterm Steuerrad, der stur geradeaus blickt, während vom Straßenrand aus lüsterne Frauenarme nach ihm verlangen, Text: „I am proud – I'm driving straight home to my wife.“ Das soll helfen, immerhin gehört das Land zur afrikanischen Spitzengruppe einschlägig Infizierter. *Slim disease* nennen sie Aids hier. Weil der Mensch so fürchterlich dünn wird, schier zu Tode abmagert.

Uganda ist auf dramatische Weise ärmer als Kenia. Busia ein Stinkloch. Eine nackte Frau turnt auf einem Misthaufen, 50 Fahrradtaxis warten auf Kundschaft, ein hemmungsloser Schwarzmarkt mit armseliger Währung. 15 Jahre lang (1971 bis 1985) diente das Land als Schlachthof. Zuerst für Idi Amin, der sein Plansoll von 100 Leichen pro Tag souverän erledigte, später für Milton Obote, der als Befreier einzieht und als Massenmörder verflucht und vertrieben wird. Ein hingerichtetes Land, die scheuen Gesichter der Menschen erzählen davon.

Die Straßensperren häufen sich. Halbwüchsige (auch Mädchen) im Kampfanzug mit Bajonett und Schnellfeuergewehr. Mitglieder der „National Resistance Army", der Gefolgschaft des derzeitigen Präsidenten Museveni, kontrollieren unsere Papiere. Wir zahlen weiter. Ich erreiche ein bemerkenswertes Tief: Für umgerechnet 23 Pfennig pro Check darf ich passieren.

Kurz vor 18 Uhr sind wir in Naluwerere. Ein schäbiges Kaff, auf den morastigen Parkplatz rollen die Lastwagen. Ab jetzt Nachtfahrverbot. Joe und ich finden ein Zimmer in der „Safari-Lodge". Ein Bett, kein Licht, kein fließendes Wasser, unerträgliche Toiletten. Vorn in der Bar sitzen die Mädels. Aber das sind keine frostigen, ausgeleierten Nutten, eher das, was man im amerikanischen Wilden Westen die *good time girls* nannte. Das Leben ist bitter und hart, also trinkt man ein Bier („Nile Special") zusammen, raucht, redet sich leer, will vergessen, will riechen und spüren. Nie wird über Preise geredet. Irgendwann steht man auf und verbringt die Nacht gemeinsam.

Ein Wolkenbruch platzt auf das Dach der Veranda. Ich renne über die Straße – und: überlebe. Obwohl ich erst im wahrhaft letzten Augenblick erkenne, dass ein schwarzes Monster, ein verbotener Lkw ohne Scheinwerfer, meinen Weg kreuzt (ich war tatsächlich so naiv, zu glauben, dass das nächtliche Fahrverbot verbindlich sei). Später wird die Nacht still und trocken. André, der Turnboy, sitzt im beleuchteten Führerhaus. Stumm bewegt er die Lippen, fährt konzentriert mit dem rechten Mittelfinger die Zeilen entlang. Er liest die Bibel, das „Yohani"-Evangelium, auf Kiswahili. Er schläft hier, soll das Benzin bewachen, legt den Körper auf die drei Sitze. 80 Mark ist seine Arbeit pro Monat wert. Rad wechseln, Diesel nachfüllen, Ölstand prüfen, Reifendruck kontrollieren, Nachtwächter.

Ich liege im Dunkeln. Durch den von tausend Leibern dünn gelegenen Schaumstoff spüre ich den Lattenrost, die Moskitospirale glimmert, ich denke an Sagar, eines der Barmädchen, das mir von seinen Eltern erzählt hat, die unter den Kugeln von Milton Obotes Soldateska ihr Leben verloren. Letztes Jahr starb ihre Schwester, an Aids. Seither leuchtet ein rotes Kreuz an der Hausmauer. Vom Nebenzimmer kommen leise Geräusche. Joe macht Liebe. Ich will stark sein und schlafen.

6.30 Uhr Abfahrt. Frühnebel. Joe ist bester Laune, blödelt, küsst den verschlafenen André, fährt mit Vollgas in den zähen Dunst. Überholt vor uns ein Laster, schließen wir uns hurtig an. Das ist lebensgefährlich logisch. Kracht es, kracht es zuerst beim Vordermann. Intensives Leben, intensiver Tod. Die beiden lachen mich aus. So oft ist es gut gegangen.

Die Sonne kommt. Uganda ist kein sagenhaft schönes Land, aber saftig, fett, mit einer kerngesunden, großzügigen Erde. Weite Bananenplantagen, vorbei an Kaffee-, Tee-, Maniokfeldern. Ein Volk holt Luft. Erste zaghafte Versuche von Wiederaufbau. Wir laden fünf Säcke mit Holzkohle, zwei Bananenstauden, drei Stück Federvieh. Preisgünstige Versorgung für die Lieben in Bujumbura, für Joes Freundin und Andrés Frau mit den fünf Kindern.

Äquatornähe, Joes schweißgebadetes Gesicht. Stundenlang manövriert er den Tanker über staubige Pisten. Beschleunigen, fünf Meter weiter abbremsen, sanft in ausgeschwemmte Löcher eintauchen, beschleunigen, bremsen, Fenster schließen, um die vom Gegenverkehr mitgebrachten Staubpyramiden abzublocken, stehen bleiben, weil 20 Zentimeter Fernsicht nicht reichen, das Gesicht trocknen (Heizung lässt sich nicht abstellen, 32 Grad Außentemperatur), einen Lappen zwischen Gaspedal und siedendes Motorblech legen, Lügen- und Schmiergelder zahlen, jeden Augenblick spüren, wie viel dieser strapazierte Körper hergeben muss und wie wenig er Gewinn macht. Ein paarmal verliert der Tansanier die Nerven. „These fucking African bastards“, flucht er dann, kotzt auf die eigene Rasse, drischt auf das Armaturenbrett, jagt die 40000 Liter und 15 Tonnen Eigengewicht ungebremst über die wund gescheuerte Straße. Sofort strecken André und ich die Hände nach oben, um uns abzustützen, um zu verhindern, dass unsere Schädel wie Flumis, Springbälle, gegen das Blechdach knallen. Das ist das Schluchzen des schwarzen Mannes, seine Verzweiflung, die bitterste, zornbebende Erkenntnis, dass immer alles so bleibt, dass Leben und Arbeit auf diesem Kontinent nicht leichter werden, nur immer mühseliger und erbarmungsloser.

Um halb sechs sind wir in Lyantonde, 200 Kilometer südwestlich von Kampala. Ich finde die „Dembe Bar Lodging“, die einzige Unterkunft, die einen relativ menschenwürdigen Stuhlgang ermöglicht. Ich bin überfällig, seit zwei Tagen. Überall im Ort gibt es schöne Wörter:

„Moonlight-Hotel", „Delicious Meals", „Spacious Rooms", „Sunshine-Diner". Sprache als Aphrodisiakum, um die karge Wirklichkeit auszuhalten. Aber wir haben genug zu essen. Eier, Ugali (Maismehl in heißem Wasser zubereitet), Fladenbrot und Bier. Viele Fahrer kochen selbst. Dann gibt es Huhn oder Rindfleisch. Tomatensalat.

Der warme Abend tut gut. Glühwürmchen am Boden und Sterne am Himmel. Plötzlich fallen Schüsse. Im Hintergrund das Geräusch eines näher kommenden Panzers, und ich höre zwei Stimmen, schneidig und unheimlich deutsch: „Aber das geht doch nicht, Herr General."

„Doch" – das muss der General sein –, „doch, das geht!" Ich renne ums Eck und entdecke im Hinterhof eines Gasthauses ein improvisiertes Kino. Vom Balkon hängen die Leintücher als Leinwände, der Generator rattert. „The Special Destination Force" läuft gerade. Rote Armee gegen Wehrmacht. Russisch, englisch, deutsch, alles schreit durcheinander. Bis der Vorführer den Projektor anhält und die jeweils letzten fünf Meter Film erklärt und übersetzt.

Dann sehe ich die Szene noch einmal. Diesmal einheimisch synchronisiert: „Yayogede nti tekisoboka, Kammanda!" Und nun der General: „Kyekyo tekisoboka!" Das ist eine Überraschung, als das Publikum hinterher den „Mzungu", den Europäer, entdeckt. Und als ich noch klar mache, dass ich aus Deutschland stamme, kommen manchem die Freudentränen. So unbegabt, so Vertrauen erweckend, so schrecklich gut gemeint muss ihre Sprache in meinem Mund klingen. Zurück im Hotel sehe ich, dass Joes Tür nur angelehnt ist und die Petroleumlampe brennt. Voll angezogen schläft er. Den Gürtel seiner Hose zu öffnen, ist ihm noch gelungen, alles andere hat den erschöpften Körper überfordert.

Der vierte Tag wird der längste. Noch einmal sieben Stunden Uganda. Tour de Force. Skelettschmerzen, Knochenarbeit. Am Straßenrand ein paar leer gerostete Panzer, zerschossene Häuserwände, daneben Menschen vor ihren Ziegelbrennöfen. Joe hat seine Kraft wieder, wir sind kindisch, erzählen uns schlechte Witze und unser Leben, werden Freunde. Um 14 Uhr erreichen wir Merama, die Grenze nach Ruanda. Ich steige wieder vorher aus, das vereinfacht, verhindert viele Fragen. Etwas sehr Berührendes passiert. Ein Soldat blättert meinen Pass durch, sein Gesicht wird hell, wehmütig, und geradezu poetisch meint er: „Nehmen Sie mich doch mit. Dann mache ich es wie Sie: mit großen, weiten Augen die Welt betrachten."

Joe ist pleite. Er braucht von mir einen schnellen Kredit. Ich weiß, dass er zurückzahlen wird. Das gehört zu den Risiken seines Berufes: dass an jeder Grenze unberechenbare Schikanen lauern. Neue Order, neue Maßregelungen, neue Nebenverdienste. Und gegen diese permanente Seuche hilft nur ein einziger Wirkstoff: *hongo*, schwarzes Money, das so geräuscharm und zahlreich in gefräßigen Seitentaschen verschwindet.

Der Rest des Nachmittags artet in reines Glück aus. Auf schmaler, tadelloser Straße durch den Kagera National Park. Hügeliges, sanftes Land. Mit scheuen Antilopen und Zebras. Keine Straßensperre, kein Maschinengewehr, kein Nachfragen und Einfordern. Am Horizont ein mokkafarbener Himmel, durch dessen löchrige Wolkendecke die runden, geometrisch abgezirkelten Lichtkegel der Sonne strahlen. Das, behaupten die Maasai, sind die Augen der Götter, die auf die Erde blicken.

Aber Afrika ist teuer. So viel Sinnenlust muss bezahlt werden. Viertel nach acht sind wir in Kayonza, hier zweigt die Straße ab nach Kigali. Joe stoppt, rennt in die nächste Bar, beginnt zu trinken. Immerhin Flaschenbier, nicht das magenschändende Bananenbier, das sie hier mit langen Schilfrohren aus einer großen Schüssel schlürfen. Joe geht es schlecht. Der viele Alkohol soll den Körper besänftigen. Als wir weiterfahren, bleiben alle Wagenfenster offen. Er braucht die kalte Nachtluft, um sein blaues Hirn wach zu halten. Es nutzt nichts. Manchmal kommt er auf die linke Straßenseite, vergisst permanent abzublenden, der jaulende Gegenverkehr schert ihn einen Dreck.

Ich habe Angst und mache einen entscheidenden Fehler: Ich fasse ans Steuer, erinnere ihn schreiend, die Spur zu halten und rechtzeitig abzublenden. Jetzt verliert Joe die Nerven, brüllt zurück, nennt mich einen gottverdammten *motherfucker*, der sich um seine eigene Scheiße kümmern soll. Ich habe noch immer nicht verstanden und greife zum Abblendhebel. Darauf hat er gewartet, haut mir den Arm weg und schaltet das Licht ganz aus. Mit 60 Stundenkilometern durch das dunkle Ruanda, bergab. Jetzt Todesangst, auch Andrés spitzer Schrei unüberhörbar. Um am Leben zu bleiben, halte ich den Mund. Joe tobt, dreimal spielt er das teuflische Spiel und fährt blindlings durch die Nacht. Schließlich sage ich „sorry"; Joe versteht und wacht auf. Die Lichter brennen wieder, er reicht mir die Hand, wie vom Schafott geholt, schlage ich ein.

Der Tag ist noch nicht zu Ende. Je steiler und abschüssiger die Strecke wird, umso gefährlicher die Situation. Maschine und Straße sind in einwandfreiem Zustand, das Problem liegt woanders. Joe erzählt von nächtlichen Überfällen auf Tanklaster. Benzindiebe, die an Steigungen auf die kriechenden Trucks springen, die Plomben abreißen und den Sprit absaugen. Zwei rauben, zwei halten in Schach. Joe fährt Slalom, um im Rückspiegel den Anhänger kontrollieren zu können. Bei Schritttempo verlässt André seinen Sitz, umkreist sicherheitshalber einmal den Laster.

Schon möglich, dass die beiden hier eine Spur übertreiben, jedenfalls ereignet sich etwas sehr Seltsames. Im Lichtkegel sehe ich junge Burschen aus dem Gebüsch treten und heftig einen Kanister schwenken. Kilometerlang geht das so. Manche laufen ein Stück mit und klammern sich an die Außengriffe des Führerhauses. Kein Raubzug, dafür ein schnelles, heftiges Gespräch durch das Fenster, auf Kiswahili. Dann springen sie wieder ab, verschwinden. Keine Erklärung von Joe. Ich soll warten, sagt er, ich werde alles erfahren.

Irgendwann ist es so weit. Wir bleiben stehen und parken am äußersten rechten Rand, alle Lichter aus. Eine rasante Betriebsamkeit bricht an. Und nun verstehe ich auch. Diesmal waren die Verhandlungen erfolgreich. André öffnet den Tank, steckt einen Schlauch hinein, pumpt sich den Mund voll und leitet den Saft in den bereitstehenden Kanister. Kurz vor Mitternacht verhökern die beiden 30 Liter Diesel. Die 40000 Liter Superbenzin sind tabu; was hier weggeht, ist der eigene Brennstoff. Reingewinn: 1100 Ruanda Francs, läppische 26 Mark. Wie viel komplizierte, anstrengende und kriminelle Energie für so wenig Geld. Wie ich die zwei bewundere, wie ich lerne, wie viel Kraft, wie viel Mut ihr tagtägliches Leben kostet. Und dabei ist bisweilen alles umsonst. 30 Liter fehlen jetzt, und wir werden noch teuer dafür bezahlen.

Kurz nach Mitternacht erreichen wir Kigali, die Hauptstadt. 20 Minuten müssen wir noch sitzen bleiben, ein Äquatorregen fällt vom Himmel. Dann mit Joe ins „Kalibu“, eine primitive, saubere Absteige.

Der nächste Vormittag vergeht mit Warten. Ab sieben sind wir fünf Stunden lang startbereit. André und ich warten auf Joe, der auf andere wartet. Sein Arbeitgeber hat hier einen Partner. Zollformalitäten werden geregelt, Schulden umgeschichtet, Joe pumpt seinen dritten Kredit. Mittags geht es weiter.

Auf und ab durch ein armes, hübsches, kleines Land. Wälder, wieder einmal Kaffee-, Tee- und Bananenplantagen, dazwischen gesunde Kühe mit mächtigen Hörnern. Bächlein, Flüsslein, freundliche Bilder für unsere entzündeten Nerven. Wir drei mögen uns, jeder ist jedem wieder gut. Keiner rechnet ab, rechnet nach.

Um genau 17.59 Uhr halten wir vor dem Schlagbaum in Kanyaru, dem Grenzhäuschen nach Burundi. Ich packe gerade meinen Rucksack zusammen, André greift nach dem Werkzeug, um einen platten Reifen abzumontieren, Joe will ans Handschuhfach, da gellt im Kasernenhofton ein „Stopp“ zu uns herüber. Reflexartig frieren wir ein. Die anderen wissen sofort Bescheid, ich sehe: Der Oberzöllner nähert sich im Stechschritt der rotgelbgrünen Nationalflagge, salutiert, holt sie ein, weicht ergriffen zurück.

Der Akt hat Folgen, Dienstschluss, die Grenze ist geschlossen. Joe und André haben Pech. Sie werden die Nacht im Führerhaus versitzen. Ich habe Freude. Das letzte Motorradtaxi nimmt mich mit. Hinter Buchumi auf seiner flitzigen Honda CT 125 zurück nach Butare, dem nächstgrößeren Ort. Mein Schlafplatz, da ich als *unauthorized person* nicht in dem Grenzgebiet übernachten darf. 35 Kilometer weit Welt bewundern. Die Sonne, die den Abendnebel wärmt, das rote Licht auf den Serpentinen, die galoppierende Kuh, die quer laufende Ziege, die wilde Sau, die zehn Meter mit uns um die Wette wetzt. Elfenstunde, ein Panorama, wie aus einer Geschichte von E.T.A. Hoffmann. „Afrika", schrieb André Gide, „ist wie ein Eisenbahnunglück. Es ist unbeschreiblich. Man muss es erleben."

Morgens um viertel vor sechs klopft Buchumi an mein Fenster. Auf den 17-Jährigen ist Verlass. Wie auf die Sonne, die uns zurückbegleitet. Wir sind rechtzeitig zur Stelle, um den morgendlichen Staatsakt nicht zu versäumen. Jetzt wandert die Flagge wieder nach oben. Stechschritt, Brust heraus, Kasperltheater. Hinterher leichtgängiger Grenzverkehr.

Heute ist Sonntag. Joe und André leuchten. Trotz der ungeschlafenen Nacht. Ihr nervöses Verlangen, nach Hause zu kommen. Die Witze häufen sich, die heftigen Reden vom Liebemachen schwellen an. Schöne Blicke auf das Land und die Frauen, die sich in knalligen, bunten Kleidern auf den Weg zur Kirche machen. Später kommen die Geschäfte, jeder geht auf den Markt, sucht, findet, trifft seine Freunde. In Kayanza lebt Andrés Schwester. Ihr Bruder besitzt ein warmes Herz. Eine Quarz-Luxury-Uhr hat er ihr mitgebracht. Wahnsinnig teure 30 Shilling musste er dafür in Nairobi hinlegen.

Nicht weit hinter der Grenze weiß Joe, dass unser Diesel nicht reichen wird. Er hat sich verrechnet. Geht es bergab, bleiben wir jetzt stehen, damit aus dem hinteren Tank der Diesel nach vorne fließen kann. Das reicht für 15 Kilometer. Bis der Saft bei der nächsten Steigung wieder zurückläuft. Dreimal wiederholen wir die Prozedur. Beim vierten Stopp entfernt André das Verbindungsrohr zwischen den beiden Tanks, saugt hinten alles heraus und prustet es vorn wieder hinein.

Oben auf dem heißen Dach gackern unsere Ugandahennen. Sie schwitzen, haben Durst, haben Hunger, äußern schwerwiegende Unlustgefühle. In Bukeye wollen wir Diesel kaufen, aber das geht nicht, weil wir keine Burundi Francs besitzen und die Leute mit US-Dollar nichts anfangen können. Kommt uns ein Diesellaster entgegen, springt Joe aus dem Wagen und bittet um Hilfe. Vergebens, da alle äußerst knapp kalkulieren. Unsere nächtlichen Geschäfte in Ruanda kosten uns jetzt einen halben Tag.

Bis zwei tansanische Trucker auftauchen, Freunde Joes, die großzügig 30 Liter abzapfen. Und feinen Bhangi aus Dar es Salaam, würziges, sauberes Gras. Shaban, der Turnboy, überlässt uns noch ein Büschel Miraa. Sieht aus wie Petersilie und wirkt wie *speed.* Abbeißen und kauen, um wach zu bleiben. Ein *popper* für den Fahrer.

Das hat Joe nicht mehr nötig. Die letzten 110 Minuten schafft er ohne alle Mühsal. Träume und Phantasien beflügeln jetzt viel mehr als jede Droge. Verstohlen betrachte ich sein Gesicht, und ich weiß, dass ich mich nicht täusche. Um 17.12 Uhr biegen wir um eine Linkskurve, und Joe nickt nur mit dem Kopf. Dort unten liegt das feuchte, heiße Bujumbura, nur noch drei lächerliche Kilometer entfernt. Die zwei haben Stil, der Lkw kommt zum Stehen, André rennt nach Bier, wir spüren eine irrsinnige, eine idiotische Freude. Und wie Joe denke ich an Zahara, denke, dass er sie verdient hat, diese brave, gute, kugelrunde Frau und ihre einfache, strapazierfähige Liebe.

Nach 41 Polizeikontrollen, nach 1001 Schlaglöchern, drei Reifenpannen und sechs Zollschranken, nach 100 Lügen und Notlügen, nach ein paar Dutzend Schmiergeldaffären und Schwarzgeschäften, nach so oft Rasen und ebenso oft Versöhnen, nach so viel Angsthaben und Angstverlieren wird sie jetzt auf ihn warten. Und sie wird ihn waschen und lieben, nähren und behüten. Joe is back home.

WALTER SALLER

Das Ende aller Träume

Es war einmal eine magische Insel des Voodoo, das schöne „Afrika der Karibik". Doch inzwischen ist Haiti am Ende, jahrzehntelang haben Despoten das Land ausgebeutet und die Menschen terrorisiert. Zwei Drittel der Haitianer wollen nur noch eines: weg. Das Parlament ist aufgelöst, das Chaos regiert, und kaum jemand glaubt, dass ein neuer Mann an der Spitze den ärmsten Staat der westlichen Hemisphäre aus der Krise führen kann. Zu viele Enttäuschungen haben das Volk resignieren lassen.

Der Weg ins Nirwana führt durch Schlamm und Müll. Er ist schmal, kaum mehr als eine Spur, und oft muss ich hüpfen. Über Öllachen, grüne Tümpel, gelbe Pfützen und Kot. Vor einem Klotz aus Beton und rostendem Eisen, der wie eine gewaltige Kröte im Morast hockt, bevölkern Schwärme zerlumpter Kinder die nasse Erde. „Fort Dimanche" heißt der merkwürdige Bau offiziell. Doch die Menschen von Port-au-Prince haben ihm einen anderen Namen verpasst: „Nirwana".

Vor dem Eingang, einem Loch im Beton, hat sich Israel auf einer Bananenkiste niedergelassen. Er ist lang und dürr wie eine Stange Zuckerrohr und, obwohl noch keine 35, beinahe schon zahnlos. Israel, der Bettler. Er arbeitet im Zentrum von Port-au-Prince, auf den Stufen der Kathedrale von Notre Dame. „Bienvenu à le nirvâna", sagt er, so als sei das die selbstverständlichste Begrüßung der Welt. Die Kinder umzingeln uns. „Blanc! Blanc!", ruft ein Junge. „Blanc! Blanc!", kommt das Echo von einem Mädchen. Das Wort springt von Mund zu Mund, schwillt an zum Chor: „Weißer! Weißer!", und meine Haut beginnt zu jucken.

Die Kinder folgen uns wie eine Schleppe, hinein in den Bauch des Forts. Die Luft ist heiß und feucht. Genau wie die Kinderhände es sind. Israel hat sich eine Zigarette angezündet, und er pafft so kräftig, als wolle er den rebellischen Gestank nach Urin und Schweiß vertreiben. Durch Risse in den Wänden sickert das Licht der frühen Sonne und überzieht alles mit einem stumpfen Rot: die betonierten Flure, die Gitter, die Eisentüren.

Früher einmal war Fort Dimanche ein Gefängnis für politische Häftlinge. Und wen die Todesschwadrone der Tontons Macoutes, der „Onkel Menschenfresser", dorthin verschleppten, der war so gut wie tot. „Er ist im Nirwana", sagten die Menschen.

Wir gehen einen der Flure des Forts entlang, biegen in einen anderen, schließlich in einen dritten. Dann bleibt Israel stehen und öffnet eine Tür. „Mein Appartement!" Die Zelle ist viereinhalb Meter lang, zweieinhalb Meter breit. Die Wände sind vollständig mit Lotterielosen beklebt. Schimmel kriecht über die bunten Fetzen, und auf dem mit zertretenen Kakerlaken übersäten Boden modert eine Matratze. Sonst gibt es nichts in dem Raum. 17 Gefangene wurden einst auf diesen elf Quadratmetern eingekerkert, deponiert wie Säcke. Sie konnten nur in Schichten schlafen, und sie lagen so eng beieinander, dass die Luft knapp wurde. Manche erstickten einfach.

Fort Dimanche war das Schlachthaus des François Duvalier, der sich selbst „Papa Doc" nannte. Von all den Kaisern, Königen, Präsidenten – Größenwahnsinnige, Verrückte und Blutsäufer allesamt –, die Haiti seit seiner Unabhängigkeit von Frankreich im Jahre 1804 regiert haben, war er der Schlimmste. 1957 gelangte der Mediziner und Antikommunist mit Hilfe der USA an die Macht. Er verehrte Hitler. Sein größtes Vorbild aber war „Baron Samedi", der „Herr der Friedhöfe".

Wie dieser Voodoogeist des Todes trug auch Papa Doc stets Schwarz. Und wie sein Idol hielt auch er sich für ein übernatürliches Wesen. 1964 ließ er überall seine Version des Vaterunser anschlagen: „Unser Doc, der du bist im Nationalpalast, geheiligt werde Dein Name, Dein Wille geschehe ..." Sein mörderischer Wille geschah. Es wurde still auf Haiti. Es war die Stille eines Landstrichs, über den der Tod gezogen war: Zehntausende von Papa Docs „Feinden" wurden massakriert, die meisten in Fort Dimanche.

Seit neun Jahren wohnt Israel im Fort – so wie viele andere, für die es keinen Platz mehr gab in der angrenzenden Cité Soleil, dem größten Slum der Karibik. 250000 Habenichtse drängeln sich auf den vier Quadratkilometern der „Sonnenstadt", wo die Hütten und Verschläge wie Pfahlbauten aus dem Sumpf der Abwässer ragen und die Mütter nachts ihre Kleinkinder mit Stricken an sich binden, damit sie nicht in einem der Seen aus Urin und Fäkalien ertrinken.

„Erst unter Aristide wurde das Gefängnis aufgelöst", erzählt Israel.

„Damals waren die Zellen leer." Damals, im kurzen Frühling der Demokratie, als Jean-Bertrand Aristide das Land führte. „Ansamn nou se lavalas!", hatte der ehemalige Salesianerpater auf Kreol mit der Stimme eines Propheten verkündet: „Zusammen sind wir eine Lawine!"

Und genau so war es auch. Am 16. Dezember 1990 wurde der 37-Jährige, dessen winzige Kirche „Saint Jean Bosco" praktisch im Schatten von Fort Dimanche lag, völlig überraschend mit zwei Dritteln aller Stimmen gewählt. Es waren die ersten freien Wahlen in Haiti, und das Volk tanzte auf den Straßen wie in den Zeiten des Karnevals. Fort Dimanche wurde zur Gedenkstätte. Für die Opfer von Papa und Baby Doc.

Doch für ein Mahnmal, für ein Museum mit 105 leeren Zellen, war in dem hoffnungslos übervölkerten Port-au-Prince, das auf eine unbegreifliche Weise arm ist, kein Raum. Das Elend hatte sich in jeden Winkel der Zweimillionenstadt gedrängt. Auch heute hat nur eines von zehn Häusern einen Wasseranschluss, eines von hundert eine Toilette. Das Jahreseinkommen der acht Millionen Haitianer liegt bei 270 US-Dollar pro Kopf, die Arbeitslosigkeit bei 80 Prozent, und jeder Vierte stirbt vor seinem vierzigsten Lebensjahr – an Durchfall, Tuberkulose, Malaria, Aids.

Haiti ist das ärmste Land der westlichen Hemisphäre und Port-au-Prince eine Art Kalkutta der Karibik. Vielen muss ein Gebäude ohne Menschen als Geschenk Gottes erschienen sein. Und so schlichen sich 600 Obdachlose, die Ärmsten der Armen, in das Gefängnis und besetzten es. Das Fort des Todes wurde zum Refugium der Lebenden.

Immer mehr Kinder quetschen sich in Israels Appartement. Dicht an dicht stehen sie, lückenlos. Durch Löcher in den Wänden kann man Augen erkennen, die von außen in den Raum spähen. Alle wollen den Weißen sehen, den Weißen im „Nirwana".

„Hier bist du nie allein", sagt Israel. „Und du hörst alles. Die Alten, die sich streiten, die weinenden Kinder, die Paare, die es miteinander treiben. Es gibt kein Geheimnis im Fort." Die Luft in der Zelle ist nur noch zäher Dampf, und mein Atem geht schwer wie auf einem Berggipfel. Endlich verlassen wir den Käfig.

Auf den Fluren wimmelt es von Menschen. Die Schläge eiserner Türen prallen an die Wände, kehren mit Echos zurück und vermischen sich mit Stimmen. „Hast du genug an unserem Elend gerochen?", plärrt eine Alte mit nackten Brüsten und einem Krähennest aus Haaren. Dann sind wir draußen, im Hof des Forts. Eine Holzleiter lehnt an der Fassade. Wir klettern hinauf. Von oben kann man das Meer sehen, den Hafen, die aufgegebenen Salzbecken am Boulevard la Saline, die Türme von Notre Dame und Sainte Trinité und die zernagten Berge, an denen Port-au-Prince endet. Die steigende Sonne brennt wie ein Feuer am Himmel, und die Stadt liegt da, betäubt von der Hitze und vom Licht.

Unten im Hof kauern zwei Mädchen und erleichtern sich. „Sie scheißen auf die Toten." Israel sagt es beiläufig und ohne jede Regung. Unter den Füßen der Mädchen müssen Tausende von Leichen liegen, anderthalb, zwei Meter tiefer. Zu Zeiten von François Duvalier war der ausgedehnte Hof eine Grube. Dort wurden all die in Fort Dimanche Erschossenen, Erhängten, zu Tode Gemarterten versenkt und zugedeckt mit Schichten aus Kalk: den Leichentüchern der Diktatur.

Niemand weiß, wie viele Menschen da unten wirklich aufgestapelt sind. Die Henker der Tontons Macoutes führten keine Listen. Fast 30 Jahre lang füllte sich der Hof mit den Opfern der Duvaliers – erst mit den Opfern von Papa Doc, später mit jenen seines Sohnes. Als François Duvalier 1971 starb, übernahm der erst 19-jährige Jean-Claude Duvalier die Macht. Er, „Baby Doc", war der jüngste Präsident aller Zeiten. 15 Jahre tyrannisierte er das Land, ehe die Armee gegen ihn putschte. Dann, von 1986 bis 1990, folgte ein Diktator in Generalsuniform auf den anderen.

Wir lassen uns nieder auf dem Dach, das ein Netz von Sprüngen überzieht. Im Lauf der Jahre hat sich das Fort gesenkt. Und es schwitzt. Der Beton ist nass. „Der Atem des Meeres", sagt Israel. Aber ich bin mir da nicht so sicher. Vielleicht ist es gar nicht die feuchte Luft, sondern eine Art von Fieber, das an diesem Ort des Todes sogar den Beton befallen hat.

Israel blickt hinaus auf den Atlantik, auf dem der ruhige Glanz absoluter Windstille liegt. „Wir leben in einem Haus der Geister", sagt er schließlich. „In einer Welt, abgeschlossen wie ein Grab." Manchmal, fährt er fort, schlafe er schlecht. Dann höre er die Schreie, die eingemauerten Schreie der Toten. Reglos sitzt Israel da, wie fortgeweht aus dem menschlichen Leben. Und seine Haltung sagt: Man muss eben ausharren.

Durch den Morast wate ich zurück zum Boulevard la Saline. Die Kinder des „Nirwana" winken mir nach. An der Straße steige ich in ein *tap tap*, die haitianische Variante eines Minibusses. Der Pick-up ist mit Lilien bemalt, und über der Frontscheibe hat der Chauffeur den Namen seines Wagens hingepinselt: „Unbefleckte Empfängnis". Die Ladefläche ist bis auf das blanke Metall abgeschrubbt.

Menschen, immer mehr Menschen pressen sich in die Kiste, die ächzt wie ein geschundenes Tier. Die ersten klettern aufs Dach. Einer will sogar auf der Motorhaube mitfahren. Es sind zu viele. Wie überall in Port-au-Prince: viel zu viele. Der Wagen ruckt an und pflügt sich durch das Gewühl der Lastwagen und der Tap taps, die qualmen, als würden sie brennen, und die alle fromme Namen tragen – „Sacré-Cœur", „Mon Dieu", „Saint-Sebastian".

Die Fahrt ins Zentrum verläuft im Slalom um die Krater im Asphalt – der Boulevard sieht aus, als wäre auf ihm ein Hagel von Bomben niedergegangen. Schweine suhlen sich in den Kloakenbächen, die tiefe Schneisen gegraben haben. Frauen waschen sich in Pfützen. Kinder trinken aus Lachen. Überall türmt sich der Müll zu Wällen. An manchen Stellen brennen die Mauern aus Dreck und Plastik. Giftgrüne Drachen aus schwerem Rauch schlängeln sich über den Boden.

Und mitten im dichtesten Qualm baumeln von einer Stange die Krawatten eines Straßenhändlers wie Lachsscheiben zum Räuchern. Verlebte Kolonialhäuser, Ruinen, Verschläge, Neubauten – alles ist durcheinander gewirbelt. Fast scheint es, als würde nur der Rost, der Port-au-Prince überzieht wie ein Aussatz, das Chaos zusammenhalten. Er leckt an Blechdächern, frisst an eisernen Strommasten und nagt an Autowracks, die in einer Zahl die Wege säumen, als hätten sich die Schrottkisten ganz Nordamerikas eigens zum Sterben hierher aufgemacht.

Überall stößt man auf ein schockierendes Elend, das die Unfähigkeit und das vollständige Versagen aller Regierungen spiegelt. Dabei galt Haiti einst als Symbol der Hoffnung. Weil es die erste Kolonie der Welt war, in der sich die schwarzen Sklaven gegen ihre weißen Herren erhoben und selbst befreit hatten. Das war vor 200 Jahren. Aber seither hat sich Haiti nicht in ein Land mit demokratischen Rechten verwandelt, sondern in einen Albtraum der Tyrannei. Von Anfang an kämpften die schwarzen Söhne der Befreiungshelden erbittert um die Macht mit den Mulatten, die von französischen Pflanzern mit ihren Sklavinnen gezeugt worden waren.

Doch wer immer auch regierte, ob ein Mulatte wie Alexandre Pétion oder ein Schwarzer wie François Duvalier: Stets und mit allen Mitteln ging es nur um die eigene Bereicherung. Bis heute hat sich Haiti von den Fesseln dieser Vergangenheit nicht lösen können. Unterdrückung, Barbarei und Korruption haben die politische Kultur vergiftet, und die Schätze des Landes sind zur Beute der führenden Familien geworden. Deshalb besitzt die überwältigende Mehrzahl der Haitianer so gut wie nichts und eine verschwindende Minderheit alles.

Deshalb leben die Armen im Schlamm, ohne Strom und Wasser und bedroht von Hunger und Seuchen wie im Mittelalter, während die Reichen über Internet und Satellitenfernsehen verfügen und für ihre Haustiere unter 20 Sorten Dosenfutter wählen können.

Haiti, das ist ein Land voller Widersprüche, zersplittert in Bruchstücke; ein wild gewordenes Puzzle, dessen Teile nicht mehr zueinander passen. Wie das westafrikanische Liberia – ein weiterer früher Versuch, eine Republik der befreiten Sklaven zu gründen –, so ist auch Haiti gescheitert, versunken in einem beispiellosen Chaos: eine Insel, beherrscht von Piraten. Daran haben auch Pater Aristide und seine Partei „Fanmi Lavalas" nichts geändert.

Am Marché de Fer, dem Markt, der in einer Halle aus Eisen untergebracht ist, springe ich aus dem Tap tap und werde mitgerissen vom Fluss der Massen. Eine fiebrige Energie beherrscht die Stadt, und der Wirbel auf den Straßen ist Schwindel erregend. Gläubige Rastafari, denen die Dreadlocks bis zur Hüfte wuchern, tauschen bei barfüßigen Bauern gerahmte Fotos ihres Gottkaisers Haile Selassie gegen Bananen. Junge Frauen in weißer Schwesterntracht verteilen methodistische Erbauungsschriften an Eckensteher und herumlungernde Crack-Dealer. Vor Holzständen mit römischen Madonnen, Voodoopuppen und in Rum eingelegten Kreuzen singt eine Gospelgruppe von Moses und dessen langem Weg ins Gelobte Land. In das fromme Lied mischen sich kreolischer Rap, kubanische Rumba und die Litaneien eines Voodoopriesters, der dürr ist wie eine halb verhungerte Katze und im schwarzen Ornat auf und ab hinkt.

Stoffbahnen überspannen die Straßen. Wie immer staut sich nachmittags die Hitze und füllt Port-au-Prince, diese Pfanne zwischen Meer und Bergen, mit Dampf und Schweiß. Jede Straße und jeder Platz der Stadt ist eine Bühne. Dort wird gebettelt, gestritten und gearbeitet. Die Armut hat eine tropische Fülle an seltsamen Berufen hervorgebracht: Geldscheinputzer, Sargmaler und Schweinefänger, die entlaufene Tiere in Sackgassen hetzen. Wo immer ein paar Menschen zusammentreffen, entsteht sogleich ein Basar mit Bergen von „Kennedys": alten Jeans, ausgetretenen Turnschuhen, verwaschenen T-Shirts. Der Präsidentenname, den die Haitianer den schäbigen Waren aus zweiter Hand gegeben haben, soll an deren Herkunft erinnern: Sie sind der Abfall des nordamerikanischen Wohlstands, der in Containern nach Port-au-Prince verschifft wird.

Am „Platz der Helden der Unabhängigkeit", wo sich der schneeweiße Präsidentenpalast wie ein surrealistischer Einfall aus all dem Schmutz und dem Ruß erhebt, nehme ich ein Tap tap und fahre ins

„Oloffson". Das Kolonialhotel aus lackiertem Tropenholz und Gitterornamenten liegt auf einem Hügel südlich des Zentrums. Wie ein Monolith ragt es aus einem Park der Palmen, Bananen, Hibiskusbäume.

Das alte Herrenhaus mit der offenen Veranda und dem Ausblick aufs Meer ist das Denkmal der fünfziger, sechziger und auch der siebziger Jahre, als Haiti noch die Reichen und Prominenten anlockte. Die Suiten tragen die Namen einstiger Gäste: Paulette Goddard, Marlon Brando, Truman Capote. Und den Graham Greenes, der hier „Die Stunde der Komödianten" verfasst hat, einen verwickelten Roman über das Haiti des Papa Doc. Das Buch erzählt die Geschichte dieser Welt des Irrsinns und des Grotesken – doch 1966, als es erschien, war aus der Farce inzwischen ein Totentanz auf den Gruben von Fort Dimanche geworden.

Heute gehört das „Oloffson" Richard Morse. Der 42-Jährige ist groß gewachsen, seine Haut hat die Farbe von Milchkaffee, und seine Haare sind zu Zöpfchen geflochten. Seine Mutter ist eine berühmte haitianische Tänzerin, sein weißer Vater US-Bürger und Experte für Lateinamerika. Richard ist Musiker. Er spiele „Racine", sagt er und meint jene verhexte Mischung aus Voodoo-Rhythmen und Jazz, die Haiti erobert hat wie vor 30 Jahren der Reggae Jamaika.

Ende 1985 kam Richard von New York nach Port-au-Prince. Der Grund war das „Oloffson". Der Familienbesitz stand leer und verfiel. „Kümmere dich um die Löcher im Dach. Und nur darum", habe ihn sein Vater ermahnt. Aber es kam anders – „wer flickt schon ein Dach, wenn ringsum alles brennt?"

Und Haiti brannte lichterloh. Ende 1985 rebellierten die Menschen gegen Baby Doc. Es gab Aufstände, Straßenkämpfe, Tote. Papa Doc hatte oft genug vorgemacht, was zu tun war, wenn sich das Volk undankbar zeigte: die Tontons Macoutes und die Armee in Marsch setzen und in Fort Dimanche genügend Fässer mit Kalk bereitstellen. Aber diesmal verweigerten auch die Militärs Baby Doc die Gefolgschaft. Am 7. Februar 1986 floh er nach Frankreich. Generäle übernahmen die Macht. Und eine Diktatur ging fugenlos über in eine andere.

Zu jener Zeit, erzählt Richard Morse, habe er zum ersten Mal von Jean-Bertrand Aristide gehört, einem jungen Befreiungstheologen aus der Cité Soleil. „Aristide sprach mit der Stimme eines biblischen Patriarchen. Und er verfluchte die Gewalt und die Armut. Alle gerieten in seinen Bann." Auch Morse. Mit seiner Band „RAM" begann er Songs gegen die Militärs zu singen. Und im „Oloffson" regnete es immer noch durchs Dach. Als ihn Soldaten mit dem Tod bedrohten, zog er sich zurück. Er renovierte das Hotel und tourte mit seiner Band durch die USA.

Dann wurde Aristide plötzlich zum Präsidenten gewählt. Nach nur acht Monaten jagten ihn die Militärs ins Exil. Als die Armee putschte, war Morse gerade in New York. „Als ich nach Haiti zurückkam, habe ich sofort ‚Feuilli' geschrieben, in einer halben Stunde." Der Song mit dem schlichten Titel „Blatt" hatte ungeahnte Folgen. Erneut steckte Morse mittendrin in der haitianischen Politik. Wieder kamen Soldaten und drohten. Möglicherweise hat ihn damals nur sein US-Pass gerettet.

„Feuilli" erzählt eine einfache Geschichte: Ein Sturm reißt die Blätter von einem Baum und weht sie fort. Aber der Baum treibt Knospen, und schon bald ist er mit neuen Blättern bedeckt. „Jeder verstand die Symbolik", sagt Morse. „Der Baum war Haiti. Und die Blätter standen für Aristide." Frauen, Männer und selbst Kinder sangen das Lied. Überall. Die Militärs waren machtlos. „Kann man jemanden verhaften, der ein Lied über Blätter und Bäume singt?"

Vor der Veranda ist ein Wind aufgesprungen. Er fegt durch den Garten des „Oloffson", kämmt die Palmen, rüttelt an den Bananen. Und er bringt Wolken. Dunstfetzen wehen über die Berge, verfangen sich in den Kämmen, kriechen tiefer und tiefer. Die Konturen von Port-au-Prince verblassen und verschwimmen. Mit der Heftigkeit der Tropen prasselt es los. Die Stadt ertrinkt. Nach einer Weile aber sticht die sinkende Sonne durch das flüssige Grau, und ein später Regenbogen überspannt das Meer.

Wie eine Glocke stülpt sich die Nacht über Port-au-Prince. Von der Holzterrasse vor meinem Zimmer habe ich einen Ausblick aufs Zentrum – dorthin, wo das Zentrum sein müsste. Aber es ist nichts zu sehen. Eine ägyptische Finsternis liegt über der Stadt, und es stinkt nach brennendem Abfall. Es gibt kaum Strom in Port-au-Prince, Wasser oft tagelang nicht, und der Müll wird schon seit Jahren nicht mehr beseitigt.

Spät, fast schon gegen Morgen, wecken mich Schüsse. Früher gehörten die Nächte den Milizen. Jetzt sind es die „Schimären", die Plünderer und Drogenhändler, die Brände im Dunkeln legen, Läden ausrauben und ihren Kokainkrieg mit Gewehren austragen. Dann ist es wieder ruhig; nur ein paar verwirrte Hähne krähen noch.

Am Morgen sitzen zwei müde Amerikaner auf der Veranda des „Oloffson". Sie sind barfuß. Und das ist merkwürdig: Niemand in Port-au-Prince geht freiwillig ohne Schuhe. Vor zehn Tagen waren sie mit ihrem Segelboot in Miami aufgebrochen. Ihr Ziel war die Dominikanische Republik. Aber der Wind zwang sie an die haitianische

Küste. Vor zwei Nächten ankerten sie bei Les Cayes. Und dort wurden sie überfallen. „Fünf Piraten in einem Fischerboot", sagt einer der beiden. „Sie schrien: ‚Wo ist das Kokain?' Wir hatten keines." Die Haitianer lachten. Für sie hat jedes Schiff mit Weißen den Bauch voller Kokain. Bei ihrer sinnlosen Suche hackten sie das Boot mit Macheten kaputt. Schließlich nahmen sie den beiden alles ab. Auch die Schuhe. In Shorts und T-Shirts schwammen die Amerikaner an Land. Jetzt warten sie auf neue Pässe, ein Ticket nach Hause und sind froh, dass sie noch leben.

In den späten achtziger Jahren entdeckte Haiti den Drogenhandel als Dollarquelle – damals begannen die Militärs sich durch Transitzölle auf Kokain zu finanzieren. Die kolumbianischen Kokainbarone schätzen die Insel als Zwischenlager. Die Beamten sind korrupt, die Bestechungsgelder moderat und die Märkte der Vereinigten Staaten nah. Überall im Land gibt es Kokain und Crack. Und vor der Küste bringen bewaffnete Fischer Boote auf, in der Hoffnung, auf „Schnee" zu stoßen.

Die grenzenlose Armut hat sich in grenzenlose Wut verwandelt. Aber auch in Resignation. Für viele ist Haiti nur noch ein Ort der Verbannung, eine Art Fegefeuer. Schätzungsweise zwei Millionen Menschen haben dem Land bereits den Rücken gekehrt. Erst verschwanden die Intellektuellen, die Schriftsteller, die Maler, die Musiker. Dann ging jeder, der konnte. Nach Miami, New York, Montreal.

Um den Kokainschmuggel zu beenden und die Fluchtversuche der zahllosen Boatpeople, die vor dem Terror der Generäle und vor dem Elend nach Florida flüchteten, schickte die US-Regierung im September 1994 20000 GIs nach Port-au-Prince. Es war die fünfte Besetzung Haitis durch die USA, und sie dauerte bis zum Januar 2000.

Die Amerikaner vertrieben die Militärs und setzten Aristide wieder als Präsidenten ein. Doch ihre Hoffnungen auf eine Normalisierung des Lebens in Haiti erfüllten sich nicht. Zwar flossen von 1994 bis 1998 mehr als drei Milliarden Dollar Auslandshilfe nach Haiti, doch das Geld versickerte einfach. Weder gelang es, eine zuverlässige Polizeitruppe aufzubauen, noch der Kokainflut oder dem Flüchtlingsstrom Einhalt zu gebieten. Denn auch der inzwischen aus dem Exil zurückgekehrte Aristide tat nun, was alle Herrscher vor ihm getan hatten: Er sicherte die eigene Macht.

An einem der folgenden Tage verlasse ich Port-au-Prince und fahre übers Land. Flammend geht die Sonne auf, und flammend geht sie wieder unter. Dazwischen liegen die Stunden der grauen Pfade über Felsen, der Spuren durch gelben Schlamm, der Wege über braune

Erde, der Pisten des roten Staubs. Zuerst reise ich durch den Norden, trockenes, nacktes Land. Die Menschen wühlen ihre winzigen Felder mit Holzpflügen um wie die Fellachen zur Zeit der Pharaonen. Sie gehen in Lumpen, trinken Regenwasser und kochen mit Holzkohle. Rauchende Meiler fressen die letzten Bäume. Die Hänge sind abgeholzt, und die von tropischen Güssen in die See hinuntergespülte Erde lässt das Meer wie Lehm aussehen.

Hinter der Stadt Saint-Marc jedoch faltet sich mit einem Mal ein stiller, fast asiatischer Landstrich auf: Kühe, Reiher, Kanäle und überflutete Reisfelder, in denen sich die Wolken spiegeln. Überall stehen die Häuser der „Baptist Bible Mission", des „Pilgrim's House", der „Adventist Church" – die Betsäle jener fundamentalistischen US-Protestanten, die das Land seit 20 Jahren systematisch missionieren. Traditionell sind die Haitianer Katholiken und Voodoo-Anhänger – meist beides zugleich. Doch die Menschen hier kennen schon viel zu lange den Hunger. Und so kann ein Missionar aus den USA schon für einen Sack Bohnen eine Seele gewinnen.

In Gonaïves, wo das Denkmal des Freiheitskämpfers Jean-Jacques Dessalines steht – jenes einstigen Sklaven, der 1804 den Unabhängigkeitskampf der Schwarzen anführte –, treffe ich auf die Menschen des Salzes. Ohne Schuhe, die Füße verätzt, arbeiten Frauen und Kinder in den Salzbecken am Meer. Die Lauge zerstört ihre Glieder, aber sie haben nun mal keine andere Einnahmequelle.

Von Port-au-Prince aus folge ich der Straße nach Westen. Hinter Les Cayes schwenkt sie nach Norden und verwandelt sich in eine elende Piste, hinauf in die Berge, steil und halb verschüttet von Geröll. Auf Felsschüsseln zwischen Steilwänden stoße ich auf Siedlungen wie Ravine Citron, wo die Menschen unter nassem Stroh leben und nichts besitzen außer fauligen Jamsknollen. Schließlich sind die Berge zu Ende. Und hinter Jérémie rinnt die Straße durch Palmenwälder und Bananenhaine. Wie aufgereiht liegen die Dörfer am Wegrand, grüne, blaue und rosa Häuser mit kleinen Veranden und den Gräbern der Toten in den Gärten.

Doch irgendetwas irritiert mich an der plötzlichen Harmonie und dem Frieden eines tropischen Idylls. Und dann begreife ich, was es ist: Nirgendwo sind Menschen zu sehen. Erst in Dichity, einem Ort mitten im Wald, tauchen sie auf. Scharen von jungen Leuten tanzen mit frischen Palmwedeln. Und sie singen: „En alé! En al voté! Pou tabla!"

Wie ein Mantra rezitieren sie den Spruch, wieder und wieder: „Geht! Geht wählen! Für den Tisch!" Der Tisch ist Aristides Symbol und das seiner Partei „Fanmi Lavalas". In dieser Region stehen lokale

Nachwahlen bevor. Aber nur Aristides Anhänger wagen sich auf die Straße. Alle anderen haben sich in ihre Häuser zurückgezogen – aus Angst.

Haitis lange Leidensgeschichte der korrupten und unfähigen Staatslenker setzt sich auch unter Aristide fort. Denn jener verjagte Präsident, der 1994 zurückkehrte, hatte sich im Exil verändert. Er war nicht mehr der Befreiungstheologe aus der Cité Soleil, sondern ein Dandy von ausgesuchter Eleganz, mit Goldkettchen und Designerkrawatte. Zwei Jahre später heiratete er eine amerikanische Anwältin.

Wie seine Vorgänger häufte Aristide in kurzer Zeit ein Vermögen an. Er verdiente an der Privatisierung der Telefongesellschaft, bei Importgeschäften, durch Bankbeteiligungen. In Tabarre, einem Vorort von Port-au-Prince, bezog er ein palastartiges Haus mit einem Park von den Ausmaßen eines Flugfeldes. Und dann starben die ersten politischen Gegner Aristides bei Mordanschlägen. Seither geht die Angst wieder um. Prominentestes Opfer war Jean Dominique, ein Rundfunkkommentator, der im April 2000 von Unbekannten erschossen wurde; zuvor hatte Dominique im Radio nach der Herkunft von Aristides Besitz in Tabarre gefragt.

Bei den Präsidentenwahlen 1995 ging nur jeder siebte zur Urne. Aristide selbst durfte nicht kandidieren, weil die Verfassung keine zwei Amtsperioden in Folge erlaubt. Stellvertretend schickte er René Preval ins Rennen. Die Armen sind enttäuscht von Aristide: An der Abstimmung zum Senat von 1997 nahmen sogar nur noch fünf Prozent teil.

In diesem Winter sind erneut Präsidentschaftswahlen ausgeschrieben. Aristide darf nun wieder kandidieren, und es sieht so aus, dass der Expater gewinnen wird – die Opposition hat sich noch nicht einmal auf einen Kandidaten einigen können.

Nach sechs Tagen komme ich zurück ins „Oloffson". Nachts. Über der ganzen Stadt nistet der Gestank von brennendem Müll. Es gibt keinen Strom. Aus dem Wasserhahn tröpfelt es nur. Immer wieder sind Schüsse und Schreie zu hören. Die Reichen schlafen hinter ihren Wällen aus Beton, bewacht von privaten Garden. Die Armen aber sind wach und kämpfen für ein paar Dollars mit Pistolen und Gewehren gegeneinander.

Am nächsten Nachmittag mache ich mich auf zu Yvon Neptune. Er wohnt nicht weit vom „Oloffson", in einem Haus mit Garten, umgeben von einem Eisenzaun und gesichert mit *la démocratie*. Auf Kreol ist „Demokratie" ein Synonym für „Stacheldraht". Denn jedes Mal, wenn die amerikanischen Soldaten kamen, um in Haiti die Demokratie einzuführen, rollten sie als Erstes um ihre Camps herum Stacheldraht aus. Und wenn sie wieder gingen, blieb von der Demokratie stets nur Draht.

Neptune, ein kleiner Mann mit Brille, ist 54 Jahre alt, Architekt und Aristides rechte Hand. „Die Berge sind unsere Feinde“, sagt er, und es klingt, als gäbe es keine anderen: „Sie behindern den Aufbau der Infrastruktur.“

Dann legt er sein Programm dar: „Am Anfang steht die soziale Gerechtigkeit. Aus ihr entspringt der Friede. Aus dem Frieden die Bildung, aus der Bildung die Entwicklung, daraus die Infrastruktur, und am Ende steht der Wohlstand.“ Es hört sich an wie ein unumstößliches Naturgesetz. Und Neptune trägt es vor wie jemand, der gleich die Ärmel hochkrempeln und alles in Ordnung bringen wird. Ich beginne mich zu fragen, wann der Intellektuelle das letzte Mal vor sein Haus getreten ist und sich umgesehen hat in seiner Stadt, in seinem Land.

„Woher wird das Geld für die soziale Gerechtigkeit kommen?“

„Von der nationalen Telefongesellschaft. Wir werden sie modernisieren, und später können wir Geld entnehmen.“

„Wer wird so viel telefonieren? Die Haitianer sind arm.“

„Im Moment gibt es Probleme. Aber im Januar wird Aristide wieder Präsident sein, dann geht es aufwärts.“

„Hat die Opposition keine Chance?“

„Sie wird von den USA gesteuert. Das gefällt den Menschen nicht. Deshalb werden Aristide und ‚Fanmi Lavalas‘ gewinnen.“

Ich verabschiede mich von dem Mann, der glaubt, man müsse nur genug telefonieren, und alles würde gut. Ich gehe zum „Big Star“, dem Supermarkt beim „Oloffson“. Vor drei Tagen hat eine der zahllosen Gangs von Port-au-Prince den Laden ausgeraubt. Der Wächter wurde erschossen, und eine Kundin bekam einen Steckschuss in den Bauch. Der neue Security-Mann hält ein entsichertes Gewehr in der Hand. Ich kaufe eine Flasche Rum und Kerzen. Für die *loas*, die Geister Westafrikas. Dann nehme ich ein Taxi.

Wir fahren Richtung Carrefour. Dort ist der Tempel von Madame Rita. Manchmal braucht man für den Weg eine Stunde, manchmal auch zwei, je nach Verkehr. Das Chaos auf den Straßen ist unbeschreiblich. Irgendwo haben junge Männer brennende Barrikaden errichtet. Sie sind zornig. Weil sie seit sechs Tagen kein Wasser mehr haben und keinen Strom. Und sie sind hungrig. Weil sie kein Geld haben. Wir fahren Umwege, Kurven über Kurven. Mit einem Schlag ist es Nacht. Der Wagen kriecht. Ziegen, Schafe, Kinder huschen über die Straße. Im Schein offener Feuer tanzen Menschen.

Und dann, nach über drei Stunden, halten wir an einem Gitter aus blätternder Farbe und Rost. Madame Rita empfängt mich in einem Hof, wo ein niedergebranntes Feuer glüht. „Mambo" Rita, eine der großen Priesterinnen des Voodoo, ist unfassbar dick und trägt gewaltige Ohrringe. Um den Kopf hat sie sich ein Tuch geschlungen.

„Fünf Sterne", sagt sie und meint meinen Rum: „Die Geister werden erfreut sein." Um das Feuer haben sich 25 weiß gekleidete Dienerinnen der Mambo versammelt, vier Drummer mit ihren Trommeln, ein paar Gäste. Eine Seite des Hofes wird von einem mit Wellblech gedeckten Bau begrenzt, der an eine in die Länge gewalzte Garage erinnert. Das ist der Tempel von Mambo Rita. Davor ragen drei Bäume in die Nacht. Unter einer der Akazien steht ein Stuhl, bedeckt mit einem weißen Laken; beide sind von einer Kerze gespenstisch erleuchtet.

Die Akazie und der Stuhl, um sie geht es heute Nacht. „Voodoo-Zeremonien, das sind die Wege der verschleppten Schwarzen, um mit den Ahnen der alten Welt zu leben", sagt Mambo Rita. Voodoo-Zeremonien, das sind karibische Variationen eines afrikanischen Themas. Voodoo ist ein Ersatz für das, was die Sklaverei Menschen geraubt hat: ihre Geschichte und ihre Identität. Den Loas des Voodoo begegnen die Haitianer mit Respekt und Gehorsam. Die Geister bringen Glück, schützen vor Feinden und Krankheit, und in all dem Elend geben sie Hoffnung auf ein Leben in einem besseren Jenseits.

In dieser Nacht wird Mambo Rita ein Ritual zelebrieren, das einst Sklaven aus Westafrika über den Atlantik gebracht haben. Sie wird den Geist eines bedeutenden Priesters, der vor 45 Jahren auch François Duvalier in die Geheimnisse des Voodoo eingeführt hat, aus dem „Wasser von Guinea" rufen, einem mythischen Ort, der hinter den Spiegeln und unter dem Meer liegt, der voller Flamingos ist, auf deren Rücken die Toten reiten.

Der Geist wird Platz nehmen auf dem illuminierten Stuhl, mit der Akazie verschmelzen und in dem Baum wieder geboren werden. Mambo Rita verschwindet. Als sie wieder auftaucht, hat sie sich in einen Berg aus weißen Tüchern verwandelt, aus dem es qualmt wie aus einem Vulkan. Sie raucht Zigarette um Zigarette.

Schließlich nimmt Mambo Rita ihre Rassel und gibt das Zeichen. Mit brennenden Kerzen, singend und angeführt von ihrer Mambo, ziehen die Dienerinnen in den Tempel ein. Erst wogen sie wie spritzende Wellen um den *poto mitan*, den Mittelpunkt des Tempels, den eine Säule markiert und wo sich die Welt der Dinge mit jener der Geister trifft. Es ist feucht und stickig in dem dampfenden Schuppen mit den Kerzen und dem Boden aus rotem Staub. Beinahe unmerklich, tastend setzen die Trommeln ein. Es ist der Rhythmus von „Papa Legba“, dem Herrn der Kreuzwege und Schranken. Er öffnet die Pforte zu den Geistern.

Mit einem Mal bricht das Gewitter der Trommler los. Zischende Schläge, verhextes Winseln, besessene Gesänge, alles flattert durcheinander wie ein Schwarm irrsinniger Vögel. Mambo Rita speit Rum in brennende Haufen von Maismehl, in Kerzen. Und im blau flammenden Atem treten Schatten aus den Wänden und schleichen sich unter die schwitzenden Dienerinnen mit ihren leeren Augen, in denen es nur noch Weiß gibt. Sie stöhnen mit zerbrochenen Stimmen und winden sich und beben, als würden sie kopulieren mit all den Loas, die über sie gekommen sind.

Irgendwann, es muss lange nach Mitternacht sein, finde ich mich wieder im Hof. Die Kerze unter dem Stuhl ist erloschen und das Laken verschwunden. Mambo Rita lehnt am Stamm der Akazie. Sie streichelt die Rinde und scheint dem Baum etwas zuzuflüstern. Die Wiedergeburt ist gelungen. In der Akazie lebt jetzt der Priester. Und jeder, der es versteht, kann im Rauschen der Blätter seine Weisheit hören: Ratschläge, Prophezeiungen, Warnungen.

Ich muss an „Feuilli“ denken. In dem Song von Richard Morse steht der Baum für Haiti – und es war die Kraft dieses uralten Symbols, die den Menschen für kurze Zeit Hoffnung gegeben hatte. Und ich erinnere mich an meinen Besuch bei den heiligen Bäumen von Soukri, nordöstlich der Stadt Gonaïves. In dem Hain war nur ein alter Mann gewesen. Er schlug mit den Armen wie ein Vogel mit den Flügeln und hüpfte auf einem Bein herum. Als er mich sah, begann er zu schreien. Ich verstand kein Wort. War der Greis wütend über meine Anwesenheit? Oder sprachen aus ihm die Bäume? Es klang nach Zorn und Verzweiflung und danach, dass selbst die alten Geister ratlos waren.

Vor dem Tempel hat der Chauffeur gewartet. Er bittet mich, während der Fahrt den Kopf zu senken, damit man nicht sehen könne, dass ein Weißer im Wagen sitze. „Wegen der Nacht und der Banden“, sagt er. Dann brettert er los, durch Schlaglöcher und Pfützen. Die Angst treibt ihn. Kein Mulatte, gar nicht zu reden von einem Weißen, fährt er fort, bewege sich nachts auf den Straßen von Port-au-Prince. Und deshalb wolle er den Blanc, der die Räuber anlocken würde wie Baldrian die Katzen, so schnell wie möglich bei den Wächtern am Tor des „Oloffson“ loswerden.

Der Schlaf ist kurz. Nach vier Stunden breche ich auf. Mein letzter Tag in Haiti. Ich will ins „Chez Gerard“, ein Restaurant in Pétionville, dem kleinen Ort in den Bergen über Port-au-Prince, in dem sich die Reichen, die Kokainbarone und die Diplomaten, eingemauert haben. Die Schleifen der Straße wickeln sich hinauf in die Hänge. Und dann sehe ich die pompösen Villen, die blühenden Bäume, die Agaven und Bromelien, die Schleppen von Bougainvillea.

450 Höhenmeter, sieben Kilometer Luftlinie und etwa fünf Grad Celsius trennen Pétionville von Port-au-Prince, von dem gigantischen Slum, der auf einer Kloake dümpelt. Das „Chez Gerard" liegt an der Rue Pinchinat. Eisentischchen mit Blumenmustern sind in einem botanischen Garten gruppiert. Das Restaurant ist Treffpunkt der Hellhäutigen, alle schick und mit Parfüms beduftet.

Ich habe mich verspätet. Es ist schon halb zehn, und die Gesellschaft, die im Gegensatz zu den meisten Haitianern weiß, dass es einen Unterschied gibt zwischen Fisch- und Fleischmessern, frühstückt bereits. Der Doktor, seine Frau Michelle und Robert begrüßen mich. Alle drei sind Mulatten. Der Doktor sammelt Voodoo-Flaggen. Er ist Tierarzt und hat in Frankreich studiert und redet unaufhörlich über die *vévés*, die Symbole der Geister.

Michelle assistiert ihm. Sie lebt abwechselnd in New York und in Pétionville. Michelle behauptet, mehr über Voodoo zu wissen als alle Priesterinnen und Priester zusammen. Sie kennt auch die Preise aller Fahnen. „300 Dollar für ein gutes Stück."

Nur Robert, der an einem Buch über europäische Dampflokomotiven schreibt und von US-Aktien lebt, unterbricht die beiden gelegentlich, um sie wieder einmal mit der Geschichte von der gestohlenen Eisenbahn zu langweilen. Die Linie sollte einst von Port-au-Prince an die Nordspitze der Insel nach Cap Haitien führen. Um 1900 war Baubeginn. Aber die Strecke wurde nie fertig. Alles verschwand wie von Geisterhand. Die Schwellen, die Schienen, die Kessel. „1979", schließt Robert, „habe ich den besten Rum meines Lebens getrunken. Und wisst ihr, wo er gebrannt worden ist?" – Selbstverständlich wissen wir es. Im gestohlenen Kessel der Lokomotive.

Der Doktor, Michelle und Robert – jeder von ihnen träumt auf seine Weise von den siebziger Jahren, als noch Baby Doc herrschte. Als Haiti der Welt da draußen noch als magische Insel des Voodoo galt und nicht nur als Klumpen aus Stein und Dreck. Als die „Habitation Leclerc" noch als eines der besten Hotels der Karibik galt und nicht von den barbarischen Horden der Armen überrannt und besetzt war wie heute.

Mit den Schwarzen, die sie einfach nur „Kongos" nennen, verbindet die drei oben am Berg nichts. Nicht einmal die Sprache. Denn sie sprechen kein Kreol, sondern französisch. Auch Aristide schätzen sie nicht besonders. Doch seit kurzem spricht der Doktor ein wenig freundlicher von ihm. Immerhin sei auch Aristide jetzt reich und lebe in einem riesigen Anwesen, wenn auch noch „unten".

Ich fahre wieder hinunter, in den „Sumpf", wie der Doktor Port-au-Prince nennt. Im „Oloffson" packe ich. Dann trinke ich noch einen Kaffee auf der Veranda, gemeinsam mit Julia Smith. Die Amerikanerin lebt seit 25 Jahren auf Haiti. Für die Vereinten Nationen schreibt sie Dossiers über das Land.

„Ein einziges Chaos", sagt sie. Der letzte Haushalt sei 1996 verabschiedet, das Parlament im Januar 1999 aufgelöst worden. Präsident Préval regiere mit Notverordnungen, und deshalb sei alle Auslandshilfe eingefroren. „Das Land ist pleite, und Aristide ist dabei, in die Fußstapfen von Baby Doc zu treten."

Als ich Julia Smith frage, was werden wird mit dem Land und seinen Menschen, da redet sie von Schiffen. „Manche Schiffe erreichen ihren Hafen schnell. Andere wiederum brauchen lange – aber sie kommen wenigstens an. Der Rostkahn mit dem Namen ‚Haiti' aber, der wird eines Tages, wenn kein Wunder geschieht, einfach untergehen."

Auf der Fahrt zum Flughafen bitte ich den Chauffeur, den Weg über den Boulevard la Saline zu nehmen. Ich will Fort Dimanche noch einmal sehen. „Wir nennen es ‚Nirwana'", sagt er. Aber das wusste ich schon.

CHRISTOPH REUTER

Auf dem Hadsch

Die Welt mag sich bewegen, aber der Glaube der Muslime ist ewig und unveränderbar. Steht still wie Gottes Haus im Auge des Wirbelstroms von zwei Millionen Pilgern, die jedes Jahr während des Hadsch um die Kaaba kreisen. Um Gottes größtes Aufgebot überhaupt passieren zu lassen, braucht es heute allerdings Kybernetiker und Logistikexperten. Denn sie erhalten, mit technischer Raffinesse, die fromme Ordnung in der heiligsten Stadt des Islam.

Als alles vorbei ist, schnurrt die Welt des Hadsch zusammen unter dem quadratkilometergroßen Sonnensegel des Flughafens und existiert für einen Moment noch in ihren Gerüchen: im süßen Nelkenrauch der Kretek-Zigaretten, der noch nach zwei Stunden das verlassene Lager der Indonesier markiert; im stockigen Aroma feuchter Pappe und überreifen Obstes von den winzigen Marktständen der Frauen aus Mali und Nigeria; im Zwiebel- und Currygeschmack, den jene bengalischen Pilger hinterlassen, die am Ende des Hadsch kein Geld mehr haben und ihre mitgeschleppten Vorräte köcheln.

Als alles vorbei ist und die Welt, die hier in der Wüste zusammenkam, sich wieder auf den Weg nach Hause macht, sitzt der alte Mann auf dem Stein am Rande der Rollbahn. Schaut den startenden Jets zu. Neben sich das Bündel seiner Habseligkeiten und der Zehnliterkanister mit heiligem Wasser für die Familie und seine dermaleinst letzte Waschung. Yahya Hamadani, der mit 55 aussieht wie 70, der mit seinem Gebrauchtreifenhandel im zentralindischen Indore fünf Kinder großgezogen und so viel gespart hatte, dass es für ihn und die unverheiratete Tochter zur Pilgerreise reichte, Yahya Hamadani ist gespalten in seiner Trauer.

Am Tag ihrer Ankunft vor drei Wochen in der Zeltstadt von Mina, etwa zehn Kilometer östlich von Mekka, brannten in wenigen Stunden 70000 Zelte wie Papierfahnen, nachdem eines von ihnen Feuer gefangen hatte an einem Gaskocher. An diesem Tag ist Hamadanis 18-jährige Tochter ohne den Umweg eines langen Lebens himmelwärts gefahren. Der Leib verbrannt, die Seele im Paradies. „Und nun hat sie mich hier allein zurückgelassen."

Denn wenn Gott das Opfer einer aufrichtig vollzogenen Pilgerfahrt würdige als Schritt ins Paradies, wenn kein Opfer ergebener sein könne als der unschuldige Tod und kein Ort dafür geeigneter als Mekka, dann also, entfaltet Yahya Hamadani das Binnenuniversum eines wahrhaft Gläubigen, „dann ist es gut so. Es ist großer Schmerz, sie verloren zu haben. Ich kann Gott nur danken, dass er mich ihn ertragen lässt. Aber hier beerdigt zu sein gilt mehr als aller Reichtum, als Häuser" – er überlegt –, „als eine eigene Autowerkstatt."

Um Gottes willen sind sie schließlich hier gewesen. Yahya Hamadani ebenso wie Ibrahim Nasr, der Bauer aus dem Nildelta, der nach der Rückkehr sein lehmgemörteltes Haus erst tünchen und dann ein Schiff und die Kaaba darauf malen lassen will, auf dass jeder, der so wenig lesen und schreiben kann wie er, wisse: Hier wohnt ein Hadschi, ein frommer Mann und Pilger, dem Respekt gebührt.

Eben wie Mohammad Abbas, Direktor des pakistanischen Rundfunks, der gekommen ist, weil sein Onkel nach der Rückkehr aus Mekka ein anderer gewesen sei, „umsichtiger, behutsamer. Und bei aller Rationalität, das hat mich bewegt damals, wie diese Reise einen Menschen so verändern kann."

Sie haben sich auf den Weg gemacht, der den einen das Vermögen seines Lebens und seiner Familie, den anderen ein Federstrich gekostet hat. Sie sind übers Meer oder um die halbe Welt gereist, um vollkommenere Menschen zu werden. Um das fünfte Gebot eines Muslims zu erfüllen. Der soll beten, fasten, Almosen geben, sich zu Gottes Einzigartigkeit bekennen, und dann soll er kommen:

„Verbreite unter den Menschen meinen Aufruf zum Hadsch. Sie werden kommen, zu Fuß oder getragen von ihren magersten Reittieren. Sie werden kommen aus der Tiefe der vier Himmelsgegenden", gebietet die 22. Sure im Koran all jenen, die erwachsen, nicht zu krank, nicht zu arm sind und alle Schuldner ausbezahlt haben, sich aufzumachen, irgendwann, wenigstens einmal im Leben.

Die meisten tun das erst, wenn sie alt sind, manche aber auch in jungen Jahren, wie Jaruna T. Suradinata, ein Motorradhändler aus Jakarta, der mit 16 Freunden gekommen ist, weil „in Indonesien ein gepilgerter Bräutigam mehr wert ist".

Und schließlich landen sie wie alle Pilger an jenem Ort, dem zugewandt fünfmal am Tag Hunderte Millionen Muslime sich im Gebet zu Boden knien und dessen Richtung noch bei der Anreise der zitternde

Pfeil auf einem kleinen Monitor im Flugzeug angezeigt hat, um die Pilger auch nicht eine Stunde ohne Orientierung zu lassen: Mekka.

Der Schatten Gottes auf Erden. Die neunmal heilige und gepriesene, die verbotene Stadt: deren Besuch jedem Ungläubigen verwehrt, aber jedem Gläubigen von Gott vergolten wird, auf dass jedes Gebet in Mekkas Großer Moschee tausendfach gelte. In der Mitte ihres Innenhofs steht die Kaaba, jener gemauerte leere Kubus unter der schwarzseidenen Hülle, der seit Anbeginn aller Überlieferung das Haus Gottes sei. Von Adam gebaut, von der Sintflut zerstört, von Abraham wiederaufgebaut und von Mohammed, dem letzten der Propheten, wieder Gott gewidmet. Als sei hier der magnetische Mono-Pol des Islam, lässt die Kaaba alle Muslime der Welt sich wie Eisenspäne ordnen, hin zu jenem Punkt 21 Grad 26 Minuten nördlicher Breite und 39 Grad 49 Minuten östlicher Länge am Rand der arabischen Halbinsel zwischen kahlen Hügeln: Mekka.

So viel Sehnsucht auf den Punkt gebracht. Als alles anfing und der Kalender neu gestellt wurde vom Jahr 622 auf 0, als Mohammed mit den Ersten, die an ihn glaubten, aus Mekka floh vor denen, deren Ordnung er auf den Kopf stellen wollte, da gab es die Kaaba schon und den heiligen Bezirk. Und Abraham, Erzvater der Muslime ebenso wie der Juden und Christen, lebte selbstverständlich in Mekka. Mohammed kam Jahre später im Triumph zurück, ordnete die Riten neu: das Umkreisen der Kaaba, das Innehalten vor Gott in der Ebene von Arafat, die symbolische Steinigung des Teufels, das Tieropfer. Und stellte sie in den Dienst des unnachgiebigsten Monotheismus, dessen Anrufungen wieder und wieder feststellen, dass es nur einen Gott gibt und keinen anderen und ihm niemand beigesellt ist. Und dass, „wer ungläubig ist, wissen muss, dass Gott auf niemanden in der Welt angewiesen ist“.

Aber die Welt der Gläubigen ist angewiesen auf ihn. Und so kommen sie seit 1400 Jahren. Früher waren sie monate-, jahrelang von zu Hause fort, leichte Beute von Wegelagerern unterwegs und in Mekka selbst. Früher kamen Zehntausende. Heute kommen fast zwei Millionen, und es wären noch mehr, hätte Saudi-Arabien nicht 1988 die Pilgerquote eingeführt: Pro 1000 Muslime eines Landes darf einer einreisen.

Heute landen die „magersten Reittiere“ im Minutentakt auf dem Pilgerflughafen von Dschidda, 70 Kilometer vor Mekka. Jeder Jet beladen mit Hunderten, die ihn zur Umkleidekabine gemacht haben vorm Landeanflug, um rechtzeitig in den *ihram* zu wechseln: was im Ideellen den Weihezustand meint und im Stofflichen zwei weiße, lakengroße Gewebe, die der Pilger als einziges Gewand tragen wird zum Zeichen seiner Demut. Um vor Gott zu treten wie dereinst im Leichentuch.

Unterwäsche ist nicht erlaubt, nur ein Gürtel. Im Übrigen wird der Pilger nicht streiten, sich nicht die Haare und Nägel schneiden dürfen, kein Geschlechtsverkehr ist gestattet und kein Gedanke an die Lust. Er darf kein Parfüm benutzen und nicht jagen.

Kein Wegelagerer hält die Massen heute mehr auf, sondern der Streik der indischen Fluglotsen oder die Unberechenbarkeit ägyptischer Fährunternehmer, die diesmal Tausende in den Häfen stranden lässt. Sie lassen sich aufhalten, aber nicht stoppen, die 50000 bis 100000, die vier Wochen lang jeden Tag auf dem gigantischen Hadsch-Terminal, im Hafen von Dschidda und auf den Überlandstraßen anlanden: Sie kommen aus allen Winkeln der Welt, 200000 aus Indonesien, 75000 aus dem Iran, 60000 aus der Türkei und Ägypten, Zehntausende aus Malaysia, Indien, Algerien, Nigeria, Tausende aus Tschetschenien, China, Deutschland, Bosnien, den USA und Dutzende noch von den Fidschis.

Sie kommen aus Ländern, deren Bürgern Saudi-Arabien im Leben kein Visum gäbe, aus Ländern im Kriegszustand, aus Staaten, die schon gar keine mehr sind: Afghanen aller Kriegsparteien reisen an, Somali, die mangels Regierung ihr Hadsch-Visum gleich hier in Dschidda bekommen; Palästinenser aus Haifa und Tel Aviv, die mit ihrem israelischen Pass niemals nach Saudi-Arabien hineinkämen (und Ersatzpapiere in Jordanien erhalten oder einen palästinensischen Pass bei Arafats Autonomiebehörde beantragen müssen); Iraner und Iraker, die einander zuvor vielleicht auf dem Schlachtfeld begegnet sind. Iraks notorischer Saddam Hussein hat trotz UN-Embargo und gegen alle Warnungen ein Flugzeug mit Pilgern aufsteigen lassen, das von saudischen Abfangjägern gestellt wird; aber die 104 Passagiere dürfen anstandslos nach Mekka.

Für Politik ist hier kein Ort, und das hat Gründe: Es ist die absolute Kontrolle von Saudi-Arabiens Polizei und Militär, die jede Kundgebung unterbindet – etwa eine kleine Demonstration von Iranern, die vor ihren Zelten „Nieder mit Israel" skandieren. Es ist aber auch die Furcht, zu streiten an diesem Ort, wo nun sehr präzis alles Streiten verboten ist. Und was nützt ein Hadsch, der vor Gott keiner ist?

Hadsch ist Prüfung, „O Gott, mach, dass ich ohne Abrechnung ins Paradies komme", auf dass Gott es ihnen nicht versagt. Dass sie nicht versagen vor Gott, denn ein Fegefeuer gibt es nicht für Muslime. Es gilt schwarz oder weiß.

Sie kommen, ob Sunniten oder Schiiten, und sie kommen zu siebzehnt im eierfarbenen, halb verrotteten und hoffnungslos überladenen Bus, der 34 Jahre alt ist und sie, Gott sei gepriesen, in nur drei Wochen nonstop von Dagestan via Iran und Irak nach Dschidda gebracht hat – und bis morgen auch noch die 70 Kilometer bis Mekka schaffen möge, im Schritttempo, eskortiert von saudischer Polizei, über die Autobahn.

Alle kommen sie, in Frieden, und für wenige Wochen wird hier tatsächlich Wirklichkeit, was sich in Kriegen, Schismen, im schieren Gang der Geschichte über die Jahrhunderte und Kontinente aufgelöst hat: die Utopie von der islamischen Einheit der frühen Jahre. Eins sollten Politik und Religion sein im Glauben, doch das Kalifat wechselte mit den Dynastien die Städte, ging nach Damaskus, Bagdad, spaltete sich auf in Gegenkalifate von Cordoba, Bagdad und Kairo, wurde wiedervereinigt in Konstantinopel und fand dort sein Ende. Das geistige Zentrum aber blieb auf den Meter genau dort, wo Mohammed es der 360 Götzen entledigt und dem einen, einzigen und unwandelbaren Gott gewidmet hatte: in Mekka.

Vor Gott sind sie gleich, die Zahllosen, die hier ankommen – und vor HIAS, dem „Hajj Information Automated System", dessen Computer unter der Kopfzeile „Bismillahrahmanurahim" – im Namen Allahs, des Erbarmers, des Barmherzigen – jeden Pilger in einen Strichcode verwandelt: selbstklebend, computerlesbar, hocheffizient. Bei der Einreise werden die persönlichen Daten gespeichert und die Hadsch-Pässe mit dem Aufkleber etikettiert.

Fortan ist der Pilger Code und Nummer, und an allen Checkpoints vor und hinter Mekka, am Busterminal des Flughafens ebenso wie in Medina, wird nur der Code vom Handscanner eingelesen. „Und dann können wir", sagt Ahmed Ghamri, Vernetzungsbeauftragter des Hadsch-Ministeriums, „jederzeit sehen, wo Pilger XY sich gerade aufhält, ob er verloren gegangen ist ..." Pause „... und ob er wieder ausgereist ist", weil das nun der Albtraum Saudi-Arabiens sei, dass Millionen hereinkommen, die nicht wieder in die Armut nach Hause fahren, sondern illegal im Land bleiben.

Denn Saudi-Arabien hat den Spagat eines Staates zu bestehen, der seinen Reichtum dem Öl verdankt – seinen inneren Zusammenhalt aber der Religion. Und die schert sich nicht um Staatsgrenzen. Aber sie reicht in diesem vor zwei Generationen erst entstandenen Königreich so weit ins Leben, dass man sich nicht für 19 Uhr verabredet, sondern nach „Al-Maghrib", dem Abendgebet. Dass König Fahd 1985 seinen Titel von „Majestät" in „Khadim" der heiligen beiden Stätten wechselte, was übersetzt Wächter, aber auch Diener heißt, war ein Akt wohlbedachter Demut – auf dass Gott über ihm stehe und er unter Gott in seinem Amt. Und die Pilgerfahrt alljährlich Glanz und Verantwortung dieses Amtes der Welt vor Augen führe.

Vier von fünf ausländischen Pilgern kommen heute im Flugzeug und im pauschal gebuchten Hadsch-Gesamtpaket für mehrere tausend Mark. Nach Ankunft und Passkontrolle, Begleichung der Hadsch-Gebühr und Kauf der Transport-Coupons geht jede Gruppe über in die Hände ihres *mutawwif*, einer Kombination aus Ritualführer, Vorbeter und Quartiermeister. Jahrhundertelang bildeten diese Spezialisten ein Gildensystem, das nur der Erbfolge verpflichtet war und alle Mitglieder reich machte durch sein Monopol.

Erst die saudische Monarchie hat, kraft Überzeugung und Öleinnahmen, den überlieferten legalen Wucher gebändigt: Per königlichem Dekret wurden Fixpreise für religiöse Dienstleistungen eingeführt und über Jahrzehnte kaum erhöht. Um den Pilgerführern aber nicht ihre Profite zu nehmen, bekommen sie zugleich Steuererleichterungen im Milliardengeschäft des Hadsch-Shopping, bei dem sich die Pilger nach vollzogener Wallfahrt mit Radios, Rührmixern und Kühlschränken für die Daheimgebliebenen eindecken.

Der Glaube hat keine Berge versetzt in Saudi-Arabien. Aber für den Glauben hat der Staat sie untertunnelt und überdacht, hat für 30 Milliarden Mark Straßen, Krankenhäuser, Brücken gebaut; hat autobahnbreite Fußgängermagistralen betoniert, Tausende von Telefonzellen und Toiletten gebaut und die Große Moschee von Mekka so erweitert, dass sie ein halbes Stadtviertel und zwei Hügel geschluckt hat.

Eng bleibt es trotz allem, als die 1,2 Millionen in wenigen Wochen eingereisten Pilger und mehr als eine halbe Million Saudis und Gastarbeiter, angereist aus allen Landesteilen, heranströmen: mit dem rechten Fuß voran in die Große Moschee zu den sieben Umkreisungen der Kaaba. Die sind Anfangs- und Endpunkt der Pilgerfahrt, die Bewegung gleichsam als Prolog und Abschied, während der Höhepunkt das Innehalten im Wüstental von Arafat sein wird.

Es ist die kühle Pracht des Marmors, die in der Moschee empfängt. Nichts Frivoles wie in barocken Kathedralen. Keine Bilder in den Kuppelhallen. Jedenfalls keine, die mehr enthielten als Linien und Punkte, Muster, Schrift, Gottes Wort und die Lust am Abstrakten. Keine Musik. Worte, nichts als Worte: Labbaika Allahuma Labbaik – hier bin ich, Gott, hier bin ich. Aber dies halb gesungene Unisono aller Pilger gerät in Schwingung, baut seine Melodie auf in der Wiederholung der heilig nüchternen Form.

Eine Dreiviertelmillion Menschen fasst die Moschee, und in den Momenten des Gebets halten sie inne, stehen dicht an dicht, müssen so stehen, weil keine Lücke bleiben soll zwischen ihnen. Und dann setzt sich der Strom wieder in Bewegung, um siebenmal die Kaaba zu umrunden, die Gebrechlichen und Greise auf Podesten, die durch den Strudel der Gläubigen getragen werden und von fern aussehen wie Nussschalen auf hoher See. Nachts um vier ist es jetzt voller als in der Mittagshitze, 30000 pro Stunde können die Große Moschee durch alle Eingänge betreten, der Strudel füllt den hektargroßen Innenhof, der längst von allen Bauten früherer Jahrhunderte geräumt ist.

Mein Gott, ich kann Deinen Zorn nicht abwehren, Deiner Strafe nicht entgehen, Deine Barmherzigkeit nicht entbehren, das Unglück nicht umgehen und die Anstrengung nicht aushalten. Ich suche bei Deinem Wohlgefallen Zuflucht vor Deinem Zorn, vor Deiner plötzlichen Ungnade.

Zweifel ist hier so rar wie ein geräumig leerer Platz. Hier erwarten die Gläubigen aber auch keine Wunder, keine Heilung und lassen keine Krücken an der Decke hängen. Gewissheit liegt über dem Strom von weiß Gekleideten, deren Anrufungen sich zum Klangteppich weben, zum mahlend gleichmäßigen Tosen; über Partikeln im Fluss, dem stetig ein Anfang wächst, aber kein Ende.

Die Spirale dreht sich und dreht sich, schön zu sehen auf den Monitoren der Überwachungszentrale, und scheint am Ende aufzugehen in dem schwarzen Kubus. Hin zum Objekt der Anbetung: dem schwarzen Stein, der einst milchklar gewesen sein soll, erst durch die Berührungen mit den menschlichen Sünden seine Farbe gewechselt habe zum matten Glanzschwarz und den zu küssen es nur einen Grund gibt: Der Prophet hat ihn geküsst.

Alles hat seine Ordnung, alles steht geschrieben, bis dahin, dass die Kaaba dreimal schnell und viermal langsam zu umrunden sei. Aber diese Ordnung droht sich selbst zu lähmen ausgerechnet in dem Moment, da die größte je gekannte Zahl der Gläubigen ihr Folge leisten will. Denn nirgends steht geschrieben, wie zwei Millionen Menschen in derselben Zeit, demselben schmalen Tal dieselben Riten begehen sollen, ohne sich durch ihre schiere Zahl eben daran zu hindern.

„Es muss sich ändern, wenn es so bleiben soll, wie es ist", sagt Sami Angawi, der vor 22 Jahren das „Hajj Research Centre" gegründet hat, einen glanzvollen Ort des Geistes im Dienste Gottes: „Wir dachten uns, wenn der Hadsch einmalig ist, braucht er auch einmalige Lösungen. Deshalb haben wir einfach alle Leute zusammengebracht: Verkehrsplaner, Linguisten, Kybernetiker, Biologen, Mathematiker."

Angawi, damals 25 Jahre alt, stammt aus einer alten Mutawwif-Familie in Mekka, die seit Jahrhunderten ihr Geld an den Pilgern verdient hat. „Ich hatte die teuerste Ausbildung der Welt, 50 Professoren, die mir alles beigebracht haben." Eine Hadsch-Datenbank entstand: „Wir haben das Verbot für Privat-Pkw und den Vorrang für Fußgänger mit betrieben; wir haben die mikrobiologische Zusammensetzung der Luft getestet mit dem Ergebnis, dass Zelte viel antiseptischer sind als die Feuchtigkeit der klimatisierten Betonhäuser." Und für die Pilger, die über 100 Sprachen sprechen, aber die eigene nicht unbedingt lesen können, wurde ein Farbleitsystem mit unterschiedlich gefärbten Teppichen für die Große Moschee entworfen, sind nun Piktogramme geplant für den Weg zu den einzelnen Stationen.

Denn der Prophet sprach arabisch, und der Engel des Herrn hat den Koran auf Arabisch diktiert. Aber was wird mit dem gläubigen Inder aus Ahmadabad, der nur des Gujarati mächtig ist und Allah preisen, aber kein Verkehrsschild verstehen kann?

„Wenn die Millionen, die hier zusammenkommen, wie die Zellen sind und der Körper der Islam ist – dann ist der Hadsch der Blutkreislauf dieses Körpers", doziert Angawi. „Die Umkreisung der Kaaba ist das pumpende Herz." Darum gehe es auch immer linksherum, herzseitig, „die Lunge aber ist der Tag in Arafat: Dieses stundenlange Beten und Dortsein zusammen mit zwei Millionen anderen, aber doch allein mit sich und Gott – das ist der Sauerstoff."

Arafat, die Ebene 21 Kilometer östlich von Mekka, ist der Kern des Hadsch. Denn dessen Stichtag ist Referenzpunkt des gesamten Pilgerkalenders: der neunte Tag des zwölften Mondmonats. Diesmal, im 1417. Mondjahr nach Mohammeds Auszug aus Mekka, liegt er im April. Er wandert rückwärts durch unseren Kalender, weil das Mondjahr fast elf Tage kürzer ist als das Sonnenjahr.

Am neunten Tag sollen sie hier stehen, alle, und legendär sind die Forderungen der Taxifahrer in jener halben Stunde vor Sonnenuntergang. Denn alles Pilgern wäre vergeblich, erreichte der Gläubige nicht die Ebene, bevor die Sonne hinter den Berghang gerutscht ist. Andere Stationen – die erste Umkreisung der Kaaba oder die Steinigung – kann der Pilger schweren Herzens delegieren oder mit einem großzügigen Tieropfer abgelten, da sind Gottes Gebote verhandelbar. In Arafat nicht.

Einen Tag lang, wenigstens von Mittag an bis zum Sonnenuntergang, währt das „Bleiben", was ein Beten, Stehen, Innehalten ist. Wo nur Physiognomie und Sprache zwei Millionen Menschen, die sich über das Tal und die Hügel erstrecken, voneinander scheiden – nicht Kleidung, nicht Auftreten, nicht Herkunft. Es gilt allein, woran sie in solchem Maße glauben, dass sie hierhergekommen sind.

Und niemals wird Saudi-Arabien gleicher sein als an diesem Tag in diesem Tal, da die „Fünf-Sterne-Hadschis", die den Rest des Hadsch in der Suite und nicht im Zelt wohnen, neben dem indischen Keksverkäufer stehen, der ein halbes Leben lang Gebäck verhökert hat, um herkommen zu können. Da der pakistanische Tagelöhner von den Baustellen Dschiddas an der Seite des pakistanischen Rundfunkdirektors betet und höchstens ein Textilkundiger die feinen Unterschiede im Faden des rauhen Stoffs wahrnähme. Die Hitze steht steinern über der Ebene. Gesprochen wird wenig untereinander. Es sei doch alles gesagt, muss nur wiederholt werden.

Dies ist die Anrufung eines Pilgers, der viele Fehler begangen und sehr häufig gesündigt hat, eines Pilgers, dessen Hoffnungen in die Brüche gingen, dessen Tränen vergossen wurden und dessen Leben sich seinem Ende nähert. Dies ist die Anrufung eines Pilgers, der bei keinem anderen als bei Dir Vergebung erwartet.

Gott, kein Zweifel, hat den Wind geschickt. Den lindernden, der ins Tal fährt und jene feinen Wassertropfen zu Nebelschwaden zusammentreibt, die aus Hunderten haushoch montierter Sprinkler sprühen. Die Regierung hat den Regen geschickt, der in einem 90000-Kubikmeter-Reservoir auf seinen Einsatz wartet und die Temperaturen bis zu zehn Grad senken kann. Der Glaube hat seine Wurzeln in der Wüste, aber die Ebene ist mit Zehntausenden von Bäumen begrünt worden, um die Hitze zu mildern.

Denn seit die Welt kleiner geworden ist, die Wege kürzer, die Pilger immer älter werden – 55 Jahre heute im Durchschnitt – und die Todesrate durch Herzschlag und Erschöpfung jedes Jahr in die Hunderte geht, seither wächst der Dissens, was nun gottgefällig sei: Schätzt er jene, die ohne Schirm stundenlang in der Hitze des Tales verharren und ohne Zelt nachts auf dem nackten Fels schlafen?

„Nein", sagt Imam Talal, einer der mobilen Glaubensberater, die während des Hadsch an allen Orten anzutreffen sind: „Klimaanlagen, Autos, Zelte sind doch ein Geschenk Gottes. Gott hat jemanden inspiriert, sie zu machen. Wofür? Doch wohl, um sie zu nutzen, zum Wohle der gottgefälligen Pilger." Und dann wendet er sich wieder seinem fiependen Arsenal aus Funkgerät, zwei Mobiltelefonen und Beeper zu.

„Doch, bestimmt", sagt Jasir Khan, 75, der gewartet hat, bis die Söhne alt und die Töchter verheiratet waren, bevor er sich aus seinem Dorf bei Bhopal aufmachte. Nie zuvor hat er seine Provinz verlassen. Federleicht ist er, aber die Haut spannt nicht über den Knochen, weil er schon so faltig ist. Er harrt ohne Sonnenschirm im Menschenmeer und gelobt später, dass er fortan Abstand halten werde von allen Sünden, auch wenn ihm gar keine einfallen, die er noch imstande wäre zu begehen.

Hier zu stehen, gleich an gleich, in den einfachen Stoffen, die dem Leichentuch ganz absichtsvoll ähneln, ist die Replik des Jüngsten Gerichts, Probelauf fürs Paradies. O Gott, mach, dass ich nicht zu früh vor Dir erscheine aus Furcht vor Deiner Strafe und dass ich nicht so lange lebe, bis ich den Versuchungen verfalle.

Gott wird ihr Leben kurz berechnet haben, wird Yahya Hamadani später über seine Tochter sagen, deren Leben am Tag, bevor sich ihr Vater wie alle anderen aufmachte nach Arafat, zu Ende ging. Am Tag, als der Himmel in Minuten erdschwarz wurde und die indische Pilgerin Noorullah Hussein irrte, als „ich dachte, nun ist der Tag der Wiederauferstehung". Als Gott den Wind schickte, der ein Sturm war. Ein Haken schlagender, der von Süd- nach Nordost umsprang, dann nach West, die Flammen im Zweikampf mit der Feuerwehr vor sich quer durchs enge Tal von Mina treibend, wo sich die Pilger für den Aufbruch nach Arafat sammeln. Ein Gaskocher inmitten der Zeltstadt hat 20 Minuten vor zwölf Uhr mittags das Inferno ausgelöst.

Mobile Medizinerkommandos auf Motorrädern versuchten sich durch die viel zu dicht gestellten Zelte zu bewegen, die Ambulanzwagen kein Durchkommen ließen. Menschen verbrannten, erstickten, wurden totgetrampelt oder von detonierenden Gasflaschen erschlagen. Feuerwehrhubschrauber kreisten über der Fläche, und die Besatzungen sahen nur schwarz. Innerhalb von Stunden äscherte die Flammenwalze 70000 Zelte ein. 800000 Menschen wurden evakuiert, die meisten aufgehalten noch auf dem Weg zur Zeltstadt. Ein Pilger hatte sich Tee kochen wollen, mitten im Staubsturm, so das Ergebnis späterer Ermittlungen.

343 Tote, vor allem Alte aus Indien, Pakistan, Bangladesch, verlautet es Tage später offiziell. Mehr als 1000 Verletzte liegen verteilt über die Hospitäler Minas, Mekkas und Dschiddas. Prinzliche Minister und Gouverneure kommen zum Krankenbesuch an ihre Betten. Krisenstäbe kümmern sich um Identifikation, Anfragen und Vermisste, Dolmetscher-Teams werden zusammengestellt, die die zwei Dutzend indischen Sprachen und Dialekte beherrschen, tausende Pilger erbieten sich freiwillig zur Blutspende.

Den Hadsch aber verschiebt all dies nicht um eine Minute und einen Millimeter. Wer bei Bewusstsein ist, wer getragen werden kann, wird vor Sonnenuntergang des kommenden Tages in Arafat gewesen sein. Als das Feuer nach Stunden gelöscht ist, erhöhen die Softdrink- und Früchteverkäufer ihre Preise um 30 Prozent, und die Lampen der

Stände sind allen Verboten zum Trotz immer noch mit Kerosin gespeist.

36 Stunden später, als die Masse zurückströmt, liegt nur noch der Brandgeruch in der Luft. Den Boden bedecken 70000 neue Zelte, herangekarrt aus allen Depots, Tag und Nacht von der Nationalgarde unter kühlem Flutlicht aufgebaut.

Denn sobald über Arafat die Sonne untergegangen ist, beginnt die Flut. Dann setzt auf und neben der sechspurigen Straße ein Aufbruch ins acht Kilometer entfernte Muzdalifa ein. Ein Aufbruch, den die Logistiker im Monitorraum nur „den Flaschenhals" nennen: wenn auf einmal knapp zwei Millionen Menschen das Tal von Arafat in eine Richtung verlassen wollen, sich allein 12000 Busse in Bewegung setzen, eingekeilt in den weißen Strom der Fußgänger.

Der Prophet hat diesen Weg vorgeschrieben, an dessen Ende, im Tal von Muzdalifa, die Pilger ihre 49 Kiesel sammeln sollen für die Steinigung des Teufels. Aber Gottes Zugänglichkeit gerinnt hier zur Formel der Logistiker, und am unerwarteten Ort begegnen sich Religion und Mathematik: in den Simulationsmodellen von Adnan Al-Yafi, der den Engpass von Arafat zum Anlass genommen hat, alle Pilgerbewegungen in Gleichungen zu bringen, in ein System kommunizierender Röhren, destilliert in Axiome, Funktionen, Zeichen.

„Mit solchen Modellen", sagt Al-Yafi, ehemals Vizedirektor am Hadsch-Institut, „berechnen sonst Kurierdienste ihre globalen Warenströme, und das Problem ist tatsächlich ähnlich: Zeit und Raum sind limitiert, wir können hier nur versuchen, optimalen Durchfluss zu schaffen. Sei es, dass von Arafat aus nun ein Shuttle-System statt der zigtausend Pkw die Pilger befördert, sei es, dass man auch die Mentalität der Pilger miteinrechnet – und versucht, sie so zu ändern, dass sie für Steinigung, Tieropfer und Umkreisung der Kaaba nicht immer den ersten möglichen Moment wählen, sondern die gesamtzulässige Ritualzeit nutzen."

Für den Kybernetiker verwandeln sich Glaube, Gebete und die Verdammnis des Teufels in die Frage: Stau oder Strom? Wo liegen die Engpässe im Fließgleichgewicht Gottes? Wie stehen die Druckverhältnisse im Strom der hominiden Partikel, zu denen die Menschen auf den Luftbildern, Satellitenaufnahmen und auf den Monitoren der Kontrollräume werden?

Für die Gläubigen verwandeln sich am selben Ort zur selben Zeit drei Steinsäulen in den Satan. Es ist dieselbe Geschichte wie bei den Juden und Christen: „Opfere deinen Sohn", sprach Gott zu Abraham, und der nahm Isaak an die Hand und ging mit ihm den Berg hinauf, um

Steine für den Altar zu sammeln. Im Islam heißt Abraham Ibrahim, und sein Sohn Ismael steigt statt Isaaks mit ihm auf den Berg. Doch das Ende der Geschichte bleibt gleich: Allein die Bereitschaft zum Opfer des geliebten Sohnes genügte Gott, und geschlachtet wurde ein Widder. Aber als Sohn und Vater auf den Weg zum Berg waren, hatte der Teufel dreimal versucht, sie vom Gehorsam abzubringen, und dreimal hatten sie ihn mit Steinen beworfen.

Da steht der Teufel heute noch, im Tal von Mina, dreimal hintereinander, Großer Satan, Mittlerer und Kleiner Satan. Ziegelsäulen im Mauerrund, von dessen Brüstung aus heute geworfen wird. Und nach all der friedfertigen Innigkeit des Stehens, Gehens, Betens folgt die Katharsis: Denn wenn Gott die Gläubigen fromm haben wollte, sie aber trotzdem ihren Fehlern verfallen, dann muss doch einer schuld sein. Hier ist er, der Teufel, und ein Tal erzittert vor Wut über den endlich aufgestöberten Urheber aller Versuchungen.

Ein Arm schnellt vor, 1000 Arme holen aus und werfen Steine, deren Größe zwischen der einer Saubohne und einer Kichererbse liegen sollte. Sollte, denn die Wucht des Moments lässt manche Wütenden alles werfen, was ihnen in die Hände fällt, faustgroße Brocken, blassblaue Plastiklatschen, Wasserflaschen. Siebenmal sieben Steine sind das Maß, und selbst nachts ebbt das Prasseln nie ganz ab, wenn die Bulldozer kommen, das Geröll beiseite zu schieben.

So eng aneinander und so aufgeladen vom Glaubenseifer drängt sich die Menge, dass früher, wer fiel, verloren war. Noch 1994 entstand eine Panik, und am Ende blieben 270 Menschen überrannt und zu Tode getrampelt liegen. Es musste etwas geschehen, und da man die Säulen des Teufels nicht verrücken durfte, wurde die Steinigung eben aufgestockt: Auf zwei Etagen, getragen von mächtigen Betonpfeilern, gelangen die steinbewehrten Pilger heute an die Säulen, und auf jeder der beiden Betonpisten geht es nur noch in eine Richtung. 145000 pro Stunde beträgt heute die Durchlassfrequenz.

Drei Tage dauert das Steinigen, und am ersten Tag beginnt gleichzeitig das große Schlachten. Wer das Geld nicht aufbringen kann für ein Opfertier oder sich frei fühlt von Schuld und Versäumnissen auf dem Weg des Hadsch, muss Abrahams Opferung nicht wiederholen. Die meisten Pilger aber tun es, und so hat das religiöse Gebot, ein Schaf, Rind oder Kamel zu schlachten und das Fleisch unter den Armen zu verteilen, seit den Jahren des Millionenandrangs einen Teil seines Sinns verloren: Nirgendwo waren so viele Arme aufzutreiben, die das in der Hitze in kurzer Zeit verderbende Fleisch von einer Million Opfertieren verzehren könnten. Theologisch ein Dilemma. Pragmatisch dessen Lösung: Heute hat der Pilger die Wahl. Entweder er kauft immer noch bei den Viehhändlern, die rund um die Uhr arbeiten, ein Tier und lässt es – den Kopf gegen die Kaaba gewandt – bei einem der Tausende syrischer und türkischer Schlachter schächten, die als religiöse Saisonarbeiter zum Hadsch ins Land kommen. Oder er zahlt 365 Riyal, 180 Mark, an die Islamische Entwicklungsbank für einen Coupon, als Ausweis dafür, dass als Opfer für ihn ein Tier geschlachtet, verpackt und gefrostet werde und schon Stunden später an Bedürftige aus 27 islamischen Staaten gehe.

Das „Opferfleisch-Nutzungsprojekt" wird dieses Jahr 413000 von einer halben Million vorhandener Coupons verkaufen. Die übrigen Pilger nehmen den Propheten beim Wort: Sie schlachten auf freiem Feld; und um Seuchen zu verhindern, müssen Räumkommandos tagelang die Kadaver zusammenschieben und in Krematorien verbrennen.

Die Pilgerfahrt nähert sich dem Ende. Die ersten Zehntausend brechen nach der Abschiedsumkreisung der Kaaba gen Medina auf, zur Grabmoschee des Propheten. An der Straße nach Mekka werden sechs Afghanen verhaftet, die das liegen gebliebene Fleisch der Opfertiere verkaufen wollten. Polizisten war der Verwesungsgestank ihres Kleinlastwagens aufgefallen. Nach Tagen erst, auf einem 2000 Meter hohen Berg, wird ein 80-jähriger Bengale gefunden: Er war fortgelaufen vor dem Feuer von Mina, drei Tage und vier Nächte lang, ohne zu essen, zu trinken, und wie er so hoch auf den Gipfel gekommen ist, weiß niemand. Er selbst kann kaum noch sprechen, als ihn Polizisten im Morgengrauen den Hang hinab ins Tal huckepack nehmen, vorbei an den Kadavern aufgetriebener Opferschafe.

In wenigen Tagen ist zwischen Mekka und Arafat eine Millionenstadt entstanden, in der Kinder geboren werden, Greise an Herzschlag sterben. In der das „Zentrum für verloren gegangene Pilger" die Verirrten anhand ihrer Kennkarte mit Zeltnummer zurückleitet. Eine Stadt, über deren Köpfen die Luft analysiert wird von Meteorologen des Hadsch-Instituts und auf deren Grund wilde Märkte entstehen, turkmenische Pilger auf groben Decken ihre Haufen makelvoller Perlen ausbreiten, russische Kameras und afghanisches Silber zu finden sind. Es ist eine Weltstadt im innersten Wortsinn, mit Bewohnern aus 160 Staaten, zusammengekommen im Glauben.

Zusammengehalten wird sie von einem seltsamen Räderwerk aus mittelalterlichen Gilden, abstraktionsverliebten Logistikern, einem eigenen Hadsch-Ministerium, der Nationalgarde, kurz: des halben Staates, der in den Wochen des Hadsch mit wenig anderem beschäftigt gewesen ist, der 50 Millionen Beutel Wasser, 78 Millionen Brote und mehr als eine Million Korane gratis verteilte. Aber wer steuert das Ganze? Gibt es einen Bürgermeister dieser so weit durch Raum und Zeit reichenden Gemeinde? „Bilal", sagt Mohammed ibn Ali Saheili, General der Feuerwehren. „Bilal", sagt Imam Talal, der Geistliche. „Bilal", sagt Prinz Feisal Bin Abdallah, Befehlshaber der Nationalgarde für den Westen, und betont es wie ein kleines Zauberwort.

Bilal, der General der Generäle und Cheflogistiker, der nur dem Innenminister, Prinz Naif, verantwortlich ist. Bilal, der im Auge dieses Wirbelstroms Gottes sitzt, im Hubschrauber über der Zeltstadt kreuzt, wenig schläft und all die Fäden in der Hand hält. Ahmed Bin Mohammed Bilal geruht eine halbe Stunde Zeit zu haben, nachdem der Hadsch vorbei ist.

Es geht durch Gänge voll salutierender Offiziere, bis zwei goldbetresste Ordonanzen, die Mobiltelefone statt Pistolen in ihren Halftern tragen, sich verneigen beim Öffnen der Schiebetür. Da sitzt er: ein jovialer Mittfünfziger, der keine Frage abwartet, die Generalstabsakademien der westlichen Welt aufzählt wie Ferienziele und in seinem turnhallenformatigen Büro zwischen zwei Designerlampen und fünf Telefonen auf dem Sessel wippt.

„Hadsch ...", leichtes Kopfschütteln, Lachen, „Hadsch – das ist eine Schlacht, das ist wie dieser Film, genau: Mission impossible." Sich Gedanken über Pilgerquote und theologische Details zu machen sei seine Sache nicht, „Ich habe das hier zu organisieren – *to get things done! Got me*?! Aber wir danken Gott für die Ehre dieser Aufgabe. Wir schicken unsere Experten zu jeder Olympiade, zu Weltausstellungen, um logistisch noch besser zu werden. Wir arbeiten in Teams, jeder kennt seinen Platz. Ich halte nichts von Hierarchien."

Von Schwierigkeiten mag er gar nicht reden, tut es dann doch und zählt auf, was alles in seiner strömungshindernden Wirkung daherkommt: „Krank, schwanger, Papiere verloren, und dann manche der Alten: stellen sich stundenlang in die Sonne, haben überall ihre Gaskocher benutzt. Als ob sie es darauf anlegten, hier ihr Leben zu lassen." Im Sanktum regiert Nüchternheit.

Und Yahya Hamadani sitzt mit der verwirrenden Ruhe eines Menschen, der nichts mehr zu hoffen braucht, vor der brüllenden Kulisse der im Minutentakt startenden Flugzeuge. Er hat seine Tochter ans Paradies verloren, den Sohn im Gebrauchtreifenhandel unterwiesen, hat seine Schuld an Gott beglichen, und was er hatte, hat er in die Hoffnung aufs Paradies investiert.

„Denn das Leben ist kurz und unsicher", sagt er, „der Glaube ist es nicht."

MICHAEL SCHAPER

Heimkehr in die Fremde

1964: Zehntausende Montagnards, antikommunistische Guerilleros aus dem Hochland Vietnams, kämpfen auf Seiten der USA gegen den Vietcong. 1975: Der Krieg ist verloren. Washington lässt seine Allierten schmählich im Stich. Die gehen in den Dschungel und überfallen die Truppen Nordvietnams von nun an aus dem Untergrund. 1992: Fast 400 Überlebende tauchen jenseits der Grenze zu Kambodscha aus dem Urwald auf und bitten die USA um Asyl. Was ist in den vergangenen 17 Jahren geschehen? Und wie erleben die Kämpfer die Neue Welt?

Sie sitzen seit Stunden am Rande der Lichtung und warten. Im Gras ihre Rucksäcke, daneben Töpfe, Pfannen und Wasserflaschen. Ein paar Männer lehnen an einem umgestürzten Baumstamm und rauchen. Sie tragen Sandalen aus Autoreifen, Uniformen aus grünem Drillich und Hüte gegen die feuchte Hitze des Regenwaldes. Abseits, im Unterholz, die Frauen. Eine stillt ihr Baby. Andere haben ihre Kinder wie Kleiderbündel um den Bauch gebunden.

Sie warten; stumm, geduldig, widerspruchslos. Dies, das wissen sie, ist das Ende. Als der Hubschrauber der Vereinten Nationen endlich landet, stellen sich die Männer in militärischer Formation auf. Nach kurzem Zeremoniell händigen sie den UN-Offizieren ihre Waffen aus: 194 Gewehre und 2567 Schuss Munition. Danach breiten sie ihre Fahne aus und übergeben auch sie.

Und dann ist er endgültig vorbei, der Krieg um Vietnam.

Mehr als 17 Jahre haben sie im Dschungel ausgehalten, die Guerilleros, die an diesem Morgen im Oktober 1992 aus dem kambodschanischen Grenzgebiet zu Vietnam evakuiert werden. 398 Männer, Frauen und Kinder: die letzten Überlebenden einer mächtigen Armee. Der traurige Rest einer Streitmacht von 10000 antikommunistischen Kämpfern, die 1975 nach dem Sieg des Vietcong in die Wälder und später über die Grenze nach Kambodscha gegangen waren, um aus dem Untergrund gegen die neuen Herrscher jenseits der Grenze anzutreten.

Mehr als 17 Jahre. 6345 Tage, in denen fast alle ihre Kameraden getötet wurden oder gefangen genommen. An Seuchen starben, an Malaria, Cholera, Tbc. Oder von Tigern gefressen wurden. 6345 Tage, in denen sie sich von Affen und Wildelefanten ernährten, von Echsen und Schlangen, von Wurzeln und Baumrinde. In denen sie ihre Familien nicht sahen, ihre Dörfer nicht, und auch nicht ihre Städte. In denen sie herausgefallen waren aus der Geschichte, untergegangen in den Fußnoten des Krieges um Vietnam, verschwunden aus dem Blickfeld der Welt.

Sie waren ein verlorener Haufen, der nicht nur gegen den kommunistischen Feind geschossen und gebombt hat, sondern auch für die eigene Freiheit, für einen autonomen Staat im Hochland zwischen Hanoi und Saigon. Diese Untergrundkrieger waren keine Vietnamesen, sondern Montagnards: Angehörige christianisierter Bergstämme, die seit Jahrzehnten gegen die Vietnamesen rebellierten, von denen sie sich unterdrückt fühlten und verachtet.

Am Abend vor der Evakuierung hatten die 398 Männer, Frauen und Kinder ein letztes Mal in ihrer Kirche gebetet. In einem Gotteshaus ohne Wände und Dach, mit 14 Baumstämmen zum Sitzen, einem Bambusaltar, einem Kreuz mit Jesusbild. Ha Giao Cilpam, der Prediger, sprach zu ihnen, und er verglich ihren Aufbruch am nächsten Morgen mit dem Einzug ins Gelobte Land. Danach stellten sie sich zum Chor auf und schmetterten mit hymnischer Inbrunst „Jesus führte mich" in die Nacht.

Im Morgengrauen brachen sie auf. Zurück blieb ihre geringe Habe. Die selbst gefertigten Schaufeln und Bastkörbe; die hohlen Baumstämme mit den Bambussprossen; die Vorräte an der Giftkartoffel Ning, deren Knollen fünf Tage lang gewaschen und eingeweicht werden müssen, damit ihr Verzehr nicht mehr tödlich ist. Zurück blieben auch das zerschlissene Gesangbuch, das Radio mit dem Dynamo, die Schreibmaschine mit den verrosteten Lettern.

Auf dieser Maschine hatten sie jenen Brief getippt, mit dem sie sich im Mai 1992 zurückmeldeten in die Welt, um von den Vereinten Nationen Waffen und Munition zu erbitten. Adressiert war dieser Brief an „Mr. U Thant, United Nations", denn keiner der Kämpfer wusste, dass der einstige, aus Burma gebürtige UN-Generalsekretär schon seit 18 Jahren tot war.

Die Uno reagierte binnen Wochen. Doch statt Waffen überbrachte der angereiste Diplomat ein Ultimatum: entweder Evakuierung oder Auslieferung an Vietnam. Kambodscha, seit zwölf Jahren Zuflucht der Kämpfer, steckte in einer schwierigen, von der Uno organisierten Übergangsphase zu demokratischen Wahlen. Völkerrechtlich galten die aus dem Dschungel aufgetauchten Montagnards als „Invasionsarmee".

Nun die Kapitulation. Rotoren heulen auf. Die russischen UN-Piloten starten die Turbinen ihrer Hubschrauber. Kurz darauf hebt ein Helikopter ab, um die erste Gruppe in ein Lager der Vereinten Nationen zu bringen.

Abseits der anderen sitzt ein zarter Mann im Gras und blättert in einer zerlesenen, in Plastik eingebundenen Kladde. Er hustet schwer. „Tbc", sagt der Mann mit einem vorsichtigen Lächeln und wischt sich über den Mund. Y Bhong Ecam war 29 seiner 45 Lebensjahre Soldat; erst in der südvietnamesischen Armee, später bei den Montagnards. Er ist der Träumer der Gruppe, ein kopfschwerer, gedankengebeugter Außenseiter mit glattem Jungengesicht und traurigem Blick. Seit er 1983 bei einem Scharmützel seine Waffe verloren hatte, diente er dem Kampf seines Volkes als Korbflechter und Lehrer.

Sorgsam aus fünf Notizbüchern zusammengenäht: sein Englischbuch. Auf Hunderten von Seiten hat er in schmaler Schrift Vokabeln und Sätze notiert, dazu lautmalerisch deren Aussprache. „May you enjoy the Lord", steht da, mögest du Freude haben am Herrn. Und: „Who is your best friend?"

Abend für Abend saß Y Bhong im Dschungel am Radio und verfolgte die Englischlektionen von BBC und „Voice of America". Schrieb auf, was er mitbekam vom Leben draußen in der Welt. Notierte auf dem langsam zerfallenden Papier Grammatikregeln der englischen Sprache und irgendwann auch die Zehn Gebote und die amerikanische Verfassung, Artikel für Artikel.

Rotorengeräusch. Der nächste Helikopter ist startbereit. Y Bhong schlägt das Buch zu, steckt es in seinen brüchigen Rucksack. Ein paar Meter weiter bewachen UN-Soldaten die Gewehre seiner Kameraden: alte Schießprügel mit verrosteten Läufen und gesplitterten Kolben. In einer Kiste die Munition. Auf jeden Kämpfer entfielen gerade noch 13 Schuss.

Jetzt bleibt ihnen nur das Exil. Sie haben um Aufnahme gebeten in einem Land, das einst ihr engster Verbündeter war. Ein Land, dem sie sich, so sagen sie, verbunden gefühlt haben wie der Sohn dem Vater, das sie aber ausgenutzt und verführt hat, und von dem sie schließlich verraten worden sind und verkauft: God's own country, die Vereinigten Staaten von Amerika.

VIETNAM 1963. US-Präsident Kennedy hat „Militärberater" ins Land geschickt, die der südvietnamesischen Armee gegen die feindlichen Landsleute beistehen sollen. Sie gehören der CIA an oder einer für den Guerillakampf trainierten Elitetruppe, den „Green Berets". Die Amerikaner ziehen ins Hochland, um dem kommunistischen Vietcong die Nachschubwege abzuschneiden und die dortigen Bergvölker als Söldner anzuheuern.

Über 50 Stämme siedeln in den Bergen Vietnams, manche nur 4000 Köpfe stark wie die Jerai, andere zehnmal größer wie die Rhadé. Sie beten zum Gott der Christen wie auch zu heidnischen Geistern und wohnen als Nomaden in einfachen, schnell aus Bambushütten und Stelzenhäusern errichteten Dörfern. Sie gehören zu malayo-polynesischen Völkern, die vor 2000 Jahren nach Indochina eingewandert sind – lange vor den chinesischstämmigen Vietnamesen – und sich deshalb als „wahre Besitzer" des Landes fühlen.

Sie nennen sich „Montagnards", nach dem französischen Wort für Bergbewohner, oder in ihrer eigenen Sprache „Dega", Söhne der Berge. Auch die Verachtung der Vietnamesen hat einen Namen: „Moi", Wilde, werden die Bergmenschen von ihnen genannt.

Seit Beginn des Krieges zwischen Nord- und Südvietnam versuchen beide Staaten, die wie zwischen Hammer und Amboss lebenden Nomaden für sich zu gewinnen – ohne Erfolg. Erst den eingeflogenen GIs gelingt es, das Vertrauen der Bergmenschen zu gewinnen. Nach zwei Jahren stehen 10000 Montagnards in ihren Diensten, sind viele Siedlungen zu Wehrdörfern ausgebaut. Als es zu den ersten Gefechten kommt, entdecken die Green Berets, dass ihre schmächtigen Gefährten die loyalsten und zähesten Kämpfer sind, mit denen sie es je zu tun hatten.

„Wir waren gekommen, um sie anzuleiten", erinnert sich ein GI. „Tatsächlich aber war es genau umgekehrt. Ohne sie hätten wir keine Stunde im Dschungel überlebt." In einem Krieg, in dem niemand weiß, wem er trauen kann, sind die Montagnards die einzig zuverlässigen Verbündeten der GIs. Sie schließen Blutsbrüderschaft mit den fremden Soldaten, laden sie ein zu langen Zeremonien, bei denen die Green Berets die traditionelle Kluft der Montagnards anlegen und mit ihnen Reiswein trinken und von ihnen silberne Armreifen geschenkt bekommen als Zeichen ewiger Freundschaft.

Nur in ihrem Hass auf die Vietnamesen sind die Montagnards unberechenbar. Viermal rebellieren sie zwischen 1964 und 1965 gegen die südvietnamesische Armee, der sie inzwischen nominell unterstellt sind, von deren Offizieren sie sich aber nach wie vor unterdrückt fühlen. Nordvietnamesische Gefangene werden ohne lange Verhöre umgebracht. „Wir mussten Uhren aussetzen als Geschenke für jeden überlebenden Vietcong", erinnert sich ein GI. „Meist knallten sie ihre Gegner sofort ab."

Y Bhong Ecam ist 16, als er zum ersten Mal einen Amerikaner sieht. Er wird Fährtensucher für die Green Berets. Bei ihnen lernt er Englisch, von ihnen bekommt er einen neuen Namen: „Tiny", Kleiner. Er führt die fremden Elitesoldaten durch die Wälder, bereitet mit ihnen Hinterhalte vor, hilft ihnen, sich entlang des legendären Ho-Tschiminh-Pfades zu verstecken, um den Nachschub der Nordvietnamesen zu beobachten.

Doch immer mehr Dörfer müssen geräumt, immer mehr Stämme umgesiedelt werden. Als die nordvietnamesischen Truppen 1975 als Sieger in den Süden einziehen, sind 250000 Montagnards tot, ein Viertel des Volkes, sind vier Fünftel ihrer Dörfer vernichtet. Kurz vor der Evakuierung der amerikanischen Botschaft in Saigon kommt es dort am 4. April 1975 – so behaupten die Führer der Montagnards – zu einem Treffen mit hohen US-Diplomaten, die versichern, sie weiterhin mit Waffen und Munition zu versorgen oder ihnen die Flucht ins Ausland zu ermöglichen.

Keines dieser Versprechen wird je gehalten.

Die Montagnard-Armee „Fulro", benannt nach der französischen Abkürzung für „Kampffront der unterdrückten Rassen", flüchtet in die Wälder. Vier Jahre lang leistet sie Widerstand, versorgt sich aus vergrabenen Munitionsvorräten der Amerikaner, überfällt Grenzposten und vietnamesische Siedlungen. Hanoi greift die übrig gebliebenen Dörfer der Montagnards mit der Chemikalie Agent Orange an – dem gleichen Gift, das die Amerikaner einst gegen den Vietcong einsetzten.

Anfang 1979 fliehen die Fulro-Kämpfer nach Kambodscha. Sie finden einen neuen Verbündeten: China. Das Riesenreich im Norden hat sich mit Vietnam entzweit und unterstützt jeden Widerstand gegen dessen Regierung. Über die kambodschanischen Khmer Rouge, die ebenfalls gegen Vietnam kämpfen, erhalten die Montagnards Waffen und Munition.

Ihre Reihen aber lichten sich weiter. Eine Gruppe von 200 Mann spaltet sich 1980 ab, marschiert quer durch Kambodscha nach Thailand, um vielleicht auf amerikanische Militärberater zu treffen, und verschwindet zunächst spurlos. Im Herbst 1991 kündigt Peking seine Hilfe auf. Chinesen und Khmer Rouge unterstützen – zumindest offiziell – einen UN-Friedensplan für Kambodscha. Die „Fulro" hat für sie keinen strategischen Nutzen mehr.

Da schreiben die überlebenden 398 Montagnards, die seit Jahren mehr auf der Flucht sind als vor einem größeren Schlag gegen den Feind, ihren Brief an „Mr. U Thant, United Nations".

Es ist eng im Hubschrauber. Die meisten Kämpfer hocken auf dem Boden der überfüllten Maschine. Kinder weinen. Y Bhong sitzt vor einem der Bullaugen. Draußen das intensive Grün des Dschungels. Die Bombentrichter aus der Zeit des Krieges. Das Schachbrettmuster der Reisfelder. Die ersten Straßen.

„Die Amerikaner", sagt Y Bhong, „haben 1975 versprochen, uns zu helfen. Aber das ist nie geschehen. Vielleicht haben sie uns längst vergessen." Er hat Angst vor dem Exil. „Ich war 29 Jahre lang Kämpfer. Was für eine Arbeit kann ich bekommen? Ich habe doch nur Schießen gelernt."

DREI MONATE SPÄTER. Januar. Amerika ist ein kaltes Land. Y Bhong friert. Er liegt auf seinem Bett und trägt eine Daunenjacke. Im Zimmer nebenan hat jemand den Kassettenrecorder auf volle Lautstärke gestellt. Im Disco-Rhythmus dröhnt „Stille Nacht, Heilige Nacht" durchs Haus.

Unten im Wohnzimmer sitzen acht Männer zusammen und lernen Englisch. Große Pappschilder mit Vokabeln stecken an der Wand. Y Bhong ist schon weiter; er hat sich ein Spanisch-Wörterbuch gekauft. „Ich will jede Sprache lernen", sagt er. „Denn ich will Freund sein mit allen Menschen. Und ich muss fremde Sprachen lernen, um mit allen Freund sein zu können."

Seit sechs Wochen sind die Montagnards in den USA; verteilt auf drei Städte in North Carolina. Y Bhong ist nach Greensboro gekommen. Eine Provinzstadt von 150000 Einwohnern: Parks, Bürokomplexe, vier Ausfallstraßen, keine Slums. Eine Stadt ohne Zentrum, ohne Fußgänger, ohne Temperament.

Zwei Monate hat Y Bhong in einem Zwischenlager der Vereinten Nationen gelebt. Das UN-Hochkommissariat für Flüchtlinge kümmerte sich um ihn und seine Kameraden, danach übernahmen die Internationale Migrations-Organisation und die amerikanische Einwanderungsbehörde diese Aufgabe. Schwerkranke wurden ins Hospital eingewiesen. Die anderen bekamen neue Kleidung, neue Papiere, ein neues Leben.

Dann der Flug auf den fernen Kontinent Amerika. Der Empfang in Greensboro. Die freiwilligen Helfer am Airport. Die schnell hergerichteten Häuser, in denen die Neuangekommenen untergebracht werden. In North Carolina sieht Y Bhong zum ersten Mal in seinem Leben Schnee. Die Verwunderung über dieses „taube Gefühl in den Händen", als er hineinfasst. Das Staunen über die blätterlosen Bäume, die er für tot hält, bis ihn jemand über den Wechsel der Jahreszeiten aufklärt.

Die Jüngeren, die nur den Urwald kennen, staunen noch mehr. Über Fahrstühle, diese „fliegenden Zimmer". Über sich automatisch öffnende Türen. Über Rolltreppen, vor denen sie lange stehen bleiben, abwarten, beobachten, nachdenken, ehe schließlich einer den ersten Schritt wagt. Über Supermärkte mit nackten Hähnchen und tiefgekühlten Mahlzeiten in Pappkartons.

Sie erleben Weihnachten und fragen, warum die Bürger von Greensboro all die Bäume abschneiden und sie dann ins Haus stellen. Sie sehen Frauen im Fernsehen Aerobic treiben und sind ratlos. Kinder erblicken zum ersten Mal das eigene Gesicht im Spiegel, zehnjährige Mädchen entdecken, wie aufregend anders sie mit Lippenstift, Rouge und Wimperntusche aussehen, und wollen fortan immer so auftreten – als kleine Grazien mit kirschrotem Mund.

Sie lernen, Wasserhähne zu bedienen. Mit Schlüsseln umzugehen. Toiletten zu benutzen. Sie erfahren, was ein Klopfen an der Tür bedeutet – anfangs bleiben sie sitzen und warten nur ab –, und dass es praktischer sein kann, an einem Tisch und nicht mehr auf dem Boden zu essen.

Ein Kulturschock. Im Urwald wohnten sie gemeinsam in Langhäusern und lebten von einfachstem Ackerbau. Über Hunderte von Jahren hatten sich ihre Sitten und Gebräuche nicht verändert. Jetzt bricht das 20. Jahrhundert wie im Zeitraffer über sie herein.

Mal ängstlich, mal amüsiert tasten sie sich durch den *American way of life*. Versuchen zu verstehen, wie Selbstbedienungsrestaurants funktionieren und worin der tiefere Sinn von Einbahnstraßen liegt. Sehen Werbung und werden süchtig danach. Träumen von Autos und Stereoanlagen. Kleiden sich neu ein und wechseln an manchen Tagen gleich dreimal den Dress.

Fast alle Kleidungsstücke sind Spenden, gesammelt von den „Lutheran Family Services", einer Gruppe kirchlicher Sozialhelfer, die vom Außenministerium in Washington ausgewählt worden ist, die Montagnards in den ersten Monaten ihres neuen Lebens zu betreuen. Die LFS haben zuvor schon Vietnamesen und Laoten angesiedelt, „doch so viele Spenden wie bei den Montagnards haben wir noch nie erhalten", erzählt Michael Strickland, Projektleiter der Lutheraner in Greensboro. „Wir wurden überschwemmt mit Kleidung, Nahrungsmitteln, Möbeln und Geld."

Schneller und unbürokratischer als andere Immigranten erhalten die früheren Dschungelkämpfer ihre neuen Papiere. Dutzende freiwilliger Helfer stehen bereit, mit ihnen einkaufen zu gehen, sie zum Englischunterricht zu fahren, Sozial- und Krankenversicherung zu beantragen, Essensmarken und Arbeitserlaubnis abzuholen. Die Montagnards sind Fünf-Sterne-Flüchtlinge.

„Amerika hat ein schlechtes Gewissen, und zwar zu Recht", sagt Michael Strickland. „Wir haben diese Menschen mit totaler Verachtung behandelt. Wir haben ihre Kultur zerstört und zu ihrer Vertreibung beigetragen. Wir haben unser Versprechen gebrochen und sie im Stich gelassen. Und das alles nur, weil wir Vietnam so schnell wie möglich vergessen wollten."

Strickland war als Green Beret in Vietnam, kommandierte dort 1000 Montagnard-Söldner. 1971 kehrte er zurück in die Heimat, wurde Zivilist. Im Herbst 1992 hörte er erstmals wieder von seinen einstigen Mitkämpfern und beschloss zu helfen. „Amerika ist auch ein Dschungel – nur ein anderer als der, den sie kennen. Hier haben die Raubtiere zwei Beine und verschenken auf Spielplätzen Schokolade an kleine Kinder."

SONNTAGMORGEN. Gottesdienst in der United Methodist Church. 120 von Greenboros Neubürgern sitzen in den Kirchenbänken, vorn die Männer, hinten die Frauen. Alle im Sonntagsstaat: Seidenkleider, Anzüge, Westen. Neben den amerikanischen Paten in Jogginganzügen und Turnschuhen wirkt mancher der ehemaligen Dschungelkämpfer wie ein Geschäftsmann.

Ha Giao Cilpam, der Prediger, steht vor dem Altar. Weißer Zweireiher, weißes Hemd, Krawatte mit Stars and Stripes. Vor seiner Ansprache bittet er alle Besucher, sich ihrem Nachbarn zuzuwenden und diesen zu begrüßen.

Oberst Y Pen Ayun ist gekommen, bis vor kurzem der militärische Führer der Gruppe, ein kleiner, rundlicher Mann von 50 Jahren, dem jetzt, da sich andere schneller als er an die neue Welt gewöhnen, die Autorität schwindet.

Und Oberstleutnant Y Hin Nie, 45, den sie ihren „Außenminister" nennen, weil er am besten englisch spricht, und der vorn an der Hammondorgel sitzt und die Gemeinde auf den Gottesdienst einstimmt.

Und H Djro Ya, eine madonnenhaft schöne Frau mit zwei Kindern, die ihre beiden Ehemänner im Dschungel verloren hat, den zweiten im April 1992, als er im Urwald von kambodschanischen Soldaten gefangen genommen und für 300 Dollar an die Vietnamesen verkauft wurde.

Und Y Ghan Eban, 32, der mit zwölf Jahren in den Dschungel ging, um sein Volk zu befreien, und der Angst hatte vor dem Töten, aber es im Kampf rasch lernte, und der jetzt abends, wenn er allein im Zimmer sitzt, traurig ist und einsam und sich nach einer Frau sehnt, aber nicht weiß, wie er sie kennen lernen soll, denn ein Mädchen hat er noch nie gehabt.

Nur Y Bhong fehlt. Er sitzt an diesem Morgen ein paar Kilometer weiter im Gottesdienst einer anderen Gemeinde. 15 Religionsgemeinschaften haben sich bei den Lutheran Family Services gemeldet, um den neuen Mitbürgern bei ihrem Start zu helfen, darunter Methodisten und Katholiken, Quäker und Baptisten. Jede Gemeinde will ihren Gläubigen einen dieser sympathisch lächelnden Fremden präsentieren, von denen so viel in der Lokalzeitung zu lesen war, und es ist schwer zu unterscheiden, was da Nächstenliebe ist und was missionarischer Eifer.

Greensboro, das ist der *bible belt* der USA: 67 Glaubensgemeinschaften, Hunderte von Gotteshäusern, Kirchen wie Backsteinburgen, verziert mit weißen Holztürmen und manikürten Rasenflächen. „Manchmal", sinnt ein Montagnard, „ist es, als wäre ein Wettkampf ausgebrochen um unsere Seelen." Einige der Neuangekommenen pilgern sonntags in drei Gottesdienste, um den Wünschen ihrer unterschiedlichen Paten zu entsprechen. Ha Giao, der Prediger, sagt: „Wir wussten nicht, dass es in diesem Land so viele Kirchen gibt, die gegeneinander streiten. Manchmal denke ich, dass sie Gottes Prinzipien nicht kennen."

Für die Kirchenältesten von Greensboro sind die Montagnards, die am Ende jedes Gottesdienstes mit dem Eifer der Bekehrten und Wiedergeborenen „Danket dem Herrn und Jesus Christ" singen, die Musterknaben der Missionierung: ein wandelnder Erfolgsbeweis, den es gilt, überall vorzuzeigen – auch wenn sich manche der neuen Mitbürger noch längst nicht so entschieden von den Yang und Kanam, den guten und den bösen Geistern im animistischen Glaubenskosmos der Hochlandvölker, abgewendet haben, wie es zunächst den Anschein hat.

„Wir haben die Montagnards aus dem Dunkel heraus zu unserem Herrn geführt", sagt dagegen Betty Mitchell. „Heute sind sie die besten Christen, mit denen ich es je zu tun hatte." Mrs. Mitchell, 70 Jahre alt, groß und energisch, war vier Jahrzehnte lang Missionarin in Südostasien. Sie arbeitete in einer Leprastation in Vietnam, lernte die Sprache der Montagnards, war während des Krieges acht Monate lang in nordvietnamesischer Gefangenschaft. Ihr Mann, 1962 von den Vietcong entführt, kehrte nie wieder zurück.

Leider, gibt sie zu, seien viele Gemeinden eifersüchtig aufeinander. „Sie schätzen es zum Beispiel nicht, dass ich mich mit diesen Menschen unterhalten kann und einen Gottesdienst in deren Sprache organisiere." Doch sei die Eifersüchtelei wohl bald vorbei, „die meisten werden schnell genug haben von ihren Patenschaften und das Interesse verlieren. They get tired of them."

Einige Tage später: Ältestenrat der wichtigsten Stämme. Zum ersten Mal seit zwei Jahrzehnten. Die 40 versammelten Männer beraten, welche Chancen es für die Gruppe gibt, in der Fremde zusammenzubleiben. Ein amerikanischer Vietnam-Veteran hat ihnen Land angeboten, auf dem sie ein Dorf errichten könnten. Zudem will die „Dega Association" in einem Brief an die Vereinten Nationen einen Sitz in der Uno fordern.

Doch ehe die Diskussion im Keller einer Kirche beginnt, kommt es zu einem Wiedersehen. Über 200 weitere Montagnards leben bereits seit 1986 in North Carolina – es sind die Überlebenden jener Gruppe, die sich 1980 abgespalten hatte, um im Ausland Waffen zu besorgen. Nach Jahren des Umherirrens in Kambodscha und Thailand waren sie schließlich von den USA aufgenommen worden.

Nicht immer ist die Begrüßung herzlich. Viele der Neuangekommenen sind verbittert, dass die erste Gruppe keinen Versuch unternommen hat, die im Dschungel Zurückgebliebenen zu benachrichtigen. „Als wir hörten, dass sie längst in Amerika leben, hassten wir sie dafür", sagt einer der Kämpfer. „Sie haben uns im Stich gelassen."

Auch Y Ghok Nie Krieng ist erschienen, einst Anführer von Fulro und Kommandant der 1980 abgespalteten Gruppe. Heute ist er Zimmermann und lange schon ohne jeden Einfluss. Er steht während der Versammlung nur einmal auf und hält eine Ansprache: immer noch ein charismatischer Redner mit abgezirkelten Handbewegungen und genau gesetzter Betonung. Doch die Männer hören nicht mehr zu. „Zuviel ist geschehen", flüstert einer. „Schlimme Dinge haben sich damals im Dschungel zugetragen."

Manchmal, unter Vertrauten, erzählen sie von Y Ghoks Regime. Von den Hinrichtungen wichtiger Offiziere, die nicht wie Y Ghok zum Stamm der Rhadé gehörten und angeblich für Vietnam spionierten. Oder von den Vorrechten, die sich manche Führer bei der Auswahl ihrer Frauen anmaßten. „Es ist beschämend, dass unsere Kommandanten nie wirklich führen konnten“, erinnert sich ein früherer Soldat. „Sie stritten immer nur um die Vorherrschaft der einzelnen Stämme. Und wer sie kritisierte, wurde irgendwann unter einem Vorwand angeklagt und exekutiert.“

Niemand spricht öffentlich von der Vergangenheit. Als würde die Erinnerung daran ihre Einheit zerstören, als hätten sie Angst, dann endgültig verloren zu sein in der Fremde. „Später werden wir darüber reden“, sagt einer, „wenn wir zurück sind in der Heimat und unseren eigenen Staat aufbauen. Dann wird die Zeit kommen, über die Verbrechen von einst zu richten.“

„Später einmal“: die magische Formel. Fast jedes Gespräch endet in diesen Tagen mit diesen Worten. Später einmal, wenn sie wieder zurück sind bei ihren Familien, zurück in den Wäldern, zurück bei ihren Geistern. Wenn sie wieder so leben wie einst. Später einmal, in ihrem eigenen Staat.

Auch die Männer der ersten Gruppe reden noch davon, zurückzukehren. „Doch wirklich ernst meint es keiner“, sagt ein Sozialarbeiter der Lutheran Family Services. „Sie haben sich zu sehr an unser Leben gewöhnt.“ Viele haben sich Häuser gekauft. Wie Y Dock Rmah, 50, früher Generalsekretär von Fulro, heute Gärtner und Babysitter. In drei Jahren sparte er 22000 Dollar zusammen und zahlte damit die erste Rate für einen Bungalow mit sechs Zimmern. Jetzt wohnt er dort mit vier Kameraden, zwischen thailändischen Wandkalendern und der Sehnsucht nach seiner Familie in Vietnam.

„Die Jahre im Dschungel waren verlorene Jahre, ein nutzloses Opfer“, sagt Y Dock Rmah. „Wir haben nichts erreicht, nur im Dreck gelebt wie die Tiere – nein, schlimmer als Tiere.“

Will er zurückkehren? Nein. „Ich werde im nächsten Monat Staatsbürger der USA.“

Abend. Y Bhong sitzt über seinen spanischen Vokabeln und lernt. Neben sich auf dem Tisch ein medizinisches Lehrbuch und das Foto einer Reklameschönheit, ausgeschnitten aus einem chinesischen Magazin. Seine eigene Frau hat er vor sieben Jahren zuletzt gesehen, als er sich zurückwagte in sein Heimatdorf und sie nach einem Gewaltmarsch von 30 Tagen heimlich in den Reisfeldern traf.

„Ich mag Amerika, weil es ein so reiches Land ist“, sagt Y Bhong. „Alles hier ist schön, die Menschen sind schön, die Frauen sind schön. Aber wie soll ich eine kennen lernen? Ich müsste ihr Geld geben, 100 Dollar oder besser noch 1000. Aber ich habe nur einen Dollar, und was würde sie dazu sagen?“

Seine Wohnungsnachbarn waren am Morgen zum ersten Mal in der Möbelfabrik; sie werden als Zimmerleute angelernt. Y Bhong ist nicht mitgefahren. „Ein stupider Job. Ich will nur halbtags arbeiten, um am Nachmittag zu lernen. Wie soll ich hier sonst je vorankommen? Ich versuche hier zu leben. Wenn ich hier nicht leben kann, dann werde ich sterben."

Amerika, das war ihre Rettung, ihre Zuflucht, ihre einzige Chance. Jetzt ist es ein Abenteuer mit ungewissem Ausgang.

„Wir sind glücklich, in Amerika zu sein", sagt einer von denen, die schon 1986 gekommen sind. „Aber wir sind auch sehr traurig."

PETER-MATTHIAS GAEDE

34 Jahre, fünf Monate, 20 Tage

Ein Putsch war sein Anfang, ein Putsch war auch sein Ende: die Karriere des Generals Alfredo Stroessner. Eine düstere Ewigkeit lang, vom 15. August 1954 bis zum 3. Februar 1989, hat er sein Paraguay beherrscht, ein Allmächtiger im Hinterhof der Weltgeschichte. Er ließ ihn mit seinem Namen pflastern und mit eisernem Besen fegen. Bis Ruhe herrschte und das wunschlose Unglück der Angepassten. Ein paar Panzer genügten, um „Don Alfredo" ins Exil zu zwingen. Doch die Täter und die Opfer der Ära Stroessner sind im Land geblieben, das Vorher und das Nachher gehören zusammen. Paraguay ohne Alfredo Stroessner – es ist das Reich des Alten. Es ist sein Erbe.

September 1988. Die Zeit steht still in Paraguay. Überall, irgendwo, ist er. Er, ein Allmächtiger, den kaum ein Sterblicher noch zu sehen bekommt. Dessen fleischliche Existenz nicht mehr bewiesen werden muss. Der in Fleisch und Blut seines Landes übergegangen ist. Er, El Excelentísimo Señor Presidente de la República General de Ejército Don Alfredo Stroessner.

Er hält die Städte besetzt, die Hügel und die Häuserwände, die Ortseingänge und den Hafen, die Landkarte und die Sonntagsreden, die Erinnerungen und die Ehrenämter.

Wie die Jahresringe seiner unanfechtbaren Herrschaft kleben die Gesichter des Don Alfredo an den Säulen im Hauptquartier seiner Colorado-Partei: Mit Stroessner bis 1958! Bis 1963! Bis 1968! Bis 1973! Bis 1978! Bis 1983! Bis 1988! Bis 1993! Und so soll es weitergehen, denn die Wahrsagerin glaubt an ihn auch im nächsten Jahrtausend. An ihn, der schon die Erleuchtung auf dem Präsidentenstuhl war, als drei Viertel seiner Untertanen das Licht der Welt, dieser von ihm geschaffenen Welt noch nicht erblickt hatten.

Die Welt des Don Alfredo: Das größte Passagierschiff auf dem Río Paraguay trägt seinen Namen und der größte Flughafen im Land, die zweitgrößte Stadt heißt wie er und der ferne Militärstützpunkt in der Ebene des Chaco. Auf dem prominentesten Denkmal über der Hauptstadt wacht Don Alfredo, und neben dem Fahrstuhl noch jedes größeren Hauses ist er eingemeißelt. Seine kleinen Augen schauen den Sekretärinnen über den Rücken und den Soldaten in den Kasernen, sie verfolgen die Passanten an der Straßenecke und empfangen die Paare im Café. Wälder sind rasiert worden, um seinen Namen in die Erde graben zu können, die schnellsten Pferde laufen um die Wette, wenn er Geburtstag hat, und in allen Postämtern werden Glückwünsche der Direktion auf die Briefe gestempelt.

Alle kleinen Schulen hat er persönlich seinen Landeskindern geschenkt, und alle großen Worte hat er seinen unsichtbaren Gegnern weggenommen, um sie auf Mauern und Dächern, über dem Heldenplatz und in den Geschichtsbüchern leuchten zu lassen und erstarren für alle Ewigkeit: „Frieden" und „Fortschritt", „Arbeit" und „Glaube", „Licht des Patriotismus" und das „Grandiose unseres Landes", „Wohlstand und Einigkeit" und „Ein Wille, ein Volk, eine Hoffnung".

War es vor 30 Jahren, oder vor 20, als sich die von eifrigen Hofschreibern gehegte Legende auf den Weg machte, der Präsident klingele morgens um vier seine Minister aus dem Schlaf, um sie zum nimmermüden Dienst am Vaterlande anzuhalten? War es das Subsekretariat für „Information und Kultur", oder war es die Abordnung der Campesinos, von der die Geschichte in Umlauf gebracht wurde, Don Alfredo liebe die einfachen Menschen und erfreue sich an einfachen Geschenken; zum Beispiel an einem Paar Socken?

Es ist nicht mehr wichtig. Denn irgendwann hat er alles gesagt, was gesagt werden kann. Hat er alles getan, was getan werden musste, hat er die Einweihungsbänder zerschnitten und die Telefonzellen eröffnet, die Jungfrau Maria aus Holz zur Wallfahrtskirche nach Caacupé geschleppt und die Hafenarbeiter gegrüßt. Irgendwann hat er alles eigenhändig erledigt, auch die Opposition.

Ein Mythos hat sich verselbständigt und führt nun ein hofiertes Eigenleben; eine mythische Gestalt arbeitet als Double des Präsidenten, und in ihrem Schutze, im Schatten hinter ihrem Rücken kann Don Alfredo älter werden und sprachlos. Die Fensterläden des Palastes sind meistens verschlossen. Und während die Rotationsmaschinen der Abendzeitungen seine immer währende Präsenz vervielfältigen, hält er Mittagsschlaf, was nur wenige wissen; und was er danach tut, wissen noch weniger. Don Alfredo lebt. Aber – in welcher Zeit?

Manchmal, vor allem in den Stunden zwischen Tag und Dunkelheit, nimmt die Stadt die Züge des Alten an; dann wirkt Asuncións Innenstadt wie das Museum einer schon untergegangenen Epoche. Eine Hinterhofdiktatur, die vergessen worden ist, 1000 spürbare Kilometer vom Meer entfernt. Aus den Wegen der kümmerlichen Parks zwischen dem Palacio López, Don Alfredos Amtssitz, und der Abgeordnetenkammer bricht das Gras. Von den Stufen am Fuß der Monumente bröckeln die Steine.

Auf der Plaza Constitución rostet ein schwachbrüstiger Beutepanzer aus dem Chaco-Krieg vor sich hin, dem ein paar geknickte Palmen Gesellschaft leisten. Zwischen den Büschen regungslose Soldaten in Regenmänteln, den Finger am Abzug der Gewehre, aber niemand ist da, der ihnen gefährlich werden könnte. Von Zeit zu Zeit kommt die Polizeikapelle vorbei, um eine Polka zu blasen oder einen Marsch. Der Kapellmeister beklagt das trübe Licht der Laternen, das seinen Männern kaum erlaube, den Noten zu folgen. Aber ohnehin hört keiner zu.

Keine Prachtstraßen, keine Achsen, auf denen das Auge des Herrschers hinausschweifen könnte ins Land. Würde er jetzt noch oben am Fenster stehen, Don Alfredo, er sähe die Lichter elender Schlammpfade im Wasser versinken, er sähe die Dächer löchriger Hütten wie kieloben treibende Boote im Río Paraguay, und fast könnte er zu ihnen hinüberspucken, denn nicht weit vom Hintereingang des Palastes beginnt, halb verschluckt vom Hochwasser des Flusses, das Reich der Armen. Dort kippen die Kinder Wein in die Cola, um sich zu besaufen.

So nahe liegt hier alles beieinander. Der Palast und der Sumpf. Die Hauptpost und die Hauptwache der Polizei, die Kammer der Deputierten, die Kathedrale und die Katholische Universität mit ihren zugemauerten Fenstern und den nackten Wänden, an denen noch kein Sprayer es je gewagt hätte, seine Hand gegen Don Alfredo zu heben. Geduckt sind alle diese Häuser, die den Platz der Verfassung wie die Kulissen einer Bretterlbühne umstehen. Kein Prunk, kein Protz, Versailles ist weit und Ceauşescus Bukarest.

Viele Stunden am Tag sieht die Bühne verlassen aus, auf der sich die Macht über Paraguay einstmals wohl noch inszenieren wollte. Es ist dann, als habe das Staatsschauspiel des Don Alfredo dem Ensemble, auch den Statisten, bereits gekündigt. Als übten die versprengten Reste der Bühnenarbeiter nur noch an einigen Szenen, deren Sinn verschlüsselt bleibt, an Szenen wie Trugbildern. In der Blumenrabatte vor dem Präsidentenpalast, in dem sich die Jahrzehnte abgelagert haben, dreht sich ein Sekundenzeiger.

Junge Männer mit kahl geschorenen Schädeln sind zu sehen, wie sie auf Knien rutschend den Boden des Palastes scheuern und den roten Teppich die Treppe zum ersten Stock hinaufrollen. Einrollen und wieder ausrollen; viel zu oft. Als gäbe es noch die Legionen erlauchter Füße, die den Weg zu Don Alfredo fänden. Aber als er sich das achte Mal zum Präsidenten hatte wählen lassen, im 34. Jahr seiner Herrschaft und darin in der Welt nur noch übertroffen von Kim Il Sung in Nordkorea, als er anstoßen wollte auf diesen neuerlichen Triumph des glorreichen Stroessnerismus – da prosteten ihm pflichtschuldigst nur niedere Chargen der fremden Mächte zu; und freundschaftlich nur Südafrikas Verfassungsminister, Taiwans Premier und ein spanischer Francist.

EIN MANN, der nicht fragt, wer der Besucher sei, öffnet die Tür und dreht das Licht an. Dies ist die Kammer der Senatoren. Dort, wo die Namensschilder an den Bänken rot sind, sitzen die Senatoren der 101-jährigen Colorado-Partei, seit 1947 nie mehr in der Opposition. Dort, bei den blauen Plastikschildern, haben die Radikalliberalen ihren Platz, und dort, wo die Visitenkarten mit Reißzwecken befestigt sind, die Liberalen: die Beifallspender für die Colorados.

Die schmiedeeiserne Treppe hinauf, im Obergeschoss des Palacio Legislativo, die Kammer der Deputierten: Die Tür ist nicht mal verschlossen, 60 dunkelrote Kunstledersitze dahinter, 40 davon für die Colorados. Auf den Tischen liegt die Haushaltsvorlage. Alles liegt hier offen, zu offen. Der Mann mit dem Schlüssel lächelt zuvorkommend. Er hat seinen Besucher durch eine Attrappe geführt, er hat nichts preisgegeben.

Denn die Gewaltenteilung mag in diesem hohlen Haus noch ihre Postadresse haben, ihre Sterbestunde hatte sie lange vor der letzten Renovierung der Fassade. Die, die im Palacio Legislativo in der Gnade des Don Alfredo groß geworden sind, haben sich ganz klein gemacht vor ihm, ihm zu Füßen gelegt, was immer er brauchte: die Verfassungsänderungen, die seine Wiederwahlen ermöglichten; das Recht, nicht nur die Minister und die Mitglieder des Staatsrates zu ernennen, sondern gleich auch noch die Herren des Obersten Gerichtshofes; das Recht, den Notstand zu erklären und die Grundrechte außer Kraft zu setzen.

Es herrscht Ruhe im Land. Die Anklagen der Menschenrechtler sind verjährt, die Suche nach politischen Gefangenen ist vergeblich geworden. Der Vorwurf, der Alte hinter den verschlossenen Fensterläden dirigiere ein blutiges Terrorregime, wirft wieder und wieder sein

Echo in alle Welt, doch den Kern von Paraguay trifft er nicht mehr. Politische Morde sind in Kolumbien tausendmal häufiger zu zählen, Verschwundene in Brasilien und Argentinien häufiger zu beweinen, Todesschwadrone in Chile oder Guatemala eher zu fürchten als in Don Alfredos Schattenreich.

Es herrscht Ruhe im unbekannten Land. Die Kommunisten, die Demokraten sind längst verfault, die der Coup des Offiziers Stroessner das Leben kostete, 1954 und in den Folgejahren. Das Blut von der Zerschlagung der Landarbeiterverbände, der Ligas Agrarias, ist im Boden versickert. Seit „El Pueblo“ und „ABC Color“ verboten wurden, gibt es keine Zeitung mehr, die verboten werden müsste. Seit Radio „Ñandutí“ geschlossen wurde, hängt über den Journalisten von Radio „Caritas“ das Gesetz 209, das ihnen drei Jahre Haft für „Beleidigungen“ verspricht.

Niemand weiß, ob nun tatsächlich jeder zweite Taxifahrer in Asunción die Gespräche auf dem Rücksitz zu den politischen Kommissaren chauffiert, ob die Straßenverkäufer ihr Zubrot bei der Polizei verdienen und die Señoritas in der Telefonzentrale das dritte Ohr in jeder Verbindung sind – aber es gehen die Gerüchte, dass es so sei. Die Angst ist der billigste Verbündete des Don Alfredo, billiger noch als Korruption.

Es mag schon sein, dass sich hinter der stolzen Zahl von angeblich über einer Million Colorados die Zwangsmitgliedschaft aller Staatsbediensteten, auch der 20000 Soldaten, Hauptstadtmilizionäre und Sonderpolizisten verbirgt, aller Ärzte an öffentlichen Hospitälern und Professoren, aller Lehrer und Richter, die etwas werden wollen. Auch soll es Zeugen geben für das Tauschgeschäft Corned beef gegen Stimmkreuz, mit dem auf den Dörfern der allgemeinen Wahlpflicht nachgeholfen werde.

Aber während die ausländischen Wahlbeobachter fast schon verzweifelt nach Betrugsmanövern fahnden, die den regelmäßigen 90-Prozent-Siegen des Caudillo zugrunde liegen, verlieren sie aus den Augen, dass der „Stronismo“ die Hände der Wähler nicht mehr führen muss, um zu gewinnen. Er hat ihre Köpfe.

Und so kursiert in den Hinterzimmern von Asunción, bei den hastigen Treffen vergessener alter Männer der Opposition, die Gewissheit: Er, Don Alfredo, ihr übermächtiger Bezwinger, würde auch freie Wahlen gewinnen. Denn „in diesem Land“, sagt einer, „sind 50 Prozent Polizisten – und die anderen 50 Prozent würden es gern sein“.

Nur noch Ausländer finden es skurril, die Grillparty mit Gästeliste beim Blockwart der Colorados anmelden zu müssen. Aber jeder Betrunkene, der einer Polizeistreife in die Arme torkelt, ahnt die Schläge auf der Wache voraus. Er schreit nicht mehr. *Mbareté*, ein Wort in der paraguayanischen Ursprache Guaraní, ein Wort für die allmähliche Zersetzung der persönlichen Widerstandskraft – über 34 Jahre unter Stroessner haben genügt für Mbareté.

Über 34 Jahre: Die Spuren vom Anfang dieser Zeit sind verwischt; was geschehen ist, ist nicht zu sehen. Die staatliche Datenbank wurde aufgelöst, der linke Priester verschwand über die Grenze, die Todesstrafe gibt es nicht, die Diktatur ist ausdrücklich für ungesetzlich erklärt, und Asunción ist eine kleine, hässliche Stadt in Lateinamerika. Mit einer gelben Straßenbahn, die im Kreis herumruckelt. Mit scheppernden Taxis, die durch das Regenwasser pflügen, koreanischen Händlern, die billige Uhren verkaufen, verschlissenen Huren auf den Bänken der Plaza Uruguaya und zwei Dutzend höheren Häusern, von denen aber viele leer stehen, seit die Hydro-Dollars, beim Bau des Itaipú-Staudamms hergelockt, wieder weggeflossen sind.

Für ein paar Stunden am Tag lebt diese Stadt, wie jede Stadt lebt, wenn die Bäcker backen, die Schlachter schlachten und Kinder über Pfützen springen. Dann marschieren Pfadfinder in die Halle der Helden, um dort Kränze anzustarren, Polizisten lugen aus Eingängen hervor, Journalisten warten am Sekundenzeiger vor Don Alfredos Palast auf das tägliche Bulletin, am Fluss werden die Kähne mit Holz und Baumwolle beladen.

Für ein paar Stunden nur – dann fällt Asunción tiefer und starrer als jede andere Metropole des Südens zurück in einen Schlaf, aus dem es nie so ganz erwacht. Lange bevor der Herrscher, als Standbild auf „Canal 13", das Programm beschließt, veröden Straßen und Heldenplätze. Als wüssten die Menschen nicht, dass der Ausnahmezustand über ihre Stadt 1987, nach einer endlos scheinenden Verlängerung über Jahre und Jahre, aufgehoben wurde. Als trügen sie ihn in sich – wie einen Normalzustand.

Teniente Stroessner mit Zigarette kniend im Feld, in Öl gemalt 1976. Holzzwillen für das Schleudern von Handgranaten. Knüppel, zur Silhouette von Gewehren geschnitzt, weil es genügend Feuerwaffen nicht gab, nur Todesmut. Die Harfe zur Stärkung der Kampfmoral. „Siegen oder sterben", „Ich suche den Tod", „Zur Kapitulation habe ich keinen Befehl", „Ich sterbe mit dem Vaterland", eingraviert in Säbel und überliefert als Parolen und letzte Worte.

Das Militärmuseum von Asunción. Vielleicht lagern hier, in dieser Asservatenkammer des Nationalgefühls, einige Erklärungen unterm

Staub, Schlüssel zur erstaunlichen Geschichte des Diktators Stroessner, der sich ein Herzstück lateinamerikanischer Erde untertan machen konnte, wie kein anderer auf dem Kontinent es je vermocht hat.

Die Geschichte des Don Alfredo Stroessner ist älter als er selbst. In ihr wiederholt sich nur, was fast genau ein Jahrhundert vor seiner Geburt begann, 1813, als José Gaspar Rodríguez de Francia den ersten Nationalkongress des aus spanischer Kolonialherrschaft befreiten Landes einberief. 1814 wurde Francia als Präsident auf fünf Jahre gewählt, doch bereits 1816 erklärte er sich zum Diktator auf Lebenszeit, zum „Supremo", dem Höchsten.

Auf das Morgen-Grauen unter Francia folgte ein kurzer Tag: die flüchtige Entdeckung ziviler Werte. Paraguay als schuldenfreie Wirtschaftsmacht. Der erste stahlverkleidete und hochseetüchtige Dampfer des Kontinents lief im Flusshafen von Asunción vom Stapel. Telegrafen, Eisenbahn, Export. 20 Jahre vor Lincoln schaffte Präsident Carlos Antonio López die Sklaverei ab. Aber als López 1862 starb, hatte er für sich selbst und seine Familie das größte Privatvermögen im Lande angehäuft, war der Bruder zum Bischof gemacht, saßen minderjährige López-Söhne auf Staatsposten, und zehnmal mehr Soldaten als zu Beginn seiner Zeit, 50000, warteten in den Kasernen.

Auf die Nacht, die hereinbrach, als Marschall Francisco Solano López, mit 19 Jahren General und Oberbefehlshaber geworden, mit 35 Präsident, 1864 Brasilien den Krieg erklärte. Er wurde zum Krieg gegen die „Triple-Alianza" aus Brasilien, Argentinien und Uruguay. Als Solano López am 1. März 1870 vom Pferd fiel, an der Spitze einer Restarmee von 480 Mann, hatten von knapp 1,4 Millionen Paraguayanern nur etwas über 200000 den Heldengang des Mariscal überlebt.

Die Nacht war lang. 40 Präsidenten in den folgenden 84 Jahren schafften es nicht, ihr Land aus dem Trauma der Solano-Hinterlassenschaft zu befreien. Als sich Stroessner dann an die Macht putschte, da waren die historischen Vorlagen für seine Biografie fertig. Da hatte der Despotismus schon Tradition, da war ein Volk an die Regentschaft halsstarriger Greise gewöhnt und an selbst ernannte Kriegsgötter, an Verrückte und Präsidenten, die ihr Land als Selbstbedienungsladen benutzten. Nur die Demokratie hatte noch keine Sekunde Vergangenheit, weshalb auch niemand wusste und bis heute weiß, wie ihr eine Zukunft zu verschaffen wäre.

Ein paar tausend Kilometer asphaltierte Straße, ein paar hundert Schulen, Gesundheitsposten und elektrifizierte Dörfer – die zivilen Errungenschaften der Ära Stroessner können es kaum sein, die das ganze Charisma des Alten erklären. Als er sich zum Führer erkor, war sein Land im vergangenen Jahrhundert – und jeder andere hätte es in dreieinhalb Jahrzehnten auch gekonnt, aus dem Nichts ein bisschen Fortschritt zu machen, Straßen und Schulen, Hospitäler und Strommasten bauen zu lassen. Don Alfredo aber vermochte viel mehr: „Hasta la muerte – bis zum Tod", brüllen die Colorados noch heute am Ende ihrer Versammlungen, als seien die bittersten Niederlagen noch immer der süßeste Sieg in Paraguay.

Es war 1965, als Don Alfredo, Herrscher über die kollektive Erinnerung, den Katastrophen-Marschall López zur „faszinierendsten Personifikation des paraguayanischen Volkes" ausrufen ließ, zu dem „mit unverwelkbarem Lorbeer geschmückten Soldaten". Don Alfredo lebt. Aber – in welcher Zeit?

ASUNCIÓN im September 1988. Es herrscht Krawattenzwang im Palast. El Excelentísimo Señor Pres. de la Rep. Gral. de Ejército Don Alfredo Stroessner sei in seinem Arbeitszimmer. Der Soldat, der hinter der Büste des Mariscal López hervortritt, um die Hälse der Bittsteller anzustarren, hat einen zerschlissenen Uniformkragen und nestelt verlegen an seinem Helm. Krawattenzwang.

Hunderte Millionen kaum verschwiegener Dollar im Jahr werden in Paraguay, dem Agrarland ohne Bodenschätze, in der Untergrundökonomie erwirtschaftet, und die Hälfte des Außenhandels im Drogentransit und im Schmuggel. Die Kapitalfluchtsumme wird auf vier Milliarden Dollar geschätzt, das Doppelte der Auslandsschulden. Ein halbes Prozent der Bevölkerung ist Herr über 60 Prozent der paraguayanischen Erde. Das Vorantreiben der „Frontera Agricola" durch die Großgrundbesitzer, die Rodung für Ackerbau und Viehzucht, frisst jährlich bis zu 200000 Hektar Wald. Ein Drittel des Holzes geht schwarz über die Grenze nach Brasilien, woher, umgekehrt, illegal Maschinen und Kaimanhäute, auch Tausende gestohlener Autos kommen, um in Asunción und Presidente Stroessner neue Besitzer zu finden. Bei der Zentralbank, beaufsichtigt von einem glühenden „Stronista", verschwanden 100 Millionen Dollar und tauchten nie mehr auf. Das staatliche Stahlwerk Acepár hat nach Expertenschätzungen einen Wert von 100 Millionen Dollar, aber 350 Millionen Dollar hat es gekostet; ein General ist der Chef.

Krawattenzwang. Aber getarnt hinter der offiziellen Kleiderordnung sind die Ärmel hochgekrempelt im Lande. Die Truppen des Caudillo, seine Offiziere, seine Verwandtschaft, die Käuflichen und die Ausverkäufer haben keine Manschetten, sich im Schutze des überlebensgroßen Führers um die besten Brocken zu balgen.

Männer wie Dr. Conrado Pappalardo, Chef des Präsidialamtes, beteiligt am Import nordamerikanischer Autos, an Banken und Wechselstuben, an einer Reifenvertretung, am Geschäft mit der künstlichen Befruchtung von Pferden und Rindern und nebenbei auch noch Vizepräsident des Viehzüchterverbandes. Oder Nicolaus Bo, Besitzer des Fernseh-„Canal 13", der Zeitung „Diario", des Hotels „Excelsior", des Monopols auf den Import US-amerikanischer Zigaretten und italienischer Autos, des Radio „Cardinal". Oder Emilio Cubas, dem die Aufsicht über die staatliche Sozialversicherung ein Schlösschen einbrachte. Oder Humberto Domínguez Dibb, Ex-Ehemann der Graciella Stroessner, Besitzer der Zeitung „Hoy", der das Privatreich seiner Fabriken, Casinos und Estancias von einem moscheeartigen Palast aus regiert. Und Alfredo junior, Gustavo und Graciella.

Selbst wenn die Interessen der Stroessner-Kinder ein wenig geheimnisumwittert sind, so wispern sich doch die Banker und die Botschafter gern zu, woran die Söhne, über Strohmänner zumindest, beteiligt seien: an Bancopar und Impopar, an Acepar und Audiopar, an Petropar und Videopar, kurz an vielen staatlichen Unternehmungen, auch am TV-„Canal 9" und, zum Beispiel, an den Beschlüssen des Bürgermeisters der Stadt Presidente Stroessner, einer Marionette, die im Bausektor und bei der Vergabe von Konzessionen aller Art von Nutzen sei.

Ihnen allen hat er reichlich gegeben, gibt noch immer, und so bauen sie an der Unsterblichkeit des Don Alfredo und scharren um die aussichtsreichsten Startpositionen für das ferne – oder doch nahe? – Leben danach. Auch deshalb riecht der kleine Palast am Ufer des Río Paraguay nach Altenheim.

Das große Geld, das unter der Obhut seines greisen Bewohners verdient werden konnte, wie auch ein ungewisser Teil der Macht sind in anderen Häusern untergekommen, unter anderen Namen. Im „Club Centenario" an der Avenida Mariscal López zum Beispiel, dem gesellschaftlichen Waschsalon des großen Geldes, wo die Ehrwürdigen und die Ordensgespickten des alten Regimes unter 200 Jahre alten Mangobäumen Walzer tanzen. Oder im kosmopolitischen Yacht- und Golf-Club, dem Parkett der geschäftstüchtigen Söhne, denen die Tennisplätze der Väter zu holprig geworden sind und denen die außenpolitische Einsamkeit des Don Alfredo zu ihrem Unwillen ungut auf die Bilanzen schlägt.

Und Staat gemacht wird auch im Jockey-Club, 1200 Mitglieder mit einem General an der Spitze, wo sonntags auf der betonnackten VIP-Tribüne an weiß gedeckten Tischen um einige Kübel Rosé herum die

Viehzüchter und die Textilunternehmer, die Baulöwen und die Bankiers den Leibarzt des Don Alfredo umringen, um sich nach der Prostata des Patriarchen zu erkundigen. Denn hinter vorgehaltener Hand wird die Befindlichkeit der operierten Drüse des Don Alfredo schon längst als Seismograph nicht nur für seine Zukunft bewertet.

Aus Siegerpokalen trinken sie Likör, und aus den Augenwinkeln schielen sie auf jenen Mann, der als zweitstärkster im Lande gilt: General Andrés Rodríguez, 64 Jahre alt, Kommandant des 1. Armeekorps, Schwiegervater des Alfredo Stroessner junior, Vizepräsident einer Brauerei, Besitzer von Ländereien und einer Metallfabrik, Mehrheitsaktionär der Wechselstuben „Cambio Guaraní", die allein ihm täglich einige tausend Dollar einbringen sollen. Sein Anwesen gleich neben der Zentralbank, so wird geraunt, habe er mit einem Bunker für 500 Soldaten unterkellert.

Den Frauen in seinem Tross ist anzusehen, dass sie „Dallas" und „Denver" für angewandte Gesellschaftslehre halten. So ist das meiste an ihnen ein wenig zu dick und ein wenig zu schmuck, als dass man sie sich im Palast des Don Alfredo gut vorstellen könnte, das Gold am Schuh und am Gürtel, am Arm und am Hals und an der Sonnenbrille. Die Augen bleiben versteckt, auch die Augen des General Rodríguez.

Sein Pferd wird nur Vierter, diesmal. Und Rodríguez, wird er Erster werden, wenn die Bulletins über Don Alfredo eines Tages für immer ausbleiben sollten? Manchmal werden solche Spekulationen auf die Reise durch die stille Stadt geschickt. Dann denken die Menschen das Undenkbare. Aber sie finden keinen Namen dafür.

Rodríguez als Präsident? Es heißt, in den USA sei er als Kandidat verbrannt, weil dort vermutet werde, er gehöre zur Elite der Drogenhändler. Oder Enzo Debernardi, den sie „Duce" nennen? Er hat Itaipú, das größte Wasserkraftwerk der Welt, mitgebaut, aber das muss den mächtigen Militärs nicht reichen, vor ihm strammzustehen. Don Alfredo junior? Niemand weiß, ob sein Rauschgiftentzug in Spanien von dauerhaftem Erfolg war. Gustavo Stroessner? Der Luftwaffenoffizier soll nicht viele Freunde haben.

Und so geben es die Menschen auch immer hastig wieder auf, an die Zukunft zu denken, die sie in der Gegenwart ohnehin nirgends sehen. Das Wetzen der Messer hören sie nicht …

AM ABEND des 2. Februar 1989 machte sich El Excelentísimo Señor Presidente de la República General de Ejército Don Alfredo Stroessner auf den Weg in die Avenida Los Aviadores del Chaco am Stadtrand von Asunción. Es war der 12591ste Abend seiner Herrschaft über das Land, und er hätte ihn wohl gern Karten spielend in diesem hübschen Häuschen seiner Geliebten verbracht, der Doña Eugenia „Nata" Legal. Stattdessen fand er, noch vor dem Morgengrauen, zwei Panzerkanonen auf sich gerichtet. Ein Offizier mit leichter Feuerwaffe ging auf ihn zu, und Don Alfredo zitterte und hob die Hände und sagte nichts. Nervöser als sonst unter den ungezählten Dekreten seiner unendlichen Regentschaft, wie ein fliehender Strich auf dürren Beinen, geriet sein Namenszug am Ende der Rücktrittserklärung, und dann fuhr man Don Alfredo in einer schwarzen Limousine davon.

Der Putsch – er war so einfach und war so schnell vorbei. Leichen weggeschafft, Autowracks abgeschleppt, Blut von den Bürgersteigen gewaschen. Jubelfeier am Pantheon der Helden, Eisverkäufer vor den zerschossenen Mauern des Leibregiments von Don Alfredo und alle Geschosshülsen in den Taschen der Souvenirjäger. Des Nachts hatten viele erst an ein Feuerwerk zu Ehren des Schutzheiligen San Blás geglaubt. Nun winkten von den Balkonen der Staats-, der Einheits-, der Karrierepartei Colorado die neuen alten Männer – jene, die im August 1987 beim Gerangel um die engsten Plätze neben Don Alfredos Thron verloren hatten. Damals hatte eine Minderheit der *militantes* die *tradicionalistas* von den Trögen vertrieben.

Vorbei. Auf dem Sessel am roten Telefon, emporgetragen von den eilig rotierenden Schmeicheleien der Medien: Andrés Rodríguez, der neue Präsident. *El illustre, flamante, pundonoroso*, der Erlauchte, der Glänzende, der Ehrliebende. Es schien so einfach und schien so schnell vorbei zu sein.

Das landesweite Abschminken der Fassaden, der Exorzismus an den Wänden der Büros beginnen noch am Morgen des 3. Februar. Plötzlich haben hunderttausende Nägel nichts mehr zu halten, haben die Tapeten helle, rechteckige Flecken, haben die Plakate ihr Gesicht verloren und der Papst auf den Postern seinen Gastgeber von 1988.

Wer noch ein Kreuz besitzt, eine Wanduhr oder eine Gebirgslandschaft, hängt sie vor das Erinnertwerden; aus den Gutnacht-Sequenzen der Fernsehprogramme verschwindet das Standbild des Don Alfredo wie durch Spuk, in der Nachmittagsausgabe des „Diario" ist zur weißen Freifläche geworden, was noch am Morgen ein Dank an den „genialen Visionär" gewesen ist.

Bei „Foto-Ramos", dem getreuen Hoflichtbildner des Stroessnerschen Clans, hat der überraschende Verlauf der Geschichte zwar besonders viele Porträts von der Wand geputscht, doch trifft „der Neue" binnen 72 Stunden ein, geht von hier aus zur Glaserei „Universal", wo sie Überstunden machen, um die vier schon vorhandenen Gesichtsausdrücke des General Rodríguez zu rahmen und auf roten Filz zu betten; 80-mal am Tag, vier, fünf Tage nach dem Putsch.

Herr Nill, einer von rund 100000 Deutschstämmigen im Lande und Möbelfabrikant, hat noch einen Schaukelstuhl für Don Alfredo auf Lager. Eine Spezialanfertigung. Zum Dank, dass ihm „der Alfred" einst vier unangenehme Buchprüfer vom Hals schaffte, indem er sie entließ. Der Schaukelstuhl wird nun nicht mehr abgeholt. Dies aber, so weiß Herr Nill, ist nicht die Zeit, an angefangene Geschichten zu erinnern, an die ungezählten angefangenen und alten Geschichten.

Es ist die Zeit des Gedächtnisschwundes, es sind die Stunden, in denen *tradición* und *traición*, Tradition und Verrat im ganzen Land nicht nur ähnlich klingen. Das Schmugglerstädtchen „Ciudad Presidente Stroessner" heißt bereits „Ciudad del Este", und für die Umbenennung war nicht mal ein Dekret vonnöten, es reichte der vorauseilende Gehorsam aller Medien, in dreieinhalb Jahrzehnten geübt. Nur der Postchef jagt sich eine Kugel in den Mund, er scheint der Einzige zu sein, der den Kleiderwechsel nicht vertragen konnte.

Asunción, wenige Tage nach dem Putsch: Auf der Avenida Mariscal López, wo die Maurer und Weißbinder die Spuren der MG-Garben tilgen und im „Club Centenario" die Bridge-Karten neu gemischt werden, läuft der Karneval, planmäßig wie jedes Jahr. Die Straße ist mit Leuchtgirlanden geschmückt, Rodríguez hat „Demokratie" versprochen, die Wahrung der Menschenrechte und Wahlen am 1. Mai. „El Pueblo", die Zeitung der sozialdemokratischen *febreristas*, darf wieder erscheinen, und 50000 kaufen die Erstausgabe.

Der Millionär Aldo Zuccolillo, nun Bruder eines frisch ernannten Ministers, rekrutiert Journalisten für seine unter Stroessner eingestellte „ABC Color"; er hätte, wie er sagt, als Alternative zu Stroessner „selbst den Teufel willkommen geheißen", und deshalb umarmt er Rodríguez und hält dessen Bruderkuss aus. Domingo Laíno, Führer der geächteten und malträtierten „Authentischen Radikal-Liberalen", dem fünf Monate zuvor Mitglieder der Colorado-Partei noch Striemen auf den Rücken geschlagen hatten, lässt sich im Hauptquartier seiner Gegner deren Erkennungszeichen, das rote Tuch, um den Hals binden, und auf die Schultern heben.

Sie wollen vergessen, auch die Opfer wollen vergessen, kommen zurück aus 30- und mehrjährigem Exil und halten es wohlwollend für eine Panne, wenn ihnen die Kradfahrer der politischen Polizei noch immer auf Schritt und Tritt folgen, oder wieder. Sie wissen, dass dem Putsch der Versuch Stroessners vorausging, Rodríguez in Pension zu schicken, und dass dessen Geldquelle, die Wechselstuben, geschlossen wurden, aber sie nehmen es hin, wenn der Präsident davon spricht, es sei ihm darum gegangen, „die Würde und die Ehre der Streitkräfte zu verteidigen und die Colorado-Partei vollständig zu einigen".

Sie halten es aus wie die Lüge von den nur 17 Toten des Putsches, wie sie es hinnehmen, wenn Luis Mariá Argaña, langjähriger Weggefährte des Don Alfredo und Vorsitzender von Stroessners Oberstem Gerichtshof, nun, zum Außenminister ernannt, davon spricht, Don Alfredo sei ein „großer Führer" gewesen, über 32, 33 Jahre, und nur am Ende ein Verführter.

Deshalb sind die Tage nach dem Sturz des Alten so friedlich in Asunción. Auch wenn rund die Hälfte der 45 Generale ausgetauscht wird. Auch wenn bei den Colorados viele gehen und noch mehr sich drehen müssen und in den Chefetagen von Zentralbank und Airline, Parteiblatt und Polizei das Stühlerücken beginnt.

Die Liste der Verhafteten ist auch am Ende der ersten Woche nach Stroessners Aufgabe klein, mit 34 Namen darauf. Die Ära des Mentors soll nicht zertrümmert werden, nur heimlich entsorgt, nicht seziert. Die untersten Schichten seiner Schränke zieht niemand ans Licht, denn dort lagern die Akten seiner Erben, die, bevor sie Stroessner über den Kopf wachsen konnten, erst groß werden mussten unter ihm, mit ihm und durch ihn.

Es sei schwer, Freiheit und Ordnung in einer Demokratie miteinander zu vereinbaren, diktiert Argaña den neuen alten Hofjournalisten in die Blöcke. Demokratie und Freiheit sind versprochen, die Ordnung aber ist bekannt. Und deshalb ist es die Ordnung, die Stunden nach dem Gefechtslärm wieder herrscht in Asunción. Die schwarz gewandeten Frauen mit der bösen Ahnung im Gesicht, die bei Radio Caritas Suchmeldungen nach ihren verschollenen Söhnen auf Band sprechen, sind schon wieder allein.

Das Krankenhaus der Sozialversicherung: Im vierten Stock liegen die Sieger, im sechsten die Verlierer. Catalino Espinola, 16 Jahre alt, von Granatsplittern getroffen in der Nacht, als nicht seine Geschichte gemacht wurde, liegt bei den Verlierern; mit fünf weiteren *soldaditos*, die sich den Panzern des Generals Rodríguez entgegenstellen mussten. Aber Catalino, der nur Guaraní versteht, hat keine Worte für das, was die Gewinner von den Verlierern unterscheiden sollte. Er ist einer von jenen vielen Kindern aus der Provinz, die mit 15 vom Vater ausgeschickt wurden, weil es bei der Verteidigung der großen, nicht zu beeinflussenden Geschichte Paraguays ein warmes Essen gab und eine Uniform. Was Catalino in der Nacht vom 2. auf den 3. Februar 1989 verteidigte, war ein Befehl. Er erzählt, dass dieser Befehl allein in seiner Kaserne 200 *soldaditos* das Leben gekostet habe.

Während der Soldat Catalino an die Decke starrt, im Grunde staunend über die Wunden an seinem Leib, noch immer fassungslos wirkend und schon wieder ahnungslos, wird draußen die Stunde null erklärt, und sie bekommt den Titel „Post-Stroessnerismus". Vier Männer, vor allem, müssen den Beweis antreten, dass nun alles anders werde. Mario Abdo Benítez, Privatsekretär des Don Alfredo: verhaftet. Ex-Innenminister Montanaro: in der honduranischen Botschaft untergekrochen. Ex-Justizminister Jacquet: verhaftet. Ex-Gesundheitsminister Jiménez: verhaftet.

Auf ihnen soll alle ohnmächtige Wut abgelagert, soll die Geschichte verbrannt werden. „Das Problem sind aber nicht diese vier Leute", sagt Benjamin Fernandez Bogato, nach dreijährigem Sprechverbot wieder am Mikrofon von Radio Caritas, „das Problem sind die vergangenen 34 Jahre. Und wir alle, die Kinder dieser Jahre."

Am 5. Februar 1989, um 15.50 Uhr, verliert Don Alfredo den Boden unter den Füßen. Steigt steil in den Himmel auf und verschwindet im Exil zwischen den Wolken.

Eine weint; eine kleine Frau im weißen Sonntagskleid. Sie schwenkt ihr feuchtes Taschentuch, hat eine stumme Verzweiflung im Gesicht und Trotz. Sie presst sich eng an die Brüstung der Besucherterrasse, reckt ihren Arm weit hinaus ins Leere, denn Don Alfredo soll sehen, dass da eine trauert um ihn und ihm hinterherwinkt mit einem weißen Tuch, gegen den Lauf der Geschichte. Es bleibt ein heimlicher Abschied. Er passt nicht ins Bild.

200 Kameras werden scharf eingestellt auf die vom Take off des *tiranosaurio* in die Höhe gerissenen Fäuste. Ein paar Dutzend junge Männer und Frauen sind zur Himmelfahrt des Don Alfredo gekommen, um ihn endlich in die Hölle wünschen zu können. So scheint vor den Objektiven und Mikrofonen ein ganzes Land, für einen Augenblick, im Taumel zu sein. „El pueblo unido jamás será vencido." Das vereinte Volk wird niemals besiegt werden, in den Abendnachrichten. „Es lebe das freie Paraguay", platzt es aus einem bislang still verharrenden Herrn heraus, zweimal, dreimal, dann geht ihm die Luft aus.

„Viva Don Alfredo Stroessner", ruft die kleine Frau und stopft ihr Schnupftuch in die Handtasche.

34 Jahre, fünf Monate, 20 Tage. Sie sind noch lange nicht vorbei.

PETRA RESKI

In Gott vereint

Du sollst nicht töten, gebietet die katholische Kirche. Doch den tiefgläubigen Ehrenmännern auf Sizilien erteilt sie ihren Segen, auch wenn sie gemordet haben. Schließlich führt man einen gemeinsamen Kampf: gegen die irdische Gerechtigkeit der Staatsmacht.

Gott ist überall", sagt Padre Frittitta. Die Kirchenluft macht benommen, sie riecht süßlich und säuerlich zugleich, sie riecht nach welken Lilien, nach gehauchten Sünden und abgestandener Luft, sie riecht nach Myrrhe, nach Absolution und nach altem Mann. Padre Mario Frittittas Schritte schmatzen über den Marmor seiner Kirche, Santa Teresa alla Kalsa in Palermo. Seine Kreppsohlen quietschen vorbei an den Heiligenstatuen mit den elektrischen Kerzen, vorbei an der Schutzheiligen Santa Teresa d'Avila, vorbei an Santa Anna, Sant'Antonio und Santa Rita, die in dieser Kirche eigentlich gar nichts zu suchen haben, aber hier abgestellt wurden für die Andacht der kleinen Leute, des niederen Volks, des *popolino*, wie Padre Frittitta entschuldigend säuselt.

Wenn er läuft, sieht man im Gegenlicht, wie seine Karmeliterkutte über den Boden schleift und etwas Staub aufwirbelt. Seine Lieblingsheilige ist die heilige Elisabeth der Dreifaltigkeit, weil sie ihn lehrte, dass Gott in uns wohnt. „Gott ist in den Bergen, im Meer und in den Bäumen", sagt Padre Frittitta. Seine Stimme klingt nach jahrhundertealtem Wispern, es ist ein heiseres Flüstern, ein Raunen ohne Echo. „Ich muss Gott nicht in den Wolken suchen", sagt Padre Frittitta, „denn ich trage ihn in mir, und das ist es, was mir Mut und Kraft gibt. Das ist es, was ich immer predige: Nehmt Gott überall mit!"

Und so hat Padre Frittitta den Herrgott auch in das Versteck des untergetauchten Mafioso Pietro Aglieri mitgenommen. Dort las er dem Killer die Messe, nahm ihm die Beichte ab und erteilte ihm die Absolution. Seither ermittelt die Justiz gegen den Karmeliterpater, und Padre Frittitta versteht die Welt nicht mehr.

Natürlich wiegt Pietro Aglieris Beteiligung an den Attentaten gegen die beiden Mafia-Richter Falcone und Borsellino auch in den Augen von Padre Frittitta schwer, ganz zu schweigen von den 13 weiteren Mordanklagen. Aber. „Aber es war richtig, dass ich dorthin gegangen bin", flüstert Padre Frittitta, „es war richtig, denn Jesus hat gepredigt: Geht hin und holt das verlorene Schaf zurück! Und so bin ich gegangen. Denn dieses Individuum musste sich ändern. Die Kirche muss diesen Menschen helfen, auch sie haben eine Würde, auch sie haben eine Seele, die man nicht mit Füßen treten soll, mit Gesetzen. Gesetze, Gesetze, natürlich, aber um was zu erreichen? Was?"

Während er spricht, gleitet sein Blick über die Bänke hin zum hölzernen Kruzifix, zur Dornenkrone, zu den Wundmalen, zu Jesus, dessen Beine glatt poliert sind von den Händen der Gläubigen, die ihn während der Osterprozessionen berührten. „Und Jesus ging den Sündern entgegen", wispert Padre Frittitta, „ja, er ging ihnen entgegen, so bin auch ich gegangen, und ich wusste, dass ich ein Risiko einging."

Die Empörung spritzt aus seinem Mund in feinen Speicheltropfen, unaufhaltbar, dicht und klebrig. Schließlich wusste doch jeder in Palermo, wie tiefgläubig die Familie Aglieri ist. Ihr Sohn glaube an Gott, beteuerte auch Pietro Aglieris Mutter nach seiner Verhaftung, er täusche nichts vor, er respektiere die christlichen Gebote, und alles, was über ihn verbreitet wurde, sei falsch. Seine Schwester lebt in einem Klausurorden, der Cousin ist Kaplan im Poliklinikum von Palermo, eine Tante ist Nonne, und Pietro Aglieri selbst besuchte das erzbischöfliche Seminar von Palermo, dem er seine Kenntnis der lateinischen und griechischen Sprache verdankt.

„Man muss diese Menschen retten", flüstert Padre Frittitta, „und es ist nicht das Gefängnis, das sie rettet, nicht die Isolationshaft, nein. Sicher, sie müssen ihr Unrecht wieder gut machen, das ist das eine. Aber die andere Sache ist doch, sie zu bekehren. Und dazu braucht es jemanden, der in ihnen übernatürliche, moralische Werte sät. Das kann doch nur die Kirche!"

Padre Frittitta stöhnt auf, als würde er noch mal alles erleben: den Polizisten, der ihn verhaftete und „Du wirst zu einem Spektakel werden!" zischte, die Blitzlichter, die ihn blendeten, als er in Handschellen aus seiner Kirche abgeführt wurde; all die Erniedrigungen, all die Kränkungen, all die Demütigungen sitzen ihm noch auf der Brust.

In den Abendnachrichten die Bilder von Pietro Aglieris Versteck mit der kleinen Privatkapelle, den Betstühlen, der Statue des San Francesco. Die Bibel, das Evangelium und die Akten des Zweiten Vatikanischen Konzils: zerfleddert und auf dem Boden verstreut. Die Zeitungen berichteten, wie Pietro Aglieri nach der Festnahme in seiner Isolationszelle Stunden im Gebet versunken verbrachte und schließlich sagte: „Ich habe vor Gott bereut." Das sagte er allerdings mehr zu sich selbst als zu dem Polizeibeamten, der die Tür geöffnet hatte und überrascht nachfragte: „Sie wollen bereuen?" Und Aglieri antwortete: „Vor Gott. Nicht vor Ihnen." Mehr hätte Padre Frittitta von ihm nicht erwartet.

Cosa Nostra hofft auf himmlische Gerechtigkeit. Die irdische verschafft sie sich selbst. Prozesse können zurechtgerückt, Richter und Politiker gekauft werden. Als Nitto Santapaola, Boss der Mafiafamilie von Catania, festgenommen wurde, ergriff er, bevor ihm die Handschellen angelegt wurden, die Bibel und küsste sie.

Und als sich Michele Greco, genannt *il papa*, während eines Prozesses wegen Hunderter von Morden zu verantworten hatte, bemerkte er lediglich: „Ich verfüge über eine unschätzbare Gabe – den inneren Frieden." In seiner Gefängniszelle lagen vier Bücher auf dem Nachttisch, mit deren Lektüre er sich die lebenslange Haft verkürzte: das Evangelium, ein Gebetbuch mit dem Titel „Betet, Betet" und zwei liturgische Bücher.

Ähnlich sieht auch die Handbibliothek des Mafiapaten Salvatore („Totò") Riina aus, der gleich nach seiner Ankunft im Hochsicherheitsgefängnis zwei Heiligenbilder am Kopfende seines Bettes anbrachte. Und der Mafiaaussteiger Leonardo Messina sagt: „Natürlich sind meine Frau und ich religiös. Man hat mir beigebracht, dass die Mafia dazu existiert, die Gerechtigkeit zu verwalten. Also besteht kein Widerspruch. Im Gegenteil, ich fühle mich eher heute wie ein Verräter. Früher, als ich ein Mörder war, ging ich entspannt in die Kirche. Jetzt, wo ich ein Abtrünniger bin, kann ich nicht mehr mit ruhigem Gewissen beten."

Die Gebote der Kirche sind die Gebote der Mafia. Allerdings haben die Gebote für sie weniger ethische als praktische Bedeutung. Gott ist dazu da, Cosa Nostra zu nützen.

Du sollst keine anderen Götter neben mir haben: Der Boss ist unfehlbar, ein padre eterno, Gottes Stellvertreter auf Erden, Herr über Leben und Tod.

Du sollst Vater und Mutter ehren: Der Erhalt der Familie geht über alles, auch über das eigene Leben. Allerdings nur so lange, wie einzelne Familienmitglieder nicht die Würde eines *uomo d'onore*, des Clans oder Cosa Nostra selbst in den Dreck treten. Eine Schwester etwa, die eine außereheliche Affäre hat, von der die ganze Stadt spricht, hat ihr Leben verwirkt.

Du sollst nicht falsch aussagen wider Deinen Nächsten: Mafiosi sind untereinander zu absoluter Aufrichtigkeit verpflichtet. Ein Ehrenmann lügt nie, er schweigt oder spricht die Wahrheit, denn seine Aufrichtigkeit ist für Cosa Nostra, die aus Gründen der Sicherheit über keinerlei schriftliche Aufzeichnungen verfügt, überlebenswichtig.

Du sollst nicht ehebrechen: Ein Mafioso darf seine Frau nicht betrügen – die Mutter seiner Kinder könnte zu einem unberechenbaren Sicherheitsrisiko werden, sollte denn die außereheliche Beziehung bekannt werden. Zudem ist eine Geliebte oft noch unbezähmbarer als eine Ehefrau. Darüber hinaus gilt ein Mafioso, von dem Affären bekannt sind, als einer, der unfähig ist, sich sexuell und gefühlsmäßig zu beherrschen – und somit auch beruflich nicht als vertrauenswürdig.

Es gibt nur ein Gebot, das Cosa Nostra nicht respektiert. Du sollst nicht töten. Doch kann ein Arbeitsauftrag Sünde sein? Ist es Sünde, wenn ein Soldat einen Feind beseitigt? Segnet der Priester nicht sogar die Soldaten, die in den Krieg ziehen? Ein Uomo d'onore tötet leidenschaftslos. Wie ein Soldat. Meist kennt er nicht mal die Namen seiner Opfer.

Töten ist für ihn Pflichterfüllung. Gegenüber seinem Staat, seinem Volk, Cosa Nostra gegenüber, der zu dienen er geschworen hat. Deren Soldat er seit jenem Augenblick ist, als er sein Blut auf das Heiligenbildchen der Santa Rita tropfen ließ, es anzündete und in der Hand hielt, bis es zu Asche zerfiel und er hörte, wie der allmächtige Padrino sprach: Jetzt gehörst Du nicht mehr zu dieser Welt. Jetzt bist Du unsere Sache. Cosa Nostra.

Mancher geht auf den Friedhof, um auf den Gräbern seiner Opfer zu beten. Nicht aus Reue, sondern mit der Überzeugung, Gerechtigkeit im Namen Gottes geübt zu haben. Schuldgefühle? „Hat ein amerikanischer Richter Schuldgefühle, wenn er einen Angeklagten zum elektrischen Stuhl verurteilt?", fragte der Mafiaaussteiger Tommaso Buscetta und erzählte die Geschichte von dem Mafioso, der jahrein, jahraus vor der Jesusstatue eine Kerze entzündete und betete: „Jesus Christus, nimm ihn! Nimm ihn zu Dir!" Aber Gott erhörte sein Flehen nicht. Also brachte der Mafioso den Gegner selbst um. Danach betete er wieder: „Lieber Gott, du hast ihn nicht gewollt, ich habe ihn dir geschickt." Und der Killer Leoluca Bagarella sagte sich vor jedem Mord: „Gott weiß, dass sie es sind, die umgebracht werden wollen. Mich trifft keine Schuld."

Seit ihren Ursprüngen bemüht sich Cosa Nostra darum, mit der Welt zu verschmelzen, in der sie lebt und aus der sie geboren wurde. Das ist für sie überlebenswichtig. Die Mafia will unsichtbar sein, sie will Teil der Gesellschaft sein. Immer schon setzte sie auf die Abneigung der Italiener gegen den Staat, und seit Jahrhunderten verkauft sie erfolgreich die Illusion, für eine höhere Gerechtigkeit zu kämpfen. Das hat sie mit der katholischen Kirche gemein, die sich auch nur sträubend der irdischen Justiz fügt.

Unauffälligkeit ist für Cosa Nostra der erste Weg zur Macht. Erst wenn ihr dieser Weg verstellt wird von Geschäftsmännern, die nicht bereit sind, das Schutzgeld zu zahlen, von unbotmäßigen Politikern, von Polizisten, Richtern oder Staatsanwälten, dann wählt sie die Konfrontation. Gezwungenermaßen. Gegen ihren Willen.

Der Bombenterror der frühen neunziger Jahre hat sich allerdings als kontraproduktiv erwiesen, denn der soziale Konsens schwand dahin. Plötzlich war es, als hätte man einen Stein angehoben. Alle konnten sehen, wie viel Ungeziefer sich unter ihm verborgen gehalten hatte. In Scharen liefen die Mafiosi zur Justiz über. Pentiti wurden die Aussteiger genannt, Reuige, obwohl sie nicht Reue, sondern die nackte Angst um ihr Überleben trieb.

Denn die Mafia des Paten Totò Riina übte den Terror nicht nur nach außen aus, sondern auch nach innen. Palermos Staatsanwälte vergleichen seinen Herrschaftsstil mit dem eines stalinistischen Diktators.

Auf diesen folgte ein demokratischer Präsident: Bernardo Provenzano, seit Riinas Verhaftung 1993 der neue Boss der Mafia, hat sich darum bemüht, in aller Stille seine Truppen neu zu ordnen. Erste Erfolge geben ihm Recht: Es gibt kaum noch Mafiaaussteiger. Die neue Mafia ist wieder unsichtbar: keine Toten – keine Mafia. Der Stein liegt wieder an seinem Platz.

Pragmatisch wie Cosa Nostra ist, hätte sie nie gewagt, die Kirche in Frage zu stellen. Italien ist auch im dritten Jahrtausend immer noch ein Land, in dem der Papst wie ein Fidel Castro täglich im Fernsehen erscheint, zu den Untertanen spricht und sie zu mehr Kindern, weniger Scheidungen, mehr Sport und weniger homöopathischer Medizin ermahnt. „Für ein Phänomen wie die Mafia, die über keinerlei intellektuelle Rechtfertigung verfügt, kann die Religion den einzigen ideologischen Apparat darstellen, auf den sie sich beziehen kann", sagt der sizilianische Redemptoristenpater Nino Fasullo.

Er sitzt in seinem kargen Büro an Palermos Peripherie, in einem einfachen karierten Hemd, und spielt mit seinem Kugelschreiber. Keine Kutte, keine Aura des Erleuchteten, kein Weihrauch. Er trägt das Etikett des „Anti-Mafia-Priesters", als sei es immer noch nicht selbstverständlich, gegen die Mafia zu sein. Weder für Priester noch für Staatsanwälte.

Der Mensch braucht Werte, selbst als Uomo d'onore. Jedes andere nach Absolutheit strebende Wertesystem, egal ob Kommunismus oder katholische Kirche, liefert seinen Anhängern nicht nur ein komplettes Weltbild, ein stramm sitzendes Korsett von Regeln und Verhaltensweisen, sondern auch ein ideologisches Fundament. Die Kommunisten rechtfertigen ihr Streben nach Macht damit, die Menschen zur Freiheit, zur Gleichheit, zur Brüderlichkeit zu führen. Zum Sieg des Proletariats, zur Abschaffung der kapitalistischen Unterdrückung. Die katholische Kirche verspricht ihren Gläubigen nichts Geringeres als Seelenheil und ewiges Leben.

Die Mafia kann ihr Machtstreben nicht metaphysisch begründen. Deshalb braucht sie die Religiosität. So schuf sie sich Gott nach ihrem Ebenbild. Den Gott des Zahn um Zahn. Den Gott des auserwählten Volkes. Den Gott, der Sodom und Gomorrha dem Erdboden gleichmachte. Einen blutrünstigen Gott.

„Es gibt keinen Mafioso, der nicht religiös wäre", sagt Pater Nino Fasullo, und seine Stimme klingt gequält. Wie viele Artikel hat er schon zum Thema Kirche und Mafia verfasst! Er seufzt.

„Wissen Sie", sagt er gedehnt, „die Kirche ist heilig und sündig zugleich. Sie ist sauber und schmutzig, schön und hässlich. In der Kirche sind wir alle. Auch die Mafia. Leider. Die Kirche ist darin verwickelt. Aber bedauerlicherweise sind nicht alle in der Kirche davon überzeugt, dass eine Opposition zur Mafia notwendig wäre."

Aber auf welche Vorbilder soll man sich berufen, wenn selbst der Erzbischof von Monreale, der größten und reichsten Diözese Siziliens, vor Gericht steht, weil er Schmiergelder bei der Vergabe von Bauaufträgen kassiert haben soll. Monreale hat auch die höchste Mafiadichte: Zum Bistum gehören die Städtchen Corleone und San Giuseppe Jato, Prizzi und Carini.

Corleone. Eine Stadt wie ein Meteorit, von einem Riesen hineingeschleudert in eine Steinlandschaft. Corleone, Stadt der hundert Kirchen. Die Chiesa Madre gleich neben dem Rathaus ist so groß, dass sich in ihr die Schritte verlieren. In ihr sollen an hohen Feiertagen alle 12000 Einwohner der Stadt Platz finden.

Seit 20 Jahren ist Pater Vincenzo Pizzitola Pfarrer der Mutterkirche. Grauhaarig, gebeugt und mit welken Zügen schleppt er sich durch die Gänge und flüchtet sich sogleich in eine endlose Beschwörung Corleoneser Heiliger, Gesalbter und Gebenedeiter: San Leoluca, Corleones Schutzpatron, der in einer Nische wacht; der Kapuzinermönch Fra Bernardo im Seitenschiff, einer der besten Fechter Siziliens, der ins Kloster ging, weil er den Tod eines Gegners nicht verwinden konnte;

San Martino, der Namenspatron der Kirche, und San Placido, der Märtyrer, der in einem gläsernen Sarkophag dämmert, jedenfalls in Teilen, ein Stück seines Schädels, seiner Arme, seines Herzens. Zusammen mit verstaubten Plastikblumen.

Corleone. Stadt der Heiligen. Den Arzt Dottor Michele Navarra erwähnt der Pfarrer nicht. Eine der vorderen Kirchenbänke trägt immer noch dessen Namensschild. Der *padrino* der Nachkriegszeit. Sein Name wurde in Corleone einst mit der gleichen Ehrfurcht ausgesprochen wie der von San Leoluca. 'U patri nostru, unseren Vater, nannten sie ihn und bekreuzigten sich. Als der kleine Giuseppe Letizia eines Tages beim Schafehüten Zeuge eines Mafiamordes wurde, ließ es sich Dottor Navarra nicht nehmen, das Kind persönlich mit einer tödlichen Injektion umzubringen.

Seit 20 Jahren läuft der Pfarrer an dieser Bank vorbei. Tagein, tagaus. „Ich weiß nicht, von welcher Bank Sie sprechen", krächzt er. „Navarra, Navarra, ich weiß nicht mal, wer dieser Navarra war, es gibt hier unzählige davon, und außerdem war ich nicht da, als diese Bank da gemacht wurde."

Die Mafia! Die Mafia! Als gäbe es nichts anderes in Corleone. „Ich möchte mich nicht dazu äußern, aber eines sollten Sie wissen: Die Anti-Mafia kann auch zu einer Form von Mafia werden!" Er schnappt nach Luft und nach seinen Worten, die seinem Mund so schnell entweichen. Er will nichts hören von den Riinas, den Provenzanos, den Bagarellas, von all den Schlächtern, die aus Corleones Schoß gekrochen sind, und deren Ehefrauen noch heute hier das Ave Maria beten.

Sonntags besucht Bernardo Provenzanos Frau die Frühmesse in dieser Kirche. *Una Signora*. Geachtet von allen, eine First Lady, der man beim Ricottakauf den Vortritt lässt. Ihr Mann? Ehrbar und arbeitsam, ein Opfer der italienischen Justiz, so beschreibt sie ihn.

„Was für eine Gerechtigkeit?", schleuderte sie einem sizilianischen Journalisten ins Gesicht. „Ich erkenne nur die göttliche Gerechtigkeit an, an Gerechtigkeit auf Erden glaube ich nicht mehr. Ich habe mich nur Gott gegenüber zu verantworten, nur er wird uns beurteilen, und er wird es unvoreingenommen tun. Nur er weiß alles, nur er sieht alles."

Seit 38 Jahren ist Bernardo Provenzano flüchtig, 15 Jahre davon lebte seine Frau mit ihm im Untergrund. Eins mit der Mafia und dem lieben Gott. 1992 kehrte sie nach Corleone zurück, ein Jahr später folgten Totò Riinas Ehefrau Antonietta und deren vier Kinder. Riina war verhaftet worden, und Bernardo Provenzano hatte die Geschäfte Cosa Nostras übernommen: der neue Gottvater.

Seine beiden Söhne sprechen fließend deutsch und englisch – die einzigen Hinweise darauf, wo die Familie Provenzano die letzten Jahre verbracht haben könnte. Mutter und Söhne kamen mit dem Taxi aus dem Nichts. Corleone nahm sie wieder auf, ohne dass jemand eine Augenbraue gehoben hätte. „Ich habe keine Angst", sagt Padre Pizzitola. Seine Stimme zittert, und dafür schämt er sich. Hastig verbessert er sich: „Ich meine natürlich: Ich habe keine Angst vor den Fragen der Journalisten."

Corleone liegt da wie ein endloser Sonntagnachmittag. Nur die alten Männer hat man auf die Straße geschickt. Verhalten gelangweilt spähen sie fremden Autokennzeichen nach. Über diese Pflastersteine haben die Bosse die Prozessionen begleitet, die Riinas, die Provenzanos, die Liggios, sie werden die Träger bezahlt haben, jene armen Teufel, die sich ein paar Lire damit verdienen, am *venerdì santo* das Kruzifix zu tragen, bis ihre Schultern voller Blasen sind – und am ersten Junisonntag die Statue der Santa Rosalia und den gläsernen Sarkophag des Märtyrers San Placido zu seinem Namensfest am ersten Sonntag im Oktober.

Manchmal haben sich die Paten nicht auf die Straße bemüht. Dann werden die Prozessionen stehen geblieben sein, um ihnen die Gelegenheit zu geben, die Heiligen mit einem unmerklichen Nicken des Kopfes zu begrüßen. „Ich ging in der Prozession neben der heiligen Annunziata", sagt der Pentito Leonardo Messina. „Wer verstehen wollte, verstand. Als ich heiratete, habe ich meiner Frau und der Mafia die Treue geschworen. Der Priester? Was sollte er schon sagen? Glauben Sie, die Priester wüssten nicht, wer die Feste der Heiligen organisierte?"

Prozessionen sind teuer, all die Girlanden, Glühbirnen, Böllerschüsse, Blaskapellen, das Feuerwerk; der Priester weiß, dass die Almosen der Armen dazu nicht reichen. Sie reichen auch nicht für den neuen Stuckfries, die neue Orgel, die neuen Kronleuchter. Cosa Nostra ist großzügig. Schließlich hofft man auf Entgegenkommen der Priesters bei Gelegenheit. Totò Riina musste auch im Untergrund nicht auf eine kirchliche Hochzeit verzichten; Don Agostino Coppola vermählte ihn im Frühling des Jahres 1974 mit seiner geliebten Antonietta und taufte jedes seiner vier Kinder.

Taufen, Hochzeiten, Kommunionsfeiern und Beerdigungen sind die wichtigsten Daten im Leben der Familie. Macht wird demonstriert und gefestigt, Blutsbande werden beschworen, neue Allianzen geschaffen mit der Wahl der Trauzeugen und Taufpaten.

Die Pracht der Geschenke, die Zahl der Gäste, die Wahl der Kirche – am liebsten lässt ein Uomo d'onore seine Kinder im Dom von Monreale taufen –, die Opulenz des Banketts, die Politiker, die sich die Ehre geben: Alles ist Botschaft, nichts ist zufällig.

Bis hin zum Silbertablett. Das zum Beispiel im Prozess gegen Italiens früheren Ministerpräsidenten Giulio Andreotti eine bedeutende Rolle spielte, weil Andreotti es laut Aussagen eines Pentito der Tochter eines Uomo d'onore, Nino Salvo, zur Hochzeit geschenkt haben soll. Der Mafioso Nino Salvo war Siziliens höchster Steuerbeamter – der reichste Mann der Insel, der sich jeden Politiker kaufen konnte.

Zu jenen Priestern, die sich weigerten, die Botschaften zu verstehen, kommen die Uomini d'onore in den Gottesdienst, entgegen ihren Gewohnheiten. Denn ein Boss stellt seinen Glauben nicht öffentlich zur Schau: Beichten und Gottesdienste sind Frauensache. Doch wenn es unvermeidlich ist, setzen sie sich in die erste Reihe und fixieren den Priester so lange, bis er begreift und sich in die Mission versetzen lässt. Will er nicht begreifen und hetzt er gar die Jugend gegen Cosa Nostra auf, so wird er mit einem Genickschuss hingerichtet wie Padre Puglisi.

Vor dem Circolo degli Agricoltori in Corleone sitzen fünf alte Männer. Alle mit der *coppola*, der sizilianischen Schirmmütze, und frischgebügelten Hemden. Zu ihren Füßen ein Korb mit Granatäpfeln. Aus dem Saal hinter ihnen dringt anerkennendes Stimmengemurmel und das klatschende Geräusch von Karten, die auf den Tisch geknallt werden. An der Wand hängt ein Schild: „Eine wohlerzogene Person flucht nicht und spuckt nicht auf den Boden."

Die Alten blicken auf die Chiesa Santa Rosalia, eine Kirche, bedrängt von halbverfallenen Barockpalästen und von Neubauten. Drinnen warten drei junge Mädchen auf Pilger, um sie zu belehren über die kunsthistorische Bedeutung des Kruzifixes, den Wert einer Leinwand, die San Giovanni Battista zeigt und einst gestohlen, aber dank der Mafia sofort wiedergefunden wurde.

Doch niemand verirrt sich in die unscheinbare Kirche. Der Pfarrer ist zum Erzbischof nach Monreale gefahren, und so vertreiben sich die Mädchen die Zeit. Wie Elfen durchstreifen sie die Kirche, steigen kichernd in die Nische, in der das Kruzifix aufbewahrt wird, verstecken sich hinter den Chorgittern, hinter denen einst die Klausurschwestern saßen, scheuchen die Tauben im Glockenturm auf, teilen sich dort eine Zigarette und lassen ein schrilles, erschöpftes Glöckchen so lange ertönen, bis die Alten vom Circolo degli Agricoltori ihre Mützen in den Nacken schieben und verwundert die faltigen Hälse zum Himmel strecken.

Santa Rosalia ist die Kirche der Riinas und der Bagarellas. Und die Kirche von Luciano Liggio, von Lucianeddu, den sie die „rote Primel von Corleone" nannten: einer, der einst hier das schöne und das schlechte Wetter machte, Ziehsohn des mächtigen Don Michele Navarra, Corleones Padrino der Nachkriegszeit. Zusammen mit Totò Riina und Bernardo Provenzano brachte Luciano Liggio die Corleonesen Anfang der achtziger Jahre erstmals an die Spitze von Cosa Nostra, die traditionell der palermitanischen Mafia vorbehalten war.

Don Michele, sein einstiger Gönner, war Liggio allerdings im Weg, weil der Alte sich weigerte, die Modernisierung der Mafia und deren Einstieg in den Drogenhandel und in das lukrative Entführungsgeschäft mitzutragen. Don Michele, ein greiser Hofhund, zu alt zum Bellen. Aber nicht alt genug, um nicht vielleicht noch beißen zu können. Deshalb wurde er in seinem Fiat von 112 Projektilen zerfetzt.

Über die Gasse sind gelbrote Girlanden gespannt. In der angestrengten Leere Corleones wirken die flatternden kleinen Wimpel wie Zeugen eines unvermuteten Ausbruches von Lebensfreude. Es sind die Girlanden vom Pfarreifest. Seit drei Tagen hat Santa Rosalia einen neuen Pfarrer, Domenico Mancuso. „Ein schöner Mann", sagen die Mädchen und seufzen, „erst 28 Jahre alt. Aber schon etwas dick. Er isst zu viel."

Der schöne Pfarrer kommt aus Prizzi und, wie es heißt, aus einer sehr frommen Familie. Sein Vorgänger war Don Girolamo Liggio; 48 Jahre lang hat er über das Seelenheil der Corleonesen gewacht, sie begleitet von der Wiege bis zur Bahre. Monsignore Liggio ist 80 Jahre alt und lebt nur wenige Schritte von seiner Kirche entfernt, bei seiner Nichte und seiner Schwester. Ein Greis inmitten eines Stilllebens aus geklöppelten Deckchen, Trockenblumensträußchen und poliertem Nussbaum. Er sei ein Corleonese *puro sangue*, sagt er stolz und blickt auf seine weißen Hände und die manikürten Finger. Seine Augen sind hellblau und beweglich in einem wächsernen Gesicht. In Corleone wurde er geboren, in Corleone wuchs er auf, in Corleone will er sterben. Ruhig, im Schlaf vom Tod überrascht.

Lucianeddu war Don Girolamos Cousin. Als der im Gefängnis starb, kämpfte Don Liggio erbittert dafür, seinem Cousin ein kirchliches Begräbnis auszurichten. Hat nicht auch das verlorene Schaf das Recht, von der Familie begraben zu werden?, fragte er damals. Aber jetzt ist sein Mund verklebt. Er fährt mit der Zungenspitze über die weißen, vertrockneten Lippen. „Sie stellen impertinente Fragen", sagt er, und eine leichte Irritaton spielt um seinen Mund. Schweigen sinkt herab wie feiner Staub. Und als seine alte Schwester Luft holt, da stößt er sie mit dem langen, dünnen Finger an. „Halt den Mund", sagt er, „das sind alles Dinge, die uns nicht interessieren."

Padre Nino Fasullo, der Redemptoristenpater, möchte schier verzweifeln im Angesicht all dieser zusammengepressten Lippen, der gesenkten Augen und verschlossenen Ohren. „Was hat sich denn schon bewegt seit den sechziger Jahren, als das Bonmot des Kardinals von Palermo, Ernesto Ruffini, berühmt wurde. Der sagte: ‚Mafia? Ist das nicht eine Seifenreklame?' Dem Vatikan gegenüber spielte er sie zur *quantité négligeable* herunter, zu einer Bande von Kleinkriminellen, von den Linken erfunden, um Sizilien, die Democrazia Cristiana und die ihr verbundene Kirche zu diskreditieren – eine Meinung, die er noch 1989 kundtat."

Inzwischen hat Johannes Paul II. alle ermahnt, er hat Moralpredigten gehalten, die Mafia als Ausgeburt des Teufels verdammt und die Mafiosi aufgerufen, sich zu bekehren – in Agrigent 1993, in Catania 1994 und in Palermo 1995. Natürlich sei all das nützlich gewesen, sagt Padre Fasullo. Eine nützliche Entrüstung. Aber. „Aber der Papst ist in Rom." Er sei nach Sizilien gekommen und habe seine Meinung gesagt. Mehr könne er nicht tun. „Doch hier folgt man dem Papst nicht. Für die Pfarrer, die Geistlichen, die örtlichen Bischöfe ist der Papst weit weg."

Bis heute gibt es nicht ein offizielles Anti-Mafia-Dokument der Kirche, auf das sich alle berufen könnten. „Tatsächlich ist die Kirche, so paradox es klingt, zum ethischen Bezugspunkt der Mafia geworden", sagt Padre Fasullo bitter. „Im Laufe der Zeit hat sich zwischen beiden ein fast blindes Vertrauensverhältnis hergestellt. Man kann vielleicht sogar sagen: Kirche und Mafia haben sich, aus verschiedenen und gegensätzlichen Gründen, in ihrem gemeinsamen Wunsch nach Konservativismus gefunden." Konservatismus, das bedeutet vor allem Antikommunismus. Die Kirche fürchtet um die Seelen, die Mafia um ihre Pfründen. Eine unheilige Allianz, die sogar den Fall der Mauer überstanden hat.

Und so verteidigen die Karmelitermönche energisch ihren Mitbruder Padre Frittitta, der dem Mafiakiller Pietro Aglieri im Versteck die Messe gelesen hat, und belehren die Staatsanwaltschaft, dass die Kirche nie gegen etwas sei, auch nicht gegen Cosa Nostra, sondern immer nur MIT: MIT den gepeinigten Seelen, MIT jedem einzelnen Sünder, den es zu retten gelte. Und in „Novica", einer der palermitanischen Kurie nahe stehenden Zeitschrift, ist zu lesen: „Auch der meistgesuchte Mafioso der Welt muss sicher sein können, dass er zu jeder Tages- und Nachtzeit einen Geistlichen finden kann, der ihn weder an die Staatsanwaltschaft noch an die Polizeipräfektur ausliefert."

Padre Fasullo hält derartige Meinungsbekundungen für reine Ignoranz. „Ist also die Beichte nicht länger das Sakrament der Gnade und des Verzeihens, der Freiheit und des Mutes, sondern das Grab der Moral?“, fragt er. „Wer hier von einem Mafioso sagt: ‚Er hat vor Gott bereut‘, hat nichts begriffen. Weder vom Sakrament, noch vom Evangelium, noch von der Kirche.“ Wer bereue, müsse vor allem vor den Menschen bereuen. Stattdessen bewirft die Kirche jeden abtrünnigen Mafioso mit Dreck und flüstert: Ist nicht die Denunziation die größte Sünde?

Für die Mutter von Giovanni Brusca ist Verrat schlimmer als Mord. Als sie erfuhr, dass ihr Giovanni den zehnjährigen Sohn eines abtrünnigen Mafioso entführt, zwei Jahre in einem Schuppen gefangen gehalten, ihn schließlich erwürgt und in Säure aufgelöst hatte, um dessen Vater zum Schweigen zu bringen, berief sie sich auf Gott und verfluchte den Vater des ermordeten Kindes als Denunzianten, als gottlose Seele. Ein Lügner sei er, wie alle anderen Kronzeugen auch.

Sie zeterte und spie Galle bis zu dem Tag, als ihre drei Söhne ihr jenen Stoß versetzten, von dem sie sich nie mehr erholt hat: Auch sie waren zur Justiz übergelaufen, und über Nacht hatten sie sich für die Mutter in Ungeziefer verwandelt, in gottlose Seelen, Lügner. Wochenlang zeigte die Mutter sich nicht im Dorf. Sie ertrug die Blicke nicht.

Heute verlässt sie das Haus nur, um in die Frühmesse zu gehen und in die Abendmesse und um sich in der Kirche die Augen auszuweinen. Diese Schande. „Ich bin in den Händen Gottes. Ich habe den Glauben“, sagt sie. Der Pfarrer von San Giuseppe Jato stand ihr in den schweren Stunden bei. Ein Wort des Bedauerns für die Morde ihrer Söhne kam ihr nicht über die Lippen.

Die Mafia stört die Kirche nicht, solange die Kirche nicht die Mafia stört. Wenn aber ihre Interessen in Gefahr sind, dann ist der Mafia auch kein Pfarrer heilig: 1993 ordneten die Brüder Graviano an, den Anti-Mafia-Priester Giuseppe Puglisi zu ermorden. „Seine Lippen öffneten sich. Er lächelte. Sanft, heiter, aber auch resigniert. Er flüsterte nur einen einzigen Satz: Ich habe es erwartet“, sagte sein Mörder Salvatore Grigoli sieben Jahre später, nachdem er 90 Morde gestanden und um ein Treffen mit dem Papst gebeten hatte.

Don Puglisi wiederum soll von der Kirche selig gesprochen werden. Die Aussage seines Mörders gilt als wichtiges Beweisstück für das kirchlische Verfahren. Padre Fasullo wundert sich über den dringlichen Wunsch der Kirche, Padre Puglisi selig zu sprechen. Noch bis vor kurzem habe sich Kardinal Pappalardo intern vehement gegen ein Anti-

Mafia-Dokument gewehrt: „Den Anti-Mafia-Hirtenbrief will man nicht. Dafür aber den Anti-Mafia-Heiligen. Das ist doch reines Schauspiel. Dann gehen wir doch lieber ins Theater."

Der Küster von Santa Rosalia zieht an dem Knotenstrick und läutet die Glocke zur Abendmesse. Die Tauben vom Glockenturm fliegen in Schwärmen davon, und der Himmel beginnt grau zu dämmern.

Langsam füllt sich die Kirche, zumeist mit Frauen, die zunächst den Rosenkranz beten. Gedämpftes Stimmengewirr, ein knarrendes Geräusch beim Niederknien vor der Madonna, ein kurzes Bekreuzigen, das mit einem auf den Daumen geknallten Kuss endet. Hier beteten alle, Schlächter und Opfer, Ellbogen an Ellbogen. Der junge Priester wird die Abendmesse gemeinsam mit seinem Vorgänger Don Girolamo zelebrieren. Die Macht der Gewohnheit. In Nomine Patris et Filii et Spiritus Sancti. Als Don Girolamo zitternd die Altarstufen hochsteigt, reicht der junge Pfarrer ihm den Arm. Die Elfen sitzen in der ersten Reihe und lächeln dem schönen Priester zu.

„Ach, Corleone", sagt der später in der Sakristei. Es riecht nach Wachs und Lavendel und verstaubten Folianten. „Es war einmal blutgetränkte Erde hier, aber das ist lange her. Heute ist die Mafia doch überall." Er hält die Arme über dem Bauch gefaltet. Sein Kopf ist jung, sein Leib bereits behäbig. „Wir wissen nicht, wer hier Mafioso ist und wer nicht", sagt er in seinem weichen, beiläufig klingenden Sizilianisch. „Und was in der Beichte gesagt wird, ist geheim. Es ist so, als hätten wir es nie gehört."

Er lächelt überlegen und streicht sich ebenso beiläufig, wie er spricht, über das Haar. „Wissen Sie, die Justiz kann uns nicht verbieten, selbst einen Mafioso zu seinem Seelenheil zu führen. Wir dürfen niemandem die Sakramente verweigern." Es war immer so, und immer wird es so sein. Der Herr sucht nach dem verlorenen Schaf, nach dem verlorenen Sohn, er vergibt den Sündern.

Ach, die Mafia. Ist nicht vielmehr der Konsum die Geißel der modernen Zeit? Seelen retten! Das ist die Aufgabe eines Pfarrers. Wenn doch nur jeder seine Arbeit machte, der Carabiniere die des Carabinieres, der Staatsanwalt die des Staatsanwalts – dann würde er auch respektiert! Il rispetto! Il rispetto! In Corleone lasse es dem Pfarrer gegenüber keiner an Achtung mangeln, niemand, kein Kind, kein Greis. Während der junge Priester spricht, nickt ihm Don Girolamo zu. Und sagt dann beglückt: „Er macht das viel besser als ich."

Als die Messe beendet ist, verschwinden die Frauen so schnell, als hätte die Gasse sie verschluckt. Der Circolo degli Agricoltori gegenüber hat bereits die hohen Flügeltüren geschlossen. Das Abendlicht lässt die Schatten zerrinnen, und Corleone ergibt sich seiner Schläfrigkeit. Don Girolamo wird von seinem jungen Nachfolger nach Hause begleitet. Er schiebt seinen Arm unter den des Jüngeren und setzt behutsam Fuß an Fuß. So gehen sie gemächlich die Gasse entlang. Beide machen ganz kleine Schritte.

RAINER FABIAN

Im Land der goldenen Früchte

Die Männer sind schwarz und kräftig und Kakaopflücker in der vierten, vielleicht schon sechsten Generation; so genau weiß das niemand. Ihre Vorfahren waren Sklaven, als sie im Osten Brasiliens die größten Kakaoplantagen der Erde anlegten. Viel geändert hat sich seither nicht. Noch immer ist der Lohn karg, noch immer sehen die Männer niemanden auf ihrer Seite als die alten Götter Afrikas, die sie beschwören in durchtrommelten Nächten.

Dies ist die Geschichte von Júlio, dem Enkel schwarzer Sklaven und Tagelöhner aus dem Hinterland von Bahia, der in seinem langen Arbeitsleben 5000 Tonnen Rohkakao mit den bloßen Füßen klumpenfrei getreten und nie ein Stück Schokolade gegessen hat.

Dies ist auch die Geschichte der „Princesa", einer Kakao-*fazenda* am Rio de Contas, die in Ruinen liegt und auf der die Landarbeiter in diesem Jahr noch einmal das Johannisfest feiern, vielleicht zum allerletzten Mal.

Ein Tag wie in einem Film von Jean Renoir: archaisches Landleben in Bahia, dem Land der Heiligen, der Dämonen und der Pistoleiros. Vor den Steinhütten der „Princesa" sitzen schwarze Frauen im Gras und schneiden sich die Fußnägel, schnippen die Splitter den Hühnern hin.

Das Unkraut vor Júlios Haus, das sonst den tief unten vorbeiraunenden Fluß vor den Blicken verbirgt, ist frisch geschnitten, damit die *bons fluidos*, die guten Gewässer, heranfließen und das Haus umspülen können, und der alte Júlio mit dem wilden, entzückten Gesicht und den greisen Augen, die schon ihre Farbe verlieren, hat ein Schwein geschlachtet. Demütig warten die Hunde, Landhunde, hässlich wie Kojoten, aber dann springen sie an den Männern hoch und lecken deren blutige Hände.

Júlio hat sich entschlossen, zum Johannisfest in seinem Haus einen *caruru* zu geben. Der Caruru ist eines der ältesten Vergnügen in Bahia, ein Ritual des *candomblé*, jener ungezwungenen brasilianischen Mischung afrikanischer und christlicher Religion. Bedarf die Familie der Freude, die sie erlösen soll von der Schwere des Lebens und von der Angst vor Krankheit und Tod, gibt man für sieben Kinder der ärmsten Familien am Ort einen Caruru.

Der alte Júlio ist aufgeregt. Die Worte, die er hat, um die Ereignisse der kommenden Nacht zu beschreiben, passen nicht, die Worte sind Exoten, sind nur ein schöner Klang. Heute Abend, sagt er, da wird *o grande sabor*, der Große Geschmack, in meinem Haus erscheinen, und du wirst sie auf ihren Maultieren, den Pick-ups und zu Fuß den Weg heraufkommen sehen, die „Revolution" aus Ipiaú.

Was Júlio meint: viele, viele Leute.

In der Nachbarschaft, da ist schon ein Wunder geschehen. Ein Dreißigtonner aus São Paulo war von einer Brücke gestürzt, war am Ufer des Flusses wie eine Blechbüchse aufgeplatzt und hatte einen Berg von Kosmetika verschüttet: Cremedosen, Seife, Eyeliner, Kartons mit Zahnseiden, Erfrischungstücher, Haarfärbemittel, Zehntausende von Talkumpuderdosen. Natürlich wurde es ein Márquezscher Karneval.

Die Plünderer kamen aus den Slums. Sie schleppten die Badelotions ab, die Cremes, die Deodorants, und noch am selben Nachmittag gingen sie an den Fluß, um sich für das Johannisfest zu waschen, wie sie sich noch nie in ihrem Leben gewaschen hatten. Shampoo-Orgie! Parfümfest! Die Kinder bewarfen sich mit Talkum, kippten es sich wie Mehl über die nackten Körper, und dann stürzten sie sich, kreischend, kreideweiß bestäubt, in den Fluss.

„Sieh sie dir an," hatte eine weiße Frau am Ufer gesagt, und ihre Stimme hatte hasserfüllt geklungen, „die Schwarzen wollen nur eines, sie wollen weiß sein, weiß wie die Weißen."

Es ist die Nacht des Caruru. An der Wand über dem Altar in Júlios Haus hängt, frisch im Rio de Contas gewaschen, die blaue Plastikdecke aus dem Kaufhaus. Die Altarfiguren sind geputzt und abgestaubt: der Elefant aus Indien, der Porzellanpudel mit den obszönen roten Hundelippen, die kleine Figur der schwarzen Madonna; und das Gemälde – ein Druck – mit dem Engel, der aussieht wie eine Hure, im Cocktailkleid aus dem Meer steigend.

Es glänzt auch die Dose mit dem Deodorant, die in dieser Nacht die kultischen Düfte verbreiten wird.

Auf dem Boden, über den noch am Mittag die Hunde, die Hühner und die Fliegen gelaufen sind, liegt jetzt ein Tischtuch, vor dem die Kinder Platz genommen haben, und das Tuch wirkt hier so fremd wie eine Coladose auf dem Mars. Es ist die riesige Nachbildung eines Basketballtrikots der Chicago Bulls. Dona Anésia, Júlios Frau, hat es auf dem Markt gekauft. Sie sahen „so groß aus“, der Bullenkopf und die Basketbälle, „so bunt und so fremd“ Und sie hatten dieses leuchtende Weiß und dieses Peperoni-Rot, und es biss in die Augen, so scharf war es, und es schien fast zu riechen wie etwas aus Afrika, nicht wahr?

Jetzt ist die Dämmerung angebrochen, die schwarzen Blitze der Fledermäuse zucken um das Haus, und das mystische Bankett der sieben Kinder beginnt. Vor jedem Kind stehen Schalen mit Okra-Gemüse, in Ingwersud gekocht, mit Bohnen, gerösteten Cashewnüssen und getrockneten Krabben. Dazu Reis, gewürzt mit dem Öl der Dendê-Palme, Kürbisbrei, Spaghetti – jede Menge Spaghetti –, ein Gläschen Rotwein und als Nachtisch ein Klacks Marmelade.

Die Kinder sind barfuß und essen mit der Hand, sie greifen in die Spaghetti, sie mampfen, sie keuchen, als würden sie etwas Verbotenes tun. Essen, essen, essen! Die Priesterin trägt ein T-Shirt von „Arctic Route“; sie tanzt, langsam und schleppend, um den Tisch der Chicago Bulls. Sie stöhnt, schreit Worte in den Raum, afrikanische Worte, Worte von bestürzender Fremdheit und Farbe. Sie schwenkt die Räucherpfanne. Rot vom Saft der Tomaten sind die Lippen der Kinder, wie von Blut verschmiert.

Eine Stunde später werden Schüsseln mit Flußwasser gebracht, denn wer den Caruru gegessen hat, der muss sich die Hände waschen. Die Frauen trocknen die Marmeladenfinger der Kinder ab und schlagen das Tischtuch um die Reste der sakralen Speisen, schleifen sie aus dem Raum. Denn dies ist ein „gut erzogener“ Caruru: Anderswo im Land gehört es zum Ritual, daß die Kinder ihre Hände und Münder an den Hosenbeinen der Erwachsenen abwischen dürfen, und sie tun es dort mit kreischendem Vergnügen.

Jetzt erst, nachdem die Kinder sich den Bauch vollgeschlagen haben, beginnt der katholische, der ausufernde Teil des Festes. Jetzt erst, so der uralte Brauch, dürfen auch die Männer und Frauen essen, essen, essen.

Um Mitternacht ist das Haus ein breughelsches Menschenknäuel: Landarbeiter, die Spaghetti löffeln, sich bekreuzigen, nassgeschwitzte Hemden auswringen, die auf den Boden stampfen und dies „Samba-Tanzen“ nennen; die das heilige Deodorant versprühen, Küchenlieder und Kirchenlieder singen – „Heilige Maria, Mutter Gottes“, singen sie, „heute will ich aber Schnaps saufen“. Durch die Räume zieht ein aufflatternder Lärm von „Ave Maria“ und Hühnergekreisch, von „Ora pro nobis“ und dem Blechgewitter der Trommeln, das Haus ist ein Kochkessel von Gerüchen, Gerüchen nach Schweiß, nach Hotelseife, nach Kinderwindeln und ausgelaufenem Kerzenwachs.

Sie singen noch, als der Tag schon graut. „Jetzt kommt der Morgen“, singen sie, „und ich muß mein Vieh einsammeln.“ Vieh? Das sind ihre Frauen und ihre Kinder, die sie jetzt zusammenrufen, und so geht der Caruru zu Ende. Man besteigt sein Pferd oder klettert auf einen der Pick-ups. Nachteulen fliegen träge vor einem her, schwere Flügelschläge, und aus der Lagune hört man die Katzenschreie der Frösche. Sie rufen den Regen herbei.

Am nächsten Tag ist das Kakaoland unter dem Rauch der Johannisfeuer verschwunden. Vor Júlios Haus, in den Straßen der Städte, entlang der Bundesstraße und in Ubatã an der Tankstelle neben den Zapfsäulen, kokeln noch die Stöße von Tropenholz. Der Asphalt ist unter den Feuern zu Pfützen geschmolzen, Qualmfäden beißen in den Himmel. Auf den grau glühenden, schwelenden Stämmen liegen Spieße mit Gedärmen, man trinkt dazu Schnaps, flippt die Schalen von Erdnüssen in die Gegend.

Júlio erzählt: Weißt du überhaupt, dass auf der Prinzessin ein Wunder geschehen ist letzte Nacht, nein? Es war wie … – wie eine Stadt vor meinem Haus! So viele Menschen. Ich bin mit den Fingern herumgegangen, und meine Finger haben es gesehen: Die Töpfe waren immer voll, und wenn es einen leeren Teller gab, dann wurde auch der leere Teller wieder voll, und das Essen ist nie weniger geworden!

Sonst ist nicht viel geschehen in dieser Juninacht, nein. Einem *fazendeiro*, einem Farmer, der nach draußen gegangen war, um frische Luft zu schöpfen, wurden drei Kinder angeboten, Mädchen, nicht älter als vier Jahre. Als Morgengabe für die kinderlose Gattin vielleicht, als künftige Hausangestellte, oder als Geschenk Gottes, je nachdem.

Nimm sie mit, hatten die Väter in der leuchtenden Dunkelheit geflüstert, in der das Johannisfeuer flackerte, die Kleine ist gesund und auch sonst ganz in Ordnung, und sie habe nicht das geringste Problem damit. „Du hast doch kein Problem damit, oder?“, hatte der eine seine Tochter gefragt. Das kleine Mädchen hatte bloß mit der Schulter gezuckt, gelangweilt. Es war ihm offenbar gleich.

Ja, das ist es, das Land des Kakao: Hügel am Fluss, und auf den Hügeln kleine Steinhäuser, und in den Steinhäusern wohnen kleine braune Menschen, die durch das große braune Land gehen mit riesigen Haumessern. Fast drei Millionen Schwarze leben in der Kakao-Region im Süden Bahias, zumeist auf einer der 25000 Kakao-Fazendas, Abkömmlinge von Sklaven, für die sich seit dem Ende der Sklaverei 1888 kaum etwas geändert hat.

Ihre Häuser sind aus Stangenholz, Lehm oder Stein – nackt wie Viehställe, die Wände schmückt nichts als das Bild eines Kandidaten oder das Gesicht des Papstes, rosig und glänzend wie Trompetenblech. Es spielen auch Kinder in dem weiten Land, spielen mit Reifen, aber die Reifen sind keine Reifen, es sind getrocknete Kuhfladen, die sie den Hügel hinunterrollen. Stirbt ein Neugeborenes, legt man es in einen Schuhkarton und vergräbt es hinter dem Haus.

Und es werden Reis und schwarze Bohnen und ein ganzes Leben lang Reis und schwarze Bohnen gegessen, und trockenes Maniokmehl, das im Magen aufquillt und den Hunger betäubt, aber auch die Verdauung ruiniert.

„Wer nur Mehl isst wie wir", sagt Júlio, „der furzt Staub." In den Kakaowäldern sprechen sie eine Sprache, die mit Brasiliens üblicher Welt der Begriffe nichts zu tun hat. *Berro* ist das Wort für den Revolver, mit dem man einen Menschen tötet; *berro* ist aber auch ihr Wort für „Schrei". Zum Nebel, der am Morgen aus den Wäldern aufsteigt, grau und schön, sagen sie „Schnee". Und „Wasser essen" nennen sie es, wenn sie *pinga* trinken, und sie empfinden es wohl auch wirklich so, hungrig, wie sie sind, dass sie den Zuckerrohrschnaps kauen, Bissen für Bissen.

Die Geschichte meines Lebens? Willst du sie kennen lernen? Da gibt es nichts zu lernen, sagt Júlio, aber ich erzähle sie dir trotzdem. Júlio wurde auf einer Kaffee-Fazenda geboren, in der Nähe eines Ortes, der „Wasserauge" heißt, wohl weil es dort einen kleinen See gibt. Sein Vater war eine Art Zimmermann, er schlug mit der Axt die *dormentes* zurecht, die „Schlafenden", wie man hier die Vierkantbalken nennt, an denen die Teeblätter zum Trocknen hängen und auch die Fledermäuse.

Júlio erzählt: Ich hatte noch nichts im Gesicht gehabt, keinen Bart, als mein Vater mir befahl, aus unserem Haus und aus seinem Leben zu verschwinden. Ich ging mit meiner Mutter und meiner Schwester zu einer Farm in der Nachbarschaft. Wir schliefen im Hühnerstall. Ich stopfte Palmenzweige in die Ritzen, um den Wind abzuhalten, und immer kamen Männer vorbei, die auf uns schossen, weil ihnen das Schießen auf Menschen Vergnügen machte. Aber sie haben uns Gott sei Dank nicht getroffen, und ich konnte jeden Morgen wieder in die *roça de cacau* zum Arbeiten gehen.

Dort, in der ungeheuren, duftenden Fäulnis des Kakaowaldes, gingen die Tage seiner Jugend dahin, im Dickicht der Blätterfäule, der

Spinnwebenfäule, und die Tage im dampfenden Kakaowald waren sein Leben lang alle gleich und unterschieden sich bis heute in nichts.

Am Morgen jeden Tages verabschiedete sich der Tagelöhner von seiner Frau, wenn er in den wuchernden Bromelienwald ging, um dort das Gesträuch mit der Machete zu lichten und die Früchte des Kakaobaumes mit der *podão*, der langen Stange mit der gekrümmten Klinge, herunterzuhacken.

„Vai com deus", sagen die Frauen hier – „geh mit Gott". Denn da könnte ein Ast, zerfleischt von der Feuchtigkeit und den Tieren, abbrechen und einen erschlagen, die Machete könnte abrutschen und den Arm aufschlitzen. Da ist die Cassaramba, eine kleine Ameise mit dem rötlichen, fast durchsichtigen Leib einer Larve, die sich in den Augenwinkeln einnistet und wie Feuer brennt. Da ist das „Tier des Kakao", die Schlange, vor allem die Jacaruçu, und „wenn du auf sie getreten bist und sie dich nicht gebissen hat, dann hat sie dir verziehen und du mußt sofort nach Hause eilen".

50 Jahre lang ist Júlio nicht nur in den Wald gegangen, er hat auch als *estufeiro* gearbeitet, auf der *estufa*, dem ofenheißen Trockendach. Mit bloßen Füßen hat er den 60 Grad heißen Brei aus Kakaobohnen und Fruchtfleisch klumpenfrei getreten. Nach einem halben Jahrhundert sind seine Füße wie alte Werkzeuge aus Holz, beschädigt, verbraucht, zerkratzt – Stigmen einer Arbeit, die seit der Sklavenzeit unverändert hart geblieben ist.

Vor wenigen Jahren noch gehörte Júlio zu den „Nichtvorhandenen" in Brasilien, zu dem Schattenheer von Tropenbewohnern, nicht existent für den Staat, weil sie keine Papiere besitzen, und oft, wie Júlio, nicht einmal wissen, wann sie geboren worden sind. An die Behörden wandte sich auch Júlio erst, als er in Rente gehen wollte; damals machte er sich auf den Weg in das zwölf Kilometer entfernte Ipiaú, in dem er seit 21 Jahren nicht mehr gewesen war. Gott, was sollte er den Herren Doktoren antworten, die ihm diese unmöglichen Fragen stellten?

Als ihn Doktor Ivan fragte, wie alt willst du sein, Júlio?, da brachte er kein Wort heraus.

Und der Monat, in dem du geboren sein möchtest? Der Monat des Karnevals vielleicht, des Samba? Such es dir aus!

O Gott, welcher Monat? Lange dachte Júlio darüber nach, und danach einigten sie sich, und so ist Júlio jetzt im Dezember geboren und 74 Jahre alt und endlich pensioniert.

CHRISTOPH KOLUMBUS war es, der die Alte Welt mit dem Kakao bekannt machte. 1502, nach seiner vierten Entdeckungsreise, brachte er dem spanischen Königshof ein Sack voll bitterer Bohnen. Cacahuatl nannten die Azteken die Kakaofrucht, Xocoatl ein Kakaogetränk, und das klang schon fast wie „Schokolade". Für die mexikanischen Indianer galt die Bohne als Währung; ein guter Sklave war ihnen, wie Historiker berichten, 100 Bohnen wert.

In Brasilien begann die Kultivierung der Kakaobohne im Jahre 1679, aber knapp 70 Jahre später erst pflanzte ein gewisser Antônio Dias Ribeiro in Bahia die ersten Schößlinge der Pés-de-cacau; natürlich hatte er keine Ahnung, dass er damit ein Imperium begründen würde.

Der Kakaobaum – und dies hat bisher die letzten Reste des Küstenurwalds gerettet – gedeiht nur im Schatten, unter den Kuppeln der riesigen, von Bromelien behangenen Tropenbäume der Mata Atlantica. Eines Waldes, der in Bahia an manchen Stellen noch aussieht wie auf Kupferstichen aus dem 17. Jahrhundert, auf denen die portugiesischen Entdecker von den Schreien der Indianer und der menschengroßen Papageien empfangen werden.

300 Jahre später hatten die großen Kakao-Fazendas ihre eigenen Arbeitersiedlungen mit Schlachthaus, Kirche und Schule, mit Friseursalons und Kino. Sie wurden von Verwaltern regiert, die für die in den Städten lebenden Großgrundbesitzer das Geld einsammelten. Es gab Fazendeiros, die nie einen Fuß auf ihre Farm setzten, und ihren Reichtum gaben die Herren des Kakao auf Reisen in Europa aus, in den Ländern der ewigen Sehnsucht aller Brasilianer.

In einem einzigen Jahrzehnt, zwischen 1977 und 1987, erbrachte der Kakao Erlöse von 7,5 Milliarden Dollar; im Süden Bahias wurden rund 18 Prozent der Weltproduktion erzeugt. Der Kakao, so meinten damals Brasilianer mit lateinischer Arroganz, sei mehr wert als das Petroleum, und das Schönste dabei sei, dass Arbeitslöhne und Produktionskosten den Gewinn nur um einen minimalen Teil schmälerten.

Der Anfang vom Ende dieses Dorado der Dritten Welt begann vor neun Jahren, als „die Pest zurückkehrte und den Süden Bahias überfiel", so die Tageszeitung „O Globo". Der erste Fund der Vassoura-da-bruxa, des Hexenbesens, ist auf den Tag genau registriert worden: Am 23. Mai 1989 wurde der Pilz in dem Örtchen Uruçuca zum ersten Mal identifiziert.

Seither hat sich der Schädling, in Ecuador und am Amazonas eine altbekannte Plage, auch im Süden Bahias ausgebreitet. Rund 70 Prozent der 667000 Hektar Kakaoplantagen sind heute von der Seuche befallen – in einer Region, in der einst 95 Prozent der brasilianischen Kakaobohnen geerntet wurden.

Anfangs lässt sich der Pilzbefall erst beim Aufschlagen der Frucht entdecken: Anstelle der hellen, cremigen Bohnentraube liegt dort ein grauer Beutel, ein schwarz verfaulter Brei. Später krümmen sich dann die Blätter zusammen, werden braun wie Rost. Noch später erkennt man das Baumsterben bereits an der deformierten Frucht – und an den Zerstörungen im Wald, der nun aussieht, als ob ein Feuer in ihm gewütet hätte.

Gegen den Flug der Sporen gibt es kein Mittel. Schon die Erschütterungen beim Abschlagen pilzbefallener Äste lassen sie frei. An der Bundesstraße 101 zum Beispiel verbreitete sich die Vassoura-dabruxa mit hoher Geschwindigkeit: Die Autos wirbelten die Sporen auf und schleppten sie mit ihren Staubschwänzen und Auspuffahnen immer weiter die Straße entlang.

Alle Versuche, der Plage Herr zu werden, sind bisher fehlgeschlagen. Selbst mit dem Entlaubungsgift „Agent orange", im Vietnamkrieg zu schrecklichem Ruhm gekommen, haben die Behörden es versucht und 87 Hektar Tropenwald vernichtet, nur eines nicht: den Pilz. Sie bestrichen die kranken Äste mit Zuckerrohrmaische, auch Rinderurin rührten sie an, und der half sogar, nur: Wie fängt man den Urin von Tausenden von Rindern auf?

Der Hexenbesen allein hat allerdings die Apokalypse im „Land der Goldenen Früchte", wie der Romancier Jorge Amado die Kakaoregion genannt hat, nicht verursacht – es kam noch etwas hinzu: die unendliche Ignoranz der brasilianischen Kakaobarone. „Wir hatten keine Ahnung, dass es so etwas wie Weltwirtschaft gibt", bekennt heute ein Fazendeiro, „das interessierte uns einfach nicht."

Kaum einer der Plantagenbesitzer investierte in die Forschung, um das Saatgut zu verbessern, um Parasiten zu bekämpfen. Niemand suchte nach neuen Trocknungsmethoden, um den Brandgeruch der trockengeräucherten Bohnen zu vermeiden. Fast keiner dachte daran, selber Schokolade herzustellen, statt nur den Rohstoff nach Europa zu verschiffen.

Für die Brasilianer, sagt der Fazendeiro Tarçisio Loch, sind die Kakaopflanzungen nichts anderes als Claims. Seit der Entdeckung Brasiliens träumen die portugiesischen Einwanderer und ihre Nachfahren von Eldorado und dessen Gold, das man nur aus den Flüssen waschen muss, und so sahen sie auch die Kakaobohnen: als Nuggets, die billige Tagelöhner nur von den Bäumen zu pflücken brauchten.

Den größten Schock erlebten die Feudalherren im April 1995, als ein niederländisches Schiff an einer Pier des Kakaohafens von Ilhéus festmachte. Der Frachter brachte die erste Ladung Kakao aus Afrika nach Südamerika. Welch ein schmachvolles Symbol für die Tatsache, dass im selben Jahr Brasilien, seit Generationen der Welt zweitgrößter Produzent von Kakaobohnen, auf den vierten Rang zurückfiel.

Eine Fahrt durch die Region, das ist heute eine Reise durch ein Imperium in Ruinen, zum Tatort einer ökologischen Katastrophe. Da vom Hexenbesen zerfressene Kakaobäume keinen Schatten mehr brauchen, ist für die tropischen Oasen die Endzeit angebrochen: Der Wald der Jequitibás, Jacarandás und auch der Jaca-Bäume, an deren Stämmen bittersüße Früchte wachsen, weich und wie Kuheuter groß, wird heute von Holzfirmen geschleift und zu Weideland gerodet.

Die große Zeit ist auch für die Fazenda „Princesa" vorbei, auf der einst ein Schwarzer in die Pedale trat und das Flusswasser für die Herrschaften ins Badezimmer pumpte. Die Früchte des Kakao wuchsen hier noch Ende der achtziger Jahre so üppig, dass man die übervollen Äste abstützen musste. Selbst in schlechten Jahren ernteten die Männer 150 Tonnen Bohnen im Wert von 750000 Dollar, und im Herrenhaus prunkten lange Zeit mahagonibraune Möbel und europäisches Geglitzer: geschliffene französische Gläser, holländisches Porzellan, Lüster aus Italien.

Und der Patron, der empfindsam war und gebildet, hatte Zeit für Extravaganzen: Immer freitags, wenn die Arbeiter zum Lohnauszahlen angetreten waren, las Senhor Alfredo aus seinen eigenen Gedichten – erinnert sich noch einer daran? Weiß noch irgendjemand, welche Verse der Patron vorgetragen hat?

War es vielleicht das Gedicht „Illusion" aus einem jener Bändchen, die heute in einem Verschlag des Herrenhauses liegen? Oder Senhor Alfredos Sonett „Ewige Liebe"?

Niemand mehr da, der darauf antworten könnte. Denn der Patron hat die Fazenda aufgegeben, wohl aus Desinteresse an dem Land, seit es keine Dividende mehr abwirft. Vor ein paar Jahren noch besaß er sechs Fazendas; dazu 1500 Kühe, mehrere Orangenplantagen, Appartements in Salvador, Bauland in der Nähe des Strandes von Rio de Janeiro.

Inzwischen sind fast alle Kühe und die Hälfte der „Princesa" verkauft; von den 120 Kakaoarbeitern 114 entlassen. 1997 haben die restlichen sechs Arbeiter der Prinzessin gerade noch 150 Kilo Kakaobohnen ernten können, ein Tausendstel der einstigen Produktion. Einmal im Monat schickt der Patron, den schon seit Jahren niemand mehr auf der Fazenda gesehen hat, einen Boten mit dem Lohn für die sechs Getreuen – und dies wohl nur aus Furcht, landlose Bauern könnten andernfalls sein „unproduktives“ Land besetzen.

Doch nicht nur die Produktion ist zurückgegangen – auch die Preise sind eingebrochen: von 5000 Dollar pro Tonne Kakaobohnen auf 1700 Dollar. In den letzten Jahren haben Hunderttausende von Pflückern ihre Arbeit verloren. Sie mussten mit ihren Familien die Fazendas verlassen, strandeten in den Slums der Städte oder blieben in ihren Hausruinen wohnen, verängstigt, allein gelassen, ratlos, apathisch. So findet im Süden Bahias ein soziales Drama statt, das unter all den Landfluchten und Hungerwanderungen des kontinentgroßen Landes allerdings kaum jemandem auffällt.

Wer die „Princesa“ verlassen musste, der ist in das Riesenland emigriert. Nach São Paulo vielleicht, in das Millionenasyl der brasilianischen Arbeitslosen. Oder in eine der räudigen Kleinstädte des Umlands, wo sich die Pfahlbauten an die Uferböschungen klammern, zwischen Straße und Fluss, in den die Abwässer gekippt werden und der ganze Unrat der Städte.

Über diese Behausungen war vor wenigen Jahren die Cholera hereingebrochen; man erinnert sich in der Stadt Jitaúna noch gut daran, an die Prozession der „wandelnden Kadaver“. Das Hospital hatte neue Patienten abgewiesen, weil es keine freien Betten mehr gab, und so wandelten die Kranken, mit der Infusionsnadel im Arm und von Angehörigen begleitet, die den Tropf hochhielten, den Krankenhaushügel hinab in die Stadt.

In Ubatã, einer Kleinstadt am Rio de Contas, wo nun 50 Prozent der Menschen ohne Arbeit sind, erblickt man Genre-Szenen wie aus dem Mittelalter. Frauen waschen Gedärme im Abwasserfluss, verkaufen sie an die Restaurants auf dem Wochenmarkt. Männer stehen bis zu den Hüften im Wasser, schaufeln Flusssand in Kanus, gewaschenen Sand, der gut ist zum Anmischen von Mörtel. Kinder schlagen mit dem Hammer tonnenschwere Felsbrocken zu Kies. Für einen großen Blechkanister voll der fingerkuppengroßen Stücke zahlen die Aufkäufer 50 Centavos, 80 Pfennig.

Und dann ein Boot, gefüllt mit stinkenden Tierknochen, das zur Flussmitte hin gestakt wird, sich auf eine Flussinsel und das schwarze Geflatter und Gekreisch der Geier zubewegt. Die Urubús werden in den nächsten Tagen mit ihren Schnäbeln die Rippen porzellanweiß hacken, dann wird der Mann mit dem Boot sie wieder abholen und in die Fabriken am Fluss schippern, wo sie zu Tierfutter verarbeitet werden, zu Kämmen, zu Fett, zu Tassen und Tellern und Abwasserrohren.

DAS HERRENHAUS der „Princesa“ – die Fenster verrammelt, die Türen verschlossen – liegt wie ein Kadaver auf der Anhöhe über dem Fluss. Die Wege zu den Plantagen sind unter dem Dickicht verschwunden, die 30 Arbeiterhäuser zu Schutt zerfallen. Verschwunden ist auch das Licht, seit der Blitz in den Transformator gefahren ist. Die Schule wurde bereits vor fünf Jahren geschlossen; Spinnenkot bedeckt die an die Wand gerückten Bänke.

Und was geschah mit den Gedichtbänden des Patrons? Mit ihnen wurde der Trockenofen geheizt. „Wer nicht weggegangen ist, der ist schon tot“, sagt Júlio, und er selbst scheint bestürzt zu sein über diesen Satz und die Einsamkeit dieses Satzes.

Da ist der alte Euclides im Nachbarhaus, dessen Frau vor einem Jahr gestorben ist, sie hatte Knoten am ganzen Körper, „aber es war nichts Medizinisches, es war Hexerei“. Da ist Natálio, der aussieht wie ein Skelett, er hustet seit Jahren jede Nacht, Tuberkulose. Da ist Tonião, eine 62-jährige Alte, die 28 Kinder zur Welt gebracht hat, von denen vier überlebten. Und da ist Isaias, der Krüppel, gelähmt an beiden Beinen.

Isaias, wie konnte das geschehen? Er ist eines Tages gestürzt, mit einem Haufen Feuerholz auf dem Rücken. Es war kein übler Sturz, aber bald darauf begannen die Beine ihn nicht mehr zu tragen. Vielleicht war es aber auch ein Wurm aus dem Rio de Contas gewesen, der sich in seinen Körper geschlichen hatte, wie ein Arzt aus Ipiaú vermutet.

„A fazenda comia minha carne“, sagt der Krüppel, der 40 Jahre auf der Princesa gearbeitet hat, und der Satz ist zum Menetekel seines Lebens geworden – „Die Fazenda hat mein Fleisch gefressen.“ Nun dämmert er schon seit neun Jahren vor sich hin. Er, der einst so große und starke Isaias, ist zusammengeschrumpft, seine Haut raschelt wie die einer Eidechse. Nie wieder hat er sein Haus verlassen, nicht einmal, um sich zu den in Rufweite wohnenden Nachbarn bringen zu lassen, denn dann stürbe er vor Scham.

Isaias Sohn Zé ist einer der sechs Männer, die noch auf der Fazenda arbeiten – für 2000 Centavos pro Woche, 30 Mark – und die damit ein Dutzend Menschen ernähren. Zé zieht Zäune, schlachtet Schweine, presst Maniokwurzeln aus, schnitzt Griffe aus Kuhhörnern für Macheten und Revolver. Er kann auch die Haare aus den Ohren der Maultiere schneiden, damit sich dort keine Zecken festbeißen.

Abends geht Zé zu dem Sperrmüllsessel vor dem Haus, in dem Isaias sitzt, nimmt seinen Vater wie eine Puppe auf den Arm und bettet ihn zur Nacht neben die Bettflasche auf die von Fliegen bedeckte Pritsche. Dort liegt Isaias dann, ein kleiner, verkrüppelter Körper, und der kleine Körper scheint nur von einem besessen zu sein: von Erinnerungen an den gewaltsamen, den brasilianischen Tod.

Isaias erzählt. Von den „goldenen Augen" auf den Haumessern – Nieten, die ein „richtiger Mann" hineinhämmert in den Griff, du weißt schon wofür, wie die Kerben in einem Revolverknauf. Von dem Mann, der in Ipiaú mit dem Esel in die Bar geritten kam und auf jeden schoss, der dort saß, weil er durchgedreht war, „aber das sind hier alle". Vom Freitag, dem Tag der Hinterhalte, an dem der Patron das Geld abholte von der Bank. Von dem Pistoleiro, der einst 16 Esel mit Kerosin belud – „schwankend unter der Last gingen sie dahin" –, um die Leichen seiner Opfer zu verbrennen.

Und weißt du, was im Kakaoland ein richtiger Talisman ist? Es ist die Kugel im Körper des Angeschossenen, die ihn – da er ja nicht daran gestorben ist – unverwundbar macht für alle Ewigkeit.

Die Phantasie der Schwarzen in Bahia ist roh und hat einen Blutgeruch. Jeder Mensch hier kennt sie und erzählt sie, die seelenzerfressenden Geschichten – und er tut dies oft genug mit einem wie von einem Glücksgefühl zerlaufenen Gesicht. Geschichten von Fröschen mit zugenähtem Maul, von Geistern hinterhältiger Frauen, die, wie Júlios Frau es gesehen hat, nachts durch das Haus gehen, von fremden Todesqualen, die man ganz beiläufig, bei einem Bier, beschreibt. Und überall Menschen, „die nicht mehr allein sind" – also besessen: Nachbarn, die nichts lieber tun, als das Leben des anderen zur Hölle zu machen, hexenhafte Frauen, die die Kraft des *olho grande* besitzen, des bösen Blicks, und des Totenfingers, mit dem sie auf dich deuten.

Der Pflücker Biló erzählt: Der alte Berto, der einst die Rotte der Arbeiter auf der „Princesa" befehligte, mußte nur ein Wort aussprechen, und fünf *léguas* entfernt, 25 Kilometer, griff sich einer vor Schmerzen ans Herz. Berto konnte sich verwandeln, zu einem Baumstamm werden, zum Gebüsch, zu Staub. Wenn auf ihn geschossen wurde, dann schlug er die heranfliegenden Kugeln mit der Machete weg, und sie prallten ab wie Splitter. Oh, das waren noch schöne Zeiten, an jedem Wochenende sind auf den Fazendas die „Betten" rausgegangen.

„Bett", das ist ein anderes Wort für „Sarg". Doch das alles sind nicht nur die phantasieanregenden Gerüchte und Angstmythen der Analphabeten, es ist Teil des blutigen Alltags in einem Hinterland, das noch vor wenigen Generationen das Land der Herren und der Sklaven war.

Der Fazendeiro Tico zum Beispiel, Nachbar der „Princesa" und Schrecken der Landarbeiter am Rio de Contas, hatte einen Schrank, in dem wunderbar verzierte Peitschenstöcke standen. Und wer es nur wagte, eine einzige Kakaobohne gegen den Durst in den Mund zu stecken, der wurde an einen Baum gebunden, ausgepeitscht und fotografiert. Tico besaß eine ganze Sammlung solcher Folterfotos.

Den Sadisten anzuzeigen hat niemand gewagt, und es gab Gründe dafür, zum Beispiel diesen: Einer der Arbeiter hatte gekündigt und noch Lohn zu bekommen, und als er auf diesem Lohn bestand, griff der Fazendeiro zu seiner Winchester, steckte die Geldscheine in den Lauf und richtete das Rohr auf die Brust des Tagelöhners. Nimm es, wenn du dich traust!

Im Jahr 1990 lauerte jemand dem Fazendeiro in einer Kurve der Bundesstraße hinter der „Princesa" auf und erschoss ihn aus nächster Nähe mit einer Kalaschnikow. „Sein Gesicht flog in den Wald", so erzählt man sich, und der Jubel kannte kein Ende. Acht Tage lang gab es jede Nacht ein Freudenfeuerwerk, und es war ein schönes, ein wirklich schönes Fest.

EINE WOCHE NACH der Johannisnacht hat sich der Rauch der Tropenholzfeuer verzogen, Nebel liegt auf den bewaldeten Hängen nördlich von Ipiaú. Es ist Sonntagmorgen, und auf dem Land ist es jetzt Zeit, sich die Zähne ziehen zu lassen.

Warum sie das nicht vor dem Fest getan haben? Weil sie in der letzten Juniwoche jede Menge Frauen verführen und jede Menge Fleisch essen wollten …

Da kommt er nun, und er ist wie der Schnapspriester von Graham Greene, ein zarter, leidend aussehender Mann in Gummisandalen, mit vom Straßenlehm verklebten Füßen und einem Achttagebart im spöttischen Gesicht: Marlon da Cruz de Deus, der ewig betrunkene „Zahnarzt" – zu Besuch in der „Lagoa dos Patos", der Entenlagune, tief versteckt in den Wäldern des Kakao.

Hier gibt es viele dieser Zahnbrecher, die Hausbesuche machen oder wie Scherenschleifer durch die Gegend tingeln. Denn der Dentist in der Stadt ist zu teuer und Zahnziehen somit die einzige Möglichkeit, die rasenden Schmerzen loszuwerden.

„Marlon-vom-göttlichen-Kreuz", der Mann mit dem von der Sucht verwüsteten Gesicht, kann ohne Alkohol nicht mehr leben. Oft ist sein Honorar eine Flasche Jenipapo-Likör, und es kommt auch vor, dass er einen Monat lang nicht arbeiten kann, weil er seine „Eisen" in einer Kneipe verpfändet hat. Einmal haben ihn die Landarbeiter an einem Kakaobaum festgebunden, damit er sich in der Nacht vor seinen Operationen nicht sinnlos betrank.

Das Wort „Hygiene“ kennt Marlon, dem ein Onkel vor 20 Jahren das rohe Handwerk beigebracht hat, nicht. Die Nadel der Spritze reinigt er nach jedem Einstich mit den Fingern, wischt sie an seinem Achttagebart oder seinem Zweiwochenhemd ab.

Leute, sagt Marlon zu den Umstehenden, diese Spritze ist eine Wegwerfspritze! Und er sagt es so, als wäre das ein Markenname wie Coca-Cola. Und so etwas Schönes – vermutlich Importiertes! – ist natürlich viel zu schade zum Wegwerfen, und deshalb benutzt er die Spritze immer wieder.

So geht auch dieser Tag dahin, aber am Ende haben sich doch alle irgendwie amüsiert, nicht wahr? Die Männer haben gequält gelächelt, das Gesicht zu einem Machogrinsen verzogen, und das Wunden verschließende Salzwasser und den Zuckerrohrschnaps in sich reingekippt. Einer hat sich – es gab dafür Mengenrabatt – gleich alle Zähne auf einmal ziehen lassen, denn so wird er „nie wieder ein Problem damit“ haben. Und am Zaun haben die Gaffer, die Hunde und die Pferde gestanden und auf die Blutpfützen gestarrt, und das ist es dann gewesen, das Ende des Johannisfestes in diesem Jahr.

Oh, und dann hat Júlio, der Alte mit dem wilden, entzückten Gesicht, davon gesprochen, wie er doch noch den Geschmack von Schokolade gespürt hatte, an jenem Tag, als er nach Ipiaú gefahren war, um über seinen Geburtstag zu verhandeln.

Was für ein Stück Schokolade war es gewesen – ein Riegel, ein Praliné, eine richtige Tafel?

Das weiß er nicht mehr. Es war ... Schokolade eben.

Aber eines weiß Júlio noch, und daran wird er sich bis an das Ende seiner Tage erinnern, denn es war die größte Überraschung seines Lebens.

„O bicho é doce“, hat er an jenem Tag aufgeschrien: „Das Tier ist ja süß!“

ANDREAS WENDEROTH

Russland – in groben Zügen

Natürlich gehört eine gewisse Nervenstärke dazu, in einen Zug zu steigen, der sieben Tage und Nächte lang unterwegs sein wird. Die Reisenden sollten gewappnet sein. Denn gut möglich, dass zwischendurch die Heizung ausfällt. Oder einige Soldaten randalieren. Oder der Wodka ausgeht. Alles Ungemach aber wird sich ertragen lassen. Denn dies ist der Zug, der so funktioniert wie Russland. Irgendwie.

Niemand würde die beiden Damen, die den Eingang zur Wartehalle des Jaroslawler Bahnhofs in Moskau kontrollieren, aufdringlicher Freundlichkeit bezichtigen. Sie machen ihre Arbeit, vermeiden überflüssige Worte und maßen sich keine Kompetenzen an, die ihnen nicht zustehen. Auf die Frage, wann der Zug nach Wladiwostok komme, antworten sie: „Solche Details kennen wir nicht." Wohl wäre im Innern der Halle das eine oder andere Detail zu erfahren, aber ohne Fahrschein kommt dort niemand rein. Darauf achten die beiden Damen.

Auf dem Bahnhofsvorplatz sammelt ein Priestergehilfe im strömenden Regen mit der Büchse, vertreibt die Säufer, spricht von frei gewählter Dummheit und der Trunksucht als schlimmster aller Sünden. Drinnen in der Halle lesen sie billige Krimis und Liebesgeschichten von Autorenkollektiven, die sich hinter ausländischen Decknamen verbergen, weil die Bücher sich dann besser verkaufen. Über Lautsprecher wird vor Fahrkarten ungesicherter Herkunft gewarnt. Der Polizist im Streifenwagen sagt, er müsse jeden Tag etwa 20 Betrunkene in die Ausnüchterungszellen bringen. Sonst gebe es keine Probleme. „Alles okay", sagt der Polizist.

Würde er seinen Kopf ein wenig zur Seite wenden, sähe er den Mann, der 50 Meter weiter wie tot am Boden liegt. Sähe auch die beiden anderen, die ihn mit größter Unbefangenheit in aller Öffentlichkeit ausrauben, beinahe so, als könnten sie damit rechnen, dass sich der Kopf des Polizisten nicht über einen bestimmten Winkel hinaus drehen wird. Sie schauen ins Portemonnaie, in die Hosentaschen, in den Brustbeutel. Eine mongolische Vertrauensperson, mit einem Rücken so breit wie die Kremlmauer, sichert ab. Sollte jemand auf die verwegene Idee kommen, Hilfe zu holen, wird er sich diesen Menschen nicht zum Freund machen. „Alles okay", sagt der Polizist. Keine Probleme.

Einige Kilometer entfernt, irgendwo zwischen der Dunstwolke seiner Zigarette und dem Nebel seiner Worte, sitzt im grauen Anzug, mit verschränkten Armen und kühlem Blick ein Mann in seinem Moskauer Büro. Es ist nicht irgendein Mann, es ist sozusagen der zweitwichtigste von insgesamt zwei Millionen Angestellten dieses ohnehin wichtigen Ministeriums. Es ist der stellvertretende Eisenbahnminister Oleg Moschenko, der hier Fragen beantworten muss, nach deren Beantwortung ihm nicht ist. Deshalb beantwortet er nur solche Fragen, die nicht gestellt werden.

Er sagt zum Beispiel: „Wir erklären uns bereit, die Beförderungsausmaße für die Transsibirische Eisenbahn zu verdoppeln und sogar zu verdreifachen", was insofern interessant erscheint, als eben jene Ausmaße seit längerem dabei sind, sich zu halbieren. Die Zahl der Passagiere sei im Vergleich zum Vorjahresmonat zwar „nur um 14 Prozent" gesunken, was eine Art Erfolg sein muss, die der Gütertransporte jedoch offenbar stärker, denn sie ist für den stellvertretenden Eisenbahnminister momentan „nicht in greifbarer Nähe". Auch welches Budget der Transsibirischen Eisenbahn in diesem Jahr zur Verfügung steht, könne nicht nachvollzogen werden: „Das wird nicht extra ausgewiesen."

Was hingegen mit großer Verlässlichkeit gesagt werden kann: „Es gibt weltweit nichts mit der Transsibirischen Eisenbahn Vergleichbares." Und: „Der Prozess der Beförderung muss gut gesteuert werden." Die volle Tragweite der letzten Bemerkung erschließt sich erst im Zusammenhang mit der Feststellung: „Die Anzahl des Personals muss dem Umfang der zu leistenden Arbeit entsprechen" – was bedeutet, dass wegen der Krise und der Krisen davor in den letzten beiden Jahren 180000 Stellen eingespart worden sind. Überdies sei es „absolut sicher", mit der Bahn zu fahren, und wenn gelegentlich Diebstähle vorkämen, müsse dazu gesagt werden: „Im Prinzip gibt es manchmal solche Momente, aber es wird alles untersucht."

Wahrscheinlich ist es eben jene Hoffnung, die den alten Mann am Jaroslawler Bahnhof dazu bewegt, sich an der Bahnhofswache zu melden. Einsam und bestohlen steht er dort vor einer Scheibe und fragt, wie er jetzt zurückreisen soll. „Wir haben unser Gehalt schon seit drei

Monaten nicht bekommen. Wir sind keine Bank", heißt es durch die Scheibe. Und dass eine Anzeige wahrscheinlich sinnlos sei. Der Mann geht fort.

Immer spricht auf dem Bahnhof jemand hinter einer verhängten Scheibe, durch einen schmalen Sehschlitz oder gänzlich heruntergezogene Lamellen. Dies ist der Platz der Amtsperson. Eine Person, die, je nach Betrachtung, sehr langsam oder äußerst gewissenhaft arbeitet, eine Person, die freundlich angesprochen sein möchte, auch wenn sie diese Freundlichkeit nicht erwidern wird. Eine Person, von der man etwas will, und die weiß, dass man von ihr etwas will. Die mit Bedauern die derzeitige Unmöglichkeit eines gewöhnlichen Fahrkartenwunsches feststellen und jederzeit und ohne Vorwarnung den Sehschlitz schließen kann. Eine wichtige Person.

Am Behindertenschalter ist die Scheibe verspiegelt, und die Behinderten müssen mit einem kleinen Lautsprecher sprechen. Die Amtsperson erscheint nur als Stimme, aber auch die Stimme agiert mit großer Zurückhaltung, fast so, als hätte sie Angst, durch einen übermäßigen Austausch von Worten könne sich die Behinderung des Fahrgastes womöglich auf sie selbst übertragen. Die Stimme sagt „nein", „ausgeschlossen" oder nennt mechanisch eine Summe. Mit Gleichmut ertragen die Menschen die lange Warteschlange. Ein „Invalide der Arbeit" ersten Grades darf sich vorn anstellen, es sei denn, es gibt einen Invaliden, der seine Verletzung nicht im Betrieb, sondern im Großen Vaterländischen Krieg erlitten hat. Käme ein Held der Sowjetunion dazu, hätte der den Vortritt. Die Allerersten in der Schlange wären die Deputierten der Duma oder des Föderationsrates, aber die fahren natürlich nicht mit der Bahn.

„Wir haben keine großen Probleme mit Kriminalität", betont der Bahnhofsvorsteher Sergej Michailowitsch Dobrowolski, was andeuten mag, dass viele kleine auch Arbeit machen. Nun, hin und wieder würden Leute mit Schlafmitteln betäubt, die Umstände, Sie verstehen, auch die absolute Zahl der Diebstähle habe zugenommen, sicher, und neulich hätten sie sogar ihm, wie frech doch im Grunde, Autoradio und Lautsprecher gestohlen.

Aber mit Drogen zum Beispiel gebe es keine Probleme. Oder jedenfalls kaum, denn die kauft man am Bahnhof gegenüber. Die Menschen, die durch tragische Verwicklungen oder eine gewisse Neigung anderen etwas wegnähmen, seien „keine Stammdiebe", sondern solche, die hier ein Gastspiel gäben, Diebe aus der Provinz, die klauten und gleich wieder verschwänden.

Und kann man vielleicht sagen, sie, die Ordnungswächter, täten nichts? Um eine Falle zu stellen, wartet draußen die Miliz in Privatwagen mit kleinen Zetteln an den Fenstern: „Kaufe Videorecorder und Elektrogeräte“ oder auch „Kaufe alles.“ Die Diebe melden sich selten an den Autos.

Der Bahnhofsvorsteher schaut über seinen Schnurrbart auf zwei Telefone, olivgrüne Wände, ein Sofa undefinierbarer Farbe und drei Stühle, die in einer Reihe vor seinem Schreibtisch stehen, damit dort die Untergebenen seinen Ausführungen folgen können. Es unterstehen ihm 20 Bewacher, fünf für jeweils vier Schichten, nur noch halb so viele wie vor dem 1. Oktober 1998. „Die Krise“, erklärt der Vorsteher.

Wenn der Vorsteher von der Krise redet, meint er jenen Zustand, der im letzten Sommer zu einer dramatischen Abwertung des Rubels geführt hat. Der die Inflationsrate auf über 15 Prozent getrieben und die russische Wirtschaftsleistung auf beinahe die Hälfte des Niveaus von 1990 gesenkt hat. Die Krise, das bedeutet ein Bankensystem vor dem Kollaps, die schlechteste Ernte seit 40 Jahren und Steuereinnahmen, die um zwei Milliarden Rubel geringer ausfallen als vorgesehen. Die Krise, das heißt für jeden zweiten Russen ein Leben unter dem Existenzminimum, heißt 2,3 Millionen hungernde Soldaten, heißt Menschen, die Viehfutter essen.

„Eisenbahn ist wie Militär“, sagt der Vorsteher. „Je weniger du sprichst, desto länger arbeitest du hier.“ Aber dann fängt er doch an zu erzählen: dass seit 1991 die Zahl der Fahrgäste zurückgehe, die Züge verkürzt würden, einige ganz eingestellt. Täglich meldeten sich fünf bis 20 Personen, die kein Geld mehr für die Rückfahrkarte hätten. Er stellt die Anzeigen aus und schreibt ein Papier für den Zugchef, in dem er den Diebstahl bestätigt. Dem Zugchef steht es dann frei, die Leute umsonst mitzunehmen. Da er in solch einem Fall aber mit einer Kündigung rechnen muss, nimmt er in der Regel nur jemanden unter der Bedingung mit, dass der Betreffende am Endbahnhof zahlt, unterwegs Böden schrubbt, Öfen einheizt oder wenigstens keinen Ärger macht, was in der Transsibirischen Eisenbahn eine recht weitreichende Zusicherung ist.

Birkenlaub wirbelt auf, als der Zug Nummer 2 „Rossija“ den Moskauer Bahnhof verlässt. Ein blauroter Strich, der sich mit 320 Fahrgästen durch die Vorstadt hinaus ins Land schiebt. Vorbei an Gesichtern, gehärtet vom Leben, an grünen Kirchturmspitzen, Gemüsegärten und Eichenwäldern, an Seen, aus denen Autowracks ragen, an Müllbergen, verfallenen Fabriken und Mietskasernen, aneinander gereiht wie schmutzige Schuhschachteln.

Auf der Suche nach den kleinen Widrigkeiten der großen Krise werde ich mit der Transsibirischen Eisenbahn quer durch Russland fahren, gemeinsam mit einem Dolmetscher durch acht Zeitzonen, über Sümpfe und ewigen Frost, von Westen nach Osten, von Moskau bis Wladiwostok, auf der mit 9289 Kilometern längsten Eisenbahnstrecke der Erde. Sieben Tage und Nächte lang dauert die Fahrt mit der Transsib. Immer noch ist dieser Zug der Traum vieler Eisenbahnromantiker und das Kernstück des russischen Verkehrsnetzes. Aber er ist auch zum Symbol eines Staates geworden, der sich allmählich auflöst.

Knapp 1200 Rubel kostet die Reise über die gesamte Strecke in der zweiten Klasse, etwa das Doppelte der durchschnittlichen Monatsrente. In der ersten Klasse sind gar 2350 Rubel zu zahlen. Die Armen können sich die Bahn längst nicht mehr leisten. Die Mobilität ist zum Privileg der Besserverdienenden geworden. So trifft man im Zug überwiegend Händler und Geschäftsreisende und solche, die sich so nennen. Oder jene, die mit Rabatt fahren: Militärs und Bahnangestellte, Letztere vor allem in der ersten Klasse, in der es statt vier nur zwei Betten gibt.

In der ersten Klasse heißt es, in der zweiten rieche es. Vereint werden die Fahrgäste der ersten und zweiten Klasse jedoch durch die feste Überzeugung, dass es noch stärker in der dritten Klasse riecht. Aber die dritte, die so genannte harte Klasse, mit Liegesitzen ohne Abteil und Klimaanlage, wird nur bei Bedarf eingerichtet.

Ein Abteil der ersten Klasse besteht aus einem Raum mit knarzenden Plastikwänden, zwei rechteckigen Spiegeln und einem Tisch, der die Liegen trennt. Ferner gibt es eine große Neonröhre und zwei kleinere rechts und links, über denen messinggerahmte Bilder mit pflügenden Bauern und Landschaften von öliger Schönheit russische Gemütlichkeit zaubern. „Falls die Klimaanlage funktioniert, sind die Fenster geschlossen", sagt der Schaffner. Leider sind sie aber keineswegs immer offen, wenn die Anlage nicht funktioniert. Auf dem Tisch steht eine chinesische Vase mit russischem Wappen, daneben liegt eine in den „Bolschewik"-Werken gefertigte Erdbeerwaffel mit dem Namen „Eine besondere Laune", so gut verpackt, dass man beim Versuch sie freizulegen, durchaus schlechte bekommen kann.

Unter „chinesischer Wäsche" versteht man einen Vorgang, bei dem die Bettwäsche nicht gewaschen, sondern aus Kostenersparnis oder Bequemlichkeit lediglich befeuchtet wird. Das gebrauchte Laken wird in diesem Fall einfach mit der Hand geglättet und wieder zusammengefaltet. Ein zuverlässiges Indiz für dieses bewährte Verfahren ist, wenn die Wäsche noch etwas feucht wirkt. Letzte Sicherheit bietet ein Blick auf das Laken.

Unter der Erdbeerwaffel befindet sich die Transportzeitung der Eisenbahn, „Gudok", der „Pfiff" – eine Pflichtlektüre für jeden Eisenbahner. Sie erscheint täglich, angeblich, seit 1917 schon. Die aktuelle Ausgabe berichtet ausführlich über den örtlichen Wettbewerb der besten Wagenprüfer, zu dem 37 Personen ausgewählt worden sind, die „sowohl über praktische wie auch theoretische Kenntnisse" verfügten, die zum Teil „langsam und präzise" arbeiteten oder aber auch „schnell und meisterhaft". So ist der Wagenprüfer Wyskubow von der Jury als „Enzyklopädie auf Beinen" bezeichnet worden, was ihm den 1. Platz eingetragen hat, eine Prämie von 1000 Rubel nebst Urkunde und Empfehlung der Eisenbahn. In einem kleineren Artikel ist davon die Rede, dass die Energieversorgung im Land gefährdet sei, die Kohlen würden allmählich knapp.

Eine Dreiviertelstunde hinter Moskau wird die Toilette geöffnet. Es gibt eine Rolle Toilettenpapier, die für die kommenden sieben Tage reichen muss. Eine Toilettenbürste steckt in einem verrosteten Behälter, in dem eine milchige Flüssigkeit schwappt. Durch ein großes Loch im Boden strömt eiskalte Luft herein. Interessant ist die Konstruktion des Wasserhahns. Damit das Wasser läuft, muss ein Hebel direkt an der Unterseite des Hahns gedrückt werden, wobei der gesamte Toilettenraum nass wird. Auch erweist es sich als schwierig, beide Hände gleichzeitig zu waschen.

„Wenn ein extremer Geruch kommt, heißt das, irgendetwas geht schief", sagt der Lokführer Penjkow. Neulich zum Beispiel habe es im Maschinenraum gebrannt. Penjkow sagt, sie hätten das Feuer während der Fahrt gelöscht. „Nur wenn's was Ernsthaftes ist, muss man bremsen." Und ehe Penjkow bremst, muss schon recht viel passieren. Dauert sowieso meist zu lange. Unter guten Bedingungen mindestens einen Kilometer, bevor der Zug steht. Zu spät auch für die Betrunkenen, die sich auf die Gleise verirren. Der jeweilige Gehilfe muss dann immer die Überreste entfernen. „Ist natürlich meist ein großer Schock für die."

Früher liefen auch oft Kühe und Pferde rein. Hat in letzer Zeit aber abgenommen. Passen besser auf, die Viecher. Dafür kommen jetzt mehr Steine und ab und zu auch schwere Schrauben, die an einer Leine hängen. „Die Jugendlichen haben nichts zu tun", sagt Penjkow und deutet auf die Sprünge in der Frontscheibe. Muss die Scheibe nicht repariert werden? „Nein, das ist nicht nötig." Fährt doch auch so.

Bei der Bahn ist es nicht schlecht, sagt Penjkow: Bis 150 Kilometer darf er die Vorortzüge umsonst benutzen, einmal im Jahr zweiter Klasse verreisen, wohin er will, und außerdem bekommt er einigermaßen regelmäßig sein Gehalt, was anderswo nicht üblich ist. Aufsteigen kann man auch. Gehilfe, Lokführer, Lokführerinstrukteur, Depotchef. „Sogar Minister kann man werden. Aber dafür braucht man viel Zeit und muss die Hochschule absolvieren." Penjkow sagt: „Meine Arbeit liegt mir mehr."

Regelmäßig werden die Lokführer während der Reise ausgewechselt. Penjkow fährt höchstens drei bis vier Tage die Woche. Bis 1990 musste er oft Überstunden schieben, „aber seit die Industrie zerfällt ..." Der Lokführer sagt, früher seien die Loks einheitlich grün gewesen, heute seien sie „je nachdem, was am Lager ist". Penjkow sitzt auf einem erhöhten braunen Ledersitz, zwischen Bremshebeln, zuckenden Zeigern und Schaltplänen im Rücken. Die Klimaanlage funktioniert nur sporadisch. „Am besten ist Frühling." Sommer sei zu heiß, Winter meist zu kalt. Nur das laute Pfeifen, Rattern und Schleifen in der Fahrerkabine ändert sich das ganze Jahr über nicht. Es ist schwer, sich zu unterhalten. Die Verantwortung sei hoch und die physische Belastung stark, man müsse sehr aufpassen. Mit Romantik habe es nichts zu tun.

Im Zug erweist es sich als weitgehend überflüssig, die russische Sprache zu beherrschen. „Verzeihen Sie", „Dürfte ich", „Entschuldigung", sogar „Bitte" und „Danke" gelten als unnötige Höflichkeitsfloskeln. Essen bestellen, heißt, mit dem Finger auf die Karte zeigen und später wortlos zahlen – nachdem zuvor auch Essen und Rechnung wortlos und ohne Blickkontakt serviert worden sind. Den Gang in russischer Manier zu durchqueren bedeutet: einfach dicht auflaufen, den anderen mit dem Körper bedrängen, so lange, bis der von alleine weicht. Niemand nimmt das übel. Alle machen es so.

BEI STRECKENKILOMETER 1777 passiert der Zug einen weißen Obelisken – die Grenze zu Asien. Je weiter man sich von Moskau entfernt, desto fahler wird die Gesichtsfarbe der Menschen, desto schiefer werden die Häuser und dunkler die Lichter darin. Bald werden auch die Häuser seltener, nur die Bäume scheinen ewig dazustehen. Birken lösen Fichten und Kiefern ab und umgekehrt, später, an den Ausläufern des Urals, werden sie dünner; etwas hügeliger und rauer wird die Landschaft in der Baikalregion und im russischen Fernen Osten. Wirklich dramatische Wechsel aber gibt es nicht. Es bleiben schiefe Häuser, Gemüsegärten, verschlammte Wege, auf denen niemand geht, und die Monotonie eines dünn besiedelten Landes, dessen einzige Maßlosigkeit seine Ausbreitung ist: Sibirien.

Bereits 1843 war in den höheren Ständen der Gedanke an eine Bahn gereift, die das europäische Russland mit dem Pazifik verbinden sollte. Aber erst 1891 veranlasste der spätere Zar Nikolaus II. den gigantischen Bau, der in mehr als zehn Jahren 385 Millionen Goldrubel verschlang. Bis zu 70000 Arbeiter waren gleichzeitig im Einsatz. Viele starben wegen des ständigen Trinkwassermangels und der beißenden Kälte. 1904 rollte der erste Zug direkt von Moskau nach Wladiwostok. Erst seit 1938 ist die Trasse zweigleisig. Eine entscheidende Rolle spielte die Bahn im Zweiten Weltkrieg, als Hunderte von Fabriken aus dem europäischen Teil Russlands ab- und östlich des Urals wieder aufgebaut wurden, und die sibirischen Divisionen an die Westfront rollten. Deutschlands Wehrmacht ist auch mit dieser Bahn besiegt worden.

Obwohl alle Lokomotiven elektrisch betrieben werden, liegt ständig ein feiner Kohlegeruch in der Luft. Er dringt aus einer Maschine, die in jedem Waggon schräg gegenüber dem Schaffnerabteil installiert ist und deren 69 Einzelteile auf einer großen Schautafel erklärt werden: ein Samowar. 1200 Liter Wasser laufen durch einen Filter, dann durch eine Kammer in ein Kochgefäß, um über dem Kohlefeuer auf 95 Grad erhitzt zu werden. „Ein gutes System", befindet der Schaffner Dmitrij Pawlowa, der mit Strom geheizte Teeanlagen nicht schätzt, weil das Wasser schlechter laufe und das Aroma leide.

Die gesamte mittlere Partie seines Gesichts tritt stark hervor und sammelt sich gewissermaßen in der Nase, auf deren Spitze, wie abgezählt, drei lange Haare jede Bewegung seines Kopfes mitmachen. Ein Paar blaugrauer Augen liegt hinter der Nase und blickt vorsichtig umher. Das Haar ist weiß gescheitelt, er trägt eine graue Hose und eine blaue Krawatte mit Gummiband, die er sich vor jeder Station, weil es die Dienstordnung verlangt, über den Kopf streift.

Zwei Jahre lang war er in Afghanistan. „Seitdem ist das Leben anders", sagt der Schaffner Dmitrij. Er habe gelernt, die Menschen zu unterscheiden, und so vertrauensselig, wie er einmal gewesen sei, werde er nie mehr sein. Dmitrij spricht von einem „sinnlosen Krieg" und davon, was mit jemandem geschieht, der auf lebende Wesen schießen muß. Dmitrij war Gebirgsjäger, sein Regiment in 1800 Meter Höhe stationiert. Dort hat er seine meisten Freunde verloren. „Es ist merkwürdig, du unterhältst dich mit jemandem, und am nächsten Morgen ist er tot." Dmitrij ist ohne Verletzung davongekommen, weil er immer rechtzeitig feige war. Nur leider hat er einmal aus einem vergifteten Brunnen getrunken. Seither ist eine Niere kaputt.

„Im Schnitt fährt der Zug Tempo 60. Langsamer als er könnte."

Man habe die Geschwindigkeit erhöhen wollen, dann aber darauf verzichtet, weil es auf einer so langen Strecke für den Menschen nicht erträglich sei, wenn es sich „im Kopf immer dreht". Denn: „Die Geschwindigkeit beeinflusst auch das Gleichgewichtsgefühl." In Ungarn habe er allerdings Züge gesehen, die führen schneller und wackelten trotzdem nicht. Es gebe noch einen anderen Grund, der gegen ein höheres Tempo spreche: „Das Gleis ist, ehrlich gesagt, nicht in gutem Zustand."

„Ausländer dürfen in den Abteilen rauchen, die anderen nicht", sagt der Schaffner Dmitrij. Bei Ausländern gebe es keine Brände. Bei den Russen könne man das nicht wissen. „Sie haben nicht so ein Verantwortungsgefühl." Wenn es brennt, muss man löschen, wenn jemand krank ist, gilt es, Hilfe zu holen. Bei Herzkranken möglichst schnell, bei Toten hat es ein wenig Zeit. Ein Soldat aus Georgien erlag im Zug seinen Kriegsverletzungen, eine Frau hatte eine Totgeburt, und ein älterer Mann, der sich mit sehr junger Begleitung in sein Abteil zurückzog, habe, wie das Zugpersonal übereinstimmend feststellte, „seine Kräfte wahrscheinlich nicht richtig eingeschätzt".

Auf der gesamten Strecke werde jedes Mal mindestens ein Fahrgast wegen ungebührlichen Benehmens des Zuges verwiesen. Meistens Soldaten. Oder Mongolen, weil die sehr rasch betrunken seien. Sie schlügen die Fensterscheiben raus, zögen schnell ein Messer, und „manchmal gibt es Blut", sagt Dmitrij. Die geringe Trinkfestigkeit der Mongolen hat Dmitrij zufolge zwei Hauptursachen. „Erstens essen sie nicht zum Wodka. Und zweitens ist der mongolische Organismus schwächer als der russische." Was nicht heißt, dass der russische Organismus durch einen betrunkenen Mongolen nicht auch empfindlich geschwächt werden könne. „Besser fern halten, wenn sie sich schlagen, die drehen sonst durch."

Eine Frau klopft an die Schaffnerkabine. Der Zug hat stark gebremst, die Vase in ihrem Abteil sei umgefallen. Was ist zu tun? „Es wird trocknen", sagt der Schaffner.

Leider werde ja auch viel gestohlen. „Der Schaffner trägt keine Verantwortung für das Passagiergepäck, uns obliegt lediglich, die Miliz zu informieren, wenn es nicht mehr da ist", erklärt Dmitrij und findet wenig beruhigende Worte zur Sicherheit der Schlösser. „Ganz einfach von außen zu öffnen", sagt er. Und oben der Sicherheitshebel „hilft gar nichts". An einigen Bahnhöfen würden Leute sogar die Schaffner-Universalschlüssel verkaufen. Nun ist das sowieso nur ein einfacher Vierkant. Wenn ein Fahrgast jedoch die Schrauben etwas löse und zwischen Schnapper und Rahmen ein Messer klemme, wenn er außerdem den Türhebel mit einem Tuch an den Haltegriff an der Wand binde und seitlich eine Stange einstecke, ja, dann könne man die Sache unter Umständen etwas erschweren. Verhindern könne man sie nicht.

Der selbstlose Einsatz der Schaffner für fremdes Gut ist naturgemäß begrenzt, da der Schaffner sich zunächst seiner eigenen Gesundheit verpflichtet fühlt. „Manchmal sehen wir einfach nichts. Die könnten uns nämlich auch umbringen." Einmal hat Dmitrij ein Messer an den Hals bekommen, und ein anderes Mal wurde ihm auf die Frage nach der Fahrkarte erwidert: „Warte, bis wir in die nächste Stadt kommen, dann werden wir das klären." Ein Kollege wurde aus dem Fenster geworfen. Mit Dmitrij habe der Anführer freundlicherweise zunächst geredet: „Meine Leute sagen, sie seien beleidigt, weil sie kontrolliert werden sollten." Dmitrij hat geantwortet, er sei eine staatliche Person und müsse seine Pflicht tun. „Warum soll ich mich betrügen lassen? Ich will doch nicht der Trottel sein." Aber: lieber Trottel als tot.

Der Herr mit dem freien Oberkörper dort vorn im Gang, der Dicke mit dem stattlichen Siegelring, hat auch nicht gezahlt. „Jedenfalls nur symbolisch." 100 Rubel habe der Herr gegeben, und Dmitrij hat nichts gesagt. Schließlich zählt doch die Geste, er hätte auch gar nichts zahlen müssen: „Das ist einer von den Unantastbaren." Fährt öfter mit, Moskauer Vorstadtmafioso, eine Autorität mit Freunden bei der Miliz und Hang zum Kartenspiel. Zockt die Leute der zweiten Klasse ab. „Merkwürdig, sie haben oft die besseren Karten und verlieren trotzdem jedes Spiel."

Dmitrij sagt: „Krisensicher ist nur die Kriminalität." Aber obwohl er sich von ihnen nicht selten gängeln lassen muss, ist er nicht neidisch auf jene Banditen neuen Typs: „Wenn jemand zu tief im Sumpf sitzt, reduziert sich doch seine Lebensdauer."

Der Schaffner bekommt ein Monatsgehalt von umgerechnet etwas über 100 Dollar. Damit es ein wenig mehr wird, lässt er sich manchmal am Moskauer Bahnhof gegen ein kleine Zuwendung überreden, Kisten und Pakete mitzunehmen. „Das machen alle Schaffner", sagt Dmitrij. In den Kisten seien zum Beispiel CDs. Obwohl es immer wieder entsprechende „Vorschläge" gebe, achte er darauf, keine Drogen oder Waffen zu transportieren. Das heißt, manchmal sind die Kisten ziemlich gut verschlossen, und er kann natürlich nicht jede öffnen. „90 Prozent der Schaffner lehnen es ab, illegale Ware zu transportieren." Und die übrigen zehn Prozent?

Eine willkommene Nebeneinnahme bieten auch Händler, die für

kurze Strecken zusteigen. Menschen wie Katja, Mitte 20, aus einem Dorf rund 30 Minuten entfernt von der Trasse. Katja ist eigentlich Lehrerin für Russisch und russische Literatur, aber da die Löhne, wenn sie überhaupt gezahlt werden, so gering sind, dass es den Unterricht nicht lohnt, verkauft sie nun gewebte Wolltücher und Pelzmützen. Eine Lizenz hat sie nicht, weil die zu teuer wäre. Lieber nimmt sie es in Kauf, manchmal geschnappt zu werden.

Heute zum Beispiel ist sie den Zug-Revisoren direkt in die Arme gelaufen. Ob sie Geld an den Schaffner gezahlt habe, haben die Männer gefragt. Natürlich hat sie „nein" gesagt. Katja wartet jetzt im Gang auf den Ausgang der Revisoren-Beratung. „8 Rubel 30 Kopeken und das Ticket für die mitgefahrene Strecke", so wird die Strafe vermutlich lauten. Katja kennt die Tarife.

Wer keine Fahrkarte hat, muss keine kaufen. Er kann dem Schaffner auch Geld geben, damit der sie nicht verlangt. „Hasen" heißen die Gäste ohne Billett. Je mehr Hasen, desto besser für das Portemonnaie des Schaffners: „Es ist ganz normal, dass wir uns auch direkt bezahlen lassen."

Dmitrij sagt, er achte darauf, dass solche Reisende nicht gefährlich aussähen. Da sein Verhalten natürlich „eine große Verletzung der Dienstordnung" sei, müssten die Schaffner, wenn sie entdeckt werden, die Kontrolleure schmieren. Oder besser gleich vorher. „Der Revisor will ja auch etwas zu essen haben." Deshalb erhält er vom Schaffner in der Regel 30 bis 50 Rubel.

Der Schaffner muss sich natürlich auch dem Zugführer erkenntlich zeigen, damit der seine Nebengeschäfte deckt. Eigentlich schmiert jeder jeden. „Im Großen und Ganzen", sagt Dmitrij, „funktioniert das System ganz gut."

Vor einiger Zeit veröffentlichte die russische Wochenschrift „Argumente und Fakten" eine Tabelle von Bestechungstarifen. Der Liste zufolge kostet die Einrichtung eines Telefonanschlusses ohne Wartezeit 600 bis 1000 Dollar, die Einschreibung von Studenten in Fakultäten für Ökonomie, Jura und Medizin bis zu 7000 Dollar, der Abbruch einer Fahndung nach einem Verbrecher 10000 Dollar, ein Freispruch ebenfalls 10000 Dollar. Für richtiges Abstimmungsverhalten der Duma-Abgeordneten werden 2000 Dollar angesetzt. Für die Unterstützung des inzwischen entlassenen Ministerpräsidenten Kirijenko sollen sogar jeweils 15000 Dollar gezahlt worden sein.

Die Männer im Zug erzählen, wie schwer es ist, jetzt überhaupt noch Geld zu verdienen, und die Frauen, wie schwer es immer war mit diesen Männern. „Ich habe mein Leben lang nur auf mich selbst gebaut", sagt Nadeshda Nikolajewna. Sie ist 60 Jahre alt, trägt einen Trainingsanzug und die Verantwortung für einen Gemüsegarten, der sie ernährt, weil die Rente es nicht kann, ihre zwei Kinder, ihren Enkel und einen Mann, der gerade einen Herzinfarkt hatte. „Ich habe viel zu tun." Und als wäre es nicht genug, hat Nadeshda nun auch noch die Mutter aus Moskau geholt, weil die bei ihrem Bruder, den ein Alkoholproblem plagt, nicht gut aufgehoben war: „Ich kann sie besser pflegen."

Aber es war nicht einfach gewesen, einen Platz im Zug für die 90-jährige, halb erblindete viermalige „Heldin der Arbeit" zu finden. Niemand wollte eines der unteren Betten für die alte Frau räumen. „Früher waren die Menschen rücksichtsvoller gegenüber dem Alter." Die Schaffnerin habe schließlich ihr Dienstabteil zur Verfügung gestellt.

Nadeshda Nikolajewna beklagt, daß die meisten Zugreisenden eine Alkoholfahne hätten. Sie verachtet die Trinker und die Regierung, die diese Trunksucht fördere. „Je mehr Leute trinken, desto weniger groß ist die Gefahr eines Aufstands oder einer Revolution." Meistens trinken die Männer. „Die Frauen leisten hier mehr." Aber das sei schon im Krieg so gewesen. Die Frau muss den Haushalt machen, ihr Leben für die Familie opfern, die Kinder erziehen, das Geld zusammenhalten. Aber hauptsächlich muss sie aufpassen, dass der Mann nicht trinkt. Sind die meisten Männer in ihren Augen also Versager? „Es sieht danach aus."

Wer aus dem Fenster schaut, muss ein Fremder sein. Für die anderen ist die Landschaft nichts, was besondere Beachtung verdiente. Es gibt ja recht viel davon. Die Landschaft ist einfach da. Viel lieber spielt man Karten, liest, döst im Jetlag auf den Liegen, trinkt oder tut gar nichts. Mehrere Tage im Zug zu sitzen, wird von den meisten Russen keineswegs als Zeitverschwendung angesehen. Sibirien ist die Zeit, die man hinter sich bringen muss, also verbringt man sie eben.

Die Zuguhr zeigt Mittag, aber draußen geht längst die Sonne unter. In den Zügen gilt Moskauer Zeit. Die Zeit im Zug ist etwas Relatives, wer sich täglich in einer neuen Zeit findet, verliert sie irgendwann. Zeit wird hell und dunkel. Zeit ins Bett zu gehen, ist, wenn man müde wird, Zeit aufzustehen, wenn man nicht mehr schlafen kann.

Schnee hat den Regen abgelöst. An den meisten Stationen verkaufen Babuschkas mit roten Gesichtern und Pelzmützen mit Kartoffeln oder Hackfleisch gefüllte Piroggen, getrocknete Fische, warme Pellkartoffeln, saure Gurken, Pinienkerne und russisches Bier. Einige Fahrgäste, trotz Minusgraden barfuß oder in Badelatschen, gehen ein paar Schritte, stets bemüht, die Abfahrt nicht zu verpassen, ein Signal gibt es nicht.

Die Schaffner stehen beim Zug und unterhalten sich über die Dinge, die es zu bereden gibt. Von betrunkenen Fahrgästen sprechen sie, von verflossener Liebe und hartnäckigen Revisoren. Darüber, weshalb Russen schlampig seien, Chinesen fleißig, aber kriminell, Tschuktschen dumm, Kasachen intelligent und alle Kaukasier grundsätzlich betrügerisch.

Die Sätze untereinander sind jeweils verbunden durch ein „Fick deine Mutter“ oder „Scher dich zum Schwanz“, was weder bös gemeint ist noch an irgendjemanden speziell gerichtet. Es sei denn, an die vorübergehenden Gäste, die so beiläufig erfahren, dass sie es hier mit einem besonders hart gesottenen Schlag zu tun haben, der beileibe nicht alles mit sich machen lässt.

NACH 44 STUNDEN und 39 Minuten fährt der Zug „Rossija“ in seinen 14. Haltebahnhof ein. 3343 Kilometer östlich von Moskau liegt Nowosibirsk, mit rund 1,5 Millionen Einwohnern die größte Stadt Sibiriens. „Vom Zugfenster aus ist es eine gute Stadt“, hatte der Schaffner Dmitrij gesagt. Nowosibirsk ist 105 Jahre alt, eine ehemalige Eisenbahnersiedlung, die schneller zur Millionenstadt wurde als Chicago oder New York. Gebaut, wo sich gerade Platz bot, ohne erkennbares System, ohne Zentrum oder Stadtkern. Das beste Hotel der Stadt hat den Standard einer Jugendherberge. Vor dem Eingang wird soeben ein erwachsener Mann von etwa zehn oder zwölf Kindern zusammengeschlagen.

Die Kinder mögen acht oder neun Jahre alt sein, sie sind ziemlich leicht, und ab und zu gelingt es dem Mann, eines von ihnen in hohem Bogen durch die Luft zu schleudern. Aber schon hängt eine ganze Traube an seinem Rücken, und sobald er auf dem vereisten Boden ausrutscht, treten sie mit ihren Stiefelchen in seinen Bauch und in den Rücken. Eines der Kinder hat einen Revolver auf den Mann gerichtet und lacht. Als wir die Sicherheitsleute des Hotels darauf ansprechen, machen sie ein Gesicht, als kämen wir aus einer anderen Welt. Als würden wir nicht verstehen. Sie sind für die Sicherheit hinter dem Eingang zuständig.

„Unsere Gegend ist sehr kriminell“, sagt die katholische Ordensschwester Alexandra, die 1993 aus Halle hierhergekommen ist. Bis Mai 1998 sind sie und einige Helferinnen noch von der hiesigen Caritas unterstützt worden, aber die hat nun auch keine Reserven mehr. Es fehlen Nahrungsmittel, Geld, Winterkleidung und ein Raum für die

Obdachlosen. Immer wenn die Schwestern einen Raum fanden und sagten, sie bräuchten ihn für Obdachlose, haben sie eine Absage bekommen.

Jetzt wechseln sie die Verbände in einem Rotkreuzwagen, 150 Meter vom Bahnhof entfernt, da sie es direkt am Bahnhof nicht dürfen. Jeden Mittwoch gibt es am Wagen Brötchen und Tee für 70 bis 80 Obdachlose. Wegen ihrer Fürsorge muss sich die Schwester als „Verbrecherin" beschimpfen lassen. Die Obdachlosen sind doch selbst schuld, sagen die Menschen. Selbst schuld bei minus 35 Grad. „Hier kümmert sich nur die Miliz um Obdachlose." Mit Gummiknüppeln.

Am Nachmittag kommen die Straßenkinder und holen Wintersachen. Die müssen sofort angezogen werden, „damit's die Mutter nicht verkaufen kann". Für Alkohol verkaufen sie alles, sagt die Schwester. Kyril ist elf Jahre alt. Seine Mutter drogenabhängig, der Vater im Gefängnis. Weil seine Großmutter keinen besonderen Wert darauf legt, geht er nicht in die Schule. An den Schulen, die er früher besuchte, ist er rausgeflogen, „weil er überall randaliert".

Was macht Kyril den ganzen Tag? „Das ist ein Geheimnis." Der Elfjährige hat nicht unbedingt Lust, sich zu unterhalten. Die Schwester ermutigt ihn, etwas zu sagen. Also sagt er: „Wir spielen und bringen Leute um." Kyril versteckt sich im Schrank. „Ich bin nicht zu Hause." „Kyril!" „Ich heiße nicht Kyril." Die Schranktür öffnet sich. „Ich muss dem was klauen", sagt Kyril und schiebt sich ganz nah heran.

Eine halbe Autostunde südlich von Nowosibirsk, zwischen Wäldern und sanften Hügeln, liegt das 1957 eigens für die wissenschaftliche Elite des Landes geschaffene 65000-Seelen-Städtchen Akademgorodok. Die Elite von einst ist heute überwiegend arbeitslos. Forschungsgelder fließen schon lange nicht mehr. Viele Räume der zwei Dutzend Institute stehen leer oder sind an Privatfirmen vermietet. Wissenschaftler fahren jetzt Taxi oder verdienen ihr Geld im Handel mit chinesischen Jogginganzügen und Fisch. Nur wenige sind geblieben. Zum Beispiel die Mitarbeiter des Forschungsinstituts für Pathologien des Blutkreislaufs.

Frau Professor Jelena Litasowa ist eine energische Frau mit charmantem Lächeln, rötlich-braunen Haaren und orangefarbenen Lackstöckelschuhen. Weil die 60-Jährige außerdem zu den führenden Herzchirurgen Russlands zählt und es schon 6000-mal zuvor so gemacht hat, schneidet sie soeben den Brustkorb eines zweijährigen Mädchens auf, um das Loch in einer Herzkammer zu schließen. Das Kind ist nicht an eine Herz-Lungen-Maschine angeschlossen, vielmehr ist der Körper rundum mit Eis eingepackt, seine Temperatur auf 24 Grad gesenkt. „Wir führen den menschlichen Organismus aus dem warmblütigen Zustand in den von Fischen und Reptilien." Das Kind wird durch zwölf Kilo Eis des örtlichen Fleischkombinats in eine Art Winterschlaf versetzt.

Der Vorteil dieser ursprünglich aus der Not geborenen und hier bereits seit mehreren Jahrzehnten praktizierten Methode der kontrollierten Unterkühlung: Die Gehirnfunktionen stellen sich schneller wieder her, es gibt keinerlei Blutverlust, die gesamte Operation ist schonender – und kostet nur etwa die Hälfte. „Auf zehn Operationen sparen wir mindestens 100000 Dollar." Was insofern wichtig ist, als sie für eine Bevölkerung arbeite, die sowieso nichts habe, mancher Patient nicht einmal das Geld für den Weg. Vor einigen Jahren hatten sie bis zu 30 Operationen pro Woche, heute sind es noch vier bis fünf.

„Die Japaner wollten schon 1985 mit uns zusammenarbeiten, aber unsere Regierung hatte diese Methode für die ganze Welt gesperrt", sagt die Professorin. Maximal 70 Minuten kann mit der Hypothermie operiert werden, aber einmal haben sie es sogar auf 102 Minuten gebracht. „Theoretisch lässt sich das fast beliebig ausdehnen, aber wir wissen noch zu wenig über die physiologischen Funktionen." Mit der Herz-Lungen-Maschine könne sich der Chirurg Zeit nehmen, bei der Hypothermie müsse er schon eine „sehr kunstvolle Technik" besitzen, was relativ selten sei. Frau Litasowa lächelt: „Nun, einige wenige Bildhauer gibt es schon." Und nicht zufällig operieren etwa vier bis fünf von ihnen an ihrem Institut.

Die Ärzte, sagt Frau Litasowa, hätten einen sehr niedrigen Sozialstatus. Gemäß dem Leninschen Prinzip der kostenlosen Medizin sei das unter den Zaren ehemals hohe Ansehen der Ärzte auf das „Niveau der Bedienung gesunken". Frau Litasowa sagt, es sei „keine sehr feine Idee" gewesen, die Würde des denkenden Teils der Gesellschaft herabzusetzen. Dabei befänden sie und ihre Kollegen sich im Vergleich zu Ärzten andernorts „beinahe in einer Märchensituation": „Wir bekommen unser Gehalt."

Normalerweise erhält sie etwa 100 Dollar, so viel wie der Schaffner Dmitrij. Im Ausland, sagt sie, könnte sie 50000 bis 60000 Dollar im Monat verdienen. „Wir arbeiten nicht fürs Geld, sondern für die Idee!" Für die Idee eines christlichen, sozialen, eines besseren Russlands. Eines Russlands, wie es sein könnte.

Auf freier Strecke, 72 Kilometer östlich von Nowosibirsk, beobachtet der Gleismeister Iwan Sasow die Gleise. „Man muss sie sehr genau beobachten.“ Er schaut von oben und von den Seiten, wischt ein wenig Schnee und Schmutz beiseite, prüft mit einem Spiegel, geht einer Ahnung nach, die er nicht bestätigt findet, prüft trotzdem weiter und wägt ab, schaut auf die Uhr, die er zum Jubiläum vom Eisenbahnchef persönlich geschenkt bekommen hat, denkt an das bevorstehende Abendbrot, prüft noch ein wenig weiter, denkt immer mehr an das Abendbrot und findet schließlich, dass die Schienen eigentlich recht in Ordnung seien.

Was muss man machen, um die Gleise richtig zu warten? „Man muss den Wunsch haben, zu arbeiten.“ Der Gleismeister Sasow ist verantwortlich für 36 Kilometer Hauptgleis und 15 Kilometer Seitengleise. Ihm unterstehen fünf Arbeitsbrigaden mit je fünf Leuten, die er mit Ultraschallgeräten losschickt, um Unregelmäßigkeiten zu erkunden. Ein Piepton im Kopfhörer meldet Spalten und Risse. Allerdings führt nicht jeder Haarriss zu einem Wechsel der Schiene. Eher hängt es davon ab, „wie viele Züge schon drüber sind“. Eine Schiene ist 25 Meter lang, jeder Meter wiegt jeweils 65 Kilogramm. Der Gleismeister sagt, seine Leute seien kräftig und könnten die Schienen mit der Hand auswechseln. „Wir brauchen keinen Kran.“

Später spricht der Gleismeister von den Geheimnissen selbst gebrannten Wodkas, dass er besser schmecke als jeder Jack Daniel's, allerdings bei weitem weniger berechenbar sei und somit doch auch viel lustiger und dass etwas, das so offensichtlich gut tue, doch auch nicht ganz schlecht sein könne. Wodka könne niemals bitter, „nur süß oder sehr süß“ sein. Was ihn in gewisser Weise mit den Frauen verbinde. Der Gleismeister sagt: „Erstens, in Russland wird viel getrunken. Zweitens, die Frauen in Russland sind schön.“ Auf raffinierte Weise schlägt er dann wieder die Brücke zu Punkt eins: „Entweder sie sind schön, oder es gibt zu wenig Wodka.“

Bei der Weiterfahrt sitzt Major Pjotr Chabarow im Abteil, der zurück nach Wladiwostok muss, zurück zu seiner Einheit. Der Major sagt: „Alle Politiker im Parlament sind gekauft.“ Es gebe keine aufrichtigen Leute mehr. Früher sei es sein Traum gewesen, unter General Lebed zu kämpfen. „Heute gibt es niemanden mehr, für den ich kämpfen würde.“ Was Hitler nicht gelang, sei den Amerikanern 1991 gelungen. „Ohne einen einzigen Schuss haben sie uns erobert. Sie regieren das Land jetzt über Moskau.“ Das „große Haus Russland“ habe heute eine „kleine hungrige Armee“. In manchen Offiziersfamilien würden Haustiere verzehrt. Der Major sagt: „Es ist abscheulich für mich, diesem Land zu dienen.“ Wie ist seine persönliche Perspektive? Er zeigt aus dem Fenster. „Weg, ganz weit weg.“

Einige Waggons entfernt, in der ersten Klasse, laden uns drei andere Offiziere ein zu Wodka und Speck. Der linke Arm des einen legt sich um meine Schulter und drückt ohne Vorwarnung mit so unglaublicher Kraft zu, dass ich mich nicht mehr bewegen kann. Mit dem freien Arm presst er mir gleichzeitig eine Bierflasche ins Gesicht und demonstriert so auf eindrucksvolle Art die Wehrbereitschaft der russischen Armee. Dann schließt er die Tür ab und sagt: „Was glaubt ihr, was jetzt passiert?" Nichts Gutes, ahne ich, und der Eindruck verdichtet sich, als er hinzufügt: „Wenn ihr jetzt rauswollt, müsst ihr wohl aus dem Fenster!"

Auf hartnäckige Intervention des Dolmetschers lassen sie uns schließlich gehen. Wir schließen uns ein in unser Abteil, das leider direkt neben ihrem liegt, was zu gewissen Provokationen einlädt. Es gibt Andeutungen, was man mit solchen wie uns machen müsse, und irgendwann klopft es an der Tür. Wir öffnen nicht. Draußen fummelt jemand am Schloss. Der Dolmetscher, der mutiger ist als ich, sagt, er lasse sich „nicht fertig machen". Wenn sie wirklich durch die Tür kämen, wäre der Zeitpunkt gekommen „zu kämpfen".

Wir ziehen die Eisenstangen heraus, die zur Beschwerung der Rollos dienen. Der Dolmetscher sagt, er werde versuchen, mit der Stange in den Bauch zu stechen, ich solle am besten nach einem Auge zielen. So stehen wir da mit unseren Stangen. Vier Stunden später steigen die Offiziere aus. Es sind lange Stunden.

HÄTTEN WIR DOCH Herrn Nekrasow schon gekannt! Herr Nekrasow fährt erster Klasse bis Krasnojarsk und ist der einzige Reisende im Anzug. Unter seinem Jackett steckt in einem Pistolenhalfter eine Neun-Millimeter-Makarow, die bei Militär und Geheimdienst sehr beliebt ist. Neben ihren hervorragenden Eigenschaften als Waffe bietet sie noch eine Reihe anderer Vorteile, die sie zum Freund eines jeden Besitzers macht. In Ermangelung eines Flaschenöffners zieht Herr Nekrasow das volle Magazin heraus, legt elegant einen Hebel um und setzt den gehärteten Stahl des Laufes im erforderlichen Winkel an. Schon fliegt der Kronkorken in hohem Bogen durch die Luft. „Na sdarowje", sagt Herr Nekrasow.

Er kommt soeben von einem Wettbewerb, bei dem ein führender Fleisch verarbeitender Betrieb die Sicherheitsdienste seiner Filialen gegeneinander antreten ließ. „Die Hauptaufgabe war es, herauszufinden, ob die Mitarbeiter bereit sind, sich für den Betrieb zu opfern", sagt Herr Nekrasow, Sicherheitschef der Krasnojarsker Filiale. Als obligates Mittel, dies festzustellen, galt eine Variation des Dreikampfes. Nach Liegestützen und 500-Meter-Lauf musste geschossen werden, erschwert dadurch, dass zwischen Lauf und Zielschießen noch ein Nahkampf eingeschoben wurde. Zwei Runden zu zwei Minuten, mit Mundschutz und Helm, aber, weil es den Reiz der Sache erhöhte, ohne Handschuhe und Regeln – abgesehen von der sportlichen Vereinbarung, dass, „wenn jemand umgefallen ist, nicht mit den Füßen weitergetreten wird".

Igor Nekrasow sagt: „Es geht nicht darum, den Gegner zu verletzen." Verhindern könne man so etwas natürlich nicht. Einer wird wohl eine Weile ausfallen. „Er ist traumatisiert", erklärt Herr Nekrasow, der alles in allem mit der Bilanz sehr zufrieden ist: „Sie haben sich als Männer erwiesen."

Zu Sowjetzeiten, sagt Nekrasow, habe sich jeder seinen Urlaub leisten können. Man konnte sich eine Wohnung kaufen oder ein Auto, und es gab erreichbare Ziele. Heute seien sie für die meisten unerreichbar. Er selbst verdiene gut, aber sehe seine Familie nur einmal alle zwei Monate. Sein Sohn sei in der 10. Klasse und solle einmal etwas anderes werden als er. Am besten Wirtschaftsexperte. Und die Tochter irgendwas mit Kunst. Der Junge bewundere ihn, aber manchmal frage er auch: „Papa, wozu brauchst du den ganzen Mist?" Der Kleine verstehe eben den Zusammenhang noch nicht: „Wenn ich schlecht schieße, bekommt er keine Möglichkeit zu studieren."

Herr Nekrasow erklärt die russische Gesellschaft: „Bandit, Geschäftsmann, Politiker – das ist die Reihenfolge", sagt er und betont, dass es zwischen allen drei Stufen auch Verstrebungen gebe. „Mehr als 80 Prozent der staatlichen Betriebe werden durch die Mafia kontrolliert. Unser Land ist so tief im Arsch, dass es dem Volk scheißegal ist, wer es regiert. Wir brauchen Stabilität und sonst nichts. Wir brauchen eine harte Hand."

Auf die Frage eines amerikanischen Reporters, ob er an der Auflösung des Parlaments festhalten wolle, hatte kürzlich der russische Präsident Jelzin auf einer Pressekonferenz zögernd und mit langen Pausen erklärt: „Ich muss sagen ... es geschehen noch viele Dinge, damit wir diese Ergebnisse erreichen ... Das ist alles."

Etwas später lösten zwei kleine Pflaster auf der rechten Hand Jelzins Spekulationen über den Gesundheitszustand des Präsidenten aus. Jelzin habe sich „einfache Verbrennungen" zugezogen, sagte sein Sprecher. Im November 1998 verließ Jelzin nach längerer Abwesenheit seinen Urlaubsort, tauchte aber noch nicht im Kreml auf, weil er sich zunächst in seiner Residenz „an die winterlichen Bedingungen gewöhnen" musste. Schwierigkeiten bereitete ihm nun offenbar auch das Fliegen. „Irgendetwas geht mit dem Präsidenten während des Fluges vor“, sagte ein Kreml-Mitarbeiter. „Nach der Landung braucht er immer einige Zeit, um wieder zu sich zu kommen.“

MARINA UND LUDMILLA sitzen nur zufällig im selben Abteil. Beide kommen aus Moskau und leben in Wladiwostok. Die eine ist etwa halb so alt wie die andere. Beide sind ehemalige KP-Mitglieder. Marina hat ihre Eltern und Ludmilla verschiedene Ärzte besucht. Beide sagen, sie mögen die Menschen in Moskau nicht. Wenn man nach dem Weg frage, seien sie nicht hilfsbereit, die Stadt wirke unübersichtlich, und die Preise seien viel höher als bei ihnen zu Hause.

Marina hat für die Fahrkarte nur die Hälfte gezahlt, weil ein Dokument sie als Offiziersfrau ausweist. Das Dokument ist gefälscht. Früher ist sie damit auch geflogen, aber die Vergünstigungen für den Flug sind seit Sommer 1998 abgeschafft. Marina, die sich als Kommunistin bezeichnet, sagt, das Übel Russlands habe mit Gorbatschow begonnen. Aber das sagen sowieso die meisten. Vor vier Jahren lebte sie mit einem Kapitän zusammen. Irgendwann, als sie nach Hause kam, war er nicht mehr da. Er habe Ärger mit der Mafia gehabt. „Die meisten Mitarbeiter seiner Reederei sind inzwischen ermordet worden.“

Bis vor einem Jahr war Marina Büfettfrau in einem Café am Hafen von Wladiwostok. Als keine Gäste mehr kamen, war die 36-Jährige arbeitslos. Marina sagt: „Ich möchte einen guten Mann für mich finden.“ Er muss fest auf den Beinen stehen. Aussehen sei egal. Geld würde schon reichen, sagt die Kommunistin Marina. „Kannst du ruhig schreiben, schöne Frau sucht reichen Mann.“ In einigen Tagen lässt sie ihre Brüste vergrößern, die 600 Dollar dafür hat sie schon vor einem Jahr bezahlt. Vielleicht, sagt sie, vergrößert sie damit auch ihre Chancen bei den reichen Männern.

Viele Jahre vor jenem Autounfall, der ihr Leben zerreißen sollte, verlief sich die ehemalige Militärfunkerin Ludmilla Konstantinowa auf einer Expedition in der Taiga in menschenleeres Gebiet. Tagelang irrte sie umher, barfuß, die Fußnägel schon abgefallen, die Kleidung in Fetzen, flocht sich gegen Kälte und Wind eine Hütte aus Laub, ernährte sich von Beeren, blickte den Rentieren ins Auge und rechnete mit ihrem nahenden Ende. Nachdem Suchtrupps sie nach über einer Woche mit Hubschraubern geortet und zur nächsten Stadt geflogen hatten, hielt man sie dort zunächst für verrückt und, als sie drei Tage ununterbrochen schlief, für tot. Aber da habe man sie unterschätzt. „Ich bin physisch sehr stark“, sagt Ludmilla. Außerdem sei in ihrem Leben immer ein Schutzengel um sie gewesen.

Ludmilla deutet auf die Krücken, die neben der Tür lehnen. Zwölf

Operationen habe sie in den letzten vier Jahren über sich ergehen lassen, aber die Operation, die ihr wirklich helfen könnte, das hätten sie ihr jetzt in Moskau gesagt, würde 20000 Dollar kosten. Zu viel für sie. Eigentlich ist es ein Wunder, dass die 55-Jährige überhaupt noch gehen kann. Denn seit jenem Autounfall vor 35 Jahren hat sie kein Kniegelenk mehr, und ihrem Oberschenkelknochen fehlen sieben Zentimeter.

Ihr Zustand sei hoffnungslos, sagten die Ärzte und entließen sie auf eigenen Wunsch nach Hause. Und so lag sie an einem Ostersonntag auf ihrem Bett, mit 500 Metallsplittern in einem vereiterten Bein und einer Blutvergiftung, die schon sehr fortgeschritten war. Und da sei plötzlich, von leichtem Windhauch begleitet, eine weiße Wolke durch die offene Balkontür geschwebt, und dann sei, wie in einer Art Nebel, ganz dicht und doch transparent, eine Figur im Zimmer erschienen.

„Es war die Gottesmutter“, glaubt Ludmilla. Die Erscheinung habe ihr empfohlen, die Haare auf dem Kopf zu einem Knoten zu binden und an der rechten Schläfe durch einen Silberring zu stecken. Ludmilla tat wie geheißen, und schon bald ging es ihr besser. Die Ärzte sagten, sie könnten sie vielleicht doch retten, wenn man ihr Bein absäge, und bald sprachen sie nicht einmal mehr von Amputation. Aus medizinischer Sicht bleibt unklar, wieso Ludmilla laufen kann. Eigentlich müsste sie große Schmerzen haben. Die Ärzte stehen vor einem Rätsel.

DER SPEISEWAGEN ist mit gelbbraunem Furnierholz verkleidet, spärlich erleuchtet von Neonröhren. An Fenstern und Decke baumelt ein Arrangement von dunkelroten Plastikrosen, deren Farbe, aus Gründen der harmonischen Gesamtgestaltung, in den Kunstledersesseln wieder aufgenommen ist. Die feingegliederte Struktur der weißrosa Plastikdecken wird hin und wieder durch einen etwas zu großen Brandfleck unterbrochen. Um ein Fernsehgerät, das ständig flimmert, stapeln sich Kisten mit H-Milch, Sekt und Wodka. Davor sitzt im giftgrünen „Rico Ponti“-Jackett ein Mann, in seine Arbeit vertieft. Würde er sich ducken, hätte man freie Sicht auf die großen Säcke, die weiter hinten in Richtung der Tür aufgebaut sind. Aber weder ist der Mann mit dem grünen Jackett und der mächtigen Goldkette jemand, der sich ducken müsste, noch erscheint es ratsam, allgemeines Interesse auf jene Säcke zu ziehen, die dort, im Halbschatten der Küche, auf spätere Verwendung warten.

Dieser Mann, dessen Teint so angenehm gebräunt ist, weil er zu jenen seltenen Menschen im neuen Russland gehört, die sich einen zwei Monate langen Urlaub am Schwarzen Meer gönnen können, dieser kaukasische Mann, der dort am ersten Tisch vorn rechts ein wenig in den Büchern blättert, ein paar Posten auf seiner Warenliste addiert und ab und zu ein Häkchen macht, jener Mann also, der hier in lässiger Manier die Fäden zieht, ist der Chef des Zug-Restaurants. Ihm obliegt es, Anweisungen in die Küche zu geben, die Fernsehprogramme zu wechseln oder den Gehilfen zu einem Kartenspielchen zu überreden, das der Gehilfe meistens verliert.

Die einzigen Gäste an diesem Morgen sind zwei traurige Gestalten in Schlafanzügen, die wortlos Hühnersuppe und Wodka schlürfen. Würde jetzt eine Krankenschwester erscheinen und die morgendliche Fiebermessung vornehmen, so wäre der Eindruck komplett, dass wir uns in einem Krankenhaus befinden. Seit kürzlich die Preise im Restaurant um zehn Prozent erhöht worden sind, kommen fast gar keine Gäste mehr, höchstens noch die Einsamen. Der Chef sagt: „Die Geschäfte gehen schlecht." Was bedauerlich ist, weil er Waren für 80000 Rubel dabei hat. Was erfreulich ist, weil er sie nun nicht hier verkaufen muss. Und bei sehr schlechten Geschäften sogar noch die 18000 Rubel spart, die er sonst pro Fahrt an den Staat zahlen muss.

Der Restaurantchef erzählt von den kleinen Freuden, die, ähnlich einem Sonnenstrahl, hin und wieder die Routine seines Alltags durchbrechen. Zum Beispiel, als einmal 200 Kilo Wurst verfault sind. „Das war ein Gestank", sagt er grinsend, und es scheint, als wünschte er sich die Wiederkehr dieses unvergesslichen Szenarios. Auch beobachte er gern, wenn Fahrgäste nach dem Aussteigen versehentlich in den falschen Zug stiegen. „Da kann man sich gut amüsieren."

Oder Ostern, voriges Jahr: Wegen eines Gleisschadens hatte der Zug einen ganzen Tag lang anhalten müssen. Sie hatten Feuer gemacht, Schaschlik gebraten, getrunken und bis zum Abend den Vorrat für die ganze Reise aufgebraucht. Viele Reisende waren ins Nachbardorf in ein russisches Bad gegangen, und als der Zug wieder anfuhr, hatten einige wohl noch im Wasser gelegen. „Drei haben's verpasst", sagt der Restaurantchef.

Im Fernsehen läuft ein Bericht über Diebstähle in der Eisenbahn. 5000 Personen sind 1998 in russischen Zügen festgenommen worden. Insbesondere wird vor Dieben gewarnt, die das Betäubungsmittel Klofelin einsetzen, denn das kann in Verbindung mit Alkohol zu augenblicklicher Ohnmacht, bei ungünstigem Mischungsverhältnis auch zum Herzstillstand führen. Dann erscheinen auf dem Monitor Bilder des russischen Präsidenten im Urlaub. Aber an Politik ist für den Chef des Restaurants nur interessant, ob sie seine Geschäfte stört oder nicht. Und da von dieser Regierung kaum Störungen zu erwarten sind, wechselt er das Programm.

In der Wiederholung des Vorabendkrimis „Die Geheimnisse der Straße", der bereits gestern im Speisewagen großen Anklang gefunden hat, geht es um einen Waffenhändler, der bei einer blutigen Auseinandersetzung mit einem kaukasischen Drogendealer den Kürzeren zieht, was den Restaurant-Chef natürlich besonders freut. Es gibt viele Prostituierte zu sehen und eine Polizeiwache, an deren Wand ein Schild hängt: „Bevor du rausgehst, immer erst die kugelsichere Weste anziehen!" Die Dialoge sind etwas schlecht zu verstehen, weil unweit des Fernsehgeräts ein wattstarker Radiorecorder dröhnt, was aber niemanden zu irritieren scheint.

Am 16. August 1898 erreichte zum ersten Mal ein Zug der Transsibirischen Eisenbahn die Stadt Irkutsk, die 19 Jahre zuvor durch einen Großbrand fast völlig zerstört worden war. Irkutsk, bis 1917 Verbannungsort für politische Häftlinge, hat heute 600000 Einwohner, viele Holzhäuser, die über 100 Jahre alt sind, ein Zirkusgebäude ohne Zirkus und seit Sommer 1998 eine Kegelbahn. Außerdem gibt es hier, nur eineinhalb Fahrtstunden entfernt, den wasserreichsten See der Erde, der bis vor einiger Zeit noch Touristen in die Stadt gelockt hat. Der Baikalsee ist bis zu 1637 Meter tief, führt mehr Wasser als die Ostsee und 20 Prozent des Süßwasservorkommens weltweit. Viele sagen, der Baikalsee sei Russlands schönster See.

Das Wasser glänzt an diesem frostigen Morgen in kühlen, zarten Farben wie glattpolierter Stahl. Gregori und Walja waren die ganze Nacht draußen. Das Fischerpaar hat einen guten Fang gemacht. 20 Kilogramm Golomjanka-Fettfisch. Jetzt entwirren sie am Strand ihre vier Netze. Für jedes brauchen sie eine Lizenz. Insgesamt müssen sie für die Lizenzen 120 Rubel am Tag zahlen. Für ein Kilo Golomjanka bekommen sie sechs Rubel. Das heißt, wenn sie den Fang von heute verkaufen, haben sie das Geld für die Lizenzen wieder raus. Leider müssen sie aber noch das Benzin für den Motor kaufen. „Es ist ein schweres Leben", sagen sie.

Das Geräusch macht ihnen ein bisschen Sorge. Der kleine Außenbordmotor klingt, als wollte er jeden Moment stehen bleiben. „Aber er läuft." Der Motor hat 30 PS, „40 wären nicht schlecht", sagen Gregori und Walja. Ein Nachbar hat so einen zu Hause liegen, aber er gibt ihn nicht raus. „Er sagt, vielleicht braucht er ihn später noch mal." Früher war ihr Motor recht gut gewesen, aber seit ein Freund gemeint hat, man könne ihn manipulieren, verbraucht er zu viel und raucht auch manchmal recht stark. „Unser Freund ist ein guter Mensch, aber er versteht nichts von Motoren."

Nicht weit vom Ufer, halb unter Wasser, liegt das verrostete Wrack der „Moskwa". Gregori sagt: „Das sollte mal ein Restaurant werden." Jetzt sei der Tourismus am Ende, fast alle Betriebe hätten schließen müssen. Zum Beispiel die Fischfabrik, deren Direktor jetzt Hühnerkonserven herstellen will, die Brotfabrik, in der die Belegschaft Karten spielt, und das große Zellulosekombinat, wo sie nach jeder Schicht drei Tage Urlaub machen müssen. Jeder Dritte in ihrem Dorf, sagen die Fischer, sei Alkoholiker. Neulich waren zwei Fischer so betrunken, dass der eine aus dem Boot gefallen ist. Da der andere ihn in seinem Suff nicht erkannte, hat er ihn mit dem Ruder weggestoßen. Dabei ist der dann ertrunken.

Moskau kennen Gregori und Walja nur von Fotos. Es ist schön, sagen sie, ähnlich wie Irkutsk, nur viel größer. Und älter wohl auch. Sie haben nicht das Geld hinzufahren und eigentlich auch nicht den Wunsch. Sie wissen nicht, was von den Menschen aus der Stadt zu halten ist. „Wir sind bloß Fischer", sagen sie. Zu Hause, im Dorf, führen sie ihr Farbfernseh-Gerät vor: „Eine gute Marke." Zeigen die Gebrauchsanweisung – „in drei Sprachen" – und weisen darauf hin, dass ihr Apparat insgesamt drei Programme empfangen könne. Er sei wirklich eine sehr gute Marke. Was schauen sie am liebsten? „Wir schauen nie." Dazu hätten sie keine Zeit.

Der Herd ist ausgefallen, heißt es bei der Weiterfahrt im Restaurant, aber im Grunde will man signalisieren, dass es jetzt ungünstig ist, etwas zu bestellen, denn an der nächsten Station werden nun jene Säcke verkauft, die so lange im Rücken des Restaurantchefs gelagert haben. Er verdient nicht an den Gästen, sondern an den Waren.

Dies führt zu dem eigenwilligen Umstand, dass im Restaurantwagen der Transsibirischen Eisenbahn das Personal nicht unbedingt auf Gäste eingerichtet ist. Sagt ein Gast, er hätte gern ein Spiegelei, wird die Antwort lauten, „das geht im Moment nicht", was eine Umschreibung der Tatsache ist, dass Spiegeleier zu viel Arbeit machen. Mit Fleischgerichten steht es heute auch nicht besser, was niemandem vorzuwerfen ist, weil es eigentlich Aufgabe des Nachtwächters ist, das Fleisch vorzubereiten. Nur war eben jener Mann, der neben vielen menschlichen Stärken auch gewisse Schwächen besitzt, in einem so ausgelassen fröhlichen Zustand, dass man sich gezwungen sah, ihn in Irkutsk aus dem Zug zu tragen. Deshalb ist der Wagen auch nicht beheizt.

Wie wärmend ist da eine dampfende Schüssel Soljanka! Noch vor einer Woche muss sie fast frisch gewesen sein. „Es ist lebensgefährlich, im Restaurant zu essen", hatte der Schaffner gesagt.

EIN ÄUSSERST STABIL wirkender Militär-Radiorecorder von enormen Ausmaßen beansprucht die Hälfte der Kabine des Zugführers Andrej Sergejewitsch. „Hält prima“, sagt der Zugführer. „Etwas Subtileres“ wäre nicht gut, schließlich muss das Gerät, verkabelt mit allen Waggons, monatlich über 40000 Kilometer für die Zugbeschallung sorgen. Außerdem habe diese robuste Version den Vorteil, dass man sich im Winter daran aufwärmen könne.

Es gibt eine Schublade mit den offiziellen, vom Bahnministerium empfohlenen Kassetten und eine mindestens ebenso große Schublade mit der vom Zugführer favorisierten Musik. Ein tätowierter Mann, der offenbar mit beiden Schubladen wenig im Sinn hat, tritt ein und bittet, eine Kassette seiner Wahl einzulegen: „Gaunerlieder 98: Unsere Heimat – Stacheldraht.“ Auf der Hülle findet sich der Hinweis, das widerrechtliche Vervielfältigen des Bandes sei „gesundheitsschädlich“. Die Lieder handeln von bewährten Regeln der Gesetzlosigkeit, von Ausbruchsplänen, großen Coups oder der unerschütterlichen Liebe einer rassigen Frau zu einem Killer, der zwar die Flugkarte und ein wenig von ihrem Schmuck genommen hat, was ihm angesichts seiner Qualitäten als Liebhaber aber nicht nachgetragen wird.

Der Zugführer erläutert eine Beobachtung, die er das „Zugsyndrom“ nennt: „Die Passagiere benehmen sich im Zug anders als im Leben. Im Zug stellen sie dar, was sie im Leben sein möchten.“ Wenn einer Reden schwinge, habe er sonst nichts zu sagen. Frauen aus dem Militär suchten hier die Affäre. Männer, die sonst unter dem Pantoffel ihrer Frau stünden und nun allein reisten, gingen ein wenig aufrechter als sonst und wünschten, dass man ihnen mit großer Achtung begegne. „Ich erkenne schon an der Art des Einsteigens, mit wem ich es zu tun habe.“

Im Laufe der Strecke würden die Menschen allmählich immer mehr sie selbst. Es sei „die Bewegung“, die ihnen dabei helfe. Eine siebentägige Bahnfahrt könne deshalb zu Heirat oder zur Scheidung führen, zum Entschluss, kriminell zu werden oder fortan ehrlich, oder aber zu dem Wunsch, das weitere Leben nun ständig „in der Bewegung“ zu verbringen. So wie bei ihm.

Das „entscheidende Ergebnis der Umgestaltung“ sei, sagt der Zugführer Andrej Sergejewitsch, „dass die Gäste keinen Tee mehr trinken“. Früher sei es ganz normal gewesen, nach dem Essen seinen Tee zu bestellen, der Tee war ein Zeichen der Lebenssicherheit, ein Russe ohne Tee unvorstellbar. Eisenbahn und Teetrinken, das gehörte zusammen.

„Aber irgendwann haben die Leute aus Besorgnis angefangen, alles selber mitzubringen." Und so wie die Menschen den Umständen nicht trauen, traut er nicht mehr den Menschen. Nicht, wenn sie sich beschwerten, und auch dann nicht, wenn sie sich freuten. Einmal habe er aus Mitleid einen Mann mitgenommen, der kein Geld hatte. Und dann gesehen, wie derselbe Mann im Restaurant Dollarbündel tauschte. „Ich bin so lange misstrauisch, bis klar ist, dass alles okay ist." Deshalb, sagt der Zugführer, seien alle Schaffner am Anfang erst einmal unfreundlich. Natürlich könnten sie auch anders.

Das Licht im Zug wird plötzlich schwächer, der Generator macht Probleme, und die Umschaltung auf den Akku funktioniert nicht. „Die Fahrgäste dürfen unsere Schwierigkeiten nicht spüren", sagt der Zugführer.

20 Stationen und 463 Kilometer östlich von Irkutsk erstreckt sich in Ulan-Ude das größte Eisenbahn-Ersatzteillager der ehemaligen Sowjetunion: fünfeinhalb Kilometer von einem Ende zum anderen. Alle vier bis fünf Jahre werden hier die Loks der Transsibirischen Eisenbahn komplett auseinander genommen und wieder zusammengesetzt. Im Laufe der letzten 60 Jahre wurden laut Betriebsstatistik insgesamt 124000 Loks, 41000 Passagierwaggons und 14000 Güterwaggons mit Werkteilen aus der eigenen Gießerei generalüberholt. „Die Produktion ist um ein Drittel zurückgegangen", beklagt Wiktor Orlew, der Assistent des Werkdirektors, und erklärt, was er eine „verhängnisvolle Kettenreaktion" nennt: „Weniger Beförderung, weniger Produktion, weniger Bedarf an Ersatzteilen."

Die erste auf der Transsib eingesetzte Elektrolok EL–524 strahlt restauriert am Eingang, dahinter strahlt nur noch wenig. 1990 gab es 8500 Angestellte in diesem Werk, heute sind es nur noch 5600; keine Neueinstellungen. Die Zahl der jährlichen Generalüberholungen hat sich halbiert.

Viele Gebäude stehen leer und verfallen, in den Hallen, wo noch gearbeitet wird, ist es, als herrschte eine ewige Zigarettenpause, eine Art Winterschlaf, aus dem niemand geweckt wird, und auch die 40 „Besten des Betriebes" gucken lustlos von ihren Tafeln.

Glaubt der Assistent Orlew an eine Zukunft des Betriebs? „Solange gefahren wird, muss auch repariert werden." Welche Teile gehen am häufigsten kaputt? „Die Frage ist nicht ganz richtig gestellt." Gibt es Pläne, die man erfüllen muss? „Leider verfüge ich nicht über solche Informationen. Außerdem ändert sich das ständig." Und das riesige Lenin-Portrait an der Wand? „Das stört die Arbeit nicht." Beflügelt es denn nicht die Arbeiter? „Ich weiß es nicht." Ist der große sozialistische Vordenker Lenin kein Vorbild mehr? „Wahrscheinlich nicht."

Drei Tage und zwei Nächte dauert die Reise von Ulan-Ude nach Wladiwostok. Der Zug passiert Flüsse und kahle Felsen, von Soldaten mit Kalaschnikows bewachte Tunnel, ärmliche Stationen, an denen es den billigsten Kaviar des Landes gibt, und die mit 2,6 Kilometern längste Brücke Russlands bei Chabarowsk. Und dann liegt sie plötzlich da, im gleißenden Sonnenlicht, verstreut über eine Hand voll Hügel: Wladiwostok, die Fremden lange verbotene Stadt am Japanischen Meer.

Die Gründerzeitfassaden der Häuser sind verblasst, Balkons drohen herabzustürzen, die Straßen sind schlecht. Rund 40 Atom-U-Boote verrotten im Militärhafen; „schwimmende Tschernobyls" nennt sie der Bürgermeister. Es gibt chinesischen Wodka in Plastiktüten, der fünfmal billiger ist als der russische, aber nicht immer ganz rein – rund 100 Menschen sind im letzten Jahr daran gestorben – und auf dem Schwarzmarkt so genannte „Killer"-Kalaschnikows. Deren Läufe sind, weil sich so etwas besser stehlen lässt, aus ungehärtetem Stahl und nach zehn Schüssen nicht mehr zu gebrauchen. Aber die reichen ja in der Regel.

Etwas Lauerndes liegt über der Stadt. Augenpaare, die jeder Bewegung folgen. Menschen, die Zeichen tauschen, am Rücken entlangstreifen, um nach Pistolenhalftern zu tasten, die es nicht gibt. Am Hafen folgt uns ein Wagen, fährt in Schrittgeschwindigkeit neben uns her. Verspiegelte Seitenscheiben fahren automatisch herunter, und drei kräftige Männer schauen durch ebenfalls verspiegelte Sonnenbrillen wortlos zu uns herüber.

ER WOHNT NICHT ZU HAUSE, weil die Nachbarn Angst haben, das Haus werde gesprengt. Er lebt in seinem Büro, und selbst seine Frau weiß nie, wann er sie besucht. Er hat zwei Attentate überlebt und eine Entführung. Täglich bekommt er etwa fünf bis sechs Ladungen vor Gericht, weil ihn seine Gegner in zermürbende Prozesse verstricken wollen. Er hat den Chef der Regionalverwaltung gegen sich, die Miliz, einen mächtigen Provinzgouverneur und die Mafia. Es gibt einfachere Posten als den des Bürgermeisters von Wladiwostok.

„Ich habe eine Popularitätsrate von 75 Prozent, niemand sonst in Russland hat das", sagt der freundliche Mann mit der hohen Stirn und der silbernen Brille. Seine Beliebtheit mag darauf zurückzuführen sein, dass der ehemalige U-Boot-Offizier Wiktor Tscherepkow im Alter von 19 Jahren einen Sozialfonds gegründet hatte. Dass seine Bürgersprechstunde bis morgens um drei geht, und er um sieben schon wieder am Schreibtisch sitzt. Es kann auch einfach daran liegen, dass er so lebt wie die meisten Menschen hier, dass er nie Urlaub macht, öffentliche Verkehrsmittel benutzt und in einer winzigen Wohnung wohnt, in einem jener so genannten Chruschtschow-Häuser, ohne heißes Wasser und einer Küche so klein, dass kein Herd hineinpasst. Es heißt, Tscherepkow sei unbestechlich. Nicht wenige in der Stadt meinen, er sei das Gewissen Russlands.

Der Bürgermeister sagt, seine Stadt sei eingeteilt in fünf Städte. „In allen fünf habe ich nichts zu sagen." Seine Anweisungen würden nicht befolgt; Mittel, sie durchzusetzen, habe er nicht. „Der Begriff der Gesetzlichkeit ist hier ein besonderer." Die Direktoren der Betriebe könnten nichts entscheiden, weil die Aktien mehrheitlich in Mafia-Hand seien. Und wenn sie es einmal nicht seien, wüssten jene Herren auch auf anderem Wege nachdrücklich darum zu bitten, dass Betriebsentscheidungen in ihrem Sinne fallen. „Heutzutage gilt es als größte Ehre, als Bekannter von Mafia-Leuten angesehen zu werden", besonders in den höheren Kreisen der Polizei. „Die Leute haben Angst vor der Miliz, weil von dort Informationen direkt an die Mafia weiterfließen." Wer anklagt, muss mit Rache rechnen.

Vermisst, im Auto zerbombt oder in der Wohnung, auf der Straße erschossen oder an Krebs erkrankt, weil unter dem Bürostuhl radioaktive Isotope befestigt waren. Alles schon passiert.

Der Bürgermeister sagt, zwar hasse er das kommunistische System, aber sei es nicht bemerkenswert, dass zu Zeiten der Stalin-Repressionen weniger Leute umgekommen seien als heute? „Das Immunsystem des Staates ist kaputt." Der Staat sei ein „Instrument der Mafia".

Er kennt alle Fädenzieher. Vor einem Jahr hat er sich mit ihnen getroffen. Den 27 führenden Köpfen der örtlichen „Schattenmachtstruktur". „Wenn wir uns in einem Jahr hier wieder versammeln", hat er gesagt, „wird die Hälfte von euch fehlen." Ob es nicht überlegenswert sei, hat er sie gefragt, Geld auf normale Weise zu verdienen, Kapital klug zu nutzen, zu investieren? „Der Staat hat euch reich gemacht auf Kosten des armen Volkes", hat er gesagt, „aber der Staat ist nun am Ende."

Und dann hat Tscherepkow sie gedrängt, Unterführungen zu bauen, mit der Zusage, sie könnten Geschäfte darin vermieten. Sie haben es getan. „Die Hälfte von dem, was in der Stadt entstanden ist, hat die Mafia finanziert." Die Stadt selbst hat kein Geld, und von Moskau kommt nichts. „Die Mafia ist unser wichtigster Handelspartner", sagt der Bürgermeister und sieht zehn Jahre älter aus, als er ist. „Bitte schön, sollen sie doch Geld verdienen, sie werden sowieso umgebracht – aber das Eigentum verbleibt der Stadt."

„Vom Standpunkt der Verwundbarkeit aus“ seien die Waffen der Mafia natürlich stärker, aber er habe die Achtung des Volkes. „Diese Achtung kann kein Geld der Welt erkaufen!“ Und deshalb habe er nicht das Recht zurückzuweichen. Als er sagt, „auch die Mafia ist nicht unsterblich“, klingt es trotzdem, als wollte er sich selber Mut machen. Oft denke er ja insgeheim, wie erleichternd es wäre, wenn sie ihn endlich umbrächten. „Ich lebe wie ein Boxer, der ständig auf seine Deckung achten muss.“ Er selbst schlage nicht, weiche den Schlägen nur aus. Aber die Schläge kommen ununterbrochen. Und es gibt in diesem Kampf weder Ringrichter noch Gong.

Vor drei Jahren haben Omon-Einheiten, Sondertruppen des Moskauer Innenministeriums, Tscherepkow aus dem Amt gejagt. Aber in einem Prozess, für den die Gegenseite fünf Staranwälte aufbot, hat er sich selber verteidigt und konnte am Ende die Rücknahme eines Präsidentenerlasses und seine Wiedereinsetzung erzwingen.

Viermal hat er seither Neuwahlen angesetzt, viermal seien sie torpediert worden. Das vierte Mal, im September 1998, verschwand am Vorabend der Wahl Tscherepkows Name unter mysteriösen Umständen von allen Wahllisten, was „international doch ein einmaliger Vorgang“ sei. Weil fast die Hälfte der Wähler aus Protest „gegen alle“ angekreuzt hat, mussten sie am 17. Januar 1999 noch einmal an die Urnen gehen, diesmal zur Wahl des Stadtparlaments. Die neuen Stadtverordneten setzten Tscherepkow wieder in sein Amt ein – drei Tage später jedoch erklärte ein Gericht diese Maßnahme für ungültig.

Im Bahnhof von Wladiwostok ertönt aus einem Lautsprecher ein Lied. Es handelt von einer Mutter, die auf ihren Sohn wartet, der im Gefängnis sitzt. Vor dem Zug nach Moskau drängen sich Menschen mit großen Plastiktüten. Sieben Tage und sieben Nächte ist Moskau entfernt, aber hier, im Kioskradio vor der Wartehalle, ist die Hauptstadt schon da: Vom russischen Präsidenten ist in der Sendung die Rede. Er könne ein wenig arbeiten und umhergehen, heißt es. Zwischendurch lege er sich oft hin.

MICHAEL STÜHRENBERG

Die Macht aus den Gräbern

Auf Madagaskar müssen die Menschen Tag für Tag mit den Geistern der Toten auskommen. Und das ist nicht einfach, denn die Ahnen sind äußerst launische Wesen, um deren Gunst sich die Lebenden unablässig zu bemühen haben.

Gegen fünf wache ich im Sand neben dem Toten auf. Anakaos Strand liegt reglos, und Nosy Vé, die Geisterinsel draußen vor dem Riff, ist noch ein Strich im Grau des Morgens. Die Leiche stinkt. Es wird Zeit, sie zu begraben.

Ich schaue nach den Trauergästen. Unter einem umgestülpten Boot schnarcht Kassuma. Er säuft von allen Fischern am meisten, sieht mit 40 aus wie 60. Aus seinem offenen Munde ragt riesig ein Eckzahn. Régis und Alexandre, auch sie lang auf den Sand gestreckt, schlafen ihren Rausch im Stillen aus. Und noch ein paar Dutzend mehr. Nur einige Frauen sind schon unterwegs. Nah am Ufer gleitet eine Piroge vorüber. Momu, die Schöne, auf dem Weg zu den Algenfeldern. Weiß blitzt ihr Lächeln in den aufkommenden Tag.

Auf der anderen Seite der Leiche liegt Aurélien. Er knirscht laut mit den Zähnen, rollt bedrohlich die Augen. Er mimt wieder einmal Akiu futi, den weißen Hai. Der kam vor 20 Jahren durch den Riffgürtel und kreuzte vor dem Strand; ein Monster, besessen von einem bösen Geist. Er suchte unschuldige Seelen. Stattdessen fand er einen gewieften Gegner: Aurélien, den besten Fischer von Anakao, lang, dünn und hart wie ein Nagel. Einen toten Hund warf Aurélien dem Ungeheuer ins Wasser, an einem Haken befestigt, und an dem Haken war ein Seil, und das Seilende band der Fischer um einen Baum am Strand. Der Hai schluckte Hund und Haken, riss den Baum mit sich in die Tiefe. Seither jagt Aurélien den Geist. Nur heute nicht. Heute beerdigen wir.

Es ist unsere dritte Totenfeier in zwei Wochen, mit Fluten von Bier und Rum. Nun ist das Dorf Anakao müde, die Reserven sind verbraucht. An den Füßen brennen Tanzblasen, die Stimmen sind heiser, die Körper von zu viel Liebe ausgelaugt – keiner, der sich nicht amüsiert hätte. Régis, der Bürgermeister, hemdlos in roten Shorts, spricht als Erster: „Ich glaube trotzdem, wir müssen ihn trotzdem zum Friedhof bringen!" „Trotzdem" – Régis sagt es auf Französisch: *quand même* – ist sein Lieblingswort. Es bedeutet nichts, verschönt nur Régis' Sätze in bedeutendem Maße.

In Anakao redet jeder, wie er will. In Anakao heißt auch jeder, wie er will. Tsabitsoke, der Tote, hieß lieber Latiratsy. Ebenso wie Régis es manchmal vorzieht, Ludi zu heißen oder, von Amts wegen, Président. Er ist der Gebildetste im Dorf, Lehrer von Beruf. Die Übrigen, nur Fischer, haben auch mehrere Namen, aber keiner von ihnen besitzt ein Wort wie *quand même*. Weil alle nur madegassisch sprechen, im Dialekt der Vezo, eines kleinen Volkes unter dem Wendekreis des Steinbocks. Es ist eine Sprache, die sich aufs Wesentliche beschränkt. „Invaovao?", fragt der in Stöhnen erwachende Kassuma: Was ist neu?

Die Standardfrage. Nie: Wie geht's? Oder: Hallo! Oder einfach: Guten Tag! Zwar existieren diese Wörter, aber für Anakaos Wohlbefinden sind sie irrelevant. Immer nur: „Invaovao?" Aus Angst, es könnte mal etwas Neues passieren. Aber nein. „Tsy misy!", rufen alle: Nichts Neues! Kassuma lächelt: „Eka!" Gut!

Der Gestank nimmt zu. Régis, Aurélien und Alexandre binden das Segel von den Stangen. Zwei Tage lang hat es dem Toten als Sonnendach gedient, den Lebenden zwei Nächte hindurch als luftige Vergnügungshalle. Im Uferwasser, parallel zum Strand, fährt die Leichenpiroge vor. Ein halbnackter Paddler sitzt im Bug, ein zweiter im Heck. „Heeeh-Hoooh!", brüllt Régis. Aus den Hütten strömen die Hinterbliebenen. Verschlafen, verkatert. Vier heben die Bambusbahre mit dem Toten aus dem Sand, torkeln den Strand hinab bis ins knietiefe Wasser, hieven ihre Fracht aufs Boot. „Schade, dass die Feier zu Ende ist", meint Kassuma durstig.

Das Schlimmste steht bevor: der Lauf zum Friedhof. Mitten durchs „Minenfeld". Das Wort stammt von Régis und beschreibt Anakaos Strand bei Ebbe, wenn sich die Fischer zur Notdurft in den feuchten Sand gehockt haben. Wenn dann die Häufchen dort liegen, getarnt zwischen abgelutschten Mangokernen, zwiebeligen Muscheln, mit Algen verknoteten Seeigeln – bis die Flut sich als Klospülung betätigt.

Die Minen waren meine erste Erfahrung mit Anakao, vor drei Jahren, beim ersten Gang durch das Stranddorf, schon damals mit Régis an meiner Seite. Vergebens versuchte er, mich zu warnen: „Vorsicht, Mine!" Während sie mir schon glitschig unter der Fußsohle explodierte und dem Bürgermeister zu enormer Heiterkeit verhalf.

Viermal war ich inzwischen in Anakao und habe jedes Mal nach Auswegen gesucht. Einer schien hinten ums Dorf herumzuführen, durch die Sanddünen, die Anakao gegen die Dornensavanne des madegassischen Südens abgrenzen. Doch die Dünen sind gefährlicher als die Minen. Mädchen stehen dort, angeblich, um sich zu waschen. Die einen hinter Büschen, die hübscheren aufrecht und frei, nur ein dünnes Tuch um die Hüften gewunden, die Brüste in den lauen Wind gestreckt, den hinter gebogenen Wimpern versteckten Blick auf den Trampelpfad geheftet, über den schleppenden Schrittes die Freier wandeln. Von solchen Wegen kann man nur abkommen.

Eine andere Möglichkeit, die direkte Passage durchs Dorf, scheitert am maritimen Drang der Vezo. All ihre Pfade führen von Osten nach Westen, von den Hütten zum Meer. Als einzige Hauptstraße dient das seichte Uferwasser, und weil jeder an ihm wohnen möchte, ist Anakao so lang geraten, über zwei Kilometer.

Von dem riesigen Land in ihrem Rücken erwarten die Vezo nichts. Ihr Dorf, selten breiter als 150 Meter, lebt vom Meer und sieht auch so aus: Netze, zum Flicken zwischen Bäume gespannt. Silberteppiche aus Millionen Anchovis, zum Trocknen auf dem Boden ausgebreitet. Bunte Fische, auf Äste gespießt und zum Räuchern um niedrige Feuer in den Sand gesteckt. Den übrigen Platz füllen Hütten, die meisten aus Stangen und Stroh, krumm geweht vom Südwind, der die großen Fluten begleitet. Nirgends ein Durchkommen, nicht einmal am Strand, den Hunderte an Land gezogener Auslegerpirogen versperren.

So bleibt auch für den Gang zum Friedhof nur das Minenfeld. Régis hebt den Arm, gibt der Piroge mit dem Leichnam das Startzeichen. Die Paddel tauchen ein, langsam schiebt sie sich über das seichte Wasser. Am Rand des Watts verfällt die Prozession in Laufschritt. Kinder rennen lachend voraus. Erwachsene, Arme angewinkelt, zockeln in Würde, ordentlich gruppiert um den Bürgermeister und die Musikanten. Aurélien mimt noch immer den Hai.

Ich laufe neben Alexandre, im schnaufenden Pulk der Greise. Er hat ein schönes Mondgesicht, das durch den spitzen Mund noch runder wirkt. Seine Brust ist eingefallen, der Bauch nur noch eine Abfolge schlaffer Falten über den zerschlissenen Shorts. Alexandre ist Experte fürs Sterben. „Niemand stirbt zufällig", hat er mir gestern Nacht beim Gelage erklärt. Verlässt die Seele den Körper, kann sie dafür verschiedene Gründe haben: Gott ruft sie fort, oder die Ahnen zwingen sie zu sich. Manchmal reißt böser Zauber sie aus dem Körper. Die vierte Option ist die beste: Die Seele geht aus freien Stücken.

Tsabitsoke, der Tote, hatte Glück. Kein Zweifel, seine Seele wollte weg. Der Alte war krumm geworden, fast taub, seine dürren Arme zogen keinen Fisch mehr ins Boot. Übermächtig wurde da die Versuchung, als er vor drei Tagen den Tod einer Nachbarin feierte. Voller Ungeduld pochte seine Seele in ihrer morschen Hülle. Mit drei Flaschen Rum gewappnet, setzte sich Tsabitsoke zur Leiche und trank den mürben Körper ins Delirium.

Morgens fand ihn Kassuma. Röchelnd, die Augen noch halb geöffnet, lag der Greis im Sand. „Schnell!“, rief Kassuma die auf dem Strand Schlafenden wach. „Tsabitsoke geht fort!“ Beweislos konnte dies freilich niemand akzeptieren. Vielleicht war es ja nur der Rausch. Also kam Alexandre, der Experte. Behutsam nahm er Tsabitsokes Kopf zwischen beide Hände und legte sein Ohr auf die vertrockneten Lippen. Doch außer dem Röcheln war nichts zu hören. „Gebt ihm zu essen!“, befahl Alexandre, und jemand brachte Reissuppe. Als der Löffel den Mund berührte, weiteten sich die Augen, und der Kopf drehte sich in schwacher Wut zur Seite. Die Seele war schon im Aufbruch.

Die Agonie war ein unnützes Ringen. Als hätte das Fleisch noch einen Willen. Natürlich half die Familie. Frauen und Männer schmiegten sich an den Greis, der zitternd auf dem Rücken lag, den Atem in Stößen, wie bei einer Entbindung. Unaufhörlich streichelten sie den widerspenstigen Körper. Stundenlang.

Bis Alexandre sich erbarmte. Sanft legte er sich Tsabitsokes hohlwangiges Gesicht auf den Oberschenkel und drückte ihm mit Daumen und Zeigefinger die Augen zu, während sich die andere Hand fest auf Mund und Nase presste. Noch ein Stöhnen, und die Seele hatte freien Weg. Es war ein ungeheuerlicher Augenblick, Sekunden voll wie Jahrhunderte. Ich konnte meinen Blick nicht von Alexandres Gesicht lösen. So viel Liebe stand darin.

Wir laufen immer noch, wenn auch langsamer. Die Leichenpiroge hat einen kleinen Vorsprung. Anakao liegt hinter uns, der weiße Strand wird kahl. Endlich kommt der Friedhof in Sicht. Die Gräber liegen auf einer hohen, mit Büschen bewachsenen Düne. Lange Reihen grauer Steinhaufen, zu mächtigen Quadern aufgeschichtet. In einigen stecken Paddel. Wie Arme von Ertrinkenden ragen sie in den Himmel.

Wir waschen uns den Kot von den Füßen und steigen hoch. Alexandre dirigiert die Menge. Tsabitsokes Seelenheil steht auf dem Spiel. Wenn jetzt nicht alles nach Ahnenbrauch geschieht, werden Anakaos Geister den Verstorbenen nicht aufnehmen in ihren Kreis. Die Frauen setzen sich zur Leiche in den Schatten und schluchzen laut. Um den Ahnen zu zeigen, wie viel Liebe sich Tsabitsoke in seinem langen Leben verdient hat. Die Männer klettern auf einen der Steinquader und beginnen, in dessen Mitte eine Grube auszuheben. Stein um Stein, während Staub und Schweiß sich auf ihren Oberkörpern zu feinem Brei vermischen.

Nach einer Stunde ist es so weit. Alexandre lässt den Toten ins Grabloch heben, bettet den Kopf auf ein Kissen. Dann kniet er sich zu Tsabitsoke, wie vor drei Tagen, als er ihm den Atem stoppte. Einen Liebesdienst schuldet er ihm noch, den letzten, ganz im Stillen, versteckt unter einem bunten Tuch, das Kassuma und Régis nun über die Grube spannen. Mit einer Glasscherbe beschneidet Alexandre den Toten. „Veloma!" – Leb wohl!, sagt er zur Seele, die ganz in der Nähe auf ihren Fortgang wartet. Nur das Gepäck fehlt noch. Die Verwandten reichen es in die Grube: Tsabitsokes Fischernetz, seine Tasse, drei Teller, einen uralten Plattenspieler, einen Stapel 45er-Platten ohne Hüllen, die meisten ohnehin zerbrochen, ein knopfloses Radio, einen Kartonkoffer von jener Sorte, die in Anakaos Hütten die Schränke ersetzen. Glücklicher Tsabitsoke! Sein Tod ist ein Umzug. Nur die Piroge muss er zurücklassen, sie passt nicht ins Grab. Dafür stopft ihm Alexandre noch ein paar Geldscheine unters Kissen, ehe die anderen beginnen, das Loch wieder mit Steinen zu füllen.

Ich folge Alexandre zum Friedhofsrand. Wir blicken aufs Meer. Es ist heiß, Mittagszeit, das Licht auf dem Wasser blendet unsere Augen. Nosy Vé, die Geisterinsel, liegt in praller Sonne: ein weißer Streifen mit einer hellgrünen Krone aus Büschen und Bäumchen. Da wohnt er nun, Tsabitsoke, wie alle Ahnen des Dorfes, seit sich die Seenomaden hier niederließen und Anakao gründeten. Alexandre breitet beide Arme aus, wie zum Fliegen, und sagt: „Vorumbé!" – Große Vögel! So heißen die Geister, alle, denn mit den vielen Namen, die sie sich zu Lebzeiten erfanden, ist auf der Insel Schluss. Da bilden die Ahnen nur noch eine Familie. Mit einer einzigen Aufgabe: das Dorf zu schützen. Dafür werden sie entlohnt, kollektiv. Zweimal im Jahr bringt Anakao den Ahnen Opfer – im März, damit sie die Kranken heilen; im August, damit sie fürs ganze Jahr volle Netze garantieren.

Eine Woche lang lebt dann das Dorf nur für seine Geister. Fische haben Schonzeit, denn die Pirogen müssen als Fähren herhalten, um Frauen, Kinder, Kranke und Krüppel auf die Insel zu schaffen. Und Ziegen, eine ganze Herde, weil Blut und Eingeweide, vermischt mit Rum, die Geister nähren. Haben die Ahnen den Lebenden etwas mitzuteilen, versetzen sie ein paar der Dörfler in Trance. Mit gespreizten Armen fliegen die Besessenen dann über den Inselstrand, und jeder sieht: Das sind keine Fischer, sondern große Vögel – Vorumbé!

Anakao kann nicht ohne Ahnen auskommen. Zwar gibt es einen

Gott – die Vezo nennen ihn Zanahary, und er hat Madagaskar lange vor der christlichen Botschaft erreicht. Aber der Schöpfer steht zu hoch über den Menschen. „Wollte man zu Ihm aufsteigen, würde einem schwindelig", lehrt das Sprichwort. Niemand kann Ihn begreifen, sich in Seine Lage versetzen.

Nur die Ahnen können dies. Sie füllen die Leere zwischen Himmel und Erde. Als Vermittler. Haben die Lebenden ein Problem, legen die Geister bei Zanahary ein Wort für sie ein. Sie plädieren, feilschen, gewinnen fast immer, denn auch Gott hat ein Herz – für die Ahnen. Deshalb fühlt sich Anakao in seiner Abgeschiedenheit niemals einsam. Weil die Welt nicht am Dorfrand aufhört. Sie dehnt sich endlos ins Unsichtbare, prallt nie gegen die Grenzen von Hölle oder Paradies, denn Menschen und Geister teilen sich das Diesseits.

Die Geister sind präsent. Wie wollte ich sie leugnen? Meine Hütte liegt neben einem Kramladen im Viertel der Tantsivoky, der „Ewig Hungrigen". Morgens, wenn ich die Brettertür aufstoße, treffe ich dort auf die alte Cathérine. Sie ist mit dem Geist Kudfunsava verlobt. Jeden Morgen kauft sie ihm in dem Laden einen halben Liter Rum, seit 40 Jahren. Früher war Cathérine reich. Ihr Mann unterhielt drei Segelpirogen, die Waren und Menschen zwischen Anakao und Tuléar transportierten. Aber er starb vor zwölf Jahren, und Cathérine, für die niemand mehr sorgt, ist durch den Hunger hager geworden.

Vielleicht, sagt sie, sei ihr Mann an der Eifersucht Kudfunsavas gestorben. Obwohl dieser Geist dazu bestimmt sei, Kranke zu heilen, also Gutes zu tun. Aber auch er sei ja nur ein Mensch, und das Problem sei, dass Menschen durch den Tod nicht besser würden.

Jeder bleibt, was er war. Tsy misy vaovao! Nichts Neues, nie! Solange die Toten in die Familie der Ahnen aufgenommen werden, ist das nicht weiter schlimm. Jene aber, die einen Gewalttod sterben, im Sturm draußen ertrinken, vom Krokodil oder vom Hai gefressen oder wie Kudfunsava vergiftet werden – all jene also, die nicht zu den Ahnen dürfen, sondern als Irrgeister durch die Ewigkeit rasen, toben ihre Menschlichkeit in Exzessen aus. Sie sind die Hölle der Lebenden.

„Als er sich in mich verliebte, hat es mich fast umgebracht", erinnert sich Cathérine. „Ich war 14 Jahre alt, und plötzlich wurde ich krank. Die Mutter musste den Hexer rufen." Der legte dem Mädchen die Hand auf den Leib und fühlte den Geist. Erst nach langem Drohen, die Ahnen würden Cathérine zu sich holen, sollte er sein Versteck nicht verlassen, kam der Irrgeist heraus und nannte durch den Mund der Besessenen kleinlaut seinen Namen: Kudfunsava.

Fortan entfaltete er seine Borstigkeit im Rahmen offizieller Beziehungen. Er ließ eigene Sachen für sich kaufen: ein weißes Hemd, einen Hut, ein Handtuch, das Cathérine beim *tromba*, der Geisterbeschwörung, über die Schulter geworfen trägt, einen Spazierstock aus Edelholz. Der Ehemann zahlte, bis zu seinem Tode.

Seither bestreitet Cathérine den regen Rum- und Zigarettenkonsum Kudfunsavas durch die paar Pfennige, die ihr die Trance-Konsultationen einbringen. Im Schein einer Öllampe wartet sie abends in einer winzigen Strohhütte auf Kundschaft. Wohl wissend, dass in Anakao noch weitere Frauen einen Heilgeist unterhalten. Kommt doch jemand, legt Cathérine die Geisterkleider an, verbrennt Weihrauch, besprenkelt die Hüttenwände mit Wasser, öffnet eine Flasche Rum und stöhnt erbärmlich, wenn Kudfunsava in sie fährt.

„Manchmal", erzählt sie mit der Nachsicht der ewig Verlobten, „ist Kudfunsava in mir, und wir reden, und plötzlich ruft jemand in Tuléar oder Saint-Augustin nach ihm, und wie ein Blitz jagt er aus mir heraus." Um fernes Leid zu lindern, will sie mich stolz glauben machen. Als wäre Kudfunsava ein überforderter Notarzt, ohne Zeit für die Alte, deren Seele er vor langer Zeit entjungfert hat. In Wirklichkeit aber besitzt er noch andere Frauen, sogar in Anakao, und er fährt in sie, wann immer es ihm passt, wie ein geiler Gutsherr in seine Mägde.

Ich mag ihn nicht. Vielleicht war er es ja, der die arme Peta tötete. Das war vor zwei Wochen, ein schlimmer Tag. Peta, schmal und hübsch, wies die gleichen Symptome auf wie einst Cathérine: Fieber, Ohnmacht, Erbrechen. Aber diesmal war der Hexer machtlos. Eines Morgens tanzte Peta im Minenfeld, immer im Kreis, die Arme ausgestreckt. Plötzlich blieb sie stehen, rief: „Veloma, ianareo!" – Lebt wohl, ihr alle! – und fiel tot in den Sand. Am Abend war ihr Körper doppelt so dick wie zu Lebzeiten.

Natürlich habe ich Kudfunsava gefragt, ob er es war. Nach Petas Tod kroch ich zu Cathérine in die Hütte. Doch als der Geist kam, starrte er mich durch die sanften Augen seiner Alten nur stumm an. Er wusste nichts mit mir anzufangen. Für ihn war ich *vazaha*, einer jener Weißen, die grundlos kommen und ergebnislos wieder gehen. Ich gehörte nicht in seine Welt.

Manchmal bedaure ich das. Lebte ich in Anakao, ich würde mich als Geisterjäger versuchen. Wie Aurélien. Vielleicht wird er den weißen Hai nie erwischen, ihn vielleicht nicht einmal sichten. Doch sein tägliches Mühen hilft, die Hölle zu schmälern. Wenn er Akiu futi mimt, mit gebleckten Zähnen knirscht und die Augen gierig im Kreise rollt, flattern im Himmel über Anakao die Banner der Revolte. Dann fühle ich, auch Kudfunsava wäre mit Unerschrockenheit beizukommen.

Manche haben versucht, die Geister durch einfaches Leugnen zu töten. Aber wie kann man abschaffen, was es angeblich nicht gibt? An diesem Widerspruch, glaube ich, ist Pater Engelvin in erster Linie gescheitert. 20 Jahre lang hat er gegen die Geister gekämpft – ohne an sie zu glauben.

Ambroise Engelvin, der Lazaristen-Missionar, kam 1914 in Madagaskars Süden. Ein offener, humorvoller Mann, der betete, predigte, lehrte, verarztete und sich unablässig um die physischen und metaphysischen Nöte der „Primitiven" sorgte. So viel hatte er zu tun, dass ihm für nichts anderes hätte Zeit bleiben dürfen.

Doch nachts konnte Ambroise oft nicht schlafen. Trommeln, Lachen, die schamlosen Spiele einer „brennenden Jugend" – tausend Geräusche, die aus den Hütten in die Ohren des Missionars drangen. Also füllte er die Schlaflosigkeit mit Worten – seinem Geist, mit dem ich nun nachts meine Hütte teile: 170 kleingedruckte Seiten, irgendwo auch ein Foto, das eines kleinen Franzosen in weißer Kutte, mit schwarzem Haar, buschigen Augenbrauen, einem struppigen Vollbart.

Von Beginn an ahnte der Pater Schwierigkeiten. Er wusste, dass Madagaskar nicht dem Christengott gehörte. Seit der Missionierung im 19. Jahrhundert galten zwar 90 Prozent der Madegassen als Christen. Doch der Allmächtige blieb schwach. Bis heute.

Überall auf der Insel dienen die Menschen weiterhin den Ahnen, scheinen sie nur für das Sterben zu leben. Madegassen verehren ihre Toten nicht, sie verhätscheln sie. Die Merina im Hochland öffnen im Winter die Grabhäuser, um mit ihren Ahnen zu feiern und sie zu fröhlicher Blasmusik in frische Leichentücher zu wickeln. Die Mahafaly, ein Hirtenstamm im Süden, schicken dem Verstorbenen dessen Rinder nach, nur damit er sich nicht vor den Ahnen zu schämen braucht. Die Sakalava im Westen graben alle fünf Jahre die Gebeine ihrer Könige aus und baden sie in einem heiligen Fluss.

Jeder der 19 Inselstämme hat eigene Bräuche und Riten, die sie voneinander unterscheiden. Doch allen gemeinsam ist jene Kultur, die das Abendland als Ahnenkult bezeichnet. Es ist die ungeteilte Herrschaft der Geister. Weil sie älter sind, stehen die Ahnen höher in einer Hierarchie, die vom Neugeborenen bis zu Zanahary, dem Ewigen, reicht. Ihre Gesetze sind die *fady*: Tabus wie das Betreten von Orten, die für Geister reserviert sind – zum Beispiel Grotten am Meer oder der Schatten von Tamarindenbäumen –, wie der Verzehr mancher Speisen, wie auch das Arbeiten, Lieben, Heiraten und Beerdigen an bestimmten Wochentagen.

Die Seelen der Toten, fiel Pater Ambroise auf, lösen sich auf in einem universalen Ganzen, werden zur *raza*, der Familie aller Ahnen. Für sie gibt es kein Jüngstes Gericht, gibt es weder Lohn noch Strafe. Denn Zanaharys Unergründlichkeit lässt keine absolute Moral zu. Gut und Böse sind relative Begriffe: Was man dem einen an Gutem tut, fügt dem anderen Schaden zu. Deshalb fällt Madegassen das Handeln so schwer. Weil sie trotz bester Absichten automatisch auch das Falsche tun. Stets fühlen sie sich schuldig, nicht gegenüber Gott, sondern gegenüber den anderen, der Gemeinschaft von Lebenden und Toten.

Dagegen kennen sie nur ein Rezept: es ebenso zu tun wie die Generationen vor ihnen. Ihre Gegenwart ist nur Verlängerung von Vergangenheit, nie Beginn einer Zukunft. Kein Projekt, das über den Tag hinausreichte. Tage gefüllt mit Taten, die nur Wiederholungen sind. Invaovao? Tsy misy! Nichts Neues, zum Glück! Das macht die Missionarsarbeit zum Martyrium. Der Gott des Ambroise Engelvin braucht den Einzelnen, losgelöst aus der Anonymität aller anderen, die sein Verhalten erklären und entschuldigen können. Er fordert den *libre arbitre*, den freien Willen, der die Seele richtbar macht zu Verdammnis oder Erlösung.

Nichts davon fand der Pater bei den Vezo. „Aufgrund des dem Schwarzen eigenen Infantilismus", schrieb er in einer jener Nächte, als ihm die Wollust der Fischer den Schlaf raubte, „kann er nicht für sich selbst entscheiden und beruft sich daher auf die Tradition." So ging er 1934 zurück in seine Welt, gescheitert, im Gepäck nichts als Erinnerungen und die Hoffnung, an seiner Stelle möge der „Fortschritt" die Bekehrung vollbringen: „In einigen Generationen wird der Vezo seine eigene Persönlichkeit verloren haben. Wir werden es nicht mehr mit Primitiven zu tun haben, sondern mit ‚Aufgeweckten', die einige Qualitäten und sämtliche Fehler der Zivilisation angenommen haben werden, denn sie zivilisieren sich durch Nachahmen dessen, was man ihnen zeigt."

Mein Missionar! Wie ich mit ihm fühle, ihn in seiner Einsamkeit fast liebe. Wie ich mir wünschte, ihn in seinem Paradies noch erreichen zu können. Und sei es nur, um ihn nach über 60 Jahren „Fortschritt" einen Tag lang mit Régis ins Minenfeld zu schicken.

Régis, der Bürgermeister, ist Anakaos Fortschrittsbeauftragter. Ein Genie der Scheinheiligkeit, ungeheuer begabt. Wie kann man so schlau sein und dabei so dämlich dreinschauen? Und heute ist die Lage ernst: Die Welt fordert Rechenschaft von Anakao!

Am Trinktisch vor dem Kramladen sitzt ein fülliger Vertreter der Welternährungsbehörde FAO. Das Gesicht rot von Hitze und Wut. Seit Tagen rackert er sich ab, um den Fischern das Fischen beizubringen. Jeden Nachmittag hockt er unter einem Baum und zeigt, wie Haifischhaken an Stahlseile zu spleißen sind. Und niemand schaut zu. Das heißt, niemand von Bedeutung. Nur ein paar Taugenichtse in der Hoffnung auf ein bisschen Geld.

Aurélien, Kassuma und die übrigen Haifischer jedoch bleiben abwesend. Manchmal beobachtet der FAO-Mann sie durchs Fernglas, wie sie, die viereckigen Segel straff gespannt, draußen vor Nosy Vé kreuzen. Finden sie in ihren Netzen einen noch lebenden Hai, schlagen sie ihm mit einer Eisenstange den Schädel ein, bevor sie ihn in die Piroge ziehen und an Land schleppen. Fischen nach Ahnenart.

„Ich kann morgen meine Sachen packen", ruft der Weltbeamte beleidigt. „Mir ist das egal! Ich bekomme mein Gehalt so oder so, ganz gleichgültig, ob hier einer was lernt oder nicht. Die Frage lautet: Will Anakao Fortschritt?"

Régis sinnt über seinem Bierglas. Die Stirn ein Faltenmeer, die Augen nur noch klaffende Wunden des Herzens. Natürlich will er den Fortschritt nicht aufhalten, schließlich verdient er ja an ihm. Kein Entwicklungsprojekt, sei es der Bau eines neuen Klassenzimmers oder die Einrichtung einer Notapotheke, kommt ungeschröpft an seiner Tasche vorbei. Aber er weiß auch, dass die Fischer ihn gewählt haben, damit er den Fortschritt verdünnt.

„Ich weiß nicht, wie oft ich es ihnen trotzdem schon gesagt habe!", flüstert er zerknirscht. „Wie oft habe ich gesagt: Wollt ihr vielleicht warten, bis wir alle verhungern? Die Riffe sind fast leer gefischt. Nicht einmal die Anchovis kommen noch. Und die Haie in euren Netzen werden auch immer kleiner. Und jetzt tötet ihr sogar die Delphine und Schildkröten. Diese herrlichen, vom Aussterben bedrohten Tiere!"

„Und?", fragt der FAO-Mann interessiert. „Was antworten sie?"

Régis' Blick flieht in die Ferne, zu einer Schar nackter Kinder, die ihre Spielzeugpirogen auf blaugrünen Ebbelachen segeln lassen. „Immer das Gleiche", sagt er. „Fombaraza! Ahnensitte! Diese Dickköpfe! Es ist zum Heulen. Aber ich werde trotzdem mein Bestes versuchen!"

Triumphierend wendet sich der Weltbeamte mir zu: „Da hören Sie es, ihr eigener Bürgermeister gibt mir Recht!"

Am Nachmittag rollt ein dumpfer Donner den Strand hinauf. Es folgt Geschrei, dann ein unheimliches Schweigen. Fünf Minuten später stürzt Régis schweißnass vor den Ausschank. „Schnell!", schreit er. „Eine Katastrophe! Komm!" Dann setzt er sich an den Tisch und bestellt auf meine Rechnung ein Bier.

Ich erkundige mich nach der Katastrophe. Régis berichtet: Eine Mine! Diesmal eine echte. Auf jeden Fall ein gewaltiger Knall. Hat eine Frau beim Kochen erwischt. Der Kochtopf ist explodiert, die Frau nur noch ein blutiger Haufen. Vielleicht schon tot. Und da in Anakao niemand zufällig stirbt, sucht das Dorf nach dem Schuldigen, der den Topf verzaubert hat.

Am Katastrophenort ist halb Anakao versammelt. Marktfrauen, Muschelverkäuferinnen, Nachbarinnen, alte Männer, die nicht mehr zum Fischen taugen. Alle noch vereint im gleichen Groll, bevor der Verdacht sie scheidet. Das Opfer liegt wimmernd vor der Hütte. Das linke Auge ist ausgelaufen. Auf der Wunde klebt ein Lappen, Fliegen machen sich darüber her.

Ich untersuche die Feuerstelle. Das kleine Strohdach darüber ist zerfetzt, durchschossen von etwas, das seinen Weg durch die Bretterwand der angrenzenden Hütte fortgesetzt und dabei ein fußballgroßes Loch gerissen hat. Aber es war nicht der Kochtopf. Der liegt lädiert im Hof. Ich folge der Spur ins Innere. Auf dem Boden liegt ein Klumpen Metall. Der Rest eines Gasbehälters, weggeworfen von einem der Fabrikschiffe, die jenseits von Nosy Vé das Meer leer fischen. Ein Dörfler hat den Behälter beim Tauchen gefunden und seiner Frau zur Zierde ans Küchenfeuer gestellt.

Ich zeige der Menge meinen Fund, erkläre Régis die Ursache. Schlagartig erhellt sich sein Gesicht. Der Fall ist gelöst: Kein böser Zauber hat die Frau verstümmelt, sondern der Fortschritt, von den Weißen im Meer deponiert. Anakao atmet auf. Einige klatschen, sogar das Opfer scheint befreit zu lächeln. „Ich weiß nicht, wie oft ich sie trotzdem schon vor ihrem Aberglauben gewarnt habe“, hebt Régis an. Aber da bin ich bereits ins Minenfeld entflohen. Fast renne ich Kassuma um. „Invaovao?“, fragt er. Ich beschränke mich aufs Wesentliche: „Tsy misy!“ Etwas ist passiert, doch nichts hat sich bewegt.

Irgendwann doch eine Neuigkeit: Die Schönste im Dorf, Momu – sie heißt auch Lauréat, manchmal sogar Natacha –, sie schwimmt im Elend. „Alex!“, jammert sie morgens vor meiner Brettertür, während Tränen über die hohen Backenknochen rollen und direkt aufs Hemd tropfen. „Alex adaladala!“ Alex, der Bruder, ist verrückt!

Nun ja, auch das ist nichts wirklich Neues. Alex, einst ein guter Fischer, hat vor zwei Jahren mit dem Kiffen begonnen und seither nicht aufgehört. Von mittags bis abends sitzt er am Strand und saugt das Gift in sich hinein. Jetzt trägt er Rastazöpfe, ist abgemagert und hat ein Problem mit den Ahnen. Neulich traf ich ihn, wie er in den Dünen einen Karatekampf gegen Geister ausfocht. Eine Warnung, die alle lächelnd übersahen.

Kurz darauf stürzte sich Alex brüllend auf die Marktstände. Diesmal fegten seine Kungfu-Künste Fische und Maniokwurzeln zu Boden. Da sagte Momu zu Régis: „Wir müssen etwas tun!“ Régis nickte, nichts geschah. Und jetzt ist es zu spät. Alex adaladala! Total verrückt, aufgewühlt wie das Meer bei Sturm. Eine ganze Armee von Geistern muss er letzte Nacht geortet haben, als er brüllend die eigene Hütte in Brand steckte. „Was soll bloß werden?“, schluchzt Momu.

Es ist schwer, sie nicht mit offenem Munde anzustarren. Ihr mächtiger Haarschopf, wolleweich, reicht bis auf die zierlichen Schultern. Die Lippen sind voll, die obere schwungvoll geschnitzt wie jene fernen Vögel, die Kinder ganz zuletzt aufs Bild malen, damit der Himmel nicht so leer bleibt. Momu, die Herrliche! Seit langem sehne ich mich danach, ihr gefällig sein zu dürfen, und sei es jetzt nur durch einen guten Rat: „Schick ihn ins Irrenhaus!“ Eine andere Möglichkeit sehe ich nicht. Wir müssen Alex dem Fortschritt übergeben.

Am nächsten Tag fahren wir nach Tuléar. Momu sitzt unter dem geblähten Segel und schaut zu, wie der kantige Ausleger das Meer aufschlitzt. Alex liegt glücklich im Bootsbauch. Er glaubt, wir wollten ihm in Tuléar ein Fahrrad kaufen. Das „Toby“ liegt am Rand der Stadt. Der Name bedeutet „Zentrum der Erweckung“. Selbst Irrenhäuser heißen, wie sie wollen.

Im ganzen Land gibt es Tobys. Sie gehören der lutherischen Kirche und sollen die Menschen vom Aberglauben erwecken. Ihre Gründerin, die Prophetin Nene Lava, ist die Tochter eines Hexers aus dem Süden. Sie hat den eigenen Vater bekehrt. Sechsmal, so heißt es, sei sie gestorben, in den Himmel gefahren und wiederauferstanden von den Toten, um Madagaskar die Botschaft Jesu zu überbringen: Hexerei ist Todsünde, der Ahnenkult Gottesfrevel!

Der Versuch einer Revolution. Nene Lava will fortsetzen, wo Ambroise Engelvin scheiterte. Dessen Credo von Bekehrung durch Fortschritt ist allerdings nicht mehr haltbar. Im Gegenteil. Experten von Weltbank, Weltwährungsfonds und EU betrachten heute die Ausrottung der Geister als Voraussetzung für den Fortschritt auf Madagaskar.

Entwicklungshelfer wettern, die Insel sei nicht entwickelbar. Versuche, die Landwirtschaft zu rationalisieren, scheitern an den Fady, den von den Ahnen erlassenen Tabus. Auch ein Investitionsschutzgesetz, das Ausländern endlich den Erwerb madegassischen Bodens erlauben würde, kommt nicht zustande. Immer wieder wird der Vorschlag im Parlament abgeschmettert. Die Deputierten argumentieren, der Boden könne nicht verkauft werden, da er im Besitz der Ahnen sei.

Kaum sind wir im Toby angekommen, werfen sich drei Pfleger auf

Alex und legen ihn in Ketten. Momu weint. Der Pastor, ein sehr schwarzer Mann mit grauem Haar, führt uns durch die Anstalt. Die Kranken liegen in Strohhütten, fast wie in Anakao. Lethargie, drückend wie die Hitze, liegt über dem Irrenhaus.

In einer der Frauenhütten steht ein Mädchen an einen Pfahl gekettet. Ein T-Shirt reicht ihm bis knapp über die nackten Schenkel. Bei unserem Anblick krächzt die junge Frau ein Liebeslied, zieht ihr Hemd auf Brusthöhe und reibt sich die Schamlippen. „Satan!", murmelt der Pastor. „Satan!" Momu kennt die Frau. Sie heißt Clara, eine Hure. Früher bediente sie weiße Touristen in den Strandhotels nördlich von Tuléar. Mit zu viel Erfolg. Aus Neid ließ ihre beste Freundin sie verhexen.

„Wir heilen sie durch Exorzismus", verspricht der Pastor und erklärt: „Es gibt nur zwei Geister: Gott und den Teufel. Der Teufel benutzt den Ahnenquatsch, um uns in die Irre zu führen! In Wahrheit sind die Toten bei Jesus. Sie haben mit dem Leben auf Erden abgeschlossen." Im Halbdunkel der Hütte vollführt Clara noch einen Striptease für den Teufel. Momu weint wieder.

Doch sie will dem Beginn von Alex' Rettung beiwohnen. Am nächsten Morgen um fünf sitzen wir auf einer harten Bank in der Anstaltskirche. Die Wände sind nackt. Nur hinterm Altar hängt ein großes Holzkreuz. Aus dem Dunkel vor der Kirchentür nähert sich ein Klirren und Schleifen. In langer Reihe treten die Irren ein, unter ihnen ein kahler Alex, ohne Rastazöpfe, mit gesenktem Haupt und vorgestreckten Händen in Eisen. Auch die Übrigen tragen Ketten, damit der Teufel in ihnen nicht treten, kratzen und würgen kann. Eine Zwergin knurrt unaufhörlich zwischen den Zähnen. „Satan knurrt", flüstert neben mir ein „Schäfer" – so heißen die Exorzisten.

Vorn beendet der Pastor die Morgenandacht. Wie auf Befehl setzen sich die Irren vor dem Altar auf den Boden. Dicht gedrängt, Kette an Kette. Aus einer Seitentür treten neun Schäfer und Schäferinnen in die Kirche, ganz in Weiß, alle mit einer Bibel bewaffnet. Der Kampf beginnt. Er vollzieht sich schnell und laut. Wie Furien stürzen sich die Schäfer auf die Besessenen. Brüllen sie an, schlagen ihnen mit der Bibel auf die tumben Köpfe, machen dem Dämon den Garaus.

Nach einer Viertelstunde beruhigt sich der Tumult. Jetzt segnen die Schäfer, mit gütigen Händen auf gebeugten Häuptern und friedlichen Lippen an halbtauben Ohren. Nur im Munde der Zwergin knurrt noch immer der Teufel. Kein Zweifel, dem Glauben an ihn und den allmächtigen Christengott gehört die Zukunft. Aber wie soll ich denen in Anakao das beibringen? Wie Alexandre erklären, dass er die Sterbenden statt aufs benachbarte Nosy Vé ins ferne Fegefeuer schickt? Wie

Aurélien sagen, dass er seit 20 Jahren ein Hirngespinst jagt? Wie Cathérine nach 40 Jahren mitteilen, dass ihr Verlobter nicht existiert? Mit welchen Worten Kassuma zumuten, dass es nun doch etwas Neues gibt?

Sie alle sitzen im Ausschank. Ich habe die Dämmerung abgewartet, die Troststunde, wenn die kurze Geburt des Abends Anakaos Welt trikolor einfärbt: der ins All fliehende Himmel, noch hellblau, fast durchsichtig, darunter das nachblühende Rosa der Sonne und schließlich, vom Horizont bis zum Strand, das dunkelgrüne Band des Meeres – Anakaos feurige Fahne.

Ich setze an: „Nene Lava sagt, es gibt keine Ahnen!“ Schweigen. Plötzlich Cathérine: „Kudfunsava sagt, es gibt keinen Teufel!“ Die Replik scheint unangebracht zu sein, wird übergangen. Erneutes Schweigen.

Régis (empört): „Der Teufel ist gefährlich! Ich weiß nicht, wie oft ich ihnen das trotzdem schon gesagt habe.“

Kassuma (den Riesenzahn nachdenklich in den Filter einer Zigarette gebohrt): „Wer bezahlt die Runde?“

Aurélien (mimt den Hai): „…“

Cathérine (störrisch): „Kudfunsava sagt, es gibt keinen Teufel!“

Alexandre (entgegenkommend): „Einmal habe ich im Radio eine Frau gehört, die kam gerade aus dem Himmel zurück. Genau wie Nene Lava. Und sie hat dort auch genau dasselbe gesehen.“

„Was denn?“, fragt der Bürgermeister.

Alexandre: „Dass der Himmel sehr sauber ist!“

Régis nickt befriedigt. Gewiss könnte er gegen die Beweiskraft des Arguments Zweifel erheben, könnte zu bedenken geben, dass es im Vergleich zum Kloakenstrand von Anakao eine Menge himmlischer Orte geben muss.

Aber nein: „Dann war Nene Lava also trotzdem wirklich im Himmel. Was sie sagt, muss stimmen!“ Régis schraubt eine frische Flasche Rum auf, gießt den ersten Schluck zwischen Entendreck und Zigarettenkippen zu seinen Füßen. „Für die Ahnen!“, verkündet er. Alexandre stimmt ein: „Mögen sie uns schützen! Und Nene Lava auch!“

Anakaos phantastische Weisheit: Wahrheit ist, womit wir leben können. Der Rest ist Theorie, unterhaltsamer Gesprächsstoff aus einer vierten Dimension, der unserer Abwesenheit. Invaovao? Tsy misy! Die Nacht kommt schnell. Vorn im Minenfeld kann ich noch Momus Silhouette ausmachen.

HARALD MARTENSTEIN

33 Inseln auf der Suche nach einem Staat

Wer nach Kiribati reist, braucht vor allem Zeit. Zeit, um die Dimensionen dieses Inselreiches zu erfassen, das sich über 4000 Kilometer in der Unendlichkeit des Pazifiks erstreckt. Zeit, um sich an einen Lebensrhythmus zu gewöhnen, in dem der Sonnenuntergang meist das aufregendste Ereignis des Tages ist. Zeit, um die Mentalität von Menschen zu verstehen, für die Staat, Eigentum und Zukunft bis heute abstrakte Begriffe sind.

Manchmal regnet es in Kiribati. Manchmal bläst der Wind ein wenig stärker als üblich. Mehr Überraschungen hat das Klima nicht zu bieten. Großwetterlage: heiß und feucht, Tag für Tag. Die Terrasse des Otintaai-Hotels auf der Insel Tarawa ist für Europäer wahrscheinlich der angenehmste Ort im Staate. Schöner Blick über die Lagune, kühle Getränke, hin und wieder ein Lüftchen. Im Otintaai wohnen fast alle Ausländer, die in Kiribati zu tun haben: eine multinationale Sozialhelferstreitmacht, entsandt von einem Dutzend Organisationen.

Bud zum Beispiel untersucht im Auftrag der amerikanischen Regierung den Wasserzustand in der Lagune, der Australier Cliff soll sich um die nationale Telefongesellschaft kümmern. Yvonne, eine australische Kinderbuchautorin, überprüft im Dienste von Unicef, ob die Hilfsprojekte ihrer Vorgängerinnen effektiv arbeiten. Kevin, Stella und Roberta, drei Bibliothekare aus Adelaide, schließen den Obersten Gerichtshof von Kiribati ans Internet an und bauen dort eine virtuelle juristische Bibliothek auf, nachdem die alten Bücher weitgehend durch Rattenfraß zerstört worden sind.

Alle Welt, so scheint es, möchte Kiribati helfen. Aber es ist unwahrscheinlich, dass diese Hilfe jemals ihr Ziel erreicht: aus Kiribati einen normalen, wenn auch ziemlich unauffälligen Staat zu machen, einen

Staat wie, sagen wir mal, Luxemburg oder Liechtenstein. Das ist nicht nur eine Geldfrage.

Im 19. Jahrhundert haben die europäischen Großmächte die Welt bis in ihre letzten Winkel erobert. Im 20. Jahrhundert haben sie ihre Reiche wieder verloren oder aufgegeben, bis auf ein paar Reste. Und wie die Gletscher der Eiszeit ihre Endmoränen zurückließen, so haben die Kolonialmächte bei ihrem Rückzug überall auf der Erde sonderbare Gebilde hinterlassen. Besonders viele davon gibt es im Pazifik und in der Karibik, sie heißen Saint Kitts and Nevis, Saint Vincent, Tuvalu oder eben Kiribati. Die Welt interessiert sich nicht sonderlich für sie, auch regelmäßige Zeitungsleser kennen kaum ihre Namen.

Aber eines haben sie alle gemeinsam: Sie sind Kunstprodukte. Sie sind Geschöpfe der Kolonialzeit, mögen sie auch noch so sehr ihren Nationalstolz herauskehren, noch so oft ihre Fahne hissen oder ihre Hymne spielen. Die meisten von ihnen werden sich nie aus eigener Kraft über Wasser halten können. Die reichen Industrieländer und die internationalen Organisationen finanzieren die kleinen Inselstaaten im Pazifik: Alimente für Kinder, die kaum eine Chance haben, jemals erwachsen zu werden.

„Ich sitze da also heute im Umweltministerium", erzählt Bud, „und erkläre einem Mann am Computer ‚Windows 95'. Der Vater dieses Mannes hat noch mit einem Speer in der Lagune Fische gefangen und damit seine Familie ernährt. Ist das nicht irre?"

Neben ihm sitzt Bryant, eine langmähnige Hippie-Erscheinung mit Pfadfinderhut. Er ist seit einem Jahr Lehrer in Kiribati. Im dünn besiedelten Norden von Tarawa haust er in einer Hütte mit solarbetriebenem Laptop. „Armut, Arbeitslosigkeit", pflegt Bryant zu sagen, „das sind alles Begriffe der Industrieländer. Damit kommst du in Kiribati nicht weit. Im Sinne der Uno-Statistik wäre selbst das Paradies ein Armenhaus. Jahreseinkommen: null. Arbeitslosigkeit: 100 Prozent."

Das Land besteht aus 33 Koralleninseln, meist langen, schmalen und extrem flachen Atollen. Auf etwa 20 Inseln leben Menschen. Zusammen sind diese Inselchen ungefähr so groß wie das Stadtgebiet von Berlin. Das Seegebiet von Kiribati übertrifft dagegen die Fläche von Indien und erstreckt sich über 4000 Kilometer – fast die Breite der USA. Kiribati ist ein Paradox: einerseits ein Zwergstaat wie Andorra oder Liechtenstein, andererseits ein Riese, der leicht auf jeder Weltkarte zu finden ist.

Schneeweiße Strände, türkisblaue Lagunen, Kokospalmen, deren Blätter sich sanft im warmen Wind bewegen: Zumindest auf den ersten Blick erfüllt Kiribati alle Südseeklischees. Trotzdem waren die ersten Europäer, die das Inselreich im 17. und 18. Jahrhundert zu Gesicht bekamen, enttäuscht. Sie hatten nicht nach einem Paradies gesucht, sondern nach einem Kontinent, einem zweiten Amerika.

Stattdessen: Wasser, nichts als Wasser. Und Inseln, auf denen nicht viel wuchs, bewohnt von Menschen, die fast ausschließlich von Fisch und Kokosnüssen lebten. Zwischen benachbarten Inseln gab es lockere Kontakte, manchmal Kriege sowie die unter Nachbarn in aller Welt übliche üble Nachrede: Der Volksmund kennt die „Insel der Hundeesser", die „Insel der Lügner" sowie eine „Insel der Messerstecher".

Heute sprechen alle Kiribati dieselbe Sprache, deren Alphabet mit 13 Buchstaben auskommt. Dass sie eine Nation sind, haben ihnen erst die Kolonialherren beigebracht. „Kiribati" ist eine Verballhornung des Namens von John Gilbert, der 1788 die später nach ihm benannte westlichste Gruppe der Inseln erforscht hatte.

Die nächsten hundert Jahre legte keine Kolonialmacht Wert auf die Gilbert-Inseln. Auch an den anderen heute zu Kiribati gehörenden Archipelen, den fast unbesiedelten Phoenix-Inseln und den Linien-Inseln, zeigte niemand Interesse, wozu auch? Hin und wieder landete ein Missionar oder ein Walfänger. 1892 schließlich erklärten die Briten die Gilbert-Inseln zu ihrem Protektorat. 1896 wurden die Inseln endgültig Teil der modernen Welt: als die Kolonisatoren mit dem Bau der Residenz des Regierungskommissars und eines Gefängnisses begannen. Da war er, der Staat.

In Europa hat sich das moderne Staatswesen entwickelt, das heute weltweit als die einzig vernünftige und praktikable Form menschlichen Zusammenlebens gilt. Der Staat baut Häfen, Flugplätze, Straßen, und er kümmert sich um den Interessenausgleich zwischen den Bevölkerungsgruppen. Als die Kolonialmächte die Welt eroberten, brachten sie auch ihre Vorstellung vom Staat bis in den letzten Winkel der Erde.

Andere Völker lebten anders, und lebten so gar nicht schlecht. Doch die Kolonialherren interessierte das wenig. Die Strafjustiz von Kiribati zum Beispiel hatte im Kern daraus bestanden, dass der Ältestenrat Gewalttäter in einem Kanu auf dem Meer aussetzte oder der Familienrat unverbesserliche Störenfriede für eine bestimmte Zeit aus der Gemeinschaft verbannte. Vielleicht war diese Methode für eine kleine Insel im Pazifik genau das Richtige. Aber natürlich hat Kiribati heute einen Obersten Gerichtshof und Polizei und ein Gefängnis.

Die Staatsgründung änderte freilich nichts an den natürlichen Gegebenheiten Kiribatis. Die Atolle liegen nicht nur extrem ungünstig, sie gelten seit jeher auch als unfruchtbar, außer Kokospalmen wächst dort kaum etwas. Nennenswerte Bodenschätze sind nicht vorhanden.

Auf Banaba gab es früher reiche Phosphatlager, aber die Briten wussten es einzurichten, dass Kiribati genau in jenem Jahr 1979 die Unabhängigkeit erlangte, in dem sein einziger Reichtum erschöpft war. Immerhin war ein Teil der Phosphatgewinne eine Weile lang in einen Treuhandfonds geflossen.

Dieser „Reserve Fund", durch Zinsen vermehrt, bildet heute den Staatsschatz. Außerdem wird in Kiribati Seetang angebaut, der in Zahnpasta und in Hamburgern Verwendung findet, der Staat vergibt an andere Staaten Fischereilizenzen für seine Gewässer. All das reicht aber bei weitem nicht aus, um 80000 Menschen zu ernähren. Nur etwa ein Viertel von ihnen geht einer bezahlten Beschäftigung nach.

Ferienclubs und Jachthäfen wird es in absehbarer Zeit nicht geben. Die Inseln liegen viele tausend Kilometer Luftlinie von Australien und den USA entfernt; wer Palmen und Strände sucht, muss nicht unbedingt so weit reisen. Die Infrastruktur – Häfen, Flugplätze, Straßen – ist in erbarmungswürdigem Zustand. Sie lässt nicht einmal die Errichtung von Spielcasinos zu, diesen letzten Rettungsanker verzweifelter Kleinststaaten.

Immerhin ist Kiribati nicht überschuldet, es ist mit seinem „Reserve Fund" bisher weise umgegangen und lebt nicht über seine Verhältnisse. Die bisher kühnste ökonomische Aktion, der Versuch, eine eigene Fischereiflotte aufzubauen, endete in dem größten Desaster der kiribatischen Wirtschaftsgeschichte.

Mindestens ein Drittel der Menschen ist in Süd-Tarawa zu Hause – einer Reihe von Inseln, die aus der Luft wie ein gigantischer Angelhaken aussieht, 30 Kilometer lang, verbunden durch Straßenbrücken. Die Hauptstadt, zusammengewachsen aus etlichen großen Dörfern, ist mittlerweile so übervölkert und so schmutzig, dass ihre Bewohner nicht mehr nach der Art ihrer Ahnen leben können.

Diese fingen einst Fische, aßen Kokosnüsse und betrieben ein wenig Ackerbau. Dazu brauchte jede Familie Land, recht viel Land sogar, weil der Boden wenig hergibt, außerdem sauberes, fischreiches Wasser. Das reichte, um satt zu werden, andere Bedürfnisse kannte man nicht. Doch je mehr sich Süd-Tarawa in den Jahrzehnten nach dem Zweiten Weltkrieg in eine Stadt verwandelte, desto knapper wurde das, was früher selbstverständlich gewesen war. Dafür tauchten eine Menge neuer, erstrebenswerter Dinge auf – für die man allerdings Geld brauchte. So starb auf Tarawa allmählich das alte Kiribati.

Das soziale Zentrum von Tarawa, und damit von ganz Kiribati, bildet der Fußballplatz. Seine überdachte Terrasse ist das größte Gebäude im Land. Direkt hinter der Terrasse, in ihrem Schatten, liegt der bescheidene Präsidentenpalast. Auf dem Fußballplatz trägt Tag für Tag eine unerschöpfliche Zahl von Mannschaften in bunten Trikots ihre Spiele aus, etwa ab drei Uhr nachmittags bis zur Dämmerung, während ein großer Teil des Staatsvolkes auf der Terrasse sitzt und sich Luft zufächelt.

Das Familienleben dagegen spielt sich meistens in den traditionellen offenen Hütten ab, die aus einem einzigen Raum auf Pfählen bestehen. Wände haben sie nicht, und so schaut jeder jedem zu, bei allem. Nur nachts werden zum Schutz der Intimsphäre Matten vor die Hütten gehängt. Viele sind noch immer aus Palmholz und Palmstroh, aber Wellblech ist nicht mehr selten. Im alten Kiribati haben die Paare sich zur Liebe gern ein paar Meter vom Dorf entfernt. Auch das ist in der Stadt nicht mehr so einfach.

Fernsehen gibt es nicht, die einzige Radiostation sendet nur hin und wieder. Die einzige Straße führt vom einen Ende Tarawas zum anderen, sie ist Verkehrsmittel und Boulevard für Menschen, Autos, Schweine und Hunde. An manchen Stellen sind die Inseln so schmal, dass nur die Straße Platz hat, und auf beiden Seiten lecken Wellen am Asphalt. Es ist, als ob das Meer sich dem entspannten Lebensrhythmus der Menschen angepasst hätte.

Auf der einen Seite des Boulevards liegt türkisfarben und milchig die Lagune, auf der anderen Seite die offene See, auf der häufig eine graubraune Schaumschicht schwimmt: Schmutz. Bisher hat Tarawa kein Abwassersystem; mehrere Versuche von Hilfsorganisationen, eines zu installieren, sind gescheitert. Die Einwohner bekümmert das ebenso wenig wie ihr Müllproblem: Alle paar hundert Meter türmt sich ein Ehrfurcht gebietendes Gebirge von australischen Bierdosen.

Den wichtigsten Teil des Unterhaltungsangebots bestreiten die Kirchen. Der Wettlauf zwischen Protestanten und Katholiken um die Seelen der Kiribati ist ungefähr unentschieden ausgegangen, in jedem größeren Ort stehen mindestens zwei rivalisierende Gotteshäuser. Außerdem ist Kiribati ein beliebtes Missionsgebiet christlicher Sekten aus den USA – Mormonen, Adventisten des siebten Tages und wie sie alle heißen.

Rund um Betio, die Hafeninsel, rosten meterhohe Geschütze vor sich hin. Überall stehen gewaltige Bunker, geborsten, mit Flechten bewachsen. Ein sonderbares grünes Leuchten geht von ihnen aus. Hier ist eine der Schlachten des Zweiten Weltkriegs geschlagen worden. Die Japaner hatten Tarawa zur Festung ausgebaut, die Amerikaner stürmten diese Festung 1943, im Kampf Mann gegen Mann. Nach dem Krieg erlosch ihr Interesse an Tarawa und dem restlichen Kiribati bald wieder, die benachbarten Marshall-Inseln reichten als strategischer Stützpunkt einer Weltmacht vollkommen aus.

Ende der fünfziger und Anfang der sechziger Jahre testeten Engländer und Amerikaner Kernwaffen in der Gegend von Christmas Island, der mit Abstand größten Insel des Landes, die sich von Tarawa aus trotzdem nur über den Umweg Honolulu erreichen lässt. Die Bevölkerung von Christmas Island wurde vor der ersten Explosion auf ein Landungsboot geschafft und unter Deck eingeschlossen. Dort zeigten ihnen ihre Gastgeber einen Unterhaltungsfilm, während die Bombe hochging. Heute gibt es dort angeblich keine Strahlung mehr.

„Wir wollten ja nicht unbedingt unabhängig werden“, sagt Taomati Iuta. „Aber mir war klar, dass die Engländer uns sowieso rauswerfen würden, sobald die Phosphatvorräte erschöpft waren und wir nur noch Geld kosteten. Es war eine Frage der Ehre, die Unabhängigkeit zu fordern.“ Taomati Iuta, ein Protestant, gehört zu den wenigen Bürgern Kiribatis, die in Europa studiert haben. Er war seit dem Gewinn der Unabhängigkeit 1979 mehrmals Minister, zuletzt Vizepräsident.

Iuta ist der beste Kopf der Oppositionspartei, ein Intellektueller, der ein gepflegtes britisches Englisch spricht und Talent zur Selbstironie besitzt. „Finanziell werden wir nie unabhängig sein“, sagt er „wir sind eben von Natur aus Kommunisten. Das ist unser Hauptproblem.“ Jedem nach seinen Bedürfnissen – nach dieser Vision von Karl Marx hat das Leben auf den Inseln jahrhundertelang funktioniert. Und es funktioniert zum Teil noch heute so, dort jedenfalls, wo die Bedürfnisse überschaubar sind.

Bis heute ist Ehrgeiz ein weitgehend unbekannter Charakterzug auf Kiribati, sogar auf der Hauptinsel Tarawa. Erfolgreiche Geschäftsleute werden von ihren Kunden häufig boykottiert, aus Mitleid mit der Konkurrenz. Ein Bewohner Kiribatis, der viel Geld verdient hat, möchte nicht etwa, wie unsereins, noch mehr verdienen – nein, er stellt die Arbeit ein und freut sich seines Lebens. Gespart wird auf Kiribati nicht. Das Heute ist alles, denn morgen wird es erfahrungsgemäß so ähnlich sein wie heute. Kiribati ist der Albtraum jedes Bankiers: Wer einen Kredit braucht, fragt einfach seine Freunde.

Dieser Mangel an Ehrgeiz hat allerdings seine Schattenseiten. „Unsere Nachbarn zum Beispiel“, sagt Taomati Iuta. „Wie alle Leute hier haben sie gefischt und von ihrem Land gelebt. Dann sind immer mehr Menschen von den anderen Inseln hierhergekommen, auf der Suche nach Jobs, nach dem modernen Leben. Die Neuen brauchten Häuser. Unsere Nachbarn haben fast ihr gesamtes Land an die Neuankömmlinge verkauft. Eine Weile hatten sie viel Geld. Jetzt wissen sie nicht mehr, wovon sie leben sollen. Und für ihre Kinder ist es noch viel schlimmer: Sie haben kein Erbe mehr." Die Kinder haben nun die Eltern verklagt, der Landverkauf soll vom Gericht rückgängig gemacht werden. Es gibt viele solche Prozesse in Tarawa. Die Richter sind ratlos: Plötzlich soll der Staat als Versorger die Familie ersetzen.

Der Oppositionsführer besitzt einen Videorecorder, ein Auto, er baut sich gerade ein neues Haus aus Stein. Er hat deshalb ein schlechtes Gewissen, sagt er. Der Vorgänger des derzeitigen Präsidenten Teburoro Tito ist gestürzt worden, weil er bei Reisen von Tarawa auf seine Heimatinsel Tagesspesen abgerechnet hat – zum Beispiel eine Verpflegungspauschale von 45 Dollar am Tag.

„Was die politische Moral angeht, können viele Industriestaaten von Kiribati etwas lernen", sagt Bryant, der amerikanische Lehrer. „Sie übertreiben es hier fast ein wenig." Inzwischen hat sich der Abend über die Terrasse des Hotels Otintaai gesenkt, ein typischer Südseeabend, bei dem der Himmel eine Million von Rot- und Rosatönen vorzeigt und sich schwarze Moskitoschwärme auf die Jagd begeben, starke stolze Tiere, die offenbar gegen jedes Insektenschutzmittel resistent sind.

Stella mischt sich ein, die juristische Bibliothekarin. „Wir haben die Verbrechensstatistik der letzten Jahre gelesen. Mord, Brandstiftung, Vergewaltigung: Das gibt es hier alles. Aber Eigentumsdelikte sind fast unbekannt. Kein Raub. Kein Diebstahl. Nicht mal Kinder, die auf der Straße betteln. ‚Dieb' ist eines der schlimmsten Schimpfwörter. Kann so ein Staat heutzutage wirtschaftlich überleben?"

Taomati Iuta ist eher schlecht auf die ausländischen Experten zu sprechen, die im Hotel Otintaai wohnen. Er weiß natürlich, dass Kiribati auf die Experten und deren Projekte angewiesen ist, vielleicht ärgert ihn gerade das.

Präsident Teburoro Tito, groß und massig, ist das genaue Gegenteil des grazilen, leisen Oppositionsführers Iuta. Wenn Tito naht, dann zittert die Erde. Er trägt einen Wickelrock unterm Business-Hemd mit Krawatte, und wenn er redet, dann laut und heftig, und seine Hände sind stets in Bewegung. Bevor er Staatsoberhaupt wurde, füllte er das wohl zweitwichtigste Amt der Republik aus: Er war Präsident des nationalen Fußballverbandes.

Einer von Titos Plänen zur wirtschaftlichen Belebung seines Landes sieht so aus: Kiribati verkauft für viel Geld ein paar tausend Pässe an Hongkong-Chinesen, die keine Lust haben, unter der Fuchtel der Kommunisten zu leben. Die Chinesen kommen und machen aus Kiribati ein neues Hongkong. Die Opposition tobte. Tahomati Iuta lacht nur: „Angeblich hat der Passverkauf in Hongkong schon begonnen. Wie kann Tito bloß glauben, dass jemand aus Hongkong, der Geld hat, in Kiribati leben möchte? Die werden alle versuchen, schnellstmöglich nach Amerika zu kommen."

Den Coup mit der Datumsgrenze dagegen hat die Regierung von Kiribati vermutlich nicht geplant. Er hat sich einfach ergeben. Quer durch Kiribati verläuft die internationale Datumsgrenze: Wenn es in dem einen Teil des Landes noch Mittwoch ist, dann befindet sich der andere Teil des Staatsgebiets längst im Donnerstag. So war es jedenfalls eine ganze Weile. Seit einiger Zeit ignoriert Kiribati auf eigene Faust die Datumsgrenze, die 1884 bei einer internationalen Konferenz in Washington festgelegt worden ist. Zwar gibt es nicht viel Verwaltung und nicht viel Geschäftsleben in diesem Land, aber das wenige, was es gibt, wurde dadurch ein bisschen unkomplizierter.

Wer nach Kiribati reist, tut jedoch gut daran, sich nicht auf ein bestimmtes Ziel festzulegen. Die Flugpläne von Air Kiribati sind reine Theorie. Manchmal fliegen die Flugzeuge, manchmal auch nicht. Auch die Schiffe fahren unregelmäßig, und manchmal geraten sie in Seenot, weil ihr Kapitän das Tanken vergessen hat. In Tarawa geht das Gerücht, dass der einzige Mechaniker von Air Kiribati, ein Neuseeländer, das Land wegen des Zustands der Maschinen fluchtartig verlassen habe, und zwar auf dem Seeweg.

Jedermann ist folglich froh, überhaupt irgendwo anzukommen. Bei der Ankunft in Marakei, eine halbe Flugstunde in nördlicher Richtung von Tarawa entfernt, wartet am Rollfeld ein Mitglied des Ältestenrates auf den ausländischen Besucher, ein rundlicher, zahnloser Greis. In diesem Jahr sind nur vier Weiße auf Marakei gewesen, so weist es das Gästebuch der einzigen, äußerst schlichten Unterkunft aus.

„Zuerst musst du rund um die Insel fahren", sagt das Mitglied des Ältestenrates. „Sonst darfst du nicht hierbleiben. Die Götter bestrafen jeden Fremden, der sie nicht als Erstes begrüßt und ihnen opfert."

„Die Leute von Kiribati sind doch Christen?"

„Das sind wir. Aber die alten Götter haben noch viel Macht."

Die vier Inselgötter sind, genau genommen, Göttinnen: steinerne, mit Muscheln verzierte Gesichter, die grimmig aufs Meer hinausschauen, Oberkörper mit Brüsten und einer kleinen Öffnung, einem Schrein. Das Opfer besteht aus Tabakstangen, die mit vieldeutiger Geste in die weibliche Öffnung hineingesteckt werden. „Diese Göttin hier", sagt das Mitglied des Ältestenrates feierlich, „heißt Nei Tangangau. Sie kann Gestank verbreiten, der so stark ist, dass alle Feinde fliehen."

Die Dämmerung beginnt. Im Halbdunkel huschen nackte Kinder um Lagerfeuer herum, im *maneaba* spielen alte Frauen Karten oder singen. Das Maneaba ist das Dorfhaus, das größte Gebäude, das allen gemeinsam gehört, es ist Versammlungshalle, Sozialstation, Kneipe, Spielplatz, Wahllokal und Kino. Früher lebten die Leute von Kiribati in großen Sippen verstreut um ein Maneaba, erst die Engländer zwangen sie, eng beieinander in Dörfern zu wohnen. So waren sie leichter zu kontrollieren. Jetzt lösen sich auf Marakei die Dörfer wieder langsam auf. Junge Familien bauen ihre Hütte irgendwo in den Wald; Kokosnüsse und *babai*, eine stärkehaltige Knollenfrucht, wachsen überall gleich gut. Jobs gibt es nicht, abgesehen von der Post, der Polizei und der kleinen Inselverwaltung. „Deutschland ist eine sehr große Insel, nicht wahr?", fragt der Mann vom Ältestenrat.

Die meisten Leute sind morgens Fischer, mittags Bauern, und abends beraten sie im Maneaba über das, was es in Marakei an Politik gibt. Allzu romantisch ist ihr Leben trotzdem nicht. Die Säuglingssterblichkeit in Kiribati beträgt um die sechs Prozent, die durchschnittliche Lebenserwartung liegt bei 56 Jahren, zu den Schlafenden kriechen Ratten ins Bett. Und immer mehr Leute verlassen die äußeren Inseln Richtung Tarawa. Dort gibt es Geld. Den Staat. Und ein Krankenhaus. Wer – in unserem Sinn – klug ist, der verlässt Marakei, weil die Chance auf ein etwas längeres Leben und die Chance auf ein eigenes Motorrad anderswo größer sind.

Am nächsten Tag, Radionachrichten: Air Kiribati hat seine Flüge ohne Angabe von Gründen bis auf weiteres eingestellt. Mote, der Fischer, besitzt ein Dreimeterboot mit Außenbordmotor. Mote fährt den Fremden, der es sonderbar eilig hat, zurück nach Tarawa. Der Preis beträgt etwa das Jahreseinkommen eines kleinen Angestellten in Betio, und Mote lädt so viele Freunde zur Mitfahrt ein, dass nur noch ein paar Zentimeter zwischen der Wasserlinie und dem Bootsrand liegen. „Tarawa liegt da drüben", sagt Mote und deutet auf den Horizont.

Einen Kompass scheint er nicht zu besitzen. Sieben Mann fahren hinaus, und hinaus, und immer weiter hinaus. „Siehst du den Vogel da?", fragen die Männer nach etwa zwei Stunden. „Wo dieser Vogel fliegt, gibt es Thunfisch." Sie holen Haken heraus, fingerlange Stahlhaken ohne Köder, und werfen sie ins Wasser. Die Thunfische sind fast so lang wie ein Arm, sie klatschen auf den Bootsboden und schnappen wütend um sich. Die Fischer singen.

Das Meer ist ihr Freund. Glauben sie. Als die Prognose über schmelzende Polkappen und steigende Meeresspiegel um die Welt ging, da schien die See plötzlich zum schlimmsten Feind dieses kleinen Volkes zu werden. Wird es in 100 Jahren noch Länder wie Kiribati geben, die nur ein paar Zentimeter höher sind als das Meer? Wird Kiribati das Atlantis von morgen sein, und wird man es vermissen? Wird man ihm Lieder singen, so ungefähr in 10000 Jahren?

Die „National Tidal Facility", eine australische Behörde, überwacht überall im Pazifik den Anstieg des Meeresspiegels, auch in Kiribati. Die pessimistischste Schätzung liegt derzeit nur noch bei einem Niveau-Anstieg um 60 Zentimeter in den nächsten 100 Jahren. Es waren einmal 150 Zentimeter, als der Schock über eine mögliche Klimakatastrophe noch frisch war. „Kann sein, dass Kiribati es schafft", glaubt heute der Chef der „Tidal Facility", Bill Mitchell, „dass die Korallen schneller wachsen, als der Meeresspiegel steigt. Kann sein, dass es nur 30 Zentimeter Anstieg werden und dass die Korallen das ungefähr ausgleichen."

Die Menschen von Kiribati lächeln nur oder zucken mit den Achseln, wenn sie auf das womöglich größte Problem ihrer Insel angesprochen werden. Sie haben mit den Wechselfällen der Natur und der Geschichte kaum Erfahrung. Ihre Politiker treten zwar gemeinsam mit den Abgesandten anderer kleiner Inselstaaten bei internationalen Konferenzen auf, sie schlagen Alarm bei den diversen UN-Klimagipfeln. Doch daheim geben auch sie sich eher gelassen: „Wer kann schon wissen, was die Zukunft bringt", sagt der Präsident.

Wie die anderen Endmoränen des Kolonialismus wird Kiribati auf fremde Hilfe angewiesen bleiben. Die Insel eignet sich gut als Objekt für Stammtischparolen: Die Leute arbeiten wenig, sie sitzen oft im Schatten oder schlafen. Sie liegen den reichen Ländern auf der Tasche.

Aber die Einwohner von Kiribati haben die Engländer nicht darum gebeten, im Jahre 1896 eine Residenz für den Regierungskommissar und ein Gefängnis zu bauen. Sie brauchten keine Familiennamen, keine Statistiken und kein Geburtsregister. Sie haben auch keinen modernen Staat gebraucht. Erst sind sie von einem reichen Land einkassiert worden, dann wurden sie hinausgeschubst in eine Welt, deren Spielregeln nicht ihre Spielregeln sind. Das Beste, was Kiribati von der Zukunft zu erwarten hat, wäre, zu bleiben, was es ist. Der größte Zwergstaat der Erde. Kommunismus in den Köpfen, aber ohne Partei und ohne Stasi.

Und jede Nacht tasten sich die Wellen sanft und vorsichtig an die Terrasse des Hotels Otintaai heran.

WOLFGANG BÜSCHER

Unterwegs in magischen Welten

Nepal ist ein Herzland der Schamanen. Jedes Jahr erklimmen die berühmtesten dieser Heiler den heiligen Berg Kalinchok, um auf seinem Gipfel neue Kraft zu empfangen. Eine Reise ins archaische Schattenreich des Bewusstseins.

Saun. Das muss die Reisesaison der Verrückten sein. Regen, Regen, Regen. Berghänge in Bewegung. Stürzende Wasser. Grau schäumt uns der Bhote Kosi entgegen – der Tibetfluss. Die Straße nach Lhasa schmiegt sich ihm an, und das Keuchen und Schaukeln unseres Busses lullt den Vorsatz ein, nur ja keinen Berg, keinen Blick zu verpassen. Unsere in Katmandu ausgestellten *Trekking permits* nennen als Ziel: Kalinchok.

Saun, das ist die düstere, die gottverlassene Zeit. In diesem Monat – Juli/August nach unserem Kalender – nehmen die Götter ihren Jahresurlaub. Sie ziehen sich zur Meditation in die untere Welt zurück, ins Reich der Schlangen, und lassen die Menschen schutzlos in höchster Gefahr. Bei uns im Westen heißt es: Der Schlaf der Vernunft gebiert Ungeheuer. Über so viel Unverstand kann der Mensch des Himalaja nur den Kopf schütteln. Der Schlaf der Götter ist es doch, der die Dämonen gebiert: Unheil, Krankheit, Tod.

Aber in sechs Tagen ist er überstanden, dann wird die Rückkehr der Götter gefeiert. Diesem Tag gehen wir entgegen – und seiner wahrlich höchsten Feier auf dem Berg Kalinchok. Auf dessen engem Gipfelplateau, über 3800 Meter hoch, finden sich Jahr für Jahr viele Dutzend Schamanen zu ihrem Vollmondfest, um dem großen Gott Shiva Blumen und der Berggöttin Kalinchok Mai Tiere zu opfern und frische Schamanenkraft zu empfangen.

Was ist ein Schamane? Er hat Umgang mit Göttern, aber er ist kein Priester. Er heilt, aber er ist kein Arzt. Er kann großes naturmedizinisches Wissen haben, aber das allein macht ihn nicht aus. Er ist derjenige Bauer oder Tagelöhner im Dorf, der gerufen wird bei Unheil, Krankheit, mitunter auch Tod. Der erkennt, ob ein Dämon dahintersteckt. Wenn nein, schickt er den Kranken zum Arzt. Wenn ja, geht er in Trance.

In Trance gehen heißt: getragen vom Schlag der Schamanentrommel hinübergehen in die Sphäre der Götter, Geister, Dämonen. Trance ist kein Ego-Trip und hat mit Selbsterfahrung nicht das Geringste zu tun. Der westliche Seminar-„Schamane“, der sich trommelnd und tanzend selbstverwirklichen will, ist ein groteskes Missverständnis.

Schamane ist auch kein Lehrberuf. Ein Schamane wird durch einen Gott berufen, einen Geist. Erst danach lernt er den Rest bei einem älteren Kollegen. Er hat für sein Dorf da zu sein, und die Dörfler nutzen es weidlich aus. Sie rufen ihn, und er muss kommen und die halbe Nacht trommeln und heilen, für ein Säckchen Reis, für ein paar Rupien. Der Schamane ist viel billiger als der Arzt und oft bettelarm. So überschwänglich der Nepalese mit Göttern und Religionen umgeht, so pragmatisch wählt er seinen Heiler. Doktor, Schamane, Lama – je nach Krankheit, Geldbeutel und Angebot.

Für sein Dorf ist der Schamane derjenige mit dem Transitvisum für die Geisterwelt. Der mit dem *phurba*, dem hölzernen Geisterdolch, der die Dämonen in Schach hält, körperlich oder seelisch Kranke heilt, eine unerklärliche Pechsträhne beendet, einen bösen Fluch abwehrt. Er ist der Kundschafter, der Parlamentär, den sie über die unsichtbare Grenze schicken, um zu erkunden, welcher böse Geist sie hier quält und was zu tun ist, ihn zu vertreiben oder zu versöhnen. Denn dass diesseitiges Unheil eine jenseitige Ursache hat, gilt als ausgemacht.

Einst über die ganze Erde verbreitet, ist der Schamane heute noch in Nischen zu finden. In Süd- und Mittelamerika, in Afrika, Australien und weiten Teilen Asiens. Aber nirgendwo sonst tritt er noch so alltäglich und zugleich so archaisch auf wie in den Bergen Nepals. Wenn er eine Gestalt aus der frühen Höhle der Menschheit ist, dann liegt diese Höhle im Himalaja. Ihn zu suchen, sind wir hier.

INDRA. Wir sind da. Eine Autostunde vor Tibet beginnt Nepals schamanisches Herzland. Barabise, das Grenznest, ist ein Spalier aus kleinen Läden voll chinesischer Massenware in einem engen Tal, durch das der Fluss aus Tibet donnert. In strömendem Regen packen unsere Sherpa Zelte, Ersatzkleidung, Proviant in ihre Bastkiepen um. Wir kaufen große Vorräte an Regenschirmen, Keksen, Badelatschen aus Kanton und schlagen uns in die steile Lücke zwischen zwei Häusern. Steigen und steigen, halbnackt, durch warmen Regen und jungen Reis. Oder nehmen ein Schweißbad unterm Cape. Bauern kommen uns entgegen, Frauen, Kinder, die Früchte nach Barabise tragen, meist barfuß. Kleine Höfe am Pfad, Terrassenfelder, Ziegen, Wasserbüffel.

Vor mir schnauft ein Mensch in Baseball-Mütze und giftgrünen Shorts, um den Hals eine gürtellange *mala* aus 108 Holzperlen. Ein amerikanischer New-Age-Typ auf Nepal-Trip? Es ist Indra Gurung, Schamane aus Katmandu. Wir hatten ihn vor einer Woche getroffen, gähnend, an uns und der Welt anscheinend desinteressiert. Neben ihm auf dem Sofa saß die Herzlichkeit in Person, sie trug ein rotes Blumenkleid und eine Handtasche: Maile Lama, Schamanin.

Indra stammt aus einem entlegenen Bergdorf in Westnepal, Maile aus einem im Osten. Mit etwa zehn Jahren wurden beide bekannte *jhankri*, wie die Schamanen auf Nepali heißen. Mit 18 versuchten sie, ihrer Berufung zum Heilen und Leben in Armut davonzulaufen. Indra erfüllte sich den Traum von einem Einkommen, das ihm Heirat und Kinder erlaubte – er wurde Polizist. Bis ihn ein Polizist aus seinem Dorf erkannte. Dessen Offizier machte große Augen. „Ein Jhankri in meiner Truppe? Hör mal, Gurung, meiner Frau geht es gar nicht gut." Bald war alles wieder wie im Dorf. Einmal Schamane, immer Schamane. Heute praktizieren Indra und Maile in Katmandu.

Tagelang haben sie unsere Fragen beantwortet und uns jede Nacht an ihren Ritualen teilnehmen lassen, unter einer Bedingung: „Unsere Mantras bleiben tabu." Kein Schamane würde sie preisgeben. Sie sind der Kern seines magischen Wissens. Je mehr und je mächtigere Sprüche er hat, desto mächtiger der Heiler. Die stärksten Mantras, sagt Indra, seien verloren: Regen machen. Auf dem Geisterdolch fliegen. Mit Göttern kämpfen. „Man" heißt im Sanskrit „denken, im Sinn haben". Die Endung „-tra" bedeutet „Werkzeug, Gerät". Denkzeug also, magische Wirkformel.

Es dämmert, als die Sherpa unser erstes Nachtlager aufschlagen, zu ihrer Freude bei einem Shiva-Tempel. Für einen Hindu ist Shiva der hohe, hochkomplexe Gott mit den 1008 Namen: phallisch-entzückt, dann wieder asketisch-entrückt, auf Himalaja-Gipfeln äonenlang meditierend, dann wieder mitleidig heilend, ein andermal sich an Ganja-Kraut exzessiv berauschend. Der, dessen kosmischer Tanz immer neue Welten schafft und vernichtet, sich selber dabei zuschauend, unbewegt.

Für den Schamanen ist Shiva der Ur-Schamane. Indra behauptet, Schamanen hätten den Gott schon gekannt, bevor es Brahmanen gab – in der Steinzeit. Dafür gibt es Indizien. Der Schamanismus ist präreligiös, keine Religion in unserem Sinne. Älter als die Hochreligionen, die mit der Sesshaftigkeit, den Städten kamen und zwischen Mensch und Gott Theologien stellten und Priester. Er ist eine magische Praxis aus der Welt der Jäger, Nomaden, Tiergeister. Er atmet Unmittelbarkeit im Verkehr zwischen Menschen und Göttern, ist ein rituelles Geben und Nehmen, wie es die Maler steinzeitlicher Höhlen erlebt und auszudrücken versucht haben mögen.

Hoch über Katmandu liegt die Tempelanlage mit der riesigen Swayambunath-Stupa. In ihrem Schatten steht Gott Shiva in seiner fürchterlichen Gestalt. Er trägt die alte, schreckliche Kette aus Menschenschädeln. Sie steht für die Köpfe getöteter Dämonen. In der Linken hält er die *kapala*, die Schale aus einem Menschenschädel, und in der Rechten die Ritualwaffe, die *kartika*. In die Schale ruft er die Dämonen, mit der Waffe tötet er sie. Ihr Blut trinkt er, um ihr Wissen aufzunehmen. Denn Dämonen sind nicht nur bösartig, sondern auch gewöhnlich gut informiert.

Unter Shivas Füßen liegt ein besiegter Dämon in Menschengestalt. Der vierarmige Gott, der Werden und Vergehen der Welt tanzt, tanzt auch den Dämonen auf dem Kopf herum, tanzt sie zurück in die Unterwelt, tanzt sie tot. Und nichts anderes tut sein Schüler, der Schamane, in Trance. Es geht beim Heilen immer darum, den verantwortlichen Dämon zu bannen. Im zivilen Leben ist der Schamane Hindu oder Buddhist, aber wenn die Sonne sinkt und er zur Trommel greift, ist das ohne Bedeutung. Indra ist Buddhist.

Die Heilung. Am Weg liegt eine frische Opferschale, darin Reis, Mais, Minze, Blüten, die Lebenssymbole, und vier rote Fuchsschwanzblüten: die vier Himmelsrichtungen. Der kleine Kegel aus Lehm symbolisiert die vertikale Weltachse, den Weltenberg Meru. Die schamanische Kosmologie in einer Blätterschale. Sie war letzte Nacht der Altar eines Jhankri und wurde, wie üblich, nach dem Ritual aus dem Haus geschafft. Minuten später treffen wir die Bäuerin, um deren Heilung es gegangen ist. Sie fühlt sich schon besser, müsse sich aber noch ein paar Tage gedulden. Erst dann zeige das Ritual erfahrungsgemäß seine volle Wirkung. Die Symptome ihres Leidens waren typische Anlässe, den Jhankri zu rufen: Fieber, Unruhe, Schmerzen unklarer Art.

Bald darauf, im Weiler Karthali, steht er vor uns, ein kleiner, dürrer Mann in dreckigen Shorts, das Hemd so mürbe, dass es die nächste Wäsche kaum überstehen kann. Seinen aus einer rückenlangen Haarsträhne geflochtenen Zopf – Liebesbezeugung des Shiva-Adepten an den Gott mit den langen Locken – hat er um den Kopf gerollt.

Tej Bahadur Yonjon, der arme Bauernschamane, trägt genau das Los, das Maile und Indra nach Katmandu getrieben hat. Wird er zu entfernten Patienten gerufen, muss er alles liegen und stehen lassen und Tagelöhner anheuern, die ihm die Feldarbeit abnehmen. Dann kehrt er zurück mit einem Beutel Reis als Lohn. Yonjon lädt uns zu einer Heilung ein, nach Sonnenuntergang, „wenn die Dämonen reisen". Von denen kriege er oft die besten Informationen über die Ursache einer Krankheit. „Sie sind so gierig. Für ein paar Opfergaben plaudern sie alles aus."

Rast in der Sherpa-Herberge von Karthali. Sie steht hart am Weg und bietet ein paar roh gezimmerte Betten im Untergeschoss an; oben ist sie eine Art Kneipe, die sich als idealer Posten erweist. Hier läuft uns das Traumpaar unserer Wallfahrt in die Arme. Er ein zierlicher Bergbauer, sie eine hagere, hellwache Schönheit. Um die 57 sind die beiden, ganz genau wissen sie es nicht. Sie sind Sherpa. Dieses Hochgebirgsvolk ist mit den Tibetern verwandt, und tibetisch ist auch die Mimik. Will Mingmar Sherpa Höflichkeit bezeugen, streckt er uns die Zunge heraus. Er ist ein sehr höflicher Mann.

Wie respektvoll sich alles vor ihm verneigt! Er spricht kurz, lebhaft, edelheiser, entschieden. Man bedeutet uns, er sei der mächtigste, angesehenste Schamane der Kalinchok-Region. In der Herberge, bei einer Schale sämig-säuerlichem Bier, schildert er im Schneidersitz, was ihm vor zehn Minuten zugestoßen ist. „Eine große Schlange liegt uns quer im Weg. Ich werde wütend. Ziehe das Messer, will ihr den Kopf abschlagen." Er greift nach seinem *khukuri*, dem großen Krumm-Messer, das jeder Bergbewohner im Gürtel trägt. „Dann denke ich: Halt, das hat doch etwas zu bedeuten. Die Schlange ist doch mein Lehrer. Ich bitte sie um Verzeihung. Sie gibt den Weg trotzdem nicht frei. Wir müssen um ihren Schwanz herumgehen."

Mingmar Sherpa sieht uns nachdenklich an. Jahr für Jahr ist er auf den Kalinchok gestiegen. Diesmal wollte er zum kleineren Fest am heiligen See Dudh Kunda. Dann gab ihm die Schlange ein Zeichen. Und dann traf er uns. „Ihr seid weit gereist, um zu erfahren, was wir Schamanen tun. Ich bin nur ein Bauer. Was kann ich dafür, dass ich diese seltsamen Fähigkeiten habe. Ich mag darüber nicht reden. Kommt und seht." Er weist uns an, Hühner und Ziegen zu kaufen, weibliche Opfertiere, denn die Berggottheit Kalinchok Mai ist weiblich. Ja, er wird mit uns gehen. Genau genommen: Er lädt uns ein, mit ihm zu gehen – drei Fremde können schlecht den Königsschamanen vom Kalinchok zu dessen Audienz laden.

Die Nacht kommt. Yonjons Haus ist aus rohen Steinplatten gefügt, durchdrungen vom strengen Aroma von Ziegen, Qualm, Weihrauch und Schweiß. In einer Kuhle im Lehmboden rußt ein offenes Feuer und wirft einen flackernden Schein auf 40 Gesichter. Männer, Frauen, Kinder hocken, stehen, drängen sich in dem niedrigen, stickigen Raum um das Feuer, um Yonjon und einen zweiten Schamanen, um den mit Zweigen von Nachtjasmin geschmückten Altar.

In dieser Nacht geht es nicht um Migräne und Liebeskummer, es geht um Leben und Tod. Der Patient wirkt niedergeschlagen, verängstigt. Sein Blick fliegt, seine Brust flattert, seine Stirn ist nass. Der Fall ist ernst: Paralyse der Beine. Er kann nicht mehr gehen. Ein Mann hat ihn huckepack hergetragen. In der Klinik in Katmandu hat man ihm nicht helfen können.

Es beginnt ein Drama in zwei Akten. Trance-Reise und Heilung. Oder für uns Westler: Diagnose und Therapie. Yonjon hat sein Schamanenkleid übergestreift und seinen Zopf entrollt. Er schlägt auf seiner Trommel einen langsamen Rhythmus, dazu spricht er Mantras der Anrufung. Er bittet seine göttlichen Helfer um Einlass in deren Welt. „Holt mich. Kommt auf mich. Reitet mich."

Wie dunkel sein Gesicht jetzt ist. Wir haben das Phänomen in Katmandu jede Nacht bei Indra und Maile beobachtet: die Verwandlung der ganzen Person. Schon die Kleidung, die Glockenketten quer über der Brust verwandeln Yonjon. Kaum hat er alles angelegt, gerät er in Vibration. Als er, auf dem Boden sitzend, zu trommeln beginnt, wird das Schütteln stärker, erfasst die Beine, bald den ganzen Körper. Yonjon schließt die Augen und atmet tief. Jetzt ein Rhythmuswechsel. Der Schamane drischt auf seine alte, auf tausend Trance-Reisen krumm geschlagene Trommel ein wie ein von allen Erlkönigen gejagter Reiter auf sein Pferd. Überhaupt der Eindruck des Reitens. Erst Schritt. Dann hebt und senkt es ihn – Trab. Jetzt ein kurzer, scharfer Galopp. „Hosch! Hosch!" Er saust durchs Tor des Bewusstseins. Sein Trommeln beruhigt sich. Er ist drüben. Er reist.

Yonjons Ausdruck ist völlig verwandelt. Wo eben noch die Lach- und Sorgenfalten des kleinen Bauern waren, tritt eine Stirnader hervor, stark wie ein Kabel. Eben noch ein Bauer, eben noch hier, jetzt Geistreiter durch eine Welt, von der wir Zuschauer nur den Abglanz auf seinem Gesicht sehen. Es ist maskenhaft, abwesend, dann wieder wendet es sich nach oben, unten, zur Seite – wie das eines Reiters, der seinen Weg durch die Wildnis sucht.

Sosehr ich mich bemühe, jedes Detail zu erfassen – der Reporter weiß, dass er nicht weiß, was hier vorgeht. Ich könnte jetzt meine Arme verschränken, mich auf Europas rationalen Geist besinnen und sagen: ein Wunderheiler plus Hokuspokus. Aber das klänge wie Pfeifen im Dunkeln, überheblich, feige. Ich gestehe mir ein: Vor meinen Augen spielt sich etwas Uraltes ab. Was ich sehe, haben andere vor Hunderten, vielleicht Tausenden Jahren so ähnlich gesehen. Aber ich bin nicht da, wo Yonjon jetzt ist, und ich sehe nicht, was er sieht.

Wieder wechselt der Rhythmus. Yonjon spricht das Reisemantra. Es schützt und lenkt ihn auf seinem Weg. Eine Art Atlas der Geisterwelt. Im Unterschied zur chaotischen Besessenheit des Mediums beim Voodoo kontrolliert der Schamane seine Trancereise. Nur so ist es möglich, gemeinsam zu reisen. Yonjon bittet Wesen, die nur er sieht, um Beistand für den Kranken, um Rat, wie ihm zu helfen sei. Jemand wischt ihm den Schweiß vom Gesicht. Er merkt es nicht. Er taucht kurz aus der Trance auf. Man reicht ihm ein Hühnerei, er bespricht es, der kalkweiße Patient verfolgt es gebannt. Das Ei wird sein Schicksal verkünden. Tod oder Leben. Es wird die Hauptrolle spielen bei *jokhana*, der Diagnose.

Schamanen kennen zwei Arten: *tharo jokhana* und *guru jokhana*. Tharo geht schnell, ohne Trance: Pulsfühlen, Reiszählen, Wasser- und Schwarze-Spiegel-Diagnose. Nichts hat das mit westlicher Medizin zu tun, auch das Pulsnehmen nicht. Der Schamane tastet mit der Fingerkuppe das Handgelenk ab wie ein Sensor und murmelt die Namen der bösen Geister: Bhuta, Pareta, Chheda, Bheda, Mari Masana, Dankini, Shanki. Er wartet auf den kleinen Impuls, der ihm verrät, wer der Übeltäter ist.

Auch die anderen Methoden sind das, was Europäer magische Praktiken nennen. Die Zahl der Reiskörner und das plötzliche Kochen des Wassers in der Schale geben die Art der Krankheit preis, verraten, welcher Dämon, welcher Fluch dahintersteckt. Und der schwarze Spiegel bringt die Wahrheit eines Verbrechens ans Licht. Er ist die mit Holzkohle und Tinte bestrichene Handfläche eines Mediums, eines Kindes, dem etwa die Frage nach dem Dieb gestellt wird. „Wen siehst du in deiner Hand? Wie sieht er aus?“

Guru jokhana ist tiefer, schwieriger. Der Schamane wendet sich an seinen Guru: „Hier ist jemand, mit dessen Seele ich in die andere Welt reisen werde. Was ist mit ihm? Stirbt er? Kann ich ihn heilen? Wie? Sag mir die Wahrheit.“

Die schwierige Wahrheit ist, so hat uns Indra erklärt, dass die Götter und Geister nicht immer die Wahrheit sagen. Der Schamane muss, um sicherzugehen, doppelt und dreifach reisen und fragen, oftmals die ganze Nacht hindurch. Erst wenn er überall die gleiche Antwort findet, kehrt er zurück. Manchmal reden die Geister wie Affen, wie Vögel.

Dann fragt er den Patienten, dessen Seele auf dem Sozius mitgereist ist, was sie gesagt haben, denn der versteht sie.

Führt das alles zu nichts, ist Riechdiagnose die letzte Chance. Der Schamane verwandelt sich in Trance in ein wildes Tier. Ausgestattet mit hoch empfindlichem Geruchssinn, beschnüffelt es den Kranken wie ein Tiger, wie ein Wildschwein, um die Krankheit zu erriechen. Uralte Erinnerungen an die umherschweifende Jägerhorde, an den Verkehr mit Tiergeistern, an die Höhle der Menschheit und ihre Bilder.

Yonjon ist zurück. Sein Assistent schneidet dem Kranken Stückchen seiner Fuß- und Fingernägel ab, mischt sie in der Opferschale mit sieben Sorten Reis. Jetzt wird das Huhn gereicht. Es hat in den Händen eines Jungen still auf seinen letzten Auftritt gewartet und in mutigen Momenten letzte Körner gepickt. Es wird an Kopf und Füßen gewaschen und mit roter Farbe bestreut. Yonjon spricht dazu Heilmantras.

Der Assistent packt das Huhn bei den Beinen und tanzt mit ihm um den Kranken. Bestreicht ihn mit dem Huhn, setzt es auf seinen Kopf, damit es die Krankheit aus ihm heraus und auf sich zieht, schreit die bösen Geister an – „raus, raus!" – und tanzt jetzt wilder. Das Huhn gackert empört. Einige Jungen lachen. Zwei ältere Frauen halten sich fest und folgen dem Tanz mit offenem Mund. Der heilige Schrecken vor den Mächten, die in diese Hütte gerufen worden sind, steht in ihren Mienen. Das Huhn wird so lange mit Wasser bespritzt, bis es sich schüttelt. Das ist das Zeichen: Ich bin bereit.

Ein Junge mit Krumm-Messer übernimmt das Huhn. Ein kurzes, erregtes Palaver: Hier oder draußen opfern? „Draußen!" Das Huhn wird am Boden ausgestreckt, das Messer hackt mehrmals zu. Kopf ab. Ein Helfer schlägt das Ei auf und reicht es Yonjon. Der liest im Dotter, und jeder liest mit. Ist ein Fleck zu sehen? Daran erkennt der Schamane die Krankheit. Ein Raunen geht durch die Menge: „Fünf Flecke!" So etwas hat man noch nicht gesehen. Der Fall ist wirklich todernst. Yonjon meint trotzdem, er könne helfen. „Aber das dauert seine Zeit."

Nach einer Woche wird der Kranke unserem Bergführer berichten, es gehe ihm besser. Einen Monat später wird er ihm schreiben: „Mir geht es gut, und ich bete zu Gott Pashupati für Euch. Ich habe Tausende Rupien ausgegeben, um geheilt zu werden, aber die Ärzte haben es nicht geschafft." Nach dem Heilritual an jenem Abend in Yonjons Hütte sei er allmählich gesund geworden. „Ich bin jetzt vollkommen geheilt. Ich bin so dankbar. Ich habe ein neues Leben geschenkt bekommen. Ich kann wieder über diese Erde gehen. Nun hoffe ich, auch Arbeit zu finden."

DIE MASKE. Rituale, Trommeln, Segenswünsche, langer Abschied von Karthali. Alle vier Schamanen des Ortes tanzen für uns im Regen. Zwei gehen mit, unser Zug wächst. Ist der Weg leicht, ist er ein vager Strich durch sumpfige Almwiesen, an dem Blutegel Spalier hocken. Kommt es hart, kommt das Wasser von oben und unten. Im Dauerregen den Bergbach hinauf. Den wievielten? Die wievielte Furt? Seit Stunden geht es steil bergan. Steigen, atmen, triefen, nicht denken. Ein vegetativer Zustand, nicht unangenehm. Gehen in Wolken, Hüpfen von Stein zu Stein. Kaum Sicht. Die Luft wird dünner, das Atmen schwer. Vierter Tag. Wir müssen Tempo machen, wenn wir übermorgen auf dem Gipfel sein wollen. Unsere Sherpa hüpfen wie Bergziegen die glitschigen Hänge hinauf, meist barfuß, jeder seinen Zentner Gepäck im Kreuz. Von dem vogelleichten Mingmar und dessen leichtfüßiger Frau nicht zu reden.

Gegen Mittag Rast auf knapp 3000 Meter, bei einer *gumpa*, einem tibetisch-buddhistischen Kloster. Die aufgesparte Erschöpfung des sechsstündigen scharfen Aufstiegs bricht sich Bahn. Letzte verschwimmende Eindrücke: Tschörten, Gebetsfahnen, Gesichter. Dann sinkt der Mann aus dem deutschen Flachland rücklings hin und halluziniert. Die neblige Gumpa, der Platz unter dem Vordach gleitet ins Zimmer der Kindheit hinüber, die Erschöpfung in Fieber, die Stimmen der Sherpa, die das Essen bereiten, werden zu den halbvergessen-vertrauten Küchengeräuschen des Elternhauses.

Jemand sitzt neben mir. Mingmar, zerfurcht, tief ein- und ausatmend, Mantras murmelnd, auf mich pustend. Seine Hand fährt über mich, mit brennenden Räucherstäbchen, als scheuchte sie etwas fort. Dann entgleitet er. Wo er gesessen hat, sitzt jetzt eine andere Gestalt, in gleicher Haltung, aber größer als er. Ein schwarzer, gesichtsloser Schattenriss, unscharf wie hinter Milchglas.

Dann wieder Mingmar: „Lasst ihn zwei Stunden liegen, dann ist er in Ordnung." Nach einer Stunde stehe ich auf. Erleichterte, forschende Blicke. „Geht's?" Es geht. Und es geht gleich weiter. Der Regen, der scharfe Anstieg, die dünne Luft – alles wie zuvor, wieder stundenlang bis in die Dämmerung. Ohne Halluzinationen.

Sie kommen nicht wieder, so hoch wir auch steigen. Mingmar geht vor mir. Ab und zu dreht er sich um. Bei einer Rast erzähle ich ihm von der schwarzen Gestalt. Er schweigt, wiegt den Kopf. Ich insistiere: „Wer war das? Der Tod?" Mingmar zeigt mit aufgerichtetem Daumen auf mich wie ein zufriedener Fußballtrainer. „Er hat ihn gesehen." Wen, Mingmar? „Guru Rimpotsche." Shiva? Er strahlt und nickt.

Dann legt er mühelos Tempo zu. Er will in Phatang auf uns warten, in seiner einsamen Almbaude. Es dunkelt, als unser Zug aus dem Nebel der Bergwälder auftaucht. Dunkel ist auch Mingmars Gesicht. Da steht er im fußlangen weißen Rock, darüber trägt er eine enge rote Blumenbluse, neben seinem Zopf hängt der Federbalg eines kleinen Himalaja-Vogels. Er opfert der Maske. Er hat uns von ihr erzählt und zugesagt, sie für uns zu tragen, was ihn einige Überwindung gekostet habe – und lange Gebete, für die er den Vorsprung gebraucht hat.

Es ist die Maske des Mahakala, einer Furcht erregenden Gestalt Shivas. Angst und Schrecken soll die Dämonen bei ihrem Anblick befallen. Schamanen, die das Gesicht des Gottes tragen dürfen, sind extrem selten. Rund hundert Sherpa-Schamanen gibt es in dieser Region. Einer von ihnen darf es. Mingmar.

Da ist sie. Ochsenblutrot, hervorquellende Augen, die Hauer gebleckt, ein Doppelschopf aus schwarzem und rotbraunem Yakschwanzhaar hängt von ihr herab. Sie ist dreimal so groß wie sein Kopf. Sehr mächtig sei sie, sehr gefährlich, flüstert man uns zu.

Mingmar kniet und betet vor ihr: „Beschützer der Welt, der die Dämonen tötet. Ich will jetzt dein Gesicht ohne Grund tragen. Bitte vergib mir." Er nimmt die Trommel. Dreht sie, atmet auf sie, beginnt sie zu schlagen, tastend wie ein improvisierender Musiker. Dann singt er. Wir haben viele Schamanen erlebt, deren Mantras Gemurmel sind, allenfalls Singsang. Mingmar singt wirklich. Er singt wunderbar. Phrasiert, umspielt seinen mit der Präzision eines Schlagzeugers getrommelten, treibenden Vierviertelschlag. Sein Ritual ist reine Musik, ihr Refrain ein lang gezogener, beinahe klagender, melancholischer Ton. „Hoooh!" Er bittet um die Maske, sein Helfer setzt sie ihm auf. Er trägt jetzt Mahakala. Einmal im Jahr tanzt Mingmar unter ihrer Last durchs Dorf, durch die Häuser, um sie zu reinigen.

In gewissen Nächten geht er allein, mit nichts als der Maske bekleidet, zu dem Platz, auf dem die Toten verbrannt werden. Ein Patient leidet unerklärliche Qualen. Mingmar fragt, ob im Dorf jemand gestorben sei. Ja, heißt es dann, der und der. Dann steht Mingmar solch eine Nacht bevor. Nackt erscheint er auf dem Kampfplatz, in der einen Hand einen rituellen Speer, in der anderen die uralte Schenkeltrompete aus dem Oberschenkelknochen eines toten Schamanen. Er bläst sie. Er ruft auf ihr die Dämonen herbei. Es ist ein Kampf Mann gegen Dämon. Mingmar singt starke Mantras, die ganze Nacht hindurch, bis der Quälgeist sich stellt. Mingmar sagt: „Du bist tot. Hau ab." Der Geist des Toten beharrt: „Nur, wenn ich einen mitnehme." Mingmar: „Du gehst, oder ich töte dich."

Mingmar heilt und kämpft nicht nur, er begleitet auch die Sterbenden. Er liest ihnen das gesamte tibetische Totenbuch. „Aber nicht wie ein Lama, der nur liest. Ich geleite sie hinüber in die andere Welt." Drei Arten der Bestattung zählt er auf: „Die meisten Toten werden verbrannt. Nur Schamanen und Lamas werden begraben, in sitzender Stellung. Man wartet drei Jahre lang, ob ihr Geist auf einen Nachfolger übergeht." Und dann ist da die tibetische Sitte, Tote zu zerstückeln und sie den Geiern zu überlassen. „Das geschieht selten und nur mit sehr jung Verstorbenen." Mingmar ist Tibet viel näher als Indien. Geografisch, ethnisch, geistig. Er ist eine Gestalt aus der Zeit vor der Scheidung von Religion und Magie, von Priester und Heiler. Er ist einer der letzten Priester-Schamanen.

DER ALTE AUS DER HÖHLE. Früh um vier im Zelt erste Stimmen des nächsten Tages. Zwei Vögel unterhalten sich lebhaft. Ein Wasserfall donnert. Gegen sechs rühren sich die Trommeln. Sie waren nur wenige Stunden still. Gestern haben die Schamanen den ganzen Weg getrommelt, bis in die Nacht. Dazu der Pilgergesang der Frauen: „Saio, saio. Saio le bomba saio." Das heißt vieles. Hier heißt es: Gute Reise zum Kalinchok. Er schenke unseren Schamanen Kraft.

Wir kommen nur schleppend voran. Alle halbe Stunde Stopp vor einer frommen Barrikade. Eine herbeigeschleppte Bohle dient als Altar. Blumen, Opferschale, Weihrauch. Dazu Kartoffeln und reichlich *rakshi*, selbst gebrannten Reisschnaps, und Bier für die Schamanen. Die Bergler erbitten ihren Anteil am Glück und Kraft spendenden Segen unseres Zuges zum Berg der Götter. Bedürfte es einer Demonstration, wie lebendig, wie populär Schamanismus ist – dies wäre sie.

Wie wird man Schamane? Erstens: Man ist es schon, hat es „von der Gebärmutter her" und lernt den Rest in Träumen. Ein seltener Weg. Der zweite ist üblicher: Familientradition – die Schamanenkraft des Vaters geht auf Sohn oder Tochter über, die der Familiengott im Traum beruft. So war es bei Yonjon und Mingmar. Der dritte Weg bringt, so heißt es, die mächtigsten Heiler hervor. Er ist der abenteuerlichste.

In diesen Bergen lebte ein siebenjähriges Mädchen in einem Dorf namens Chhipchhipé. Eine Lautmalerei, die das stete Tropfen des Wassers wiedergibt, passend für den Ort einer märchenhaften Initiation. Im Herbst 1956 hütete das Mädchen ihres Vaters Kühe. Der war Schamane, aber nur ein kleiner, der Heilkräuter kannte, aber nur wenige Mantras. Eines Abends saß das Kind im Kuhstall. Die Nacht kam, das Feuer erleuchtete einen kleinen Kreis. Das Kind schaute auf und sah gegenüber einen alten, kleinen, haarigen Mann am Feuer sitzen. Sah, wie er mit bloßer Hand in die heiße Asche griff und drei Häufchen aufschüttete. Eines links, eines rechts, eines vor sich. Dann war er weg. Sie erzählte es dem Vater. Der sagte: „Du spinnst. Hier ist kein bärtiger Alter." Sie zeigte ihm die drei glühenden Aschehaufen. „Das kann ich doch unmöglich getan haben."

Ihr Großvater, Schamane auch er und einsichtiger, machte *jokhana* mit ihr, die Diagnose. Resultat: Das Kind wies alle Symptome einer künftigen Schamanin auf – und keiner kleinen. Denn ein normales Kind wäre vor dem Alten am Feuer schreiend davongelaufen. Und dass der Berggeist erschien, deutete auf Großes hin. In seiner ersten Trance sprach das Mädchen: „Ich bin …" Sagte uralte, nie gehörte Namen längst gestorbener großer Schamanen seiner Familie. „Ich bin – sie alle." Ein Jahr später, das Mädchen war jetzt acht, nahm die Mutter es mit zur Wiese beim Wasserfall, Heu machen. Es spielte hinter deren Rücken, Mutter und Tochter unterhielten sich. Aber irgendwann antwortete das Kind nicht mehr.

Der Haarige war wieder da. Winkte dem Mädchen „komm, komm", und es folgte ihm durch den Wasserfall in eine prächtige Höhle, deren Eingang nicht größer war als eine Hand. Sie sei etwas hypnotisiert gewesen, erzählt uns die erwachsene Frau vier Jahrzehnte später, aber nicht stark. „Ich musste ja für kurze Zeit meine Mutter vergessen und die ganze Welt draußen. Ich hörte und sah alles ganz klar. Angst hatte ich nicht – er geleitete mich doch." Er? „Ban Jhankri." Der Wilde Schamane also. Der Berggeist, den Shiva beauftragt, Berufene zu initiieren. Er nahm dem Kind den schamanischen Hippokrates-Eid ab. „Das Versprechen, alles, was Heilung sucht, zu heilen. Menschen, Tiere, auch Pflanzen, auch Wasser."

Das Mädchen lieferte ein genaues Phantombild: etwa einen Meter groß, langes schwarzes Kopfhaar, bauchlanger schwarzer Bart, schwarze Augen. Körperhaar braun wie ein Orang-Utan. Hüftab in Hirschhaut gekleidet, vom gefleckten Himalaja-Hirsch. Die Füße nach innen verdreht, jeweils vier Zehen. In der Höhle goldene Tempel, Paläste, zugleich ein schamanisches Terrarium und Treibhaus. Alle heilkräftigen Pflanzen und Tiere waren da. Der Geist selbst aß sie niemals. Dem Kind gab er einen Frosch zu essen. „Aber auf dem Handrücken. Niemals reicht er etwas im Handteller." Aus purem Gold auch sein Ritualgerät: Phurba, Altar, Trommel, Glocken, Schneckenhorn, Feuerzange, Ammonit. *Vajra* – der Donnerkeil. *Trisula* – der Dreizack. Und die hundertachtteilige Mala für die 108 anzurufenden Hilfsgeister – ein hundertachtrippiges Schlangenskelett.

Die schamanische Begabung des Mädchens war in Chhipchhipé offenkundig, nur sein Onkel traute ihm nicht und wollte es testen: Wuchs da eine Heilerin heran oder eine *bokshi* – eine Hexe? Falsche Schamanen, die Unheil anrichten, sind meist weiblich. Die Kleine sprang vor dem Onkel aus dem Fenster. „Ban Jhankri fing mich auf." Und kidnappte sie zum dritten Mal. „Er brachte mich in den Wald, etwa zwölf Kilometer entfernt. In fünf Minuten waren wir da. Ich ging, aber es war, als ob ich flöge."

Im Wald absolvierte das Mädchen einen Intensivkurs. „Alles musste ganz schnell gehen. In ein paar Minuten lehrte er mich Tausende Mantras." Dann erklärte er dem Kind, von nun an könne er es nicht mehr leibhaftig treffen. Es müsse sich selber einen Lehrer suchen, der seine Ausbildung vollende. „Aber wenn du Fragen hast, denk an mich. Dann komme ich im Traum zu dir." Guru des Mädchens wurde ihr endlich bekehrter Onkel. Es lernte zwei Jahre bei ihm. Als es zehn wurde, hatte Chhipchhipé eine neue Schamanin. Deren Stern ging über Ostnepal auf.

Wir kennen sie schon. Dies war die Geschichte von Mailes Initiation.

DER GIPFEL. Aufwachen in der Almhütte einer jungen Sherpa-Familie. Der erste Blick aus der Tür gleicht dem Moment, wenn ein Flugzeug durch die Wolken stößt. Endlich Himmel, wenn auch vorerst verhangen. Endlich heraus aus der Nebelsuppe, durch die wir seit Tagen aufsteigen. Wir sind über den Wolken. Um acht Uhr erreichen wir ein Plateau auf etwa 3500 Meter Höhe. Die Fernsicht löst Freudenschreie aus. Erstmals zeigen sich uns die Majestäten vom Dach der Welt. Die Schneezacken der Langtan-Kette. Die Annapurna-Spitzen.

Unser Zug wird immer festlicher, immer länger. Sherpa und Jhankri haben sich Bergblumen ins Haar gesteckt. Nur der arme Indra leidet schrecklich an einem faustgroßen Furunkel, der dort sitzt, womit der Mensch sitzt. Bei jeder Rast verrenkt Indra sich stöhnend auf der Suche nach einer Ruhestellung. Abends jedoch, trommelnd und trancereisend mit den anderen Schamanen, reitet er stundenlang auf seinem Furunkel, als wäre der ein Daunenkissen.

Lächerlich – der große Heiler wird mit einem Furunkel am eigenen Hintern nicht fertig? Der, erklärt er uns, sei kein Fall für den Schamanen, sondern für den Arzt. „Kein Dämon im Spiel?" Indra schüttelt tapfer den Kopf. Er muss die Qual ertragen bis Katmandu. Bis zum Arzt und dessen Skalpell. Umgekehrt rufen die Ärzte der Hauptstadtklinik Indra, wenn ihre Kunst versagt. Etwa bei unklaren, im Westen psychosomatisch genannten oder chronischen Fällen.

Der Weg ist jetzt ein kaum mehr wahrnehmbarer poröser Pfad am Steilhang. Links die Wand, rechts der Abgrund, vielleicht 2000 Meter tief. Plötzlich bricht der Pfad ab. Kriegt der Saun uns doch noch? Der Hang ist jetzt nur noch bedrohlich loses Geröll – ein Erdrutsch. Ein falscher Tritt und es gäbe kein Halten mehr. Wortlos, traumwandlerisch tänzelt ein Sherpa nach dem anderen mit seiner Zentnerlast über den tödlichen Hang. Nur hinüber, bevor wieder Regen einsetzt und das Geröll glitschig macht. Es dämmert, als eine Wegbiegung sich als die Letzte erweist und den ersten Blick auf den Gipfel preisgibt.

Ja, so ist er uns geschildert worden: ein schmales Plateau am Ende eines nach allen Seiten steil abfallenden Gipfelgrats. Der Schrein ist ein archaischer Schattenriss vor einem urzeitlichen Regenhimmel und erinnert zugleich an den wirren Antennensalat auf einem Wolkenkratzer: Tausende von Dreizacken, den Feldzeichen Shivas, gegen den schwarzen Himmel gereckt.

Mingmar ist glücklich. Er ist hier, der Schlange sei Dank, ist Shiva ganz nahe und der Berggöttin Kalinchok Mai. „Wir bringen der Göttin die Liebe der Schamanen. Wir bringen ihr drei Arten Milch. Von der weißen Kuh, von der weißen Ziege, vom weißen Frosch."

Frösche geben keine Milch, Mingmar, und sind auch nicht weiß. Er nickt. Zeigt sein zerklüftetes Lächeln, die tibetische Zunge. „Wir bitten sie: Verzeih, wir haben nur zwei Arten Milch. Die vom weißen Frosch haben wir nicht gefunden. Gestatte, dass wir stattdessen Wasser vom weißen Stein nehmen. Von deiner Quelle auf dem Kalinchok." Er spricht von der rätselhaften Gipfelquelle. Sie entspringt auf dem höchsten Punkt des Kalinchok, unter dem Shiva-Schrein.

Die Botschaft seines Gleichnisses ist: Wir Schamanen sind Menschen. Wir können vieles, aber die Götter müssen das ihre dazu tun. Und was tun sie dazu? „Shakti – Schamanenkraft, Energie." Wer gibt die? „Wir gehen zuerst zu Kalinchok Mai, sie ist die Mutter, sie nährt uns. Dann gehen wir zu Shiva, zum Lehrer. Von ihm ist die Maske, er sendet die Träume, die Kraft."

Und warum an Vollmond? Mingmar antwortet mit einem anderen Vers seines schamanischen Ur-Epos: „Shiva trug Parvati über die Erde, seine geliebte, von Feinden zerstückelte Gefährtin. In seinem rasenden Schmerz merkte er nicht, wie sie herabfiel, Stück um Stück. Wo eines hinfiel, spross ein Heiligtum. Auf den Kalinchok fielen ihr Herz und ein Teil ihrer Vulva, der kleinere, du weißt schon."

Morgen ist der Tag, an dem das geschah und begangen wird. Morgen wird Shiva über den Berg Schamanenkraft im Überfluss ausgießen. „Was habt ihr für ein Glück, hier zu sein. Jeder Wunsch, der von

Herzen kommt, wird morgen erfüllt." Wir lagern am Kamm, der sich zum Gipfel aufschwingt auf einer nach links und rechts steil abfallenden Bergwiese, auf die Yaks ihre gewaltigen Haufen gesetzt haben. In Europa wäre auf dieser Höhe ewiges Eis. Hier in den Subtropen ist auf fast 4000 Metern noch alles grün, buschig, waldig. Der Schrein dort drüben liegt schon wieder in Wolken.

Shivas Fest. Lange vor Sonnenaufgang steigt Mingmar zum Bach hinab, steigt ganz hinein, reinigt sich. Ich gehe zum Gipfel. Wo der schmale Grat endet, führt eine Eisentreppe über einen letzten trennenden Abgrund. Das Gipfelplateau ist sechs Meter breit und 30 lang. Vorn steht eine Wellblechhütte. Die Regierung ließ sie errichten, als Polizeiwache. Sie ließ auch das Geländer um den Gipfel bauen. Es soll immer wieder zu Kämpfen gekommen sein, bei denen einzelne Pilger vom überfüllten Gipfel in den Abgrund stürzten.

Der Kalinchok steht frei im weiten Bergland. Nach allen Seiten fällt er Tausende von Metern steil ab. Um halb sechs reißt der Himmel auf. Ihre Majestäten erscheinen pünktlich zum Fest: die Annapurna-Parade. Manaslu, der Dreigezackte. Strahlend weiß Ganesh Himal. Nur einer macht sich rar hinter Wolken, der höchste, der Everest. Über die Bergwelt, über den Kalinchok, über uns ergießt sich, lange entbehrt, Sonne im Überfluss. So muss es sein, wenn Shiva sein Shakti ausgießt. Sieben Pfade führen hierher. Aus der nebligen Tiefe der Täler kommen Pilger gezogen, von allen Seiten klingt ihr „saio, saio" herauf. Trommeln, glänzende Augen, tanzende Jhankri vorweg, Opfertiere. Der Shiva-Schrein liegt in der Mitte. Ein großer Hügel aus rostigen Trisulas. Kinder springen auf ihm umher, klauben Münzen auf, bunte Bänder, hingeworfene Gaben aller Art. Shiva mag kein Blut, nur Blumen und Früchte, Ganja und Schnaps.

Ein Polizist in Zivil schreit die Menge an und schlägt mit einer langen Trisula wild um sich, wie eine Karikatur auf Shiva. Alles drängt zum anderen Schrein am Ende des Plateaus. Zur Göttin. Von ihr kommen die Tiere kopflos zurück – sie fordert ihr altes, blutiges Recht. Ihr Schrein sind zwei Steine, ein niedriger und eine Stele. Sie trieft vor Blut. Vor ihr werden den zweibeinigen Tieren die Hälse durchgeschnitten, Hühnern zumeist. Die Ziegen führt man vor den niedrigen Stein, blutig auch er. Die Kunst besteht darin, den Schnitt so zu führen, dass der erste Blutstrahl den Stein trifft, die Vulva, die hier herabgefallen ist. „Du weißt schon, der kleinere Teil." Parvatis Klitoris. Und das blutige Bild erscheint, doch nicht auf dem Opferstein. Es erscheint jedes Mal, wenn das Messer sein Werk tut. Es ist die runde, blutig klaffende Vulva, die der Opfernde in den nach hinten gebogenen Hals der Ziege schneidet.

Verwegene Gestalten drängen heran. Löchrige Hosen, struppige Häupter. Wilde Gesichter, die sich nie vor einem Spiegel haben rechtfertigen müssen, heilige Male aus Kuhdung und Opferblut auf der Stirn. In Schaffellwesten, den Krummdolch im Gürtel, barfuß oder in chinesischen Stiefelchen aus Plastik sind sie von ihren Almen heraufgekommen, vorweg ihre Schamanen. Dämonentöter, die vor Hunderten von Jahren kaum anders aussahen.

Die Schamanen tragen von langem Gebrauch gerupfte Pfauenfederkronen und uralte, geflickte, aus der Form gegangene Trommeln. Keine ist auch nur annähernd rund. Eine ist ganz platt gehauen, in wer weiß wie vielen Nächten. Einer pfeift zum Trommelschlag einen scharfen, weit tragenden Pfiff. So pfeifen sie nach ihrem Vieh in den Bergen. Sie besetzen den Gipfel. Es ist ihr Tag. Ein alter Brahmane – er erinnert an Gandhi mit seinem asketischen Leib, seiner runden Brille – hat sich mit den seinen in die Wellblechwache zurückgezogen und liest verzückt aus der Bhagavatgita, dem Katechismus der Hindu.

Mingmar beachtet ihn nicht. „Dies ist der Berg der Schamanen. Sie haben ihn gefunden, lange vor den Brahmanen. Sie haben ihn in Visionen gesehen." Er hat der Göttin geopfert, jetzt tritt er vor Shivas rostigen Schrein, unter dem die nie versiegende Quelle strömt, das sprudelnde Zeichen seiner Gegenwart. Seine Sherpa sind um ihn. Alles macht dem alten Mann in der roten Bluse und dem weißen Rock ehrfürchtig Platz. Er betet ein in seiner Einfachheit und Inbrunst ergreifendes Bauerngebet. „Wir leben in den Bergen. Lass sie immer weiß sein, die Felder immer grün. Dir gehört alles, die ganze Erde. Wir bitten dich, gib uns, deinen Kindern, davon, was nötig ist. Einen Tropfen Wasser. Ein Stück Kleidung. Ein Korn Reis. Ein Stück Geld. Gib uns Glück. Und gib uns – die Kraft."

Gegen neun ziehen immer noch singende, trommelnde Pilger herauf. Mohan Rai, unser Bergführer, schaut misstrauisch zum Himmel. Und wirklich, noch vor Mittag steigt eine dunkle Wand herauf und verhüllt die Szene wie ein Vorhang. Minuten später sind Gipfel und Schrein, eben noch in der Sonne, wieder eingenebelt. Wir steigen ab, so schnell und so tief es geht, aber der Monsun holt uns ein, der Weg endet, wie er begann, mit Regen, Sturzbächen, Blutegeln.

Egal, wir waren oben. Wir waren auf dem schamanischen Gipfel. Wir haben mehr gesehen und erlebt, als wir zu träumen wagten. Wir nehmen Abschied von unseren Sherpa. „Namaste!", rufen sie.

Das heißt: „Ich grüße den Gott in dir."

JÖRG-UWE ALBIG

Zehn Jahre danach

August 1990: Irakische Truppen marschieren in Kuwait ein. August 2000: In der Hauptstadt eröffnen teuerste Boutiquen, entdecken Teenager die westliche Popkultur, treffen sich die Männer wie einst zu abendlichen Debatten. Kuwait ist wieder in der Normalität angekommen, ist reich, geschäftstüchtig, traditionsbewusst. Das neue Kuwait ist das alte Kuwait – oder doch nicht?

Immer hat Mesaed al-Hammad, Sohn leseunkundiger Leute, die Schrift verehrt. Als Jüngling saß er zehn Stunden am Tag über glänzenden Blättern, das geschärfte Schilfrohr in der trainierten Hand. Schrieb Zeitungsnotizen ins Reine, bis die Buchstaben vor seinen Augen tanzten. Wurde staatlich bestallter Kalligraph der Großen Moschee von Kuwait. „Ein Bild ist wie ein Geschenk", sagt er. „Man muss nehmen, was kommt. Die Schrift aber ist wie Geld. Man kann sie gegen alles Erdenkliche eintauschen."

Über seinem weiß verhüllten Scheitel schweben in 43 Meter Höhe die 99 Namen Allahs. „Der Sammler und Vereiniger. Der sich selbst Genügende. Der Geber von Reichtum. Der Zurückhalter und Verbieter. Der Aufzeichner." In leichtem Schwung umkreisen sie das Sphärenrund der Kuppel, fließen in synkopischem Rhythmus, schwingen bauchig und weiß durch nachtblaue Isfahan-Keramik, schräg beregnet von Sternschnuppenschwärmen aus Vokalzeichen, ein Tanz in Thuluth-Kalligraphie, entwickelt im siebten Jahrhundert.

„Die schwierigste Schrift von allen", sagt Mesaed. „Um nur einen der Buchstaben zu beherrschen, muss man ihn eine Million Mal geschrieben haben." Er setzt seine nackten Füße auf den hellblauen Teppichboden, der den endlosen Raum polstert. 20000 Quadratmeter Grundfläche, begrenzt nur durch die Schrift, die alle Wände überzieht: Mosaike aus Koranversen in andalusischer Handschrift; Suren in lebhaften Diwani-Buchstaben, entworfen im 16. Jahrhundert; die hängenden Bögen der Taliq-Lettern, importiert aus Persien. Und auf den

Türrahmen die eckigen Linien der Kufi-Kalligraphie. Schrift über Schrift; nirgends ein Gemälde, ein Foto, eine Miniatur: „Der Koran verbietet uns, etwas darzustellen, das eine Seele hat."

An den Wänden der Moschee aber ist das Reich der Schrift noch nicht zu Ende: Draußen steht eine Stadt ohne Bilder. Kein Denkmal, kaum ein Plakatfoto, kaum eine Farbe, welche die Konzentration aufs Wesentliche zerstreuen könnte – nur das Wort, allgegenwärtig auf Schildern und Bussen. Die Bilder versickern in der Wüste, die Kuwait heißt.

„Die Wüste ist Schrift", hat der in Kairo geborene Dichter Edmond Jabès einst erkannt. Kuwait fügt sich in ihr Layout. Eine Stadt in Zeilen: Erste, Zweite, Dritte Ringstraße, hinter der Siebten das Nichts. Ein Nichts, durchzogen von schnurgeraden Ausfallstraßen, die achtspurig mit ihm verschmelzen; flankiert nur von den vieldrahtigen Bündeln der Stromleitungen und den Laternen, um die sich manchmal ein roter Sportwagen wickelt.

Zwischen den Zeilen liegt eine abstrakte Stadt. Eine Stadt ohne Stadtbild. Ein leeres Netz aus Autobahnen und endlosen Parkplätzen, in dem sich verstreute Wohnwürfel und Büroquader fangen. Eine Orient-Metropole ohne Orient, umgeben von einem Land ohne Landschaft. Eine nackte Fläche aus Sand, Lehm und Kies, deren einzige Naturformation, die Hügelkette von Mutlaa, nichts weiter ist als ein kaum sichtbarer Knick auf einem Blatt Papier.

Ein unwirkliches Gebilde – eines, wie es im vierten Jahrhundert vor Christi Geburt der Denker Platon erfunden hat: ein Staat der reinen Idee. Ein Staat, in dem es keine Bilder gibt, weil alle Bilder lügen. Ein Philosophenstaat, in dem die Bürger frei sind vom Zwang zur Produktion. Ein Staat der Tugend und der fruchtbaren Muße, in dem die Herrscher die Wahrheit suchen, die Bürger die Wahrheit verwalten und die Unwürdigen die Arbeit tun – rechtlose Heinzelmännchen, die in Kuwait rund zwei Drittel der 2,3 Millionen Einwohner ausmachen und aus dem Ausland kommen.

Ein Traumland, eine Kopfgeburt, ein Hirngespinst. Kuwait lebt ja nicht von Feldern oder Fabriken, sondern von purer Abstraktion: Energie und Kapital. Das Kapital ist leicht und weht durch die Länder, verschwiegen und diskret verteilt vom Kuwait Investment Office in London; es beherrscht sieben Prozent von DaimlerChrysler und 13 Prozent des Hoechst-Nachfolgers Aventis. Es beschert dem Land Renditen in Höhe von zweistelligen Dollarmilliarden und Geldreserven, die höher sind als in jedem anderen arabischen Land.

Die Energie aber schießt aus der Erde: 1,8 Millionen Barrel am Tag, über elf Milliarden Dollar im Jahr. Das Öl wird, wenn die Schätzungen stimmen, noch mehr als 100 Jahre sprudeln: Fast zehn Prozent der Weltreserven liegen unter Kuwaits Sand. Und wie es einem Philosophenstaat ziemt, hat Kuwait seine Bürger von körperlicher Mühsal freigekauft; die Regierung garantiert jedem eine Stelle in der Verwaltung – einen Job, der das Zweieinhalbfache eines Postens in der Privatwirtschaft erbringt, aber nur einen Bruchteil der Plage.

So treten 92 Prozent der berufstätigen Kuwaiter täglich in den Dienst des Großen Ganzen. Sie steigen in Fahrstühle, die nach Weihrauch duften, lassen sich nieder an klimatisierten Schreibtischen, überfliegen bei süßem Tee oder Kaffee mit Kardamom Zeitungen und Formulare und schreiben mit an der Großen Akte, dem Bürosozialprodukt Kuwaits – spitzfindig wie die Dialoge des Sokrates und so esoterisch, dass fast alle Firmen für den Papierkrieg mit der Behörde eine Art Dolmetscher beschäftigen, den *mandoub*.

Die Sommerhitze steht in den Straßen Kuwaits und beglüht die Gesichter wie ein Föhn. Die Autos werden mit laufendem Motor geparkt, damit die Klimaanlage nicht pausiert; alles Sichtbare erbleicht in der dicken Luft. Um 14 Uhr schließen die Ämter; dann dehnt sich der Nachmittag ins Uferlose. Klimatisiert rollen die Bürger heimwärts, in riesige, würfelförmige Häuser aus Beton, geziert nur von kugelförmigen Wassertanks – für Balkone ist es hier zu heiß. Schnell schlüpfen die Kuwaiter ins Innere des Betons, wo Louis XV., Empire und Dienstboten warten und das Leben sich dem Blick entzieht.

Bis zu 65 Prozent der Gehälter, monierte die Weltbank im Jahr 1993, seien nicht Lohn für getane Arbeit, sondern eine Art Dividende: der Bürger als Aktionär einer virtuellen Wirtschaft, die ihm nicht nur eine monatliche Ausschüttung beschert, sondern auch kostenlose Ausbildung, Gesundheitspflege, verbilligte Elektrizität und Steuerfreiheit. Jedem verheirateten Kuwaiter stehen 400 Quadratmeter Land zu und 480000 Mark zinsloser Kredit zum Hausbau – ein asketisches Paradies, das keine Gärten braucht, um die Seele zu erquicken.

Heilende Macht der Schrift! Schrift ist wie Geld, sagt Mesaed al-Hammad, der Kalligraph der Großen Moschee. Und nur das Geld ist ähnlich allgegenwärtig in diesem Staat der absoluten Idee. Denn auch das Geld ist hier von jeder sinnlichen Last befreit. Mit Vorliebe hält es sich im luftigen Reich von Wille und Vorstellung auf, im Reich der Kredite und der ungedeckten Schecks. 90 Prozent der Kuwaiter sind verschuldet, und im Boom-Jahr 1982 – ein Jahr nachdem die Weltbank dem Land erstmals das höchste Pro-Kopf-Einkommen der Welt bescheinigte – hat ihre monetäre Fantastik den Staat gar an den Rand des Ruins geführt.

Weil die staatliche Börse nur die alten Handelsfamilien zuließ, gründeten die anderen einfach eine inoffizielle Börse am Suq al-Manach, dem alten Bullenmarkt. Hier durfte jeder mitmachen: „Offshore Companies", obskure „Immobilien-Agenturen" oder Firmen, die nur auf dem Papier bestanden. Die Aktien bezahlte man mit vorausdatierten Schecks, die erst einzulösen waren, wenn der Kurs gestiegen und der Mehrwert dem Käufer zugefallen war. Kein Kapital war nötig für den luftigen Handel, nur ein Scheckbuch und die „Staatsbürgerschaft erster Klasse", die demjenigen zusteht, dessen Familie schon vor 1920 innerhalb der alten Stadtmauer wohnte.

Die Aktien stiegen wie Ballons, von keinem irdischen Gegenwert mehr gefesselt. Als sie endlich platzten, waren über 185 Milliarden Mark verdampft. 80000 Aktionäre hatten sich an dem Spiel beteiligt, für den Großteil der Schulden musste der Staat einstehen, und noch immer hat sich Kuwaits Wirtschaft von diesem Schock, dem Einbruch der Wirklichkeit ins Reich der Idee, nicht vollständig erholt. „Jetzt sind sie vorsichtiger", sagt Wafa al-Raschid, die Sprecherin der Börse. „Sie wissen, dass der Staat sie nicht noch einmal herauskaufen wird."

Die Börse, ein dunkler Klotz aus poliertem Dakota-Granit, erinnert eher an eine antike Akademie als an die Wall Street: Gemessen schreiten Männer in weißen Gewändern über sternförmige Intarsien. Keine Hektik wühlt die Luft, weder Angebot noch Nachfrage gellen über den Marmor – nur leise Worte und Wangenküsse, das zarte Schlurfen der Sandalen und das Klappern der Gebetsketten. „Hier werden keine Geschäfte gemacht", sagt Wafa al-Raschid. „Die macht man übers Telefon. Hierher kommen die Leute zum Reden."

Kurz vor zwölf tragen Lautsprecher das Gebet aus der Großen Moschee in den Börsensaal: Gleich auf der anderen Straßenseite steht das Gotteshaus, das unter irakischer Besatzung sieben Monate lang „Saddam-Hussein-Moschee" hieß. Die Eindringlinge stahlen Teppiche und Klimaanlagen und vergingen sich, sagen die Gläubigen, nicht nur an der Materie: Sie besudelten die Schrift. Sie zerrten die Korane aus den Teakregalen und rissen die Seiten entzwei.

Nach der Befreiung im Februar 1991 kehrte das erstarrte Land in gespenstischer Geschwindigkeit zum Leben zurück. Mehr als 70 Prozent der *suqs* und Einkaufszentren waren geplündert worden, ebenso wie viele Kaufhäuser, Fabriken, Verwaltungsgebäude. Doch innerhalb von nur zehn Tagen war der erste Hafen von Minen geräumt, zwei Monate später das zerstörte Stromnetz wiederhergestellt, und in nur neun Monaten waren über 700 brennende Ölquellen gelöscht. Die Schrift aber erholte sich nicht so leicht. Die Kalligraphen-Schule blieb nach dem Krieg geschlossen: Es gebe ja Computer, hieß es. Bis heute hofft Mesaed al-Hammad, der Schönschreiber der Moschee, dass die Schule wieder den Betrieb aufnimmt, um seine Tradition fortzuführen: vergebens. „Die Bilder", ahnt er bitter, „sind wichtiger geworden als die Schrift."

Denn mit dem Krieg waren die Bilder gekommen. Es war ja der erste Krieg, der in Echtzeit auf den Mattscheiben stattfand. Bald stellte der französische Medienphilosoph Paul Virilio fest, „dass die eigentliche Eingreifmacht am Golf das Fernsehen ist". Zwei Bildarmeen, aufmarschiert auf einer rechteckigen Front: der Surrealismus Saddam Husseins, der dem englischen Geiselkind den Kopf tätschelte, gegen den phosphoreszierenden Expressionismus der Feuerwerke über Bagdad oder das kühle Grün der Bombenvideos.

Nach dem Krieg waren auch die Emigranten zurückgekehrt, die das Exil länger als erhofft in ihren Sommerresidenzen in Europa oder den USA festgehalten hatte. Sie brachten in ihren Köpfen die dortigen Bilder mit; hartnäckige Bilder aus Modezeitschriften und Einkaufspassagen. Und bald wuchsen auch die spärlichen Satellitenschüsseln, die während des Krieges nur Auserwählten die Feuerwerke auf CNN zuteil werden ließen, zu einem Wald, der heute flächendeckend die Dächer der Stadt überzieht und in die Wohnzimmer Bilderfluten schickt, die kein Informationsminister mehr eindämmen kann.

Am Strand von Abu Halifa, 30 Kilometer südlich von Kuwait City, den Fahaheel Expressway hinab Richtung Saudi-Arabien, steht am Wochenende die Welt noch schwarz auf weiß: Verhüllte Frauen hocken wie getuscht im hellen Sand; stumme Buchstaben in Diwani-Kalligraphie. Manchmal wölbt sich der schwarze Vorhang; darunter gleiten Strohhalme oder triefende Pommes frites in den Mund. Weiß gewandete Halbwüchsige, Zigaretten in den Händen, ballen sich auf der gepflasterten Uferpromenade zu Schneebällen; wenn sie ins Wasser tauchen, bläht sich der Stoff wie ein Ballon.

Aber auch hier haben sich die bunten Bilder eingenistet, hartnäckig und sanft. Gleich jenseits der Promenade lauert ein Trugbild, eine Luftspiegelung, eine Gaukelei. Ein Palast erhebt sich, dessen Fassade endlich jene Verheißungen des Orients erfüllt, die Hollywood längst auch den Orientalen versprochen hat: goldene Kuppeln und zwiebelförmige Vorbauten; gestreifte Säulen, auf denen Spiegelkugeln flimmern; schreiende Wimpel auf den Zinnen. Spitzbögige Portale, gefüllt mit bunten Kacheln und goldschimmernden Mosaiken, über dem Haupttor eine ochsengroße Öllampe. Darüber weht ein Schriftzug aus Neon, Frakturbuchstaben in wolkigem Schwung: „Kuwait Magic".

Drinnen quellen die Bilder wie der *dschinn* aus der Wunderlampe, eingesperrt und endlich befreit. An den Wänden schäumen balearische Küsten und toskanische Hügel in Neonfarben, verlöschen Geranien und Heckenrosen in acrylischen Sonnenuntergängen, peitschen sich Bergbäche und Alpengipfel zu glühenden Crescendi hoch. Über dem Palastfoyer wölbt sich ein Kunsthimmel mit aufgemalten Wolken, unten schweben verschleierte Beduinenfrauen über japanische Brücken und Betonflüsse und lassen sich von grellen Fata Morganen in die Boutiquen lügen, in die Safari-Stylewelt von „Miss Paris", in den Carnaby-Street-Chic von „Morgan".

„Es gibt zu wenig Entertainment in Kuwait", sagt Adnan al-Saleh, Herr über den Vergnügungspark. „Es gibt nichts fürs Auge. Nichts als Betonfassaden. Selbst die Einkaufszentren sehen aus wie Regierungsgebäude. Hier wollte ich eine Welt schaffen, die mit der Welt draußen nichts zu tun hat."

Denn der Hunger nach Bildern wächst – und sei es nach halluzinierten: 29000 Süchtige erkaufen sich ihre Bilder mit harten Drogen; weniger Verwegene zahlen 270 Mark für eine Flasche verbotenen Whiskeys, brauen heimlich aus Traubensaft und Hefe Wein, der scharf in der Nase beißt, mixen verheerende Cocktails aus hochprozentigem Computerreiniger und Tonic Water – oder nehmen die Freitagsmaschine ins liberale Dubai, wenn die nicht wieder ausgebucht ist.

Adnan al-Saleh aber trinkt Kaffee, als müsse er seine Unruhe noch zusätzlich kitzeln. Selbstbewusst bohrt er seine Rechte in die Hüfte, die Linke schwenkt die Zigarette. Seine Betriebsamkeit ist eine Spätfolge 20 amerikanischer Jahre: Studium in Los Angeles, Erschließung kalifornischer Grundstücke für kuwaitische Unternehmen. Gleich nach Ende des Krieges kehrte er nach Kuwait zurück, um seinen Landsleuten die Bilder zu bringen.

„Ich bin ausgiebig durch die Welt gereist", sagt Doktor Adnan al-Saleh. „Ich habe alles gesehen: Las Vegas, Orlando, Disneyland. Überall habe ich Videos aufgenommen und meinen zwölf indischen Künstlern vorgeführt. Erstklassige Kopisten. Einer von ihnen hat mir eine Mona Lisa fürs Wohnzimmer gemalt: kein Unterschied zum Original." Jedes Wochenende fluten jetzt rund 30000 Menschen durch sein Attrappenreich, das einen Kilometer Küste bestreicht; und so werden sich auch die 130 Millionen Mark, die Adnan al-Salehs Illusionen gekostet haben sollen, bald lohnen. In drei Jahren will er seine

Fata Morgana zum Paradies erweitern. „Ich will Amsterdam aufbauen“, sagt er, „Venedig und deutsche Schlösser.“

Noch aber wehrt sich der Staat gegen das profane Treiben des Basars. Nur zögernd folgt er den Wünschen der Weltbank, die ihn zur Zusammenarbeit mit der Privatwirtschaft drängt und zur Verteilung des Reichtums auch an Nicht-Beamte; nur widerstrebend erwägen die Bürokraten die Privatisierung der Kuwait Airways und der Kuwait Oil Tanker Company, denken sie über kostendeckende Preise für Wasser und Elektrizität nach, lassen sie sich dazu herab, Touristenbesuche und ausländische Investitionen nicht mehr grundsätzlich zu verwerfen.

Doch nichts würde sich ändern, würden die Liberalen im Staat nicht immer wieder drängeln, würden sie nicht über ineffiziente Wirtschaft und aufgeblähte Verwaltung nörgeln und auf das Bevölkerungswachstum von 3,6 Prozent pro Jahr hinweisen: Schon jetzt machen Kinder unter 15 fast die Hälfte aller einheimischen Kuwaiter aus – ein zukünftiges Heer von Arbeit Suchenden, für das auch Kuwaits allumfassende Bürokratie bald nicht mehr genügend Stellen haben wird.

„Die Liberalen“, beteuert der liberale Dr. Kamel al-Saleh, „wollen das Land nicht beherrschen. Sie wollen es managen.“ Wie sein Bruder Adnan ist Kamel al-Saleh Teilhaber von Kuwait Magic und Spross einer der alten Händlerfamilien, die seit der Besiedelung Kuwaits mit den Sabah, der Dynastie des Worts, um die Vorherrschaft ringen.

Anfang des 18. Jahrhunderts, als es die Sabah und die anderen Familien vom Stamm der Kutub aus dem Inneren der Arabischen Halbinsel an diese Küste verschlug, teilten die wichtigsten Clans ihre Aufgaben auf: Die Khalifa etwa übernahmen Handel und Finanzen, die Jabar die Arbeit auf See. Zwar fand noch 1841 ein britischer Kundschafter hier nicht viel mehr vor als „salzige und sandige Wüste“, geschlagen mit „der unbeschreiblichsten Fruchtlosigkeit und Ungastlichkeit“. Aber es gab Fische, Perlengründe und Wasserstraßen, die bis nach Indien und Ostafrika reichten.

Bald reisten Kaffee und Baumwolle aus Jemen, Tabak und Trockenfrüchte aus Persien über Kuwait ins Innere der Halbinsel, segelten Araberhengste nach Bombay und Madras, passierten Sklaven, Waffen und Piratenbeute den Hafen der Stadt, rafften Jabar und Khalifa Macht und Geld. Die Sabah aber wurden mit zwei Prozent Einfuhrsteuer abgespeist. Ihnen war ein Ressort zugefallen, das in Gründerzeiten nicht viel wert ist: die Verwaltung.

Doch in einem Land ohne Ressourcen war auf Dauer der wichtigste Rohstoff die Diplomatie – die Gabe der Sabah. Sie waren es, die ihre Söhne mit den Töchtern der Wüstenstämme verheirateten, um die kriegerischen Nomaden zu zähmen und gewogen zu machen. Es war ein Sabah, Mubarak der Große, der 1899 mit den Briten einen Schutzvertrag aushandelte, der nicht nur Kuwait vor osmanischen Begierden sicherte, sondern auch die politische Vormacht der Sabah über die Händlerkaste. Und als 1938 in den Hügeln von Burgan erstmals das Öl floss, waren es die Sabah, denen der neue Reichtum zufiel und die ihn nutzten, um ihren Staat der Verwalter, Bürokraten und Diplomaten zu etablieren. Sie kauften den Händlerfamilien Land ab und errichteten darauf Schulen und Universitäten. Sie bauten Paläste und Ministerien, rissen sie ab und bauten größere und schönere Paläste und Ministerien, in denen Seeleute, Perlentaucher, Fischer und Bootsbauer über Nacht zu Dienern des Staates wurden.

Die Beduinen, den Sabah treu schon vor der Ära des Öls, formierten sich zu Polizei und Armee. Und nirgendwo in der Region gab es mehr Debatte, mehr Pressefreiheit, mehr Öffentlichkeit: Schon 1963, zwei Jahre nach der Unabhängigkeit, tagte in Kuwait das bis heute einzige Parlament am Golf.

Immer wieder hat sich die Herrscherfamilie der Loyalität der Beduinen versichert, hat seit 1960 eine Viertelmillion Mitglieder der traditionell konservativen Stämme in den zweistöckigen Häusern der Vorstädte angesiedelt – als Gegenkraft zur Wirtschaftsmacht der Kaufmannsfamilien aus dem Stadtzentrum, der Ghanim, der Hamad, der Saqr. Jetzt bemessen die Beduinen den Wert eines Mannes nicht mehr an der Zahl der Kamele, sondern am Wagenpark, schlagen sie ihre Zelte nur noch am Wochenende zu Hochzeits- oder Trauerfeiern an den Ausfallstraßen auf, umtost vom Donnern der Limousinen.

VOR EINEM ZELT am Autobahnkreuz sitzt Abu Fawaz auf einem riesigen Teppich unter Glühlampen in der Nacht und nimmt die Kondolenzen für einen verstorbenen Cousin ab. Er steht auf, schüttelt eine Hand, empfängt einen Kuss, ein gemurmeltes Beileid, hockt sich nieder, unzählige Male an diesem Abend. „Wir haben immer zusammengehalten", sagt er. „Aber nach dem Krieg kam das Misstrauen."

Der Krieg? Nur in der Wüste ist er noch zu finden. Auf der viskosen Haut der Ölseen, Hinterlassenschaft von Iraks Politik der verbrannten Ölquellen, blau schillernd unter azurnem Himmel: 65 Millionen Barrel Öl waren beim Abmarsch der irakischen Truppen in die Natur geflossen, 250-mal mehr als zwei Jahre zuvor beim Untergang des Öltankers „Exxon Valdez". 85 Prozent des Rohöls konnte die Kuwait Oil Company abpumpen, der Rest soll jetzt mit Bakterien und japanischer Hilfe unschädlich gemacht werden.

Auch auf den Panzerfriedhöfen westlich der Stadt sind noch Kriegssouvenirs zu finden: Tausende irakischer Militärfahrzeuge, zusammengestückelt zu zittrigen Linien – Strophen aus Panzern, Phrasen aus Lastwagen, Ornamente aus Jeeps, Rad an Rad, Ton in Ton, Bäuche gen Himmel gekehrt, die Rohre wild verrenkt. An manchen Zeilen radiert schon der Sand – die Wüste überwindet alles.

In der Stadt aber ist vom Krieg fast nichts mehr zu sehen. Die Erinnerung überlassen die Kuwaiter nicht dem Augenschein, sondern den Buchstaben; den allgegenwärtigen Betonquadern mit der Aufschrift „We will never forget" und den gelben Schleifchen, die in Amtsstuben und Geschäften mahnen: „Denkt an unsere Kriegsgefangenen" – von denen die Kuwaiter noch immer 605 in irakischen Gefängnissen vermuten.

Abu Fawaz aber sitzt vor dem Trauerzelt und sagt: „Nach dem Krieg ist alles schlechter geworden." Die Nacht ist heiß und beglänzt von den Ölfeuern um Al-Ahmadi und den Laternen des Fahaheel Expressway. Als ein Knall den ruhigen Strom der Autobahn zerreißt, sieht er sich nicht einmal um. „Das ist normal", sagt er und lächelt: Ein Drittel aller Toten in Kuwait sind Verkehrsopfer – Unfälle, befeuert von grenzenloser Leere und dem billigsten Benzin der Welt.

„Wir führen keinen Handel mit dem Irak mehr", fährt Abu Fawaz seine Klage fort. „Es gibt weniger Arbeit und weniger Geld. Wir müssen für die ausländischen Truppen im Land aufkommen und für die amerikanischen F-18-Maschinen unserer Luftwaffe. Der Staat spart, jetzt will er auch noch Steuern einführen. Bald werden wir den Staat bezahlen müssen, anstatt dass er uns bezahlt."

So kann Emir Dschaber al-Ahmed al-Dschaber al-Sabah auch auf die Loyalität der Stämme nicht mehr rückhaltlos bauen. Die Vorherrschaft der Königstreuen in der Nationalversammlung ist längst dahin: Bei den Wahlen im Juli 1999 konnten sich die Liberalen von vier auf 14 Sitze steigern; mit den 20 islamischen Fundamentalisten bilden sie eine Opposition, die jede Regierung niederstimmen kann – auch wenn sie nur einen Bruchteil der Bevölkerung repräsentiert.

Denn so kostbar ist das Wort in Kuwait, dass es nicht jedem gewährt werden kann. Nur etwa ein Zehntel der erwachsenen Einwohner darf wählen: männliche „Staatsbürger erster Klasse" und Söhne von Eingebürgerten, die nicht in Armee oder Polizei beschäftigt sind. Und wer das Wort einmal hat, teilt es nicht gern. Seit Jahrzehnten tobt der Streit um die Einbürgerung von über 100000 staatenlosen *bidun*, Strandgut ungezählter nomadischer Wanderbewegungen über poröse Wüstengrenzen: Noch immer verweigert der Staat ihnen die Bürgerrechte.

Und als der Emir kürzlich befahl, auch Frauen sollten in Zukunft zur Wahl gehen dürfen, versagte ihm das Parlament die Zustimmung.

Die Volksvertreter können die Regierung zwar weder bestimmen noch kontrollieren, sondern nur befragen. Doch selbst damit gelang es islamistischen Abgeordneten, den Informationsminister zu stürzen, der unislamische Schriften zu einer Buchausstellung zugelassen hatte; auch der Religionsminister musste weichen, weil er 120000 Exemplare des Korans mit Druckfehlern hatte ausliefern lassen: Die Schrift darf nicht um ein Jota verfälscht werden.

Seit einigen Jahren bewachen die Hüter des reinen Glaubens, Muslim-Bruderschaften und Salaf-Bewegung, auch das öffentliche Leben; fordern Schleierzwang für die Stewardessen der Kuwait Airlines und das Verbot selbst von alkoholfreiem Bier. Sie zerrten Ahmed al-Baghdadi, Leiter der Abteilung für politische Wissenschaft an der Universität, vor Gericht, weil er drei Jahre zuvor in einer Universitätszeitung geschrieben hatte, der Prophet Mohammed habe 13 Jahre lang „versagt", als es galt, die Ungläubigen von Mekka zu bekehren.

Al-Baghdadi, zu einem Monat Gefängnis verurteilt, hatte Glück: Er bezog nicht das finstere Zentralgefängnis, wo die Schwerverbrecher einsitzen, sondern die Anstalt von Talha, eingerichtet für Scheckbetrüger und modernen Strafvollzug. Die Wärter zollten ihm den Respekt, der einem Mann des Wortes gebührt; zwangen ihn nicht in Anstaltskleidung, sondern ließen ihm die gewohnte Dischdascha. Nach 14 Tagen erging der Gnadenerlass des Emirs.

„Al-Baghdadi kann sich nicht beschweren", sagt Abdal Razzaq al-Schajadschi, Professor für islamisches Recht und Salaf-Funktionär. „Wenn es nach unserer Scharia gegangen wäre, hätte man ihn umgebracht." Der Professor wirft sich im Sessel zurück, weit öffnet sich der wolkige Bart, und er lacht herausfordernd, wie es Sieger tun. Wenn 38 von 50 Abgeordneten zum wiederholten Mal die Etablierung der islamischen Scharia als einzige Rechtsgrundlage des Emirats fordern, dann nicht zuletzt, sagt al-Schajadschi, „um zu wissen, wer Freund ist und wer Feind".

Denn, so fragt er listig, warum hat der Emir die Vorlage abgelehnt? Und sagt nur zwei Worte: „Umm Amrîka."

MUTTER AMERIKA! Nicht genug damit, dass Kuwait sich von ihr befreien lassen musste und auch nichts einwenden mochte, als sie nach der Befreiung noch ein bisschen bleiben wollte mit 5000 ihrer Soldaten. Nicht genug mit den T-Shirts, Jeans, Crew-Haarschnitten und Tätowierungen, die sie zum Dank der Jugend empfahl; mit den Steak-

und Hamburger-Restaurants an der Arabian Gulf Street mit Namen wie „Fuddruckers", „Applebee's" oder „Thank God It's Friday" und philippinischen Kellnern, die Teddybär-Hüte und Anglermützen tragen. Nun wirft sie auch noch ihre Bilder in die immer offenen Mäuler der Satellitenschüsseln: „Tom und Jerry", warnt al-Schajadschi, „tragen amerikanische Ideologie ins Land."

Doch die wahren Boten der Bilder sind die einheimischen Teenager, gezeugt in den goldenen Jahren vor der Invasion. In den kühlen Einkaufszentren von Scharq oder Al-Fanar flanieren sie; die Jungs mit Hawaiihemden und rasierten Schädelseiten, die Augen auf die Brustwarzen der Benetton-Schaufensterpuppen geheftet; die Mädchen mit dick ummalten Augen und blass geschminkten Lippen, das Mobiltelefon stramm am Kopftuch.

Sie goutieren und bezahlen den Kaffee bei „Starbucks", als wär's Cognac; sie sind es, die ihre langen Tage mit Computerbildern und Fernsehshows füllen und auch die Zahl der Kinobesuche von 1998 auf 1999 um ein Viertel wachsen ließen: Abend für Abend füllen sie die Multiplexsäle, Mädchen links, Jungs rechts vom Gang, Ehepaare im Raum verteilt. Im neuen IMAX-Kino verfolgen sie im Film „Fires of Kuwait" das endzeitliche Fauchen und Wälzen der Ölfeuer aus dem Golfkrieg mit demselben interesselosen Wohlgefallen, Kaugummi kauend und mit Kettchen klappernd, wie die Action in „Titanic" oder „The Beach" – nur nackte Haut bleibt ihnen erspart. „Wir sind noch immer ein islamisches Land", sagt Yaser Behbehani, Projektchef der National Cinema Company, die das Monopol der kuwaitischen Kinos hält.

So müssen die Sehnsüchtigen, die sich nachts im Autokino Popcorn in die Münder stopfen und die schweren Rüssel der Klimaanlagen in die Seitenfenster ihrer Pontiacs, mit einer Version von „American Beauty" vorlieb nehmen, in dem der Striptease der Tochter ebenso der Fantasie überlassen bleibt wie das Petting auf der Wohnzimmercouch. „Wir mussten 20 Minuten herausnehmen", erklärt Yaser Behbehani. „Das Ministerium für Information sagt uns genau, wo wir zu schneiden haben." Noch lebt das Misstrauen gegen die Bilder, wie es vielleicht nur ein Volk entwickeln kann, das in der Wüste gelernt hat, in jeder Erscheinung zunächst einmal eine Fata Morgana zu vermuten. Und je zahlreicher die Bilder werden, desto feuriger entbrennt der Kampf um das Wort.

„Kein Wunder, dass der Islam wieder stärker wird", sagt Mohammed al-Meteb, Vizemanager der Großen Moschee von Kuwait. „Als das Internet und die Satellitenschüsseln kamen, mussten die Familien plötzlich über Moral reden. Wenn mein Sohn im Fernsehen eine Frau im Bikini sieht, muss ich ihm erklären, warum das schlecht ist: Möchtest du, dass jemand deine Mutter oder deine Schwester so sieht? Früher waren uns Dinge verboten, die wir nicht kannten. Jetzt kennen wir sie und akzeptieren umso freudiger das Verbot."

Freudig tragen jetzt auch solche Frauen wieder den Schleier, deren Mütter noch voller Stolz die Vermummung abgelegt hatten. Niemand trug in den siebziger Jahren die traditionelle Kluft – heute ist ihr kein Vermummungsverbot mehr gewachsen. Kein Polizist wage mehr, sagt der Politologe al-Baghdadi, von einer verschleierten Autofahrerin die vorgesehenen 15 Dinar Mindeststrafe einzuziehen. An den Universitäten, klagt er, machten sich mittlerweile 40 Prozent der Studentinnen unkenntlich und so die Prüfungen zum Versteckspiel. „Und dann tragen sie noch heimlich Kopfhörer unter dem Stoff."

Auch das Wort erntet jetzt Misstrauen, wenn es den Schleier verweigert: 8000 Mark Strafe für ein Gedicht, das den Allerbarmer mit einer Rose verglich. Und die Schriftstellerin Laila al-Osman musste 6000 Mark zahlen, weil Islamisten in zweien ihrer Bücher, geschrieben in den achtziger Jahren, mit 15 Jahren Verspätung „Obszönitäten" entdeckt hatten. „Das ist neu in Kuwait", sagt Laila al-Osman. „Wir dachten immer, wir wären frei."

Wie zum Beweis schüttelt sie das blondierte Haar. Von klein auf hat sie gedichtet; zur Schrift getrieben von der Scheidung ihrer Eltern und den drei neuen Frauen des Vaters, die sie hassten; 15 Bücher der Qual, viele in westliche Sprachen übersetzt. Der Vater, ein frommer Millionär, zwang ihr den Schleier auf, trieb sie im Glutaugust ohne Wasser und Brot auf Bäume, wo sie beten sollte. Nachts lag sie wach in Angst vor Allahs Strafe, in Hass gegen den Allsehenden. Heute aber, die Jeans sind noch immer eng, die Lippen pinkfarben und die Absätze ihrer Sandalen hoch, liebt die 49-Jährige Allah mehr als ihre Töchter. „Allah ist ganz anders", hat sie erfahren. „Er ist ein guter Gott. Er liebt die Menschen. Und die Islamisten kennen ihn nicht."

DOCH WO das Wort ist, da ist auch Versöhnung. Sie wohnt etwa in der Diwaniya, dem Versammlungssalon des Scheichs Yussef al-Refai. Der Scheich, ein gütiger Sufiprediger mit Ziegenbart und weichen Lippen, vertrat im Streit um den Ketzer al-Baghdadi die Seite des liberalen Professors, obwohl er sein ganzes Leben der Sache des Propheten, Friede sei mit ihm, geweiht hat.

„Sufismus ist eine Art zu denken", sagt der Scheich mild. „Er will die Unterschiede zwischen den Rassen und Religionen überwinden. Wir stammen alle von Adam ab." Im kargen Saal duftet es nach Reinigungsmitteln; nichts als Koranverse und eine übergroße Digitaluhr zieren die Wände. Ein Diener macht mit dem Weihrauchfass die Runde, jeder Gast wischt sich eine Wolke in die Nase. Gebückt fleht ein Mann mit Turban um eine Stelle für seinen Sohn. Der Scheich, umweht von Safranparfüm, zeigt auf einen Geschäftsmann am Ende des Saals, und im Handumdrehen ist der Kontrakt besiegelt.

Die Diwaniya ist Kuwaits Gegenstück zu den Pariser Salons des 19. Jahrhunderts – nur ungleich wichtiger. Sie ist älter und mächtiger als alle Parlamente. Sie ist die wahre Agora des politischen Kuwait: Hier werden Stellen besetzt, Leumunde begründet, Allianzen geschaffen und Netze geknüpft, wird Philosophie gemacht, Politik und Fußballgeschichte. Ein Marktplatz der Worte, ein Parlament aus 40000 Hohen Häusern – spartanisches Vergnügen der Zungen und einziger Spaß in einem Land, in dem es weder Bars noch Diskotheken gibt und das „Hard Rock Café" nur auf den T-Shirts im Al-Watya-Suq existiert.

Leider, sagt Dr. Kamel al-Saleh, Teilhaber des Kuwait Magic, stehe seine eigene Diwaniya-Halle vorläufig leer: „Keine Zeit, keine Zeit." Es gibt ja so viele Diwaniyas, die besucht werden wollen. Als Kamel al-Saleh selber noch in der politischen Arena spielte, sich sogar einmal um einen Sitz im Parlament bewarb, um „die Agonie des Kandidaten zu spüren", war sein Pensum ein Dutzend Diwaniyas pro Nacht; heute sind es nur noch drei bis vier pro Woche. Inzwischen bezahlt er einen Angestellten, der nichts anderes tut, als ihn auf Diwaniyas zu vertreten: Al-Saleh kennt das Schicksal jenes Ministers, dessen Karriere nicht vorangehen wollte, solange er nicht die richtigen Diwaniyas besuchte.

Es gibt die Diwaniyas der Männer – und jene der Frauen, vormittags, wenn die Männer aus dem Haus sind. Es gibt die Diwaniyas der Greise, gleich nach dem Morgengebet oder nachmittags bis zum Sonnenuntergang. Neuerdings gibt es auch eine Hand voll gemischter Diwaniyas wie die der Staatssekretärin für Höhere Erziehung, bei der sich mit Vorliebe das Diplomatische Corps trifft. Es gibt Diwaniyas zwischen acht und zehn Uhr abends, auf denen Politik gemacht wird, und *After-Hour*-Diwaniyas bis zum Morgengrauen, auf denen man die Politik wieder vergisst.

In seinem Geländewagen kreuzt Dr. Kamel al-Saleh durch menschenleere Straßen. Beim früheren Gesundheitsminister sitzen schon alle vor creme- und elfenbeinfarben getäfelten Wänden, vor sich das Teeglas und die bunte Schachtel mit Papiertüchern. Al-Saleh schreitet die Runde ab, verteilt Händedrücke, Umarmungen, Bruderküsse. Der Gastgeber, ein taubenblauer Anzug zwischen weißen *dischdaschas*, streckt den rechten Arm über die Sessellehne und tadelt die neuen Hotels im Emirat Dubai, die aussehen wie Wellen oder Raketenabschussrampen. „Wie Las Vegas", rügt er. „Alles viel zu viel."

In Kuwait hält man den Prunk diskret in den Grenzen der Schicklichkeit und der eigenen Häuser; verstecken die Frauen ihre Gucci-Kostüme unter Wogen von schwarzem Stoff und die Easy Rider vom Harley-Davidson-Club ihre teuren Maschinen in Autoanhängern, um sie ungesehen zur Strandvilla zu transportieren. Auch der Emir, heißt es, lebe äußerst bescheiden und berge seinen Reichtum scheu in der Wüste, umgeben von einem Garten voller Pflanzen und exotischer Tiere. Denn in Kuwait ist Unsichtbarkeit ein Privileg: Leise murrt die Elite, wenn die Polizei im französischen Restaurant „Lenôtre Paris" die Türen der Séparées entfernen lässt, um sicher zu sein, dass niemand Alkohol verzehrt.

Die Linke des Gastgebers spielt mit der Fernbedienung; die Männer drehen Kettchen zwischen den Händen und Einwände hin und her, unterbrochen von langen Pausen. Denn das Wort wiegt schwer. „Politik ist ein Teil unseres Lebens", sagt der Ex-Gesundheitsminister. „Und weil in Kuwait jeder ein Politiker ist, ist Politik hier eine ernste Sache." Der alte Minister erhebt sich, kneift Dr. al-Saleh freundschaftlich in die Wange und führt die Runde vor das Haus, wo die Limousinen warten. Des Doktors Geländewagen rollt weiter zur Diwaniya des Autohändlers, der Millionen verjubelt hat und jetzt darauf angewiesen ist, dass seine Freunde beim Kartenspiel ausknobeln, wer für seine Abende die Sandwiches und das alkoholfreie Bier bezahlt.

Dort hockt zwischen weißen Kacheln und Baumwolldecken der Schuldirektor neben dem Polizei-Oberst, palavert der Ford-Händler mit dem Bankier, und auf dem Sofa liegt der Elektroingenieur wie ein römischer Senator und tippt mit der Fernbedienung den Fernseher von Vox auf Sat. 1. Der Investmentberater nimmt einen Schluck Wasser aus dem Plastikbecher. „Wenn wir nicht die Diwaniyas gehabt hätten, als Saddam kam", sagt er, „hätten wir uns umgebracht."

Keine Freiheit, keine Jobs, keine Gewähr für Leben und Gut – aber das Wort. Und das Geld, das heimlich aus dem saudischen Exil ins Land sickerte und auf den Diwaniyas verteilt wurde. Denn die Diwaniyas sind ein Exil für sich; ein Exil auch im Frieden, wenn die Nächte noch 40 Grad warm sind. Dankbar blickt der Investmentberater zur Klimaanlage, die zu Kälte gewordenes Geld in den Raum bläst: „Manchen Ländern gibt Gott angenehmes Wetter", sagt er. „Anderen gibt er dafür Öl."

Kamel al-Saleh wartet nicht ab, bis um sechs Uhr morgens die Diwaniya beendet ist. Um ein Uhr taucht er in die Nacht ein, die jetzt schwer ist und nach Kanalisation riecht, kehrt vorm Schlafengehen noch einmal auf ein Falafel beim libanesischen Imbiss in Hawalli ein, wo vor dem Krieg ein Großteil der 400000 Palästinenser lebte: „Das war einmal die verrückteste Gegend von Kuwait", sagt er. „Die Läden waren die ganze Nacht offen. Ständig Kinder auf der Straße."

DAS WAR DIE ZEIT, als 90 Prozent der ansässigen Ausländer noch von Haus aus arabisch sprachen und nicht Hindi oder Urdu. Doch nach der Befreiung, als die Kuwaiter Yassir Arafats Eintreten für Saddam nicht vergessen wollten, wurde das Leben hier für die Palästinenser noch unbequemer als zuvor. Manche verließen freiwillig das Land, andere wurden ausgewiesen, gepeinigt oder, wie Menschenrechtler vermuten, gar umgebracht. Heute leben noch gut 8600 Palästinenser in Kuwait, und Araber stellen gerade mal 40 Prozent der Ausländer.

Heute müssen die Familien im „Café Marina" im Scharq-Einkaufszentrum ihr Schulenglisch bemühen, um bei der philippinischen Kellnerin vier Eisbecher zu bestellen. Heute sieht die Fahed As-Salem Street nach sechs Uhr abends aus wie eine Ladenzeile in Colombo oder Dhaka: Frauen in Saris und Männer in engen Hemden und Schlaghosen schieben sich durch Brathähnchenduft und Kohlenmonoxid, sammeln sich an der Hauptpost, der Bushaltestelle, auf dem uferlosen Parkplatz vor der katholischen Kathedrale – die Klasse der Leibeigenen, ohne die die Kuwaiter tatsächlich arbeiten müssten.

„Yes, Sir", sagt Joseph, der schmale Mann am Espressostand im Al-Fanar-Einkaufszentrum, viele Male am Tag. „Yes, Sir", sagt er mit tonloser Stimme, ob er eine Bestellung aufnimmt oder gefragt wird, ob es ihm in Kuwait gefällt. Die Unterwürfigkeit scheint ihm akzeptabel für die 1200 Mark, die ihm der Job monatlich einbringt: Auf den Philippinen, wo Joseph, graduiert in Betriebswirtschaft, nach seiner Rückkehr in 13 Jahren ein Restaurant für Studenten eröffnen will, bekäme er nur die Hälfte.

So findet er sich mit seiner 65-Stunden-Woche ab und auch mit den zwei Kollegen, die mit auf dem Zimmer schlafen, wo das Bett 120 Mark im Monat kostet. Er weiß ja, dass die Bangladescher, die den Marmor von Al-Fanar blank halten, nur die Hälfte verdienen und davon noch 55 Prozent an die Arbeitsvermittlungsagentur abgeben. Dafür karrt der Agenturbus sie morgens um sechs aus ihren Unterkünften in Dschlib Asch-Schujuch und Abbasiya herbei, wo sie zu zehnt auf dem Zimmer wohnen, bringt sie abends um zehn wieder zurück. „Sie haben freien Transport", sagt Joseph ohne Neid und starrt auf den lindgrün metallic lackierten Mercedes SLK 200, der gegenüber auf dem Marmor glänzt.

Und am Sonntag, wenn Kuwaits keimfreie Innenstadt mit Leihdarstellern aus Übersee doch noch so etwas wie Tausendundeine Nacht spielt, versammeln sich auch die Komparsen aus Dhaka am Bauzaun neben dem Sheraton Hotel, verteilen Rückkehrer aus dem Heimaturlaub Briefe und Geschenke der Familien, wühlen auch die Hausgehilfinnen aus Goa und Kerala in den Stoffstapeln der fliegenden Händler, wiegen im Al-Watya-Suq goldene Herzen in der Hand.

Dabei weiß jeder, dass den Frauen gleich nach ihrer Ankunft der Pass entzogen wird und dass ihre „Sponsoren", wie das offizielle Kuwait die einheimischen Arbeitgeber nennt, gern monatelang die Bezahlung vergessen. In den Zeitungen steht die Geschichte von dem Hausmädchen aus Sri Lanka, das im Mai mit einem Bügeleisen gebrandmarkt wurde, weil es die Wäsche nicht hurtig genug geplättet hatte. Oder das Schicksal der indischen Dienstmagd, die, zerschlagen vom Stock der Herrin, in ihrem Zimmer eingesperrt wurde, bis sie starb. Selbst Kuwaits Außenminister hat jüngst im Parlament die Lage der Einwanderer „Sklaverei" genannt.

Am Sonntag aber strömen die indischen Mägde in die katholische Kirche, das klassische Refugium der Bilder. Um vier Uhr nachmittags quetschen sich über 1000 Frauen zwischen Mater dolorosa und Gekreuzigtem hindurch, zwischen farbenfrohen Heiligen an Buntglasfenstern. Nur die erste Reihe hat Platz zum Kniefall; für die hinteren ist der Raum zu eng. Hunderte lassen sich draußen auf den Parkplätzen nieder, pressen gegen den Staub bunte Tücher auf die Nase und lauschen den Stimmen aus den Lautsprechern. Zur Kollekte wimmert die Hammondorgel; und zur Kommunion stehen alle in stolpernder Reihe, die Zungen gestreckt.

Sie treten auf den Altar zu, hinter dem sich ein riesiges Fresko die Apsis entlangwölbt wie eine Panoramaleinwand, und sehen DAS BILD, eine vielköpfige Allegorie des Überlebens in der Leere; eine bunte Parade von Duldern, die den sinnesverdörrten Gläubigen zeigt, wie andere die Wüste überlebten. „Das Bild soll die Katholiken ermutigen", erklärt der Bischof, „das Ungemach, das sie hier in Kuwait erleben, zu ertragen und zu heiligen."

Wenn die Messe vorbei ist, bleiben die Frauen noch eine Weile auf den Knien, die jetzt endlich Platz haben. Sie sehen das Bild an, ein Bild voller Pathos und falscher Perspektiven. Und sie scheinen es nicht eilig zu haben, nach draußen zu kommen.

In die wirkliche, strenge, bildlose Wüste der Schrift.

CHRISTOPH KUCKLICK

Im Epizentrum der Welt

Das Gebilde ist größer als Irland, besitzt mehr Wirtschaftskraft als Indien – und gilt doch als Stadt: Greater Los Angeles. Fast alle Nationen und Kulturen der Erde sind hier anzutreffen. Ihre größte Leistung: die Erschaffung einer neuen Zivilisation.

Joel Kotkin hat die Zukunft gesehen, und sie heißt Los Angeles. Nun muss er der Welt davon erzählen. An diesem Montagmorgen sitzt er im gläsernen Radiostudio von „KRLA" und widmet sich drei Stunden lang seinem Lieblingsthema, das der Moderator des Talk Radio mit weichem Bariton ankündigt: „Angelenos – wer sind wir, woher kommen wir, wohin gehen wir? Ruft an, 213–520 57 52, und fragt Joel Kotkin, den kenntnisreichsten L.A.-Experten und größten Fan dieser Stadt."

Und die Angelenos rufen an, zumeist per Mobiltelefon und von unterwegs auf einer der 27 Autobahnen, die Greater Los Angeles zerfurchen. Sie rufen an aus dieser urbanen Endlosigkeit, die 16 Millionen Menschen aus 140 Ländern beherbergt; die größer ist als Irland und mehr Wirtschaftskraft besitzt als der Subkontinent Indien; die eine Stein-Tundra meist einstöckiger Häuser umfasst, aber auch 3000 Meter hohe Berge, glühende Wüstenareale, mehr als 250 Kilometer Pazifikküste sowie etliche Ölfelder samt Bohrtürmen – aus dieser Unfassbarkeit rufen sie an, und eigentlich haben alle nur eine Bitte: Erklär uns den Wahnsinn, erklär unsere Stadt.

„Ihr lebt im Epizentrum der Welt", ruft Joel Kotkin hinaus in den Moloch und streicht sich den ungebärdigen Schnauzbart, „in der vitalsten, dynamischsten Stadt, dem einzigen Ort, an dem Erste und Dritte Welt miteinander verschmelzen, wo eine ganz neue Zivilisation entsteht, wo sich die Rassen auflösen, wo die Blaupause für das Wachstum aller anderen Städte gezeichnet wird. Ihr lebt im: *number-one-place of the world.*"

Nun darf man Joel Kotkin nicht für einen PR-Manager der Stadtverwaltung von L.A. halten; der 47-Jährige unterrichtet an der Pepperdine University in Malibu und hat einige viel beachtete Bücher geschrieben. Zudem steht er mit seiner Ansicht nicht allein. Ganze Fakultäten von Urbanologen stimmen mit ihm überein, dass L.A. schon heute einen Blick in die Zukunft der Städte erlaubt. Nur, was sie hier sehen, ist nicht ganz eindeutig.

Das verwundert nicht. L.A. war stets die unverstandene Metropole. Weil sie daliegt wie ein gestrandetes Ufo aus einer anderen Galaxie, weil man keine Metapher für sie fand und keinen Vergleich. Zumindest ihre Unvergleichbarkeit beginnt zu schwinden: Endlich ist ein anderer Organismus gewachsen, der Los Angeles ähnelt, ein Bruder im Geiste, ein ebenso unübersichtliches Wesen: das Internet. Dezentral, polyglott, multiethnisch, ein loser Verbund zusammengehalten von (Daten-)Autobahnen, von niemandem beherrscht und von niemandem geplant, ohne Mitte und ohne Grenze – das ist der Cyberspace, und das ist L.A.

Die erste Stadt, die sich von der Herrschaft des Singular befreit hat: Kein Zentrum dominiert sie, keine Mehrheits-Rasse oder -Sprache, keine einzelne Industrie. Eine Stadt, die nur im Plural zu begreifen ist.

Aber wie? Draußen vor der Radiostation in Beverly Hills liegen die palmengesäumten Straßen im diffusen, hypnotischen Licht Südkaliforniens, das alle Kanten glättet wie in einem Traum und alle Fragen gegenstandslos macht. Passanten schlendern auf den meterbreiten Gehsteigen wie Statisten eines Werbespots – wo anfangen mit der Zukunft?

Vielleicht am Tiefpunkt. Den durchlitt L.A. im April 1992, als ein Gericht vier weiße Polizisten freisprach, die den Schwarzen Rodney King brutal misshandelt hatten. In South Central tobte das Volk vier Tage lang, brandschatzte und plünderte die vorwiegend koreanischen Supermärkte; am Ende lagen dichte Rauchschwaden über der Stadt, wurden 55 Tote gezählt, und ganze Straßenzüge sahen aus wie in Sarajevo.

Bis heute besteht in der Stadt der vielen Wahrheiten kein Konsens darüber, was die vier heißen Tage eigentlich waren: eine Revolte, wie sie die Schwarzen nennen; *los quemazones*, die großen Brände, wie die Latinos formulieren; Bürgerunruhen, wie es bei den Weißen heißt; oder *sa-i-ku, 4–2-9*, wie die Koreaner sagen gemäß ihrer Tradition, einschneidende Ereignisse auf deren Datum zu taufen: 29. 4. 92.

Miguel Chagollan hat auch geplündert. Alle hier haben mitgemacht, warum hätte er abseits stehen sollen? Damals war er 27 Jahre alt und hat eine Stereoanlage, einige Kisten Bier, regalweise Konserven, ein Paar neue Hosen sowie ein Spielzeugauto für seinen Sohn aus den zerschlagenen Geschäften geschleppt. Daran erinnert er sich detailliert, so viel auf einmal kann man sich hier sonst nicht leisten. Jetzt steht er in Jeans mit Bügelfalten und einem Pokémon-T-Shirt vor der azurblauen „Cortez Mueblería" an der Central Avenue, Ecke 41st Street, und verkauft, was die billigsten Möbel der Stadt sein müssen: Sperrholz-Schränke und -Betten mit fleckigem, rosafarbenem Plastikfurnier und stumpfen Blechbordüren, eine komplette Schlafzimmergarnitur für 90 Dollar.

Ein paar Häuser weiter schrauben zwei „Illegale" die Möbel in einem staubgesättigten Kellerraum zusammen. Auch Miguel ist ein so genannter *illegal alien*, ein Immigrant ohne Bleiberecht. Und er ist Latino, Sammelbegriff für Einwanderer aus Lateinamerika. Sie bilden inzwischen die größte ethnische Gruppe der Stadt, Millionen von ihnen haben allerdings keine Aufenthaltsgenehmigung. Und sind vor allem damit beschäftigt, sich festzusetzen. Miguel ist 1979 zum ersten Mal eingewandert, damals mit seinen Eltern aus der mexikanischen Provinz Michoacán. Viermal hat ihn die Immigration Police nach Mexiko deportiert, viermal ist er wieder zurückgekehrt.

Der kleine Grenzverkehr ist so selbstverständlich wie es die anderen Umstände des Lebens in South Central sind: die grob vernarbten Schusswunden in Bauch und Oberarm, die Miguel nicht ohne Behagen zeigt; die 20 oder 30 Freunde – so genau weiß er es nicht – seiner ehemaligen Gang „Cuarenta", die bei Straßenkämpfen umgekommen sind; seine vier Kinder von drei Frauen.

Es wäre allerdings nichts falscher, als South Central für ein niedergedrücktes Elendsrevier zu halten wie New Yorks Bronx oder Teile Harlems; noch die Slums wirken in Los Angeles sonniger als anderswo, und das nicht nur wegen der schlanken Palmen, die auch hier die Straßen begleiten. Es findet sich kaum eine vitalere Tangente in der Stadt als die Central Avenue, zumindest tagsüber, wenn die Gangs schlafen.

Stolz wirft Miguel seinen stotternden, rostpockigen Lieferwagen an und führt das *barrio* vor: Die Spuren der „großen Brände" sind bis auf wenige Lücken getilgt, grell leuchten die handgemalten Werbe-Tätowierungen der Geschäfte: Carnicería, Zapatería, Salón de belleza. Salsa-Pop und Mariachi tränken die Straßen wie zu immer währender Fiesta, Frauen schieben Geschwader von Kinderwagen vor sich her, und vor den Taco-Restaurants stehen Gäste Schlange, bedrängt von halbwüchsigen Mädchen, die wortreich ihre Sortimente neonfarbener Plastikkämme anpreisen. Nicht Slum ist das, sondern Dritte Welt, Mexiko, Guatemala: katholisch, bunt und familienfreudig, arm, aber arbeitsam, nicht Endstation, sondern Brückenkopf in den amerikanischen Traum. Nur Englisch müssen die meisten noch lernen.

Stadt-Exegeten haben aus den *riots* des Jahres 1992 geschlossen, dass in L.A. die herkömmliche Arithmetik der Rassen versagt. Nicht die Wut der Schwarzen auf die Weißen, wie viele zunächst meinten, hat die Unruhen gespeist, sondern ein kaum zu durchschauendes Geflecht aus ethnischen Allianzen und Animositäten, aus kaleidoskopartigen Brechungen zwischen den rund 140 Ethnien der Stadt, die sich nicht mehr der herkömmlichen Farbkodierung fügen: „Die Unruhen markieren den Übergang in L.A. von der bi- zur multirassischen Gesellschaft“, meint Joel Kotkin.

Dabei verschieben sich die Territorien in irrwitzigem Tempo, ganze Stadtviertel tauschen innerhalb weniger Jahre ihre Bevölkerung aus. Keine andere Stadt der USA, vielleicht der Welt, verändert sich derart dynamisch – oder gnadenlos. Zu Zeiten der Unruhen war South Central noch mehrheitlich schwarz, heute ist es fast exclusiv latino. Juden wurden einst aus East L.A. vertrieben nach Beverly Hills, wo sie derzeit verdrängt werden von reichen Exil-Iranern. Am östlichen Ende des Sunset Boulevard ersetzt die Kringelschrift der „Thai Town“ derzeit die stelzenbeinigen Buchstaben von „Little Armenia“. Monterey Park ist in drei Jahrzehnten zur ersten amerikanischen Kommune mit einer asiatischen Mehrheit gewachsen, Westminster nennt sich „Little Saigon“, große Areale von Long Beach bewohnen Kambodschaner.

L.A. ist die einzige Metropole der Ersten Welt, die in weiten Teilen der Dritten gehört. Alle Konflikte des Globus finden hier ihre Spiegelung. Hinzu kommen jene, die es anderswo auf dem Globus gar nicht gibt, weil die Ethnien sich erst hier begegnen.

Ein rasender Wandel, dem noch die Architektur Vorschub leistet, dieses oft verhöhnte „repetitive Minimum“ flacher Zweckbauten und getönter Alurahmenfenster, dieses visuelle Vakuum – was könnte besser geeignet sein, Zuwanderern Raum zu geben. Im Handumdrehen wird aus einer Werkstatt eine Moschee, aus einem Beauty Salon eine Internetfirma, aus einem Burger-Restaurant ein jemenitisches Café. Neues Neonschild an die Fassade, fertig. Eine Stadt ist Gedächtnis aus Stein, L.A. ist Stein ohne Gedächtnis, so bietet es jeder neuen Idee Platz.

Als *recombinant city* ist L.A. beschrieben worden, als eine sich ständig neu gruppierende Stadt, und nie ist sie dabei nach dem klassischen Bauplan einer Metropole gewachsen: Innenstadt mit einem Kranz von Vororten darum. Sondern einfach drauflos gewuchert. Seit

1880 – da lebten 10000 Menschen hier – hat sich die Bevölkerung von „El Pueblo de Nuestra Señora la Reina de Los Angeles sobre el Río de la Porciúncula“ um das 1600fache vermehrt. Noch immer ziehen täglich 500 Neubürger in die Stadt, sodass L.A. in den nächsten Jahren die Einwohnerschaft von zwei Städten der Größe Chicagos verdauen muss. Andere Metropolen hätten einzelne Boom-Phasen, sagte ein Historiker, L.A. sei ein einziger Boom, unterbrochen von Explosionen.

Die haben den Moloch auseinander gerissen, ihn zersplittert. Downtown L.A. ist bloß eines von mehreren Zentren, und kein besonders wichtiges: Die meisten Angelenos zieht nichts dorthin. Vor allem nicht ein Arbeitsplatz, denn L.A. hat sich auch darin vom traditionellen Zentralismus befreit: Kein einziger größerer US-Konzern hat sein Hauptquartier in der Stadt, es findet sich weder eine dominierende Branche noch Großindustrie. Stattdessen machen 14 *core industries* mit überwiegend kleinen und mittleren Unternehmen die Region zu einer der reichsten der Welt und zu einer relativ krisenfesten.

Vor allem aber hat der ungebrochene Zustrom an Zuwanderern L.A. zum ersten Ort der Menschheitsgeschichte gemacht, in dem es keine beherrschende Ethnie mehr gibt. Die Latinos stellen im Verwaltungsbezirk L.A. 43,9 Prozent der Bevölkerung, die Weißen 33,5, Asiaten 12,3, Schwarze 10,0. Ein Experiment ohne Vorbilder. Nicht einmal New York City zu Zeiten der großen Einwanderungswellen im 19. Jahrhundert bot eine nur annähernd ähnlich große Durchmischung und Vielfalt – die Angelenos sprechen mehr als 120 Sprachen, von Amharisch über Kanjobal bis Zambal, und mehr als 33 Prozent von ihnen wurden außerhalb der USA geboren.

Längst geht es in Los Angeles nicht mehr um Assimilation; es entsteht vielmehr eine neue Kultur der Hybride. Es wächst zusammen, was niemals zuvor in der Geschichte auch nur Berührung hatte, überkreuzt sich irgendwo in diesem urbanen Niemandsland von einander fremden Welten und schlägt aus der Begegnung neue Funken. Armenische Jugendliche gründen Punkbands wie die stadtbekannten und -gefürchteten „System of a Down“, koreanische Imbisse offerieren koschere Burritos, Thai-Jugendliche schließen sich Latino-Gangs an, in mexikanischen Kirchen werden Voodoo-Rituale aus Haiti zelebriert, und im „Museum of Tolerance“ erläutern vietnamesische Studenten in gebrochenem Englisch den nazideutschen Holocaust.

Auf dem Planeten L.A. entstehen gar neue Sprachen. In einigen Vierteln hat sich aus dem Kauderwelsch der Nationen ein englischer Dialekt entwickelt, der sich derart von der Hochsprache unterscheidet, dass Forscher ihn als eigenständiges Idiom bezeichnen und auf den

Namen *ebonics* getauft haben. Krankenhäuser heuern Dolmetscher an, die dieses L.A.-Englisch ihrer Patienten für die englisch-sprachigen Ärzte aus Indien, Brasilien oder China übersetzen.

Ein Meister des Hybriden ist Wai Szeto, *Vice President* von Kingston Technology, dem Weltmarktführer bei Digitalen Speicherchips. Wai Szeto, ein kleiner Mann mit geschmeidigen Bewegungen, trägt Jeans, Baseballkappe, eine Adidas-Jacke aus Blousonseide und erzählt vom Konfuzianismus. Die Firmenphilosophie basiert darauf, das Unternehmen als Familie zu betrachten, die Mitarbeiter dementsprechend zu behandeln und entsprechende Tugenden zu fördern: Höflichkeit, Bescheidenheit, Vertrauen, Respekt. So gab es bis vor kurzem bei Kingston Technology, einer der dynamischsten Firmen der USA, keine Titel wie „Abteilungsleiter" oder „Prokurist", weil ein solcher Hierarchiecode auch in Familien unüblich ist. Die beiden chinesischen Firmengründer sitzen in einem Großraumbüro, und an jeder Arbeitswabe klebt ein Schild mit Datum, an dem der betreffende Angestellte „Mitglied der Kingston-Familie" geworden ist.

Wie ernst es die Gründer mit ihrem „kapitalistisch-sozialistischen Konfuzianismus à la Kalifornien" meinen, bewiesen sie, als sie 200 Millionen Mark aus einem Teilverkauf der Firma an ihre Angestellten ausschütteten; noch der Portier erhielt rund 150000 Mark. Wochenlang ging die Aktion durch die Zeitungen eines Landes, in dem es als gerecht gilt, dass Firmenchefs das 1000fache ihrer Arbeiter verdienen.

Auch sonst verstößt der west-östliche Mix von Kingston Technology gegen viele Geschäftsgepflogenheiten: Kündigungen gab es bislang nicht, weil auch Familien niemanden feuern. „Wenn ein Angestellter Probleme hat, muss man einen geeigneten Platz für ihn finden", erläutert Szeto. Die Angestellten danken es mit besonderer Treue und Leistung, die Ausschussrate von einem Prozent wird industrieweit beneidet. Die Familie ist dabei weitgespannt: mit 1600 Mitarbeitern aus rund 50 Nationen.

Fast jeden Tag, so Szeto, kämen Anfragen, wie das Modell zu kopieren wäre. Aber das sei fast unmöglich, schließlich lebe es von einer Kombination, die nicht viele Orte außer L.A. bieten: High-Tech-Avantgarde und Immigranten-Traditionen. Einer der Firmengründer hatte vor seiner Übersiedlung nach Kalifornien in Darmstadt studiert; dort, sagt er, wäre das Experiment Kingston nie geglückt.

Derartige Modelle lassen vor allem Konservative bang fragen, welch neuer Mensch aus der Hybridkultur erwachsen mag. Noch wird versucht, die Vermischung der Kulturen und Ethnien in immer bizarreren bürokratischen Verästelungen zu ordnen. Universitäten in L.A.

statten ihre Bewerbungsbögen mit bis zu 27 Kategorien zur rassischen Herkunft aus, das Formular für die US-Volkszählung Ende des Jahres 2000 erlaubt gar 126 Möglichkeiten, von Samoaner bis Ureinwohner Alaskas.

Doch in L.A. vermählen sich bereits rund 20 Prozent aller Eheleute über die Rassengrenzen hinweg, das sind viermal mehr als im US-Durchschnitt. 15 Prozent aller Babys stammen aus multiethnischen Familien – womit „Mischlinge" bereits die drittstärkste Neugeborenengruppe in L.A. stellen, nach lateinamerikanischen und weißen Babys. Und mehr als die Hälfte aller Jugendlichen geht mit Angehörigen anderer Ethnien auf *dates*, findet also dort intime Freunde.

Was wiederum ein lächerlich geringer Prozentsatz wäre an der Walnut High School, einer Multikulti-Musterschule im Osten der Stadt, deren 2400 Schüler rund 80 verschiedene Sprachen sprechen, und bei denen *interracial dating* so selbstverständlich ist, dass gelangweilte Blicke erntet, wer nur danach fragt.

Es ist ein Donnerstagabend, und die Schüler zelebrieren ihre Vielfalt beim „Fest der Kulturen". Apurva Shah aus dem indischen Gujarat, ein schmächtiger Junge mit Woody-Allen-Brille, hält den Vorsitz des German Club, welcher sich großer Beliebtheit erfreut, obwohl außer einem deutsch-jüdischen Chinesen kein einziger halbwegs Germanischstämmiger die Schule besucht. Neben Apurva sitzen Rasheed, ein Schwarzer und bis vor kurzem Chef des Asiatischen Klubs, und Theresa Nguyen, Charlene Park und Alice Wu, die soeben a cappella ein peruanisches Volkslied geträllert haben. „Mann", sagt Rasheed, „es ist so uncool, über Rasse zu reden. Das spielt doch keine Rolle mehr."

Weil sowieso keiner mehr durchblickt. Jeden Tag bleiben Dutzende Schüler dem Unterricht an Walnut High fern, um einen der mehr als 60 offiziellen ethnischen Feiertage zu begehen, vom hinduistischen Vasant Panchami über den Armenischen Märtyrertag bis zum Black American Day zu Ehren des schwarzen Helden Crispus Attucks. Und so viele Jugendliche sind von *mixed race*, dass alle Stereotypen kollabieren. Nicht aus Toleranz, sondern aus Erschöpfung.

„In L.A. entsteht allmählich jener *melting pot*, jener Schmelztiegel, nach dem sich Amerika so lange gesehnt hat", erklärt Gregory Rodriguez, Ethnien-Forscher bei der New America Foundation. „Das bedeutet aber auch: Die Gesellschaft wird unübersichtlich, die Dinge verlieren ihre Eindeutigkeit."

Schwebezustände also. Zwischen voranschreiten und getrieben werden. Damit ist L.A. vertraut. Schon immer hat diese Stadt gleichsam zum Trotz existiert, irgendwo zwischen Aufbruch und Untergang. Töricht war bereits, das urbane Monster ausgerechnet im Tal von Los Angeles zu züchten, dessen natürliche Wasservorkommen seit jeher bestenfalls eine Stadt von der Größe Nürnbergs versorgen können – weshalb L.A. Wasser aus Hunderten von Kilometern Entfernung ansaugt.

Gewagt auch, den Moloch in einer Region wachsen zu lassen, die keinen natürlichen Hafen und kaum Rohstoffe bietet; in einer ökologisch äußerst labilen Zone, deren tektonische Bruchlinien die Erde immer wieder aufreißen lassen, deren geologisch junge Berge regelmäßig per Erdrutsch Ballast abschütteln, deren Täler in dürren Sommern zu Feuerfallen werden – eine Narretei ist diese Stadt. Oder der größte urbane Triumph des Menschen.

Die fragile Seite hat Regisseure und Autoren inspiriert, L.A. häufiger als jeden anderen Ort der Welt virtuell zu zerstören, bislang in rund 140 Werken. Der Untergang, sollte er jemals Wirklichkeit werden, dürfte inzwischen auch jene Intellektuelle betrüben, die „LA-LA-Land" bislang ob seiner kulturellen Flachheit zu hassen liebten. In den vergangenen Jahren hat L.A. beispielhaft gezeigt, wie eine Stadt sich als Kulturmetropole neu erfinden, auch darin zukunftsweisend sein kann. Über drei Milliarden Mark sind in Museen geflossen, der Großteil in das Getty Center, das wie eine postmoderne Akropolis auf einem Berg über dem Schnittmuster der Straßen schwebt.

Inzwischen bietet L.A. mehr Museen als jede andere US-Stadt und mehr Theaterpremieren als New York, und im Schlagschatten von Downtown ist auf dem Gelände einer ehemaligen Brauerei die angeblich weltweit größte Künstlerkolonie gewachsen. Nun fragt man sich, was die Stadt eigentlich noch tun muss, um endlich auch als kulturelles Schwergewicht wahrgenommen zu werden: die Strände schließen, „Baywatch" verbieten, Hollywood verjagen?

Letzteres wird vielleicht nicht mehr nötig sein. Hollywood will selber gehen. Ein Volksbegehren läuft, den Ortsteil aus Los Angeles herauszulösen und zu einer selbstständigen Stadt zu machen. Frühestens 2002 wird die Entscheidung fallen. Dahinter stecke, so Joel Kotkin, eine „Revolte der Reichen", die ihre Steuergelder nicht mehr mit den Einwanderern teilen wollen.

Ob ihn die Abspaltung schreckt? Mitnichten. Hollywood ist der letzte große Singular der Stadt, mächtigster Herrscher über die Imaginationen. Und L.A. ist stark genug, sich auch davon zu lösen.

ANDREAS WOLFERS

Um Gottes willen

Er ist 72 Jahre alt, seit 1978 Papst und hat in dieser Zeit mehr Länder besucht als jeder seiner Vorgänger. Im Oktober 1992, genau 500 Jahre nach Kolumbus, landet Johannes Paul II. mit einer Sondermaschine in der Dominikanischen Republik. Eigentlich will er nur die Christianisierung Lateinamerikas feiern. Doch der Mann aus Rom wird, wie einst Kolumbus, von der Realität überrascht.

In der Nacht zum 11. August 1986 erschien ein weiß gekleideter Herr im Schlafraum der sterbenden Maria Ñañez. Er senkte seine Hand über den Tumor in ihrer Brust und sagte: „Ab heute bist du gesund." Maria Ñañez, eine 47-jährige kolumbianische Bäuerin, erschrak. Doch dann, so schwor sie am nächsten Morgen ihren Nachbarn, erkannte sie vor sich jenen Mann, um dessen Beistand sie seit Monaten gebetet hatte: Bischof Ezequiel Moreno, 1906 gestorben, einen Schutzpatron der Krebskranken.

Die Ärzte erklärten öffentlich, dass der Tumor verschwunden sei. Gesandte des Vatikan reisten in das kolumbianische Dorf, „Postulatoren", die ihr Leben dem Aufspüren von Wundern und deren Urhebern widmen. Wochenlang befragten sie Maria Ñañez, erforschten Herkunft und Leumund, studierten Röntgenbilder und Klinikprotokolle. In ihrem Bericht an die römische „Kongregation für die Heiligsprechung" versicherten sie schließlich, es gebe keinerlei medizinische Erklärung für die plötzliche Heilung.

Glauben, so heißt es, ist Wissen ohne Beweise. Maria Ñañez und der Vatikan wussten: Ezequiel Moreno hatte ein Wunder vollbracht. Dem Vatikan kam das Wunder zur rechten Zeit. Als kämpferischer Prediger war Moreno schon 1975 selig gesprochen worden. Nun konnte ihn der Papst zum Heiligen erklären. Johannes Paul II. entschied sich, diese Zeremonie auf den 12. Oktober 1992 zu legen. An diesem Tag, genau 500 Jahre nach der Landung des Kolumbus, wollte er den Missionar als neues Vorbild präsentieren. Als Vorbild für die

Kirche Lateinamerikas, die heillos zerstritten ist und erschöpft und aus römischer Sicht reif für eine zweite Bekehrung.

Am 9. Oktober 1992 fliegt Maria Ñañez von Bogotá nach Santo Domingo, in die Hauptstadt der Dominikanischen Republik. Das Ticket für den ersten Flug ihres Lebens hat die katholische Kirche Kolumbiens bezahlt. In ihrer Handtasche liegt eine weiße, verknotete Plastiktüte, gefüllt mit mehreren Dutzend Wattebäuschen und 27 Briefen. Die Watte haben Kranke auf die Zentren ihrer Schmerzen gepresst; in den Briefen erläutern sie ihr Leiden und bitten um Heilung. Adressiert sind die Schreiben an „Ezequiel Moreno, Santo Domingo" und an „Juan Pablo II." Der Papst werde Maria Ñañez, das hat man ihr versichert, persönlich die Kommunion erteilen – und diesen Moment will sie nutzen. Damit auch anderen Kranken ein Wunder geschehe.

Sechs Stunden vor Maria Ñañez landet Johannes Paul II. in Santo Domingo. Er ist 72 Jahre alt, seit 14 Jahren im Amt, hat 55 Auslandsreisen hinter sich und besucht zum zehnten Mal Lateinamerika. Seine Reisen sind mediale Kreuzzüge: um die Menschen an den Glauben zu binden und die Landeskirchen an Rom. Er kennt die alten Vorwürfe, auch aus den eigenen Reihen, dass er oft an der Realität vor Ort vorbeipredige. Doch Johannes Paul II. pilgert unbeirrt weiter. Er ist der 268. Nachfolger des Apostels Petrus, ein absolutistischer Monarch, der alles Zeitgeschehen nur an der zweitausendjährigen Erfahrung seines Amtes misst.

Zu seinem dreißigköpfigen Reisestab gehören Leibarzt, Kammerdiener, Pressesprecher, ein Sekretär, sechs Leibwächter. Und der Jesuit Roberto Tucci, seit 1982 der Organisator sämtlicher Papstreisen. Zweimal ist Tucci in den vergangenen Monaten nach Santo Domingo geflogen, um den Besuchsablauf zu proben: drei Messen, fünf Privataudienzen, eine Heiligsprechung. Und die Eröffnung einer Gipfelkonferenz, zu der Johannes Paul II. 224 Bischöfe und Kardinäle aus Lateinamerika eingeladen hat. Der Papst will ein „neues Pfingsten" ausrufen, eine Wiedergeburt des Glaubens.

Doch seine Reise nach Amerika wird, wie jene des Kolumbus, ganz anders verlaufen als geplant.

Im Audienzsaal der Nuntiatur, der päpstlichen Botschaft in Santo Domingo, gruppiert der Protokollchef 28 Indios in einen Halbkreis. Sie sind aus Mexiko, Bolivien, Ecuador und Guatemala angereist, haben traditionelle Gewänder angelegt und Bilder und Bastkörbe als Geschenke mitgebracht. Für einen besonderen Anlass: Der Papst empfängt die Nachfahren jener Völker, die zu 70 bis 90 Prozent von der Invasion christlicher Eroberer vernichtet wurden.

José Cachimuel aus Ecuador hat kein Geschenk mitgebracht, sondern eine Botschaft. Er ist 46 Jahre alt, Vater von elf Kindern. José ist Indio und Christ, in dieser Reihenfolge. Als Berater der Bischöfe Ecuadors kämpft er um den Respekt der Kirche vor den indigenen Völkern. Offiziell gelten die 40 Millionen Ureinwohner Lateinamerikas als christianisiert – aber in der Kirchenspitze sind sie kaum vertreten. Unter den 224 angereisten Kirchenfürsten in Santo Domingo sind genau zwei Indios.

Johannes Paul II. steht unter einem roten Baldachin, den Kopf so gesenkt, dass die Brauen seine Augen vor dem Scheinwerferlicht beschatten. „Liebe Schwestern und Brüder", sagt er auf Spanisch, dann liest er vom Blatt ab. Seine Stimme ist monoton und von gewohnt schleppendem Pathos. In seiner linken Hand zittern die Textblätter, mit der rechten hält er sich am Mikrofonständer fest.

„Ich", sagt Johannes Paul II., „überbringe heute allen Personen amerindischer Abstammung eine Botschaft von Frieden und Liebe." Die Botschaft ist drei Seiten lang. José Cachimuel wartet gespannt, ob sich der Papst für die Vergehen seiner Kirche an den Indios entschuldigen wird. Die Bischöfe Brasiliens und Guatemalas haben bereits öffentlich Abbitte geleistet. Der Papst macht es seinen Zuhörern nicht leicht. „Die Verbrechen gegen Indigenas", lautet sein wichtigster Satz, „die aus Mangel an Liebe von Menschen begangen wurden, die in den Indigenas nicht Brüder und Kinder desselben Gottes sehen konnten, müssen aufrichtig zugegeben werden." Das war's.

Als der Papst die Deligierten einzeln begrüßt, greift José nach der Hand mit dem breiten Goldring und hält sie fest. Nun kommt seine Botschaft. Mit lauter Stimme sagt José: „Heiliger Vater, wir möchten, dass Sie sich mit den Indios von Ecuador solidarisieren. Alle unsere Gemeinden sind vom Militär besetzt."

Verwirrt blickt der Papst den Indio an. „Die Regierung", sagt José und lässt die Hand nicht los, „hat Soldaten in unsere Dörfer geschickt. Seit 1988, als die Indios von Ecuador für mehr Rechte demonstrierten."

„Soso", sagt Johannes Paul II.

„Wir bitten und erwarten", fährt José fort, „dass Sie sich mit einer öffentlichen Erklärung für uns einsetzen."

Seit seiner Ankunft hat der Papst in Santo Domingo bereits über tausend Hände geschüttelt, über tausend Glückwünsche, Hoffnungen und Bitten gehört. Was soll er sagen?

„Man spricht über Ihr Land und seine Probleme", sagt er. Dann entzieht er José seine Hand und reicht sie dem nächsten Delegierten.

Zum Abschluss der Audienz fotografieren sich die Indios gegenseitig mit dem Papst. José steht schweigend in der hintersten Reihe.

Er hat sich geirrt. Er hatte geglaubt, einen aufgeschlossenen Mann zu treffen. Tatsächlich begegnete er nur einer Symbolgestalt. Einem älteren Herrn mit dosiertem Engagement, den sein Hofstaat von Auftritt zu Auftritt transportiert. Das ist der Rhythmus aller Papstreisen. Auch in Santo Domingo wird Johannes Paul II. in der Nuntiatur rigoros von der Außenwelt abgeschirmt. Dreimal steigt er in das gläserne Papamobil, bei allen anderen Fahrten sitzt er im Fond einer Staatslimousine hinter getönten Scheiben. Niemand darf ihn interviewen. Seine öffentlichen Wortmeldungen hat ihm der Pressesprecher schriftlich aus Rom mitgebracht. Die 14 Ansprachen basieren, so ist es üblich, auf Themenvorschlägen örtlicher Bischöfe, endgültig formuliert vom Staatssekretariat des Vatikan und vom Papst.

Eigentlich könnte Johannes Paul II. auch schweigen, könnte das Verlesen der Reden anderen überlassen. Denn die Essenz seiner Reisen liegt nicht in seinen Worten und Taten, sondern in seiner schieren Präsenz. Der Stellvertreter Christi ist gekommen, um das Interesse seiner Weltkirche an diesem Land zu zeigen.

Es ist unwesentlich, dass ihn dabei in Santo Domingo nur wenige tatsächlich sehen oder hören. Seine Anwesenheit ist spürbar: in der Ehrfurcht von Menschen, die Papstporträts an ihre Türen kleben, sich festlich kleiden und dann stundenlang auf seine vorbeifahrende Limousine warten. Und in der Furcht der Armee, die unter jedem Lichtmast einen Soldaten stationiert hat. Sie erwartet Proteste gegen die Anwesenheit des Papstes während der offiziellen 500-Jahr-Feiern. Das Jubiläum ist in ganz Amerika umstritten.

Santo Domingo war der karibische Brückenkopf der Konquistadoren. Von dieser Hafenstadt aus besetzten Kolumbus und seine Nachfolger den neu entdeckten Kontinent, von hier aus brachten sie ihre Beute zurück nach Europa – mit Unterstützung und Ermunterung nicht weniger Päpste. Johannes Paul II. kommt dennoch zum Jubiläum. Nach 1492, so erklärt er während einer Audienz, gab es „wie bei jedem Menschenwerk Licht und Schatten. Aber das Licht war stärker." Vor allem jedoch: Nicht die „Entdeckung Amerikas" wolle er feiern, sondern die „Evangelisierung" dieses Kontinents.

Ein feiner Unterschied. Der Pressesprecher des Papstes fürchtet, dass ihn die Welt nicht bemerkt – und dass die dominikanische Regierung ihn bewusst übersieht. Im Reisestab wächst der Verdacht, Johannes Paul II. solle für eine Jubelfeier zu Ehren der Konquistadoren missbraucht werden.

Im „Spiegelsaal“ des Nationalpalastes wartet der Veranstalter auf den Papst. Staatspräsident Joaquim Balaguer ist 85 Jahre alt und blind. Seit 1966 regiert er, mit achtjähriger Unterbrechung, die Dominikanische Republik. Als er den Audienzsaal betritt, erstirbt das Gemurmel der 200 Ehrengäste. Zwei Marineoffiziere, die Maschinenpistolen geschultert, dirigieren das Staatsoberhaupt über den roten Teppich. Zentimeterweise setzt der kleine Mann Fuß neben Fuß, heftig schwankt sein Oberkörper, synchron schwanken drei Schichten von Leibwächtern. Am Teppichende dreht Balaguer sich um und wartet.

Die 500-Jahr-Feier ist sein Lebenswerk, seine pompöse Abschiedsgeste an Amerika. Er hat die Altstadt restaurieren lassen, Touristen und internationale Kongresse ins Land geholt und für die Gebeine des Christoph Kolumbus ein Mausoleum in den Dimensionen eines Flugzeugträgers errichten lassen. Zur Einweihung am 12. Oktober sind alle Staatschefs des Kontinents geladen. Doch Lateinamerika hat 1992 zum Jahr der Trauer erklärt. Niemand ist gekommen. Nur der Papst.

Als Johannes Paul II. den Saal durchquert, stupst ein Offizier den blinden Präsidenten. Balaguers Unterarm winkelt hoch. Behutsam führt der Papst den Präsidenten zu einem roten Sofa. Keine Ansprache, nur ein leises Zwiegespräch, fast eine Stunde lang. Hinter dem Sofa hebt ein Mann in weißer Soutane seine gefalteten Hände, ungeduldig tupfen die Zeigefinger an seine Lippen. Ein Mann, von dem es heißt, dass er außer an Gott nur an sich selbst glaubt: der 55-jährige Kardinal Nicolás de Jesús López Rodríguez. Als Erzbischof von Santo Domingo liebt er die weltliche Macht so wie die kirchliche. Er ist Präsident der lateinamerikanischen Bischofskonferenz, Präsident der nationalen „Kommission für die 500-Jahr-Feiern“ und Präsident der „Kommission für die Umbettung des Kolumbus“. Er hat ein Buch geschrieben, das er „Alles über das 500-Jährige“ nannte. Der Kardinal ist der Regisseur der Festwoche. Und die will er sich auch von einem zaudernden Papst nicht verderben lassen.

Schon seit Jahren plante Rodríguez den Ablauf des 12. Oktober 1992. An diesem Tag wollte er die Bischofskonferenz eröffnen, die Kolumbus-Gebeine in das Monument überführen und es vom Papst einweihen lassen. Der Vatikan stimmte zu. Doch nach heftigen Protesten, auch von dominikanischen Priestern, schickte Rom eine Absage. Rodríguez war gezwungen, den Entdecker Amerikas schon vor Ankunft des Papstes zu überführen. Die große Messe verlegte der Vatikan auf den 11. Oktober. Allerdings, und das ist der Triumph des Erzbischofs, wird sie wie vorgesehen vor dem Monument stattfinden. Rodríguez hatte dem Vatikan mitgeteilt, aus logistischen Gründen gebe es keinen geeigneteren Ort.

Kolumbus und die Folgen: Jeden Tag fallen die Versuche des Papstes auf, sich von dem Entdecker zu distanzieren. Sein zentrales Anliegen droht zweitrangig zu werden: die „Neu-Evangelisierung". Dabei verbirgt der Begriff nichts weniger als eine globale Strategie. Der Vatikan will verhindern, dass der größte katholische Kontinent vom Glauben abfällt. Mehr als 20 Jahre alt ist der Streit zwischen Rom und den „Befreiungstheologen", jenen Priestern, die mit der Bibel im Herzen und dem Sozialismus im Kopf die Kirche Lateinamerikas politisiert haben. Nun dämmert es beiden Seiten, dass der Ausgang des Konflikts immer weniger Menschen interessiert.

Von Tijuana bis Feuerland, so fürchten Papst und Priester gemeinsam, werden Kinder nur noch aus Tradition getauft. Für den Kampf um ein besseres Leben ist ein Katholik nicht mehr, wie in der Zeit der Diktatoren, auf mutige Landeskirchen angewiesen. Und auch für sein Seelenheil wächst die Auswahl: mit jedem Sektenführer, der in den Slums eine Hütte bezieht, ein Kreuz an die Tür malt und seine Gehsteiggemeinde in Ekstase predigt, bis sie schreiend und stampfend Sünde und Teufel abzuschütteln sucht.

Die von nordamerikanischen Protestanten unterstützte Mission wird mit Flugblättern aus Hubschraubern geführt, mit Lautsprecherwagen in den Städten und Dolmetschern in den Indiodörfern. Die Faszination der Sekten beruht auf der Mischung von biblischen Heilsversprechen und den okkulten Traditionen des Kontinents. Noch vor 30 Jahren kannte niemand die „Erweckungskirchen". Im Jahre 2010, so schätzen US-Wissenschaftler, werden ihnen 57 Prozent der Brasilianer angehören, der bislang größten katholischen Nation.

Lateinamerika darf nicht fallen. Das ist der Grund, weshalb der Papst nach dreizehnjähriger Pause die Bischöfe des Kontinents zusammengerufen hat. Seine Ansprachen sind die Ouvertüre ihrer Konferenz: die Festlegung von Ton und Thema. Zwei Wochen haben die Bischöfe anschließend Zeit, sich auf die konkreten Maßnahmen der „Neu-Evangelisierung" zu einigen. Ihr Schlussdokument müssen sie dem Vatikan zur Genehmigung vorlegen.

Rom und die Bischöfe planen, ähnlich wie die Sekten die lokalen Traditionen stärker aufzunehmen. Dafür haben sie jedoch ein Problem zu lösen, das so alt ist wie die Kirche selbst: Wie viele fremde Riten und Mythen kann die katholische Lehre vertragen, ohne ihre römische

Prägung zu verlieren? In Lateinamerika hieß die Antwort fünf Jahrhunderte lang: sehr wenige.

Doch die alten Geister und Götter haben überlebt, lange Zeit unbemerkt, im spirituellen Untergrund. Auch in Santo Domingo. Offiziell sind 91 Prozent der Bevölkerung katholisch. Doch in der größten Markthalle der Stadt stehen in den Regalen der Krämer, gleich neben den Papstbildern, die *ensalmos*, die Voodoo-Tinkturen aus Kräutern, Krakenarmen und Wurzelstrünken, gebraut zur Abwehr allen Unheils.

In der Nacht vor dem großen Auftritt des Papstes explodieren in der Stadt drei Benzinbomben. Kleine Gruppen von Demonstranten ziehen durch die Straßen und schlagen aus Protest gegen die offiziellen Feiern unablässig Topfdeckel gegeneinander. Der Kirchenvorstand von Guachupita, einem Slum mit 25000 Einwohnern, beschließt einstimmig, die Messe am Kolumbus-Monument zu boykottieren. Am Malecon, der Uferpromenade, suchen Touristen vergebens nach der angekündigten „Light-and-Sound Show" zum Jubiläum. Sie ist abgesetzt.

Am Himmel schwebt ein strahlendes Kreuz. Der *faro* ist eingeschaltet – der Leuchtturm, wie das Monument genannt wird. Das Bauwerk hat die Form eines liegenden Kreuzes, 240 Meter lang und 50 Meter breit. Vom Dach aus projizieren 156 Scheinwerfer den Grundriss an die Wolkendecke. Die Idee, mit einem bekreuzigten Himmel die Ankunft des Christentums zu ehren, kam dem englischen Architekten Joseph Gleave, als er im Zweiten Weltkrieg als Bomberpilot die Suchscheinwerfer der Fliegerabwehr in den Wolken fingern sah.

Den Bau des Denkmals hatten schon 1923 alle Regierungen Amerikas beschlossen. Bezahlt hat ihn die Dominikanische Republik. Mit umgerechnet 17 Millionen Mark, behauptet die Regierung; mit 100 Millionen, schätzt die Opposition. Die Hütten von fast 5000 Familien wurden abgerissen, um Platz zu schaffen für einen Park um den Faro. Und für eine vier Meter hohe Mauer, die den Blick auf angrenzende Slums verbirgt. *Muro de la vergüenza* wird sie in den Straßen genannt, Mauer der Scham. In ihrer Krone ist eine stählerne Brüstung einbetoniert, mit breiten Kreuzen, deren Spitzen sich zu Dornen verjüngen.

Von „Licht und Schatten der Evangelisierung" sprach der Papst – und es scheint, als habe gerade dieser Formulierung jemand mit heimlichem Zynismus ein Denkmal gesetzt: Wird der Faro eingeschaltet, erlischt in etlichen Armenvierteln das Licht.

AM MORGEN der Papstmesse werden um sechs Uhr die ersten Decken und Proviantkörbe in den Park getragen. Die Regierung, die 100000 Menschen erwartet, hat 3000 Busse ausgeschickt. Erzbischof

Rodríguez hat, als unterstützende Maßnahme, den Pfarreien seiner Diözese verboten, an diesem Sonntag eine eigene Messe zu feiern.

An der Rückwand der Altarbühne hängt weithin sichtbar das Porträt von Bischof Moreno. Heute wird ihn der Papst zum Heiligen erklären. Am Parkeingang steht ein spanischer Augustinerpater und verteilt Prospekte mit dem Lebenslauf von Ezequiel Moreno. Weil in Santo Domingo niemand den unbändigen Kolumbianer kennt, der zum Vorbild bestimmt ist für Lateinamerikas Kirche, hat der Augustiner in zwei Monaten 80000 Broschüren in Kirchen, Schulen und Zeitungsredaktionen ausgelegt.

Seit mehreren Tagen sucht er verzweifelt nach Maria Ñañez. Jene Frau, die Bischof Moreno nach kirchlichem Urteil vom Krebs geheilt hat. Sie ist nicht in ihrem Hotel angekommen. Unablässig vergleicht der Pater ihr Foto mit vorbeieilenden Frauen. Er ist verantwortlich dafür, Maria Ñañez durch die Absperrungen zu bringen, bis zu jenem Platz, von dem aus sie vor den Papst treten wird.

Um neun Uhr laufen mehrere Kolonnen einer bewaffneten Sondereinheit ein. In schwarzen Overalls mit gelben Armbinden, auf denen „500 Jahre" steht. Rund um den Park, direkt vor der „Mauer der Scham", gehen die Soldaten in Stellung. Doch der Protest gegen die Messe am Kolumbus-Monument beschränkt sich auf deren Boykott: Nur etwa 20000 Menschen, ein Fünftel der erwarteten Massen, sitzen auf dem Rasen vor der Altarbühne.

Plötzlich setzt Chorgesang ein. Das Papamobil rollt durch die Menge. Johannes Paul II. steht und winkt. Als er aus der Glaskabine steigt, fallen viele Umstehende auf die Knie. Sie weinen, schreien, schlagen ein Kreuz und versuchen, seine Hand oder wenigstens sein Gewand zu greifen. Langsam steigt der Papst zum Altar empor. Sechs Terrassen für Ehrengäste staffeln sich vom Park bis zur Bühne hinauf. Der Papst durchquert die Hierarchie von Staat und Kirche. Politiker und Priester verneigen sich, Generale, Nonnen, ausländische Diplomaten und, auf der letzten Ebene, 224 Männer in weißen Gewändern: die geladenen Bischöfe und Kardinäle Lateinamerikas.

Mit dem Papst betritt auch Piero Marini die Bühne, sozusagen der „Zeremonienmeister" des Vatikan. Seit acht Jahren steht der hoch gewachsene Mann bei jeder Messe neben Johannes Paul II., geht ihm zur Hand, dirigiert unauffällig die Ministranten. Seit acht Jahren wacht er darüber, dass Kulissen und Ablauf, ob in Prag, Lagos oder Seoul, möglichst gleich bleiben. Sein Leitfaden für „Pastoralbesuche des Heiligen Vaters im Ausland" umfasst zehn Seiten. Er informiert die Ortskirchen über Sitz- und Kleiderordnung, über Blumenschmuck,

Zahl der Altarmikrofone und den Bühnenaufbau: So muss zum Beispiel der „Sitz des Papstes immer höher stehen als die Sitze der Konzelebranten", der mitfeiernden Priester des Landes.

In Santo Domingo besteigt der Papst ein dreistufiges Podest, um Platz zu nehmen. Neben ihm, ohne Podest, sitzt Erzbischof Rodríguez, der Gastgeber. Die Predigt von Johannes Paul II. gilt der „dramatischen Armut in Lateinamerika". Als er von Gewalt spricht, von ungerechten Machtstrukturen, klatschen die Menschen im Park. Die Gelegenheit scheint günstig zu sein: hinter dem Papst das Monument, vor ihm die Bauherren, rundum Elendsviertel. Doch Johannes Paul II. nennt keine Namen, und auch auf den Terrassen der Macht applaudieren die Zuhörer. Und dann formuliert der Mann aus Rom doch noch eine sorgfältig gewundene Entschuldigung: „Das Wissen um den Schmerz und das Unrecht, das so vielen Schwestern und Brüdern angetan wurde, soll an diesem 500-Jahr-Gedenken Anlass sein, demütig für das zugefügte Leid um Vergebung zu bitten."

Der Himmel ist wolkenlos, die Temperatur steigt auf 35 Grad. Im Chor fallen die ersten Sänger um. Sanitäter verteilen Wasserflaschen, einige Bischöfe legen sich ihre Sitzkissen auf den Kopf. Nur die Altarbühne ist überdacht. Um elf Uhr beendet der Papst die erste Heiligsprechung der Kirchengeschichte auf amerikanischem Boden. Mit der traditionellen Formel: „Wir bestimmen den seligen Ezequiel Moreno zum Heiligen … und ordnen an, dass er in der ganzen Kirche gewissenhaft verehrt wird."

Aus Bischof Moreno ist Sankt Ezequiel geworden. Der jüngste Heilige der katholischen Welt. Die genaue Zahl ist unbekannt. Die verantwortliche vatikanische Kongregation hat die Übersicht verloren.

Unbemerkt ist eine Frau in blauem Rock und weißer Seidenbluse an den Rand der Bühne getreten. Es ist Maria Ñañez. Neben ihr steht Jesús Mora, ein junger Priester aus Kolumbien. Seit der Ankunft hat er Maria Ñañez vor allen Skeptikern versteckt, in einem Strandhotel außerhalb der Stadt. Als Johannes Paul II. vor den Altar tritt, um 50 Gläubigen die Kommunion zu erteilen, greift Jesús Mora die Frau am Arm. Nebeneinander steigen sie die Stufen hoch.

Und dann steht Maria Ñañez vor ihm. Seit Monaten wartet sie auf diesen Moment. Sie steht und starrt dem Papst in die Augen. „Señora Milagro", sagt ihr Begleiter – die Frau des Wunders. Johannes Paul II., der sie um zwei Köpfe überragt, beugt sich vor. Er lächelt sie an, legt ihr die Hostie auf die Zunge. „Der Leib Christi", sagt er. Dann streicht er ihr behutsam ein Kreuz auf die Stirn. „Amen", murmelt Maria Ñañez und senkt ehrfürchtig den Kopf. In ihrer rechten Hand trägt sie die Handtasche mit der Plastiktüte. Die Briefe! Sie hebt die Tasche. Doch Jesús Mora greift ihren Arm und zieht sie zur Seite.

Durch ein Spalier von Blicken kehren sie zurück. Señora Milagro, sie ist erkannt, die Frau, deren wundersame Geschichte der spanische Augustinerpater wochenlang in Interviews und Fernsehauftritten verbreitet hat. Der Papst erteilt den Abschlusssegen und steigt hinter der Bühne hinab zum wartenden Papamobil. Die Ehrengäste und Leibwächter verlassen die Terrassen. Die Bühne ist frei für das Volk.

Die Menschen drängen hinauf zu Maria Ñañez, wollen sie berühren, mit ihr fotografiert werden. Die Menge schiebt sie und Mora zum Altar empor. Jeder will auf dem Papststuhl sitzen. Kinder, Eltern, auch einige Priester drängen sich zwischen die Lehnen. Vor dem Porträt von Sankt Ezequiel steht Maria Ñañez, klein und sehr aufrecht, und schildert unermüdlich die Nacht ihrer Heilung. Plötzlich dreht sie sich um, sinkt vor dem Gemälde nieder und faltet die Hände. Neben ihr knien drei ältere Frauen, die mit geschlossenen Augen das Bildnis berühren. Verstohlen knipst Maria Ñañez ihre Handtasche auf und schiebt die Plastiktüte zwischen die Blumen zu Füßen des Bischofs. Dann steht sie auf und wendet sich der Menge zu. Señora Milagro ist gekommen, um Zeugnis abzulegen. Bis Ordner und Soldaten die Bühne räumen.

AN DEM TAG, als der Papst zurück nach Rom fliegt, hält José Cachimuel, der Indio aus Ecuador, vor den 224 Bischöfen Lateinamerikas die wichtigste Rede seines Lebens. Er beschreibt die politische Repression in Ecuador, und er tut es konkreter und eindringlicher, als er es dem Papst in der Nuntiatur zu sagen vermochte. „Auch die Neue Evangelisierung“, ruft er zum Abschluss, „muss unsere Traditionen uneingeschränkt akzeptieren. Nur dann werden die Indios zu Nachfolgern Christi.“ Das ursprüngliche Wort „Christen“ in seinem Redetext hat er gestrichen und durch „Nachfolger Christi“ ersetzt. Auch in den Nuancen seiner Rede sollen die Bischöfe erkennen, wie ernst es den Indios ist mit dem Aufbau ihrer eigenen Kirche. 500 Jahre haben sie schon verloren.

Draußen vor dem Faro ist die Bühne abgebaut, sind Blumen, Altar und Gemälde weggebracht. Auch die kleine Plastiktüte ist verschwunden. Zwei Jungen hatten die Briefe gefunden und sie sich, unter einem Baum hockend, gegenseitig vorgelesen. Deren Botin Maria Ñañez ist nach Kolumbien zurückgeflogen. Ein wenig traurig, weil sie dem Papst die Bittschriften nicht überreicht hat. Aber zufrieden, weil sie weiß, dass nun Sankt Ezequiel ihren Inhalt kennt. Glauben, so heißt es, ist Wissen ohne Beweise.

ANDREAS ALTMANN

Im schwarzen Herzen Afrikas

Die Fährschiffe auf dem Kongo, Afrikas mächtigstem Strom, sind Verkehrsmittel und Schmuggelplatz, Gefängnis, Kaufhaus und Jahrmarkt zugleich. Wie schwimmende Dörfer treiben die betagten, mit Mensch und Getier hoffnungslos überfüllten Dampfer über den Fluss am Äquator. Zehn Millionen Passagiere machen sich jedes Jahr auf die Reise. Zwei Wochen dauert die Fahrt von Kinshasa nach Kisangani. Eine harte Prüfung für alle, die einen Platz an Bord ergattern konnten.

Aber wir sind doch alle Brüder", schreit er, „hört auf, hört auf damit." Im Hintergrund dröhnt die Sirene des Schiffs, letztes Zeichen zur Abfahrt. Der friedliche Mensch hat keine Chance. Die schwarzen Brüder prügeln drauflos. Militärpolizei gegen eine Horde zornbebender Passagiere, die gekommen sind, als jede Kabine längst dreifach überfüllt ist. Aber sie glauben es nicht, stürmen das Tor, rennen im Hagel der Gummiknüppel zum Quai, springen an Bord. Nicht alle schaffen es, mancher bleibt niedergeschlagen auf der Strecke, strauchelt, landet mit Wäschesack, Tierkäfig und Proviantkorb im Dreck. Um 17.19 Uhr legen wir ab.

Noch sind wir keine Viertelstunde unterwegs, als der rote Abendhimmel sich schwarz färbt und ein Sturmregen losbricht. Die Sichtweite sinkt auf zehn Meter. Das Schiff bleibt stehen. Von den Dächern der Beiboote, die am Hauptschiff vertäut sind, hetzen die Menschen nach unten, lassen ihr Gepäck und die Matratzen zurück. Die beiden Suchscheinwerfer fallen aus. Oben auf der finsteren Brücke der „Ebeya" gibt es kein Licht. Die Zugluft schleudert zwei ausgeleierte Türen auf und zu. Augenblicke später steht der Holzboden unter Wasser. Durch die Wolken jagen zwei Kugelblitze, und wie helllodernde Zündschnüre fetzen sie über den Fluss, als brenne für Sekundenbruchteile das riesige Wasser. Drei Stunden später hat alles aufgehört, der Kapitän sucht mit der Taschenlampe seine weggeschwemmten Pantoffeln. Wir fahren weiter.

Über 1700 Kilometer liegen vor uns, von Kinshasa, der Hauptstadt des Kongo, bis zum fernen Kisangani im Osten des Landes. Das Schiff bietet für viele die einzige Möglichkeit, in ihre Dörfer zurückzukehren, es bedeutet Arbeit und Brot für all jene, die auf ihm ihre Geschäfte machen: Fischer, Händler, Bauern, Polizisten, Pfarrer, Soldaten, Schmuggler, Hausfrauen. Mehr als 4000 wollten diesmal mit, knapp 3000 haben es geschafft, für weniger als 1000 Passagiere gibt es Platz. So ist es heute, so ist es immer. Sechs Wochen lang wurde die Abfahrt immer wieder verschoben. Unaufhörliche Ausreden. Doch nirgendwo ein Anlass zur Sorge. Das zerfranste Kartenmaterial auf der Brücke stammt aus dem Jahre 1915, und die „Ebeya" und ihre sechs Barken – durch Eisenseile stramm mit dem Hauptschiff verbunden – gelten als unsinkbar.

Kurz vor Mitternacht gehen die ersten 150 blinden Passagiere an Bord, herbeigeschafft im Schutze der Dunkelheit in schmalen, leisen Pirogen. Dann nur noch das schwere Keuchen der beiden 1500 PS starken Schiffsmotoren stromaufwärts, sonst nichts. Graue Nacht über dem Malebo Pool, dem 25 Kilometer breiten Bauch des Kongo, den sie heute wie ihr Land nennen: Zaïre, was nichts anderes bedeutet als „großes Wasser".

Sofort am Morgen setzt es Prügel. Der Grund: Übervölkerung. Erst langsam begreife ich, welche Menschenmassen sich hier auf ein paar hundert Quadratmetern aneinander quetschen. Gewimmel vor den Duschen, überquellende Toiletten, Kampf um die Frühstücksration, den Tee und zwei kümmerliche Stücke Brot. Dazu der Gestank von Fäkalien, das Plärren der unzählbaren Kinder, die Mühsal, den eigenen Körper fortzubewegen. Dennoch, Gewalt ist die Ausnahme.

Was mich schockiert, ist der Alltag der Menschen. Sie warten, geduldig, apathisch, ohne große Anteilnahme. Aus dem geringsten Anlass machen sie sich lustig, lachen, lassen sich keine Freude entgehen. Die verrückte Alte, die an der Klotür lehnt und laut grinsend an ihrer intimsten Stelle herumfummelt, stimmt genauso fröhlich wie ich, der *mondele,* der Weiße, der gebannt die Szene beobachtet. „Je vous cherche une femme", sagt ein Knirps trocken neben mir, und ein dröhnendes Gelächter entspannt unsere eingepferchten, schwitzenden Körper.

Tagsüber wird es besser, jeder findet einen eigenen Quadratmeter. Lastwagenfuhren von Tuchballen, Geschirrkoffer, Kleiderbügel und Verkaufswaren aller Art werden unter Betten und auf Dächern verstaut, ein zaïrischer Werktag beginnt. Haare schneiden, Bärte rasieren, Läuse suchen, Zöpfe flechten, Dame spielen, Rollstühle reparieren,

Kleider waschen, Körper einseifen, dösen, schauen, reden, unheimlich viel reden. Und lachen, auf Biegen und Brechen lachen.

Der Fluss – hier dient er als Grenze zur benachbarten Volksrepublik Kongo – ist eng geworden, wir durchqueren den „Kanal“. Die starke Strömung bremst, wir machen knappe fünf Kilometer die Stunde. Wasserhyazinthen treiben wie kleine Inseln am Schiff vorbei, rechts und links ist die Landschaft gleich öde. Karge Hügel, ein paar Dörfer, manchmal brennt das Land.

Drei der sechs Beiboote haben ein Obergeschoss. Dort liegen die Kabinen der zweiten Klasse, leere Boxen mit je zwei übereinander montierten Bettgestellen. In der dritten Klasse stehen drei dieser Eisenroste. Zahlen ohne Bedeutung, da in jeder dieser muffigen, meist fensterlosen Bunker eine vollständige Familie haust, nicht unter acht, manchmal 18 Personen. Ansonsten verfügen die viereckigen, schon vier Jahrzehnte dahinrostenden Stahlkisten – ohne Motor, nicht steuerbar – alle über die gleiche, einfache Ausstattung. Ein paar Latrinen, ein paar Nasszellen, ein als Massenschlafsaal umfunktioniertes „Restaurant“, die Küche.

Dies ist der vielleicht unbarmherzigste Ort auf dem Boot. Halb fünf aufstehen, die primitiven Holzkohleöfen in Gang setzen, gelbes Flusswasser schöpfen, Teebottiche zubereiten. Dann Essensausgabe sprich: die keilende Masse disziplinieren, jedes Frühstück auf der Fahrkarte des Empfängers eintragen und abhaken. Hinterher Vorbereitung des Mittagessens. Zentnerweise Reis kochen, eine Stunde lang mit Mörser und Stößel Maniokknollen stampfen, manchmal Kuhmägen reinigen, selten Hühner zerlegen. Meist nur Reis mit Bohnen.

Inzwischen herrschen 77 Grad in dem glühenden Verschlag, und wenn ich alle fünf Minuten hinauswanke, empfinde ich die feuchtheiße Äquatorluft als Kühle. Um drei Uhr nachmittags zweite und letzte Essensverteilung. Abends gibt es nichts. Dafür stehen die Küchenmänner an der Theke und verkaufen Bier und Limonaden, rauchen, trinken selber, verschleudern dabei ihre armseligen 15000 Zaïre, die 75 Mark Monatslohn.

Von der Kommandobrücke der „Ebeya“ führt eine kleine Treppe zum Dach des Oberdecks. Das wird mein Lieblingsplatz. Man hat Platz, es ist still. Nur das Brummen des Schornsteins. Um sechs Uhr geht die Sonne unter. Rotgelb, und daneben die schwarzen Wolken, hinter denen die Blitze zucken. Aus allen vier Himmelsrichtungen leuchten Gewitter, fünfzig, vielleicht hundert Kilometer entfernt. Mule-Mule, der Schwiegersohn des ersten Kapitäns, zieht ein Päckchen *chanvre* hervor – Marihuana, verboten, aber weit verbreitet. Er dreht einen *bangi*, steckt ihn auf seine kunstvoll geschmiedete, 30 Zentimeter lange Zigarettenspitze; wir rauchen.

Die Dunkelheit kommt, von fern die Stimmen der Menschen, die auf den Dächern der Schiffe ihr Nachtlager aufschlagen, Gelächter, im Strahl der Suchscheinwerfer schwirren Bataillone lichtsüchtiger Insekten. Mule-Mule genießt; spricht alle 20 Minuten drei Wörter. Ein paar Meter entfernt diskutieren vier Männer: Ob denn Jesus Christus Gottessohn oder auch Gott sei – oder eben nur Jesus Christus, ohne Göttlichkeit? Mit der Taschenlampe blättern sie nach stichhaltigen Bibelstellen, Mule-Mule dreht seinen zweiten Bangi, ein paar Sterne kommen zum Vorschein. Nacht auf dem Kongo.

Am nächsten Morgen wird die Reise offiziell eröffnet. Mit dem *Salut au drapeau*, dem Hissen der Fahne. Militär marschiert auf, die betriebseigene Polizei kommt dazu, Stechschritt vorwärts, rückwärts, stopp. Ein paar patriotische Urschreie, noch einmal knallen die Hacken, alle müssen strammstehen. Dann wird es still, und sie singen ein zartes, zärtliches Lied, die Nationalhymne. Ganz ergriffen, sehr stolz sind sie in diesem Augenblick auf ihr heruntergekommenes Land, singen von seiner Schönheit und von der „Größe und Majestät" des Flusses.

ZWEI STUNDEN SPÄTER haben sich die Schiffe verwandelt, in einen Viktualienmarkt, eine Großmarkthalle, ein Kaufhaus, in einen Basar. Der Handel beginnt. Die ersten Fischer legen an, verkaufen in ihren Pirogen Aale, Barsche und Welse, lebendig, halbtot oder geräuchert. Mit dem Gewinn gehen sie einkaufen – die gewöhnlichsten Dinge der Welt. Und dennoch sind sie nur hier auf dem Schiff erhältlich: Nähfaden, Angelhaken, Seife, Büstenhalter, Zahnpasta, Mottenkugeln, Reißnägel, Haarpomade, Schreibhefte, Socken, Bleistifte, Turnschuhe, „Cartier"-Uhren, „Lacoste"-Hemden, Babywindeln, Klopapier, falsche Fingernägel, Einwegspritzen, Penizillin, Kopfschmerztabletten.

Ein Produkt führen alle Händler, ob sie nun Reißverschlüsse oder rosa Pillen gegen Menstruationsschmerzen verkaufen: einen Stapel bunt verpackter Tuben, „Dear Heart" heißen sie und versprechen ein „complete skin lightening treatment". Auf der Verpackung sieht man erfolgreich gebleichte Schwarze. Das Produkt gilt als Renner, seit Jahren. Die Wut des Schwarzen Mannes auf seine eigene Farbe. Weiß sein, antworten sie, sei schön, bedeute Geld, wahnsinnig viel Geld.

Nur einer misstraut der Wundercreme, er hat von Transplantationen gehört. Nachdenklich streicht er über meine Arme: „Gut, gut“, murmelt er zufrieden, „was willst du haben für deine Haut?“

Alles, was Menschen sich gegenseitig antun können, ist auf den großen Flüssen des Kongo schon geschehen. Bei schätzungsweise zehn Millionen Passagieren pro Jahr kein Wunder. Mord und Totschlag, Liebeserklärungen, Hochzeitsnächte und Kaiserschnitte, Großbrände und Seuchentote, alles schon dagewesen. Jetzt, Freitag, kurz nach 17 Uhr, bricht eine Freude aus, ein Johlen und Kreischen, wahre Veitstänze der Lust über ein Ereignis, das so noch nicht oft stattgefunden hat. Wer immer kann, rennt los, turnt am Geländer hoch oder wetzt die Leitern hinauf, um auf das Dach der „Mombongo“, der vordersten Barke zu gelangen, wo ihn ein wahrhaft märchenhafter Anblick erwartet: ein nacktes Paar, schweißgebadet, verschlungen in hektischer Leidenschaft, wimmernd stotternd, unerreichbar für die Außenwelt, die hingerissen daneben steht. Das Liebesspiel endet unter Ovationen. Jetzt erst kommen die beiden wieder zu sich, hören das Lustgeheul der anderen, spüren plötzlich eine fürchterliche Scham und ziehen sich überstürzt zurück.

Für mich hat das Ganze ein Nachspiel. Frère Emile, beruflich als *prédicateur*, als Verkünder und Prediger unterwegs, hat mit Sorge die Szene beobachtet. Was ihn besonders schmerze, sei mein offensichtliches Interesse an dem Treiben gewesen, er müsse mit mir reden. Also reden wir.

Bruder Emile ist sanft und gütig. Er weiß um den Stachel der Wollust, hat die Schwäche des Fleisches selber erfahren, kennt tatsächlich den Weg hinaus aus Gier und loderndem Verlangen. „Le Seigneur“ sagt er, „unser Herr, ist auch über den Kongo geschritten, um uns beizustehen.“ Sollte das Weib – irgendein Weib – tatsächlich nachts an meine Kabinentür klopfen, so soll ich öffnen und sie hereinbitten. Zum gemeinsamen Gebet. Bruder Emile zitiert zuletzt das Neue Testament, Apokalypse, Kapitel 3, Vers 15, 16: „Ach, dass du kalt oder warm wärest. Weil du aber lau bist, und weder kalt noch warm, werde ich dich ausspeien aus meinem Munde.“

Aufrecht und standhaft solle ich bleiben, nicht nachgeben, nicht lau werden angesichts fleischlicher Verlockung. Dann überreicht er mir einen kleinen Prospekt, Verkaufsanzeige für einen „Cours biblique par correspondance“. Am besten heute noch unterschreiben, meint er drängend. So könne ich bald mit dem Fernstudium der Bibel beginnen.

Noch drei Tage bis Mbandaka. Jede Nacht jetzt eine Razzia. Suche nach Passagieren ohne Fahrschein. Rollkommandos von 20 Mann schwärmen um zwei Uhr früh über die Schiffe. Am nächsten Morgen sitzen drei Dutzend der armen Teufel auf dem Boden der Kapitänsbrücke. Wachpersonal mit gezogenem Knüppel hält sie in Schach. Flennen und Wimmern, Frauen auf den Knien flehen Erbarmen, erzählen mit schriller, nervensägender Oberstimme ihre Geschichte. Notorische Schwarzfahrer werden mit Handschellen am nächsten Wasserrohr befestigt. Ein gefasster Marihuanaraucher bekommt einen Sonderplatz. Die eisernen Fesseln schneiden so tief in seine Handgelenke, dass er ununterbrochen „Loboko, loboko", meine Arme, meine Arme, schreit. Neben ihm zwei zerzauste Mamans, handgreiflich gewordene Rivalinnen um denselben Mann, auch sie am Boden, angekettet.

Ein Schauspiel unsäglicher Scheinheiligkeit. Mehrere Hundertschaften sind an Bord, ohne zu zahlen. Alles Freunde, Nebenfrauen – man nennt sie hier „le deuxième bureau", das zweite Büro –, Kumpel und Mitglieder der Großfamilie von Leuten, die auf dem Schiff arbeiten. Viele zahlen auch, aber nicht für ein gültiges Ticket, sondern Schmiergelder an das Personal, das die Kundschaft dann unauffällig an Bord schleust. Jeder weiß Bescheid, jeder hält den Mund, jeder ist geschmiert. Der Kapitän, der Polizeichef, das Militär, der Maschinist. Wer dennoch nachts geschnappt wird, hat Pech und keine Freunde. Er wird so lange Handschellen tragen, bis er „nachzahlt". Bei Zahlungsunfähigkeit droht Landurlaub in Mbandaka: sechs Monate lang, hinter Gittern.

Viel zu arm sind die Menschen, viel zu korrupt und verrottet ist das politische System. Nur Falschspieler überleben. Die sich hier auf dem Schiff bereichern, sind kleine, unbegabte Ganoven, die zufällig eine Uniform tragen und als „Staatsdiener" nur einen Armensold nach Hause bringen. Die großen Zapfer und Sauger dieses Landes sitzen woanders.

Wieder wird der Fluss breit, zehn, zwölf Inseln liegen oft nebeneinander. Grüner, dichter Regenwald an den Ufern. Dazwischen winzige Dörfer, ein paar Schilfhütten auf Stelzen. Afrikanische Steinzeit. Menschen stehen am Strand und winken herüber. Alle sind sie gekommen, um zehn Minuten Aufregung zu genießen.

Neben den Menschen und Fischen an Bord liegen jetzt die Tiere des Waldes. Jäger bringen eine exotische Fracht. Gefesselte Krokodile, erschossene rotschwänzige Meerkatzen, scheue Schildkröten, halbe Nilpferde, ein rares Riesenschuppentier, kuhgroße Antilopen, Käfige voller Papageien, getrocknete Fledermäuse, kübelweise fette Larven. Daneben das friedliche Haustier: Hühner, Schweine, Ziegen und Gänse.

Glücklich die Toten, denn die Lebenden erwartet ein barbarisches Schicksal. Das Krokodil landet zwischen zwei Toilettentüren, später – auf Proteste der Klobenutzer hin – verhungert es in einer Ecke auf einer der Barken und kommt in Scheiben geschnitten in den Kühlraum. Der langsame Hungertod leuchtet ein, da die Lagerhaltung teuer ist und ein lebendiges Tier nicht verdirbt.

Ähnlich elend der Tod der Fische. Noch rollen sie die Augen, atmen gierig durch ihre Kiemen. Dann spüren sie die Machete des Eigentümers, der seinen Namen in den Bauch ritzt, später kappt er die Flossen, um die Ware Platz sparender verpacken zu können. Zwei, drei Tage vegetieren sie ihrem Ende entgegen, endlich erfrieren sie im Kühlhaus, im Bauch der „Ebeya".

Schildkröten bohrt man ein Loch in den Panzer, zieht eine Schnur durch, verbindet so ein Dutzend auf engstem Raum. Prächtige Einzelstücke baumeln an Türpfosten und Treppengeländer. Ziegen werden so knapp an das Seil genommen, dass sie sich nicht hinlegen können. Dafür liegen die Schweine – aufeinander. Ihre wundgebissenen Ohren berichten vom Kampf um Lebensraum. Nach drei Tagen beginnen ihre Leiber zu zittern, das ist der Hunger.

Am grausamsten leidet das seltene Riesenschuppentier. Der Draht, den der Besitzer um den rechten Fuß gespannt hat, entzündet das Fleisch, lässt es langsam abfaulen, sodass die Klaue nur noch fransenweise am Rumpf hängt. Das Tier gibt keinen Laut von sich, es ist stumm, wie von Sinnen leckt es sich die Wunde.

Schwarze Menschen sind nicht grausamer als andere Menschen. Ich frage sie und lerne, dass ein europäischer Begriff wie „Tierschutz" für sie einfach nicht existiert. Hier ist Wildnis, ein gewaltiges Land, ein unendlicher Strom, ein gigantischer Urwald, das Leben ist streng und bitter. Tiere dienen dem Überleben. Man muss sie beherrschen, viele von ihnen sind lebensbedrohend gefährlich. Ein falscher Handgriff, und ein Krokodil schlägt dem Jäger den Kopf vom Hals.

Die Abende auf dem Fluss versöhnen mit vielem. Der Himmel ist ein Malkasten roter Farben, im Westen ein Regenbogen, weit entfernt ein unhörbares Gewitter, das goldschimmernde Wasser. Am Heck des Schiffs singen die „Frères en Christ". Ganz professionell, zehn Leute im Chor und dazwischen die heiseren, verkratzten Stimmen der Vorsänger. Leicht und rhythmisch bewegen sie die musikalischen Körper. Zwei Congas begleiten.

Das ist die Stunde zwischen Wolf und Hund – die Dämmerung, in der man beide Tiere nicht mehr voneinander unterscheiden kann. Nach den christlichen Brüdern sind die Muslims an der Reihe. Friedlicher Übergang, friedliche Toleranz. Mit dem Wasser aus der mitgebrachten Feldflasche werden Mund, Hände und Füße gewaschen. Der Teppich liegt Richtung Mekka, Allahu akbar – Allah ist groß.

Die religiöse Inbrunst ist überwältigend. Morgens um sechs rennt ein Mensch durch die Gänge und schreit: „Wer Jesus Christus liebt, kommt jetzt zum Gottesdienst.“ Ich komme. In einem der Restaurants haben sie den Altar aufgebaut, ein Kreuz steht da, die offene Bibel liegt davor, Kerzen brennen. Unterm Tischtuch lugen ein Manioksack hervor, ein Wasserkanister, Gemüsereste. Eine Maus huscht verschreckt davon.

Einfache Gläubige treten nach vorn und erzählen Parabeln. Einer weiß das Gleichnis von der Katze, die tagsüber schnurrt und nachts das Haus verlässt, um zu rauben. Hinweis auf scheinheilige Christen. Neun erbauliche Geschichten folgen, dann Bibellektüre, dann die Hauptpredigt über David, der – wieder ein abschreckendes Beispiel – die Frau seines Hauptmanns begehrt.

Dazwischen Halleluja-Schreie, heftiges Stampfen, das brennende Verlangen, sein Herz in den Himmel zu schleudern. Alles geben sie her, der Raum dampft. Nach einer Stunde und 40 Minuten geht der Klingelbeutel um (Fahrgeld für den Pfarrer), eine Schweigeminute folgt, ein Gockel kräht dazwischen, schließlich geben wir uns alle die Hände, Zeichen von Freundschaft und Frieden. Im Wiegeschritt schwingen wir hinaus, die Gottesliebe hat ein Ende.

Die Menschen an diesem Fluss haben ein sinnliches Verhältnis zu ihrem Körper. Was immer sie mit ihm unternehmen, man sieht ihre Begabung, ihre Lust, mit ihm umzugehen. Nach der Messe wird getanzt, der Altar verschwindet, hinter der Theke steht die Tonanlage. Viel African Pop, acht Minuten lange Reggae-Nummern, kaum westliche Musik. Wie unter Starkstrom vibrieren die Leiber. Ihre Gesichter bekommen diesen seltsam abwesenden, leicht idiotischen Ausdruck. „Erscheint der Tanz, verschwindet der Tänzer“, sagen die Sufi.

Andere trainieren, oben auf dem Dach der „Muyanza“, des größten Beiboots. Karate, Catchen, Akrobatik. Boxen gilt als männlich und attraktiv. Jean Remy, der zweimalige Landesmeister, organisiert das Training. Ganz Profi erteilt er alle Anordnungen in Englisch. So üben die Jungs beim Sparring die „straight left“ und „straight right“, „the guard“, die Deckung. Vorher müssen sie durch ein schweißtreibendes „warm-up“, Gymnastik, Liegestütze, kurze Sprints. Hinterher kehrt Jean Remy wieder zurück an seinen Stand, verkauft Babywäsche. Er hat neun Kinder und will irgendwann einmal mit seinen Fäusten Geld verdienen.

Nach den Boxern kommt der Cadre zum Training. Eine rund zwei Dutzend Mann starke paramilitärische Organisation, die für Ordnung und Disziplin während der Reise sorgen soll. Als hehres politisches Ziel gilt ihr „la défense de la révolution“, die Verteidigung der Revolution. Das ist zum In-den-Teppich-Beißen lustig. Dick und Doof, Bob Hope und alle vier Marx Brothers gemeinsam auf dem Zaïre. Uniform ist eigentlich Vorschrift, sie treten aber auf in Bermudashorts, roten Socken, abgelaufenen Sandalen, T-Shirts („Wyoming University“) und Baseballmützen. Es geht darum, die tägliche Zeremonie des Fahnehissens in den Griff zu bekommen.

Doch es hapert: Beim Stechschritt ist der Abstand zu kurz, Beschwerde des Vordermanns über Tritte in seinen Hintern. Bei der Kehrtwendung herrscht offensichtlich Unklarheit, in welche Richtung es weitergehen soll. Zusammenstöße mit Kopfbeulen sind die schmerzhafte Folge. Auch der Text sitzt noch nicht. „A vos ordres“, zu Befehl, soll einer sagen. Er sagt alles, nur nicht diese drei Wörter. Jetzt gibt es kein Halten mehr bei den Zuschauern, Lachtränen in ihren Augen.

Der späte Nachmittag bringt Aufregung. Einer der Kähne, demoliert und durchgerostet, wie er ist, löst sich vom Hauptschiff. Zwei Eisenpflöcke mit den Verbindungskabeln sind endgültig aus ihrer Verankerung gerissen. Das wird spannend. Versagt der dritte und letzte Pfosten, wird das Beiboot steuerlos mit etwa 400 Passagieren an Bord die Strömung hinunter driften. Geschickt, und nach sechs gescheiterten Versuchen, manövriert der Kapitän die „Ebeya“ wieder an die Längsseite der gefährdeten Rostlaube. Fünf Seeleute schuften im Akkord – nach fünfstimmigem, hitzigem Palaver vertäuen sie den Kahn am Geländer.

Am Abend am seidenblauen Himmel nur der Sichelmond und die Venus, der Abendstern. Sonst nichts. Eine Stunde später sind es ein paar Millionen Sterne mehr, die im Wasser reflektieren. Und drei Meteore, die hellweiß verbrennen. Wir überfahren den Äquator.

Maître Tierry sitzt neben mir, oben auf dem Blechdach hinter der Brücke. Er ist *guérisseur magicien*, Zauberheiler. Heute hat er mich angesprochen. Er könne, sagt er, nicht länger warten. Er will rückhaltlos offen mit mir sein. Schon als er mich das Schiff betreten sah, war er sich seiner Diagnose ganz sicher. Die letzten Tage hätten den Eindruck nur verstärkt. Ich leide an einem „dérangement moral“. Das ist, milde übersetzt, eine „moralische Störung“, lässt sich aber auch, hoffnungsloses Endstadium, als „geistige Zerrüttung“ interpretieren.

Der Maître beruhigt mich, verspricht umgehend Hilfe. Die Intensivkur würde eine Woche dauern, die Kräuter dazu lägen in seiner Kabine. Daraus will er einen lebensspendenden Sud präparieren, der mir dann täglich durch Ohren, Mund und Nase in den Kopf geschleust wird. „Pour nettoyer le cerveau", um mir das Hirn zu reinigen, wie er mir sachlich erklärt.

Dazu käme allerdings noch „le geste secret", seine geheime Geste, Garant für die vollständige Reparatur meiner schwerwiegenden Verstörung. Der Preis wäre einmalig (wie wahr), umgerechnet 2500 Mark, inklusive Hirnöl, Kopfhautmassage, Zaubersprüche und das Säckchen gestampften Kräutermehls zur Nachbehandlung. Ich zögere noch, dann rettet mich eine Tsetse-Fliege, ich renne davon, bitte den Meister um Bedenkzeit.

Mir geht es gut. Auf der dreistöckigen „Ebeya", dem 33 Jahre alten, soliden Schubschiff, liegen die Erste-Klasse-Kabinen und vier – welch grandiose Lüge – *Cabines de luxe*. Eine davon gehört mir. Ein schmieriges Zimmer mit heruntergerissenen Vorhängen, mit einer einzigen intakten 25-Watt-Funzel, mit herausgebrochenen Badearmaturen – originelles System: Öffne ich den Waschbeckenhahn, fließt Wasser in den Klokanister –, mit drei Durchzugslöchern für Mäuse und Ratten und zwei unbezahlbaren Vorteilen: Hier bin ich allein, erfahre zwölf Quadratmeter wohltuender Einsamkeit und verfüge über eine Klimaanlage, die den nassen Körper trocknet.

Außerdem bin ich gut im Geschäft, ein gefragter Typ. Frère Emile will meine Seele retten und mir einen Bibelkurs verhökern. Maître Tierry verspricht – für ein Zehnjahresgehalt –, mein desolates Nervensystem zu heilen. Angebote, in den afrikanisch-europäischen Elfenbeinhandel einzusteigen, liegen vor. Für einen Goldschmuggler aus der Kivu-Region soll ich eine Dependance in Paris eröffnen. Derek, ein Fischer und heimlicher Großwildjäger, klopft nachts an meine Kabinentür, um mir – kommissarisch – seine Tigerfelle anzuvertrauen.

Die luxuriöse Bruchbude hat einen dritten Vorteil: Man kann sie zusperren. Das schafft Vertrauen, meine schwarzen Geschäftsfreunde reden sich leer, erzählen von ihren rührenden, schwarzen Träumen. Von Geldkisten, Mercedes-Limousinen und einem langen, guten, vollklimatisierten Leben.

Wir erreichen Mbantaka, eine kleine Stadt mit Hafen und alten belgischen Kolonialhäusern. Viele kommen, viele gehen. Auch die Schwarzfahrer, hintereinander, gefesselt mit langem Seil am linken Handgelenk.

NOCH FÜHRT DER FLUSS nicht genügend Wasser, die Regenzeit hat erst begonnen, und so laufen wir täglich auf Sandbänke. Gegensteuern, seitwärts ausscheren, rückwärts stoßen. Meist geht es nach einer halben Stunde weiter. Panik nur bei den Bootsbesitzern in ihren am Heck und seitwärts angebunden Pirogen. Die Schrauben der „Ebeya“ wirbeln viel Schlamm auf, die ruckartigen Manöver sorgen für starken Wellengang, die schmalen Einbaumkanus sinken. Mit ihnen die Fracht, die Orangen, Bananen, die Säcke mit Holzkohle, ein Bottich mit Palmöl, Stühle, kleine Rundhocker, zwei Kisten Limonade, der Verdienst der letzten drei Wochen.

Die Menschen haben großen Mut. Sogar nachts springen sie hinterher, schwimmen in die schwarze Dunkelheit, wollen die Piroge retten, das Teuerste, das sie besitzen. Nie hält das große Schiff an. Ich sehe Dutzende über Bord gehen. Betrunkene, Streithähne mitten im Faustkampf, Schlafende, die vom harten Stoß einer Sandbank überrascht werden. Gerade nachts haben diese Szenen etwas Unheimliches, eine stille, lautlose Grausamkeit.

Tagsüber passiert Ähnliches. Aber dann ist es tollkühn und amüsant. Ein paar Jungs kommen aus ihren Dörfern ans Schiff geschwommen, klettern die Außenwand der „Ebeya“ hoch, nehmen Anlauf und hechten – hintereinander, nebeneinander, einer mit Salto – aus acht Meter Höhe zurück in den Fluss. Wilder Applaus, manchmal verdienen sie sich sogar ein paar Zaïre. Die Münzen kommen in die Badehose. Es klingelt, wenn sie an Bord herumrennen. Gelächter. Irgendwann drehen sie ab, schwimmen mit der Strömung zurück nach Hause.

Ein Kind stirbt. Malaria. Keine große Überraschung. Vor zwei Jahren brach auf einem der Zaïre-Schiffe eine Cholera-Epidemie aus. Das Schiff rammte eine Sandbank, blieb tagelang liegen. 3000 an Bord Gefangene. Der Fluss im Umkreis war blitzschnell von menschlichen Abfällen verdreckt, dazu die Exkremente der Tiere. Zum Trinken gab es nur die infizierte Brühe. Massendurchfall, 400 Tote. Die drei Krankenpfleger an Bord waren völlig überfordert. Die Verpflegung wurde knapp, Versorgung und Hilfe aus der Luft gab es nicht. Manche starben an Hunger.

Seit dieser Höllenfahrt im Sommer 1987 hat sich nicht viel geändert. Immerhin steht auf der „Ebeya“ jetzt eine Trinkwasseranlage, sie reicht für ein Zehntel der Passagiere, der Rest schlürft wie gewohnt den Fluss. Außerdem fährt ein Arzt mit. Er selbst, so erzählt er mir, hält seine Mittel „pour une blague“, für einen Witz.

So haben wir Glück. Nur ein Toter. Der Kleine liegt auf einer Tragbahre, zwei Kerzen brennen. Neben ihm die erschöpfte, leer geweinte Mutter. Ein Sarg wird genagelt. Die Frères en Christ kommen, die

Congas im Gepäck, sie singen vom vergänglichen Leben des Menschen und von der unvergänglichen Liebe ihres Gottes. Das sind freundliche, hilfsbereite Menschen, sie tun, was sie können. Inzwischen ist der Kindersarg fertig, weiß bespannt mit aufgesticktem Kreuz. Sie legen den Toten hinein, decken ihn zu mit bunter Unterwäsche, ein Paar Sandalen, einer Flasche Babyöl. Auf seinem T-Shirt steht „Rolex". Der Kleine hat ein hübsches, friedliches Gesicht. Dann ist der Schmerz wieder da, der schwere, schluchzende Oberkörper der Mutter legt sich nach vorn.

Der Pastor mahnt zur Eile, Regen zieht auf, der Wind bläst. Bei Kilometer 1180 legt die „Ebeya" krachend – drei Pirogen splittern – an einer menschenleeren Insel an. Etwas sehr Ergreifendes passiert: Es wird fast still, ein langes Spalier bildet sich, jeder neigt den Kopf, als die Prozession vorbeizieht. Dann auf die Insel, nach 80 Metern eine winzige Lichtung. Zwei Mann der Besatzung graben bereits, jetzt bei strömendem Regen, es wird dunkel. Dann passt der Sarg. Es wird gebetet, der Geistliche liest die Bibel, jeder wirft eine Hand voll Erde ins Grab, auf den Hügel kommt ein Holzkreuz. Im Hintergrund dröhnen die ungeduldigen Signale der „Ebeya". Als wir zurücklaufen, brauchen wir schon Anlauf, um das Schiff noch zu erreichen. Einer springt daneben. Befreiendes Gelächter, die Beerdigung ist vorbei.

Wir kommen nach Lisala, 120 Kilometer später nach Bumba. Verschlafene Tropenstädte. Unten am Hafen ausladen, einladen, einen Motorschaden reparieren. Eine Kleinigkeit, doch der Schweißer fehlt. Sechs Stunden wird er gesucht, 20 Minuten schweißt er, Weiterfahrt. Wieder den großen Fluss entlang, vorbei am grünen, dicken, nie berührten *Forêt vierge*, dem Urwald. Schön sind die nackten, leer gefetzten Baumstämme, die das Dickicht überragen. Sie blieben als einzige Zeugen einer spektakulären Überschwemmung, die 1962 das Land überflutete.

Die vierzehnte Nacht, die letzte, bleibe ich auf. Von ein Uhr an wird es ruhig, selbst die Schmerzensschreie der Schweine verstummen, heiser geschrien liegen sie im Regen. Ein Krüppel kriecht aus seinem Rollstuhl unter der Plastikplane zu den Toiletten. Vor der kurzen Treppe kann er nicht weiter. Ich hebe ihn hinauf. Er ist leicht, ohne Füße. Mit den Händen zieht er sich auf den kotigen Abtritt. Er lächelt, will nicht, dass ich ihm helfe.

Im *zala*, einem versteckt gelegenen Zwischengeschoss auf der Muyanza, finde ich ein paar meiner Freunde. Blinde Passagiere, die es bald geschafft haben. Sechzig Zentimeter hoch ist ihr Schlupfwinkel.

Natürlich wird geraucht. „Pas de kaya, pas de sentiments", lachen sie. Kaya ist ein Codewort für Marihuana. Ohne Gras keine Gefühle, keine Fröhlichkeit. Sogleich wollen sie mit mir teilen. Zwei von ihnen plagen schwerwiegende Probleme: Syphilis. Ohne Scheu haben sie schon bei unserer ersten Begegnung ihren von Ausschlag bedeckten Körper bloßgelegt. Jetzt bin ich meine letzten Antibiotika los.

Schlafende Menschen versperren die Gänge. Ein Paar Eltern und zehn Kinder. Oder zwölf, oder vierzehn Kinder. Die Menschen wollen nicht wahrhaben, dass zwischen ihrem Kinderreichtum und der Armut ein Zusammenhang besteht. Die von Kirche und Staat verdummte Bevölkerung vermehrt sich rasend. Ich sehe Mütter daliegen, an deren müdestrapazierten Brüsten die letzten zwei Babys zerren. Es kommt nichts, die Kleinen quetschen und kneten. Nichts, absolut nichts. Im Kongo sind nur die Menschen zu viele, von allem anderen gibt es zu wenig. Zu wenig Wohnungen, zu wenig Schulen, zu wenig Menschenwürde.

Sophie kann nicht schlafen. Stets muss sie lachen, wenn sie mich sieht. Zu dünn sei ich. Sophie ist dick, verkauft Plastikgeschirr auf dem Schiff und kocht gerade, wie meistens. *Kosibana* würde sie gern mit mir machen, Liebe, und da ich mich immer hinausrede, muss ich immer mit ihr essen. Jetzt um Viertel nach zwei, Dienstagnacht, irgendwo auf dem Kongo, rächt sie sich. Es gibt fette, weiße – lebendige – Raupen, zum Eintunken in heißer Kürbissauce. André Gide muss mir helfen. Sein Satz gibt Kraft: „Ich will dabei sein, und koste es das Leben." Ich bin dabei. Und überlebe.

Oben auf der Brücke ist Steuermann Tankutu an der Reihe. Halb fünf in der Nacht ist es jetzt, er trinkt ein paar Schluck Tangawisi. Ein Wurzelsaft, altes Mittel gegen den Rheumatismus, Berufskrankheit von Leuten, die zu viel stehen. Wir warten auf den Morgen. Die letzten 30 Kilometer, die letzten sechs Stunden. Alles ist wach auf den Dächern, hat ein starkes Bedürfnis, zur Erde zurückzukehren. Die wunderbare Vorstellung, fünf Schritte tun zu können, ohne dass jemand im Weg liegt, ohne den Körper ununterbrochen und zwangsweise zu verkleinern.

Ein letztes, wieherndes Gelächter, himmlische Schadenfreude. Eine voluminöse Frau fällt in den Fluss und verliert ihren *liputa* dabei, das bunte Leibtuch. Kein Notfall, keine Gefahr. Sie erreicht eine angehängte Piroge, hält sich fest. Und dabei bleibt es. Nun ist sie splitternackt und will nicht mehr heraus. Stürmische Anfeuerungsrufe, doch die Dicke bleibt keusch unter Wasser. Bis Kisangani, der Endstation, hält sie durch, begleitet vom fröhlich-boshaften Lachen und dem gellenden Quieken der Schweine, die nun auch wach sind, aufgestört vom Schmerz an Schwanz und Ohren, an denen man sie hochzerrt und zur Waage schleift.

Um 10 Uhr 55, nach genau zwei Wochen, kommen wir tatsächlich an. Alle haben es gut. Die schamhafte Maman findet ein Kleid, die Schweine dürfen endlich sterben, die Händler ruhen zwei Tage aus, die Schiffe werden gewaschen. Dann geht es zurück nach Kinshasa. Zurück auf den Fluss, der wie nichts anderes ihr Leben bedeutet.

JOHANNA ROMBERG

Das große Schweigen

Helsinki, Finnland, kurz vor der Jahrtausendwende. Aufbruchstimmung. High-Tech-Fieber. Hektik. Schrillende Mobiltelefone an jeder Ecke. Und dann Kuhmo, Ostfinnland. Ein Mann sitzt vor seiner Holzhütte und blickt in die sinkende Sonne. Er sitzt, trinkt – und schweigt. Ist er einsam? Betrunken? Verloren in der Weite der Wälder? Glücklich eins mit der Natur? Er sitzt, trinkt – und schweigt. Sollen die Fremden doch ruhig darüber grübeln, was es denn auf sich hat mit den Finnen und mit ihrem berühmten, ihrem rätselhaften Schweigen.

"Eating breakfast or dinner, or snack lunch in the hall –
Finland, Finland, Finland, Finland has it all!"
Monty Python

Es gibt Leute, die behaupten, Finnisch sei irrsinnig schwer zu lernen. Aber das stimmt nicht. Finnisch ist, in mancher Hinsicht, die einfachste Sprache der Welt: Es spricht sich genauso, wie es sich schreibt, und die Betonung liegt immer auf der ersten Silbe.

Ravintola. Tietyö. Pysäköintipaikka. Vaarallinen mutka! So steht es, zum Beispiel, auf den Schildern entlang der Autobahn von Helsinki nach Tampere.

Eine Autobahn ist der ideale Ort, Finnisch zu lernen. Anderswo würde man vielleicht abgeschreckt von Wortungetümen, die für das nichtfinnische Auge so aussehen wie verschüttete Buchstabensuppe. Aber hier, auf freier Strecke inmitten einer menschenleeren Landschaft, bleibt der Blick unwillkürlich daran hängen. Man buchstabiert sie, aus Jux oder Langeweile, ein paarmal leise vor sich hin – schon haben sich die Ungetüme im Kopf festgesetzt. Und im Laufe der Fahrt entwickeln sie eine erstaunliche Anhänglichkeit.

Ravintola, ravintola, ravintola …

Es kreist im Kopf herum, Kilometer um Kilometer, sanft und hartnäckig wie ein tibetisches Mantra. Irgendwann geht es über in pysäköintipaikka, pysäköintipaikka, pysäköintipaikka – im Rhythmus der Scheibenwischer, die seit Helsinki unablässig gegen den Nieselschnee ankämpfen.

Vaarallinen mutka, vaarallinen mutka, vaarallinen mutka …

Vielleicht liegt es am Wetter, dass die Wörter sich so leicht einprägen, und an der Landschaft. Die Landschaft lenkt kaum von den Autobahnschildern ab. Sie ist mehr oder weniger flach, eine unendliche Abfolge von Fichtenwäldern und Lichtungen, Lichtungen und Fichtenwäldern. Über allem liegt Schnee. Hier und da steht ein Haus. Manche Lichtungen sind leer und tellerflach, was einen See unter der Schneedecke ahnen lässt. Der Schnee und das trübe Winterlicht verwandeln die Landschaft in eine reine Schwarzweißansicht, in der die Schilder am Straßenrand die einzigen Farbtupfer sind.

Ravintola – Restaurant. Tietyö – Baustelle. Pysäköintipaikka – Parkplatz. Vaarallinen mutka! – Vorsicht, scharfe Kurve! So steht es im Lexikon. Vier banale Alltagswörter. Aber auf Finnisch klingen sie so bizarr und zugleich so eindringlich wie Beschwörungs- oder Zauberformeln. Die ganze finnische Sprache scheint eine Art geheimen Über-Sinn zu haben: Wenn Finnen reden, ob in einer Fernseh-Talkshow oder am Nebentisch im Café, dann kommt einem als Ausländer bisweilen der Verdacht, sie redeten nicht einfach so daher, sondern rezitierten irgendein uraltes, feierliches, völlig unübersetzbares Volksepos.

Was sind das für Leute, die so eine Sprache sprechen? Die Finnen in Zahlen: Fünf Millionen Menschen, auf 338000 Quadratkilometer verteilt. Bevölkerungsdichte im Durchschnitt: 15 Menschen pro Quadratkilometer. Jeder vierte Finne lebt in einer der sechs größeren Städte – die größte, Helsinki, hat etwas über 500000 Einwohner. Wo die Städte aufhören, beginnen Wälder (rund 70 Prozent der Landesfläche) und Seen (zehn Prozent).

Die Finnen sind kein Volk, das viel von sich reden macht. Das mag daran liegen, dass sie nicht viele sind (ungefähr die Einwohnerzahl von Hamburg und Berlin zusammengenommen), der daran, dass sie seit jeher mehr bedeutende Musiker, Langstreckenläufer und Skispringer hervorgebracht haben als Generäle, Staatsmänner und Revolutionäre.

Vielleicht liegt es aber auch an ihrer Sprache.

Das Merkwürdigste am Finnischen ist nicht dessen Klang, auch nicht, dass es 14 Fälle und mindestens doppelt so viele Bandwurmwörter aufweist wie gängigere europäische Sprachen. Das Merkwürdigste am Finnischen ist, dass es den Finnen offenbar selbst nicht ganz geheuer ist. Denn sie sprechen es extrem wenig – und verstehen es dafür, aufs vieldeutigste zu schweigen.

Warum schweigt ein Mensch? Aus Überlegenheit oder Verwirrung? Ist Schweigen ein Zeichen wortloser Übereinstimmung oder vielmehr der Angst, sich um Kopf und Kragen zu reden? Sollte man Schweigen bewundern oder eher daran verzweifeln, weil es Ausdruck jener „unerklärlichen Geduld der Völker" ist, die Kriege mit ermöglicht? Darüber rätselte schon Bertolt Brecht, der 1940/41 insgesamt 13 Monate im finnischen Exil verbrachte. Er prägte den Satz vom „Volk, das in zwei Sprachen schweigt", der seither in Finnland zu einem geflügelten Wort geworden ist.

Europaweit berühmt wurde das finnische Schweigen durch den Regisseur Aki Kaurismäki. In dessen Filmen fällt manchmal bis zu 20 Minuten lang kein Wort. Hauptpersonen bleiben, bis auf wenige Schlüsselsätze, völlig stumm. Liebespaare finden zueinander, ohne miteinander zu kommunizieren – außer dass sie tagelang Ströme von Kaffee miteinander trinken.

Wer dieses Schweigen in der Realität erleben will, braucht nur an einem beliebigen Wintermorgen in irgendeinen finnischen Vorortzug zu steigen. Abfahrt: Helsinki, Hauptbahnhof. Endstation: Järvenpää. Draußen: Schnee, Fichten, Betonblöcke im Stil Moskauer Trabantenstädte. Drinnen drei Dutzend Menschen – und völlige Stille. Finnische Züge oder Straßenbahnen sind immer wie ausgestorben, auch wenn sie vollbesetzt sind. Die Passagiere sitzen unbeweglich da. Sie schauen zum Fenster hinaus oder, wenn das nicht geht, auf irgendeinen Punkt in der Tiefe des Raums. Keinesfalls aufs Gegenüber. Kreuzen sich zufällig zwei Blicke, dann weichen sie einander blitzschnell aus.

Keiner spricht ein Wort, auch kein halblaut gemurmeltes „Kann ich mal vorbei?" oder „Steigen Sie auch aus?" Wer aussteigen will, dreht sich halb um und blickt seinen Sitznachbarn an. Der begreift sofort und steht auf. Ein gezielter Blick eines fremden Menschen – das ist in einem finnischen Zug etwas so Unerhörtes, dass es nur eines bedeuten kann.

Außerhalb öffentlicher Verkehrsmittel sind die Finnen nicht ganz so schweigsam. Man kann sie durchaus beim Reden erleben, zum Beispiel in den Innenstadt-Cafés von Helsinki, dem eleganten „Strindberg" auf der Esplanadi, in Musikkneipen wie dem „Paapan kapakka", das wie ein Asyl der Lebensfreude inmitten der eisiggrauen Tristesse der Innenstadt von Tampere liegt, oder auch auf der Straße.

Auf den ersten Blick scheinen in finnischen Städten auffällig viele Leute mit heftigem Zahnweh unterwegs zu sein. Bei näherem Hinsehen stellt sich stets heraus, dass sie die Hand nicht aus Schmerz an die Backe pressen, sondern ein Mobiltelefon darin halten. Es sind, anders als hierzulande, nicht vorwiegend alerte, geschäftig aussehende Erfolgsmenschen, die schnurlos telefonieren, sondern auch zerknitterte, melancholisch dreinblickende Pudelmützenträger. Und alle reden, ausgiebig, vernehmlich, ungeniert.

Dass ein Volk, das als schweigsam gilt, so leidenschaftlich telefoniert, klingt auf Anhieb paradox. Aber es ist leicht zu erklären. Jedenfalls für einen Finnen.

Juice Leskinen ist so etwas wie der Grand Old Man der finnischen Popmusik, so bekannt wie hierzulande Udo Lindenberg oder in England Mick Jagger. Juice – sein ursprünglicher Name ist in irgendeiner Bar zwischen Helsinki und Tampere verschollen – war der Erste, der in den siebziger Jahren Rocksongs in seiner Heimatsprache vortrug. Diese Songs handelten nicht nur von Liebe, Sehnsucht und Einsamkeit, sondern auch von so handfesten Dingen wie den sturen finnischen Bürokraten, die man am besten „hinter die Sauna schicken sollte“ – was soviel heißt wie zum Teufel jagen.

Juice liebt seine Sprache. Weil sie so schwer ist, so bedeutungsschwer, weil jedes Wort in ihr seinen klar umrissenen, unveränderlichen Sinn hat. Juice wundert sich immer, wie leichthin andere Europäer mit Wörtern wie love, darling, chéri, carissima um sich werfen – ohne zu meinen, was sie da sagen. Wenn ein Finne dagegen von „Liebe“ spricht, das ist …

Juice stößt einen Seufzer aus und lässt die Hand zu Boden fallen wie ein Senkblei. Es ist fast die einzige Bewegung, die er während des Gespräches macht – abgesehen vom gelegentlichen Griff zur Bierflasche. Wenn er spricht, bleibt sein Gesicht völlig unbewegt.

„Wir Finnen“, erklärt er, „machen keine großen Gesten beim Reden. Wozu auch? Unsere Wörter sind eindeutig genug. Wir sagen auch nicht bitte schön oder könnten Sie vielleicht oder wären Sie so nett. Finnisch ist die ideale Sprache zum Telefonieren. Drei Sätze – und alles ist gesagt. Auf Französisch oder Englisch brauchen Sie einen Wortschwall.“ Er lächelt kaum merklich.

„Das Leben bedeutet Sterben, gib mir deine Hand – und lass uns schweigen.“ So heißt es in dem Lied „Melodie des Herbstes“ von Juice Leskinen.

Die Finnen, das macht sie ein wenig unheimlich, sind so konsequent wie ihre Sprache. Wenn sie von „Liebe“ sprechen, dann bedeutet dies, dass sie sich Hals über Kopf in eine womöglich lebenslängliche Leidenschaft stürzen. Wenn sie von „Trinken“ reden, dann ziehen sie den Korken aus der Flasche, zerstören ihn und leeren dann die Flasche (meist Schnaps) an einem Abend. Jeder die seine für sich allein, schweigend. Juice Leskinen hat, in einer früheren Lebensphase, so lange täglich Wermut in sich hineingeschüttet, bis er nur knapp einer finalen Alkoholvergiftung entging.

Man nennt sie *sisu*, diese urfinnische Eigenschaft, einmal Begonnenes mit stoischer Konsequenz bis zum guten oder bitteren Ende fortzuführen. Mit Sisu kann man Bären erlegen, Eisbrecher durch zugefrorene Meerbusen steuern, Weltmärkte im Mobiltelefonbau erobern oder auch Kriege führen – wie den „Winterkrieg“ 1939/40, in dem sich die Finnen lange gegen die nach Zahl und Ausrüstung vielfach überlegene sowjetische Armee behaupteten.

Sisu bedeutet freilich auch stures Beharren auf Bewährtem, Misstrauen gegenüber allem Fremden. Einer der ersten Ausländer, der jemals finnischen Boden betrat – ein christlicher Missionar –, soll von einem Bauern namens Lalli erschlagen worden sein. Bis heute hat Finnland, dank rigider Einwanderungsbestimmungen, eine der niedrigsten Ausländerquoten Europas, vergleichbar mit der Albaniens.

Man braucht Sisu, um sich als Ausländer in Finnland zu behaupten. Einer, der es geschafft hat, ist ein guter Freund von Juice Leskinen, ein Engländer namens Neil Hardwick. Hardwick ist ein Unikum in Finnland. Nicht nur, weil er zu den wenigen Nichtfinnen gehört, die fließend Finnisch sprechen, sondern weil er, dank der finnischen Sprache, sogar Karriere gemacht hat – beim finnischen Fernsehen. Und zwar in der Sparte Humor.

Neil Hardwick lebt seit fast 30 Jahren in Finnland. Aber noch heute vergeht kaum ein Tag, an dem er sich nicht über seine Wahlheimat wundert. Etwa darüber, dass beim Abendessen mit Freunden oft minutenlang Stille einkehrt, ohne dass Gastgeber oder Gäste dies als peinlich empfinden. Dass nirgendwo in Finnland ein Gespräch beginnen kann, egal ob im Freundeskreis, im Büro oder beim Empfang im Präsidentenpalast, bevor nicht alle Teilnehmer eine Tasse Kaffee in der Hand halten. Dass Lachen in der Öffentlichkeit grundsätzlich als anrüchig gilt – so sehr, dass Finnen sogar komplette Komödienaufführungen im Theater mit steinerner Miene zur Kenntnis nehmen können (und hinterher trotzdem versichern, sich köstlich amüsiert zu haben).

Als Neil Hardwick nach Finnland kam, herrschte Sommer, einer jener „ungeheuren“ Sommer, wie Bertolt Brecht sie beschrieben hat: Sie brechen herein über Nacht nach unendlichen Wintern, und plötzlich ist es heiß, die Luft durchzogen von Birken- und Beerenduft und so wohlschmeckend, dass sie fast von allein sättigt, und der Wind trifft auf so viele Pflanzen, Gräser, Körner, Gesträuche und Wälder, dass der Himmel wie von Musik erfüllt ist.

„Im Sommer", sagt Hardwick, „sind auch die Finnen ganz anders. Es kommt vor, dass sie auf der Straße oder im Zug einander in die Augen sehen, ja sogar zulächeln. Anrufer, die sich verwählt haben, entschuldigen sich, statt, wie sonst üblich, stumm aufzulegen, Ladeninhaber und Verkäufer scherzen mit ihren Kunden, nehmen sich sogar Zeit für einen kurzen Schwatz." Schwatz!

Am Anfang war der Besucher aus England wie verzaubert – vom Sommer, von den Menschen, vor allem von den finnischen Frauen, die er, verglichen mit denen seiner Heimat, faszinierend selbstbewußt, unabhängig, unbefangen fand und die, verglichen mit den finnischen Männern, überhaupt nicht schweigsam waren. Doch es dauerte nicht lange, bis Hardwick auf das berühmte finnische Schweigen stieß. Es war weniger die Wortkargheit der Menschen, die ihm auffiel, als vielmehr eine öffentliche Kultur des Schweigens und Verschweigens, verbunden mit einem byzantinischen System von Tabus, Verboten und ungeschriebenen Regeln, das jeden Bereich des Alltagslebens durchzog.

Damals, im Finnland der siebziger Jahre, durften Caféhausbesitzer bei schönem Wetter keine Tische vor die Tür stellen, wurde Alkohol nur in staatlichen Läden verkauft, mußten Lokale, die Alkohol ausschenkten, Gardinchen vor die Fenster hängen, um die Trinkenden vor den Vorübergehenden zu verbergen, durften Gäste nicht ohne Erlaubnis des Kellners den Tisch wechseln. Es war verboten, Flohmärkte abzuhalten, und verboten, außerhalb festgelegter Zeiten Teppiche zu klopfen, und natürlich war es verboten, über Politik zu diskutieren.

Nicht, dass es ein entsprechendes Gesetz gegeben hätte – man tat es einfach nicht. Wenn über Politik gesprochen oder geschrieben wurde, etwa in der einzigen überregionalen Zeitung „Helsingin Sanomat", dann nur in Form liturgischer Beschwörungsformeln. Man beschwor die finnische Neutralität, man beschwor das Primat der nationalen Sicherheit, und vor allem beschwor man die unverbrüchliche „Freundschaft" mit dem großen Nachbarn Sowjetunion. Wer nicht einstimmte in den Chor der Beschwörer, wurde schnell als „antisowjetisch" gebrandmarkt – was unverzügliche soziale Ächtung nach sich ziehen konnte. Lange Zeit gab es in Finnland nicht einmal einen Verlag, der gewagt hätte, Alexander Solschenizyns „Archipel Gulag" herauszubringen.

Über die Einhaltung der nationalen Liturgie wachte der Präsident. „Der Präsident Finnlands heißt Urho Kekkonen und wird alle sechs Jahre wiedergewählt“, soll einst ein finnisches Schulkind arglos in sein Heft geschrieben haben, und das kam der Wahrheit ziemlich nahe. Kekkonen regierte nicht, er thronte über Finnland mit der magischen Autorität eines Patriarchen aus der altfinnischen Kalevala-Sage. Als einziger Präsident einer westeuropäischen Demokratie konnte er es sich leisten, Wahlen auch mal ausfallen zu lassen, wenn sie ihm gerade als nicht opportun erschienen. Niemand im Land erhob dagegen die Stimme.

Im finnischen Fernsehen gab es damals einen Erlass, nach dem verboten war, den Namen des Präsidenten in humoristischem Zusammenhang zu verwenden. Einmal wagte Neil Hardwick, dieses Verbot zu unterlaufen. Er verfasste einen Sketch über einen kleinen Ameisenhaufen – auf Finnisch *kekonen*. Der Sketch wurde unbeanstandet gesendet, vielleicht deshalb, weil Humor im finnischen Fernsehen der siebziger Jahre eine relativ unbekannte Größe war. Die Produktion so exotischer Sendeformen wie Sketche, Komödien oder gar Talk-Shows überließ man lieber ausländischen Experten.

Heutzutage dürfen finnische Fernsehzuschauer und Zeitungsleser häufiger lachen – sogar über Politiker. Das haben sie, unter anderem, der humoristischen Entwicklungshilfe Neil Hardwicks zu verdanken. Aber nicht nur. Finnland hat sich verändert. Die Ära Kekkonen ist Geschichte, der Eiserne Vorhang zerbröselt und mit ihm das eiserne „freundschaftliche“ Band mit der Sowjetunion. Finnland ist seit Januar 1995 EU-Mitglied, die Cafés in Helsinki und Tampere dürfen Stühle vor die Tür stellen, und in einigen Jahren soll sogar das staatliche Alkoholmonopol fallen.

Nur eines hat sich nicht verändert. Es liegt, nach wie vor, ein Schweigen über dem Land. Man muss nur genauer hinhören, um es zu vernehmen.

In alten finnischen Sagen und den Gesängen der Kalevala ist häufig vom Bären die Rede. „Bär“ heißt auf Finnisch *karhu*. Aber dieses Wort nahmen die finnischen Barden kaum je in den Mund. Sie sangen lieber vom „Herrn des Waldes“, vom „Braunen“, von „Petz“ und „Honigpfote“. Sie wussten: Wenn man den wahren Namen aussprach, konnte das mächtige Raubtier in den Tiefen des Waldes erwachen, und das würde böse Folgen haben.

Was einem Angst macht, das spricht man nicht aus. Das war so, als die Finnen noch in Holzhütten tief in den Wäldern lebten, und das hat sich seither kaum geändert.

Dieses riesige Land im Osten, das ein gutes Jahrhundert über Finnland herrschte, es vor 60 Jahren in einen Weltkrieg verwickelte und danach für Jahrzehnte „finnlandisierte" – man nannte es seit jeher nur ungern beim Namen. Sollten andere es nennen, wie sie wollten, Russland, Sowjetunion oder gar „Reich des Bösen" – die Finnen sprachen immer lieber vom „mächtigen Nachbarn".

Diese unheimliche Organisation im Westen, die Finnland aus seiner liebgewordenen Neutralität herauszureißen drohte, mit Versprechungen von Sicherheit und Schwindel erregendem Wirtschaftswachstum – besser, man erwähnte sie gar nicht erst. Sollten sich anderswo die Politiker in die Haare geraten über das Für und Wider einer Mitgliedschaft in der „Europäischen Union" – in Finnland wurde darüber einfach nicht diskutiert. Das Thema EU war in sämtlichen finnischen Medien lange Zeit tabu. Bis eines Tages klar war, dass der Beitritt unumgänglich war. Daraufhin wurde der Rede-Bann aufgehoben.

Natürlich lässt sich nicht alles Unerfreuliche oder Bedrohliche einfach verschweigen. Auch in finnischen Medien wird über Flugzeugunglücke, Geiselnahmen, Atomkatastrophen, Bürgerkriege und Hungersnöte berichtet. Man versucht jedoch, diesen Ereignissen ihren Schrecken zu nehmen, indem man sie mit einer beruhigenden Beschwörungsformel versieht.

Finnische Fernsehnachrichten folgen in ihrer Struktur gern alten Volksmärchen. Zuerst wird durch einen Bericht über ein furchtbares Ereignis irgendwo im fernen Ausland eine Art wohliges Gruseln erzeugt. Danach spricht der Moderator oder ein von ihm befragter Experte den erlösenden Satz: „Finnische Passagiere waren nicht an Bord!" Oder: „Der Wind weht die Strahlung von Finnland weg!" Oder er versichert, anhand von Statistiken, dass Zustände wie die eben geschilderten in Finnland völlig undenkbar sind: „Finnen leiden keine Not!"

Seit der großen Wirtschaftskrise 1992 hat dieses Bild auch in den Medien Risse bekommen. Doch es ist immer noch vorhanden, dieses angenehme Gefühl, außen vor zu sein, abgeschottet gegen alles Fremde und die verwirrenden Verfallserscheinungen der Welt da draußen. Nur zu gern würde man sich diesem Gefühl in nationaler Eintracht ungestört hingeben. Aber es gibt immer wieder Leute, die diese Eintracht durch lästige Zwischenrufe stören.

„Im alten Finnland", sagt Matti Wuori, „gab es die Dorfdeppen. Die sprachen aus, was niemand zu sagen wagte. Doch im Zuge der Modernisierung sind die Dorfdeppen ausgestorben. Dafür gibt es jetzt öffentlich bestellte Staatsverrückte, die ungestraft abweichende Ansichten vortragen dürfen."

Matti Wuori ist zumindest äußerlich nicht das, was man sich unter einem „Staatsverrückten" vorstellt. Der Rechtsanwalt, Menschenrechtler und ehemalige Vorsitzende von Greenpeace International ist ein soignierter, liebenswürdiger älterer Herr, der seine Ansichten stets ruhig und mit einem verbindlichen Lächeln vorträgt. Wie viel scharfe Analyse und beißender Sarkasmus darin steckt, merkt man oft erst, wenn man sie geschrieben sieht.

Finnland, sagt Matti Wuori, ist nur an der Oberfläche eine Demokratie. Es gibt keine Opposition, die den Namen verdient, keinen öffentlichen Dialog, schon gar nicht zwischen Regierenden und Regierten. Die Finnen begegnen ihren Politikern mit einer Mischung aus Untertänigkeit und Gleichgültigkeit. Die Politik ist ein leerer, stiller Raum, das berühmte finnische Schweigen ein Zeichen tiefgehender Kommunikationsunfähigkeit. Das Urteil über die finnische Gegenwart, so Wuori, müsste vernichtend ausfallen – wenn da nicht ein mildernder Umstand wäre: Finnlands Geschichte.

Die finnische Geschichte der letzten Jahrhunderte ist ein einziger Beschleunigungsvorgang, dessen Endstadium schwindeln macht. Wer versucht, sie zu rekapitulieren, beginnt jeden zweiten Satz mit „erst" oder „noch".

Noch vor 200 Jahren gehörte Finnland größtenteils zum schwedischen Königreich. Danach wurde es Großfürstentum des Zarenreichs, 1917 unabhängig, erst seit 1919 ist es eine Republik.

Noch zu Beginn des letzten Jahrhunderts wurde kaum ein wichtiges Schriftstück in Finnland auf Finnisch verfasst. Finnisch war die Sprache der Hinterwäldler, der ungebildeten Bauern; die Regierenden und Wohlhabenden sprachen und schrieben schwedisch. Das erste Stück finnischer Literatur war die Volksliedsammlung der Kalevala, aufgeschrieben Mitte des 19. Jahrhunderts – von einem schwedischsprachigen Arzt.

Selbst in den fünfziger Jahren befand sich Finnland noch auf dem Stand eines heutigen Schwellenlands, bildeten Landwirtschaft, Fischfang, Holzfällerei das Fundament der finnischen Wirtschaft. Die erste Cola-Dose tauchte 1952 in Finnland auf – vorübergehend, aus Anlass der Olympischen Spiele in Helsinki.

Erst in den sechziger Jahren setzte die Industrialisierung ein, entstanden Papiermühlen und Holzfabriken, strömten die Menschen zu Tausenden, bald zu Zehntausenden in die Städte – die es aber, außer kleinen Kernen, noch gar nicht gab. Sie mussten erst in aller Eile in die Landschaft geklotzt werden, in Form endloser Reihen immer gleicher Betonblocks.

Vor knapp zwei Jahrzehnten begann Finnlands Senkrechtstart ins High-Tech-Zeitalter, lösten Mobiltelefone, Fernseher und Chips Traditionsprodukte wie Rohholz, Papier und Eisbrecher als alleinige Exportschlager ab, erwarb sich das Land mit rasanter Computerisierung und Innovationsfreude den Ruf, das „Japan Europas" zu sein. Aber dieses hypermoderne Finnland existiert bisher nur ansatzweise. Der größte Teil des Landes ist noch unterwegs – irgendwo auf halbem Wege zwischen Waldbauern-Vergangenheit und Datenautobahn-Zukunft.

Und schweigt. Aus Verwirrung über die Rasanz der Veränderungen, aus urfinnischem Misstrauen gegenüber allem Neuen, Fremden, aus Resignation angesichts der Erkenntnis, dass der eigene Lebensrhythmus dem Tempo der modernen Zeiten nicht ohne weiteres anzupassen ist.

Es sind diese Nicht-Angekommenen, Entwurzelten, Auf-der-Strecke-Gebliebenen, die der Regisseur Aki Kaurismäki in seinen Filmen portraitiert. Man begegnet ihnen, sobald man über die „Große Brücke" geht, die Helsinkis Innenstadt von den Vorstädten trennt.

Sie stapfen durch die wintergrauen, mit Schneematsch verkrusteten Straßen, eingemummelt in die finnische Winteruniform aus Wollmütze, Perlon-Anorak und ausgebeulter Jogginghose, führen ihre Hunde spazieren oder tragen Leihvideos nach Hause. Ihre Gesichter, besonders die der Männer, sehen einander auf seltsame Art ähnlich – rundliche, oft kindlich weiche Züge und ein abweisend-verlorener Blick.

Sie hocken in den Cafés und *baaris*, deren Einrichtung eine Art Sehnsucht nach maximaler Hässlichkeit ausdrückt – leichengrüne Linoleumböden, rotzgelbe Resopaltische, vergilbte Schwarzweißfotos von Brandkatastrophen an den Wänden –, und reden ununterbrochen oder überhaupt nicht.

Oder sie huschen, mit einer Plastiktüte bewehrt, verstohlen in die Toreinfahrt in der Castreninkatu, hinter der die Heilsarmee von Helsinki kostenlose Lebensmittelrationen verteilt. Die Heilsarmee verzeichnet seit einigen Jahren dramatisch verstärkten Andrang. Im Zuge der Rezession von 1992 ist die finnische Arbeitslosenquote auf (offiziell) knapp 14 Prozent hochgeschnellt und, trotz des nachfolgenden Aufschwungs, kaum gesunken. Die Dauerarbeitslosigkeit beginnt bereits, sich in die zweite Generation zu „vererben", und die Folgen bekommen nicht nur die Institutionen, sondern zuweilen auch schon die Öffentlichkeit zu spüren.

In der Silvesternacht 1996/97 kamen sie über die Große Brücke, Horden von 12- bis 16-jährigen Jugendlichen, ausgerüstet mit Wodkaflaschen, Spraydosen und einer diffusen Wut im Bauch. Sie zogen vor die schwedische Botschaft und begannen, dort zu randalieren,auf landestypische Art – bedächtig und zugleich mit zerstörerischer Konsequenz. Sie schlugen Flaschenhälse ab und zerschnitten sich damit die Gesichter, sie besprühten Häuserwände, zu betrunken, um noch einen geraden Strich ziehen zu können.

Neil Hardwick, der das mit ansah, war schockiert, wunderte sich aber nicht. „Ich staune eher über die Langmut der Leute", sagt er. „Angesichts der sozialen Verhältnisse müssten hier längst Busse auf den Straßen brennen."

Anderswo wäre das vielleicht auch längst geschehen. Aber nicht in Finnland. „Wir Finnen", sagt Juice Leskinen sarkastisch, „leben doch alle noch im Wald. Selbst die Leute, die seit 20 Jahren in irgendeinem Vorstadtwohnblock hausen und in der Fabrik schuften – im Geiste sind sie alle Waldbewohner.

Sie leben für sich, so wie früher, als sie noch in einer Holzhütte wohnten, Kilometer vom nächsten Nachbarn entfernt. Der Nachbar ist ein Fremder, im Zweifelsfall ein Feind, kein Leidensgenosse, mit dem man gemeinsam den Aufstand probt. Wer leidet, beißt die Zähne zusammen – und kämpft sich allein durch." Oder er flieht. Tiefer in die Wälder, weg von den Menschen, zurück zur Natur. Dorthin, wo ihm niemand mehr etwas anhaben kann, am wenigsten die Mächtigen im Land.

Tampere: 12 km. Ravintola. Tietyö. Pysäköintipaikka. Vaarallinen mutka!

Zwölf Kilometer hinter Tampere endet die Autobahn. Rund 30 Kilometer weiter, bei der Abzweigung nach Mouhijärvi, endet auch die Landstraße. Dahinter beginnt ein kurvenreiches Nebensträßchen, schneebedeckt, aber, wie das in Finnland üblich ist, mustergültig geräumt – auch wenn es pro Tag nur eine Hand voll Autos sind, die dort entlangfahren.

Ziemlich am Ende der Straße, in einem stattlichen Holzbauernhof, wohnt der alte Bauer Niilo Tuominen mit seiner Frau. Nein, versichert der Bauer, es ist hier durchaus nicht einsam. Es gibt eine Reihe Höfe in der Nachbarschaft, die noch bewohnt sind, obwohl ... Herr Tuominen beginnt zu zählen, indem er bedächtig einen Finger nach dem anderen ausstreckt. Am Ende kommt er dann doch nur auf vier.

Aber heute hat sich Besuch angesagt. Minna, die Enkelin, kommt mit Mann, Urenkelchen und zwei Gästen aus dem Ausland. Das ist aufregend. Nur Herr Tuominen war einmal länger fort von daheim, damals im Winterkrieg, als er am Finnischen Meerbusen gegen die Russen kämpfte.

Frau Tuominen hat Fleisch- und Kohlpastete bereitet, Gurken und Preiselbeerkompott aus der Vorratskammer geholt, und bereits frühmorgens hat sie begonnen, die Sauna anzuheizen, die wunderbare, rußgeschwärzte alte Rauchsauna hinter dem Haus.

Die Sauna! Beim Thema Sauna wurde sogar der spottlustige Matti Wuori lyrisch. „Das Dampfbad und der selige Rausch danach", schrieb er in einem Essay, „sind wie die Rückkehr in den Zustand der Unschuld, den Mutterschoß alles Finnischen." Kann es einen besseren Ort geben, das finnische Schweigen in Reinkultur kennen zu lernen?

Auf in die Sauna! Wir jungen Frauen sind zuerst dran. Bibbernd pellen wir uns im ungeheizten Vorraum die Kleider vom Leib. Drinnen ist es stockdunkel. Wir tasten uns die schmale Leiter zur Liegebank empor, bemüht, nicht zu oft an die rußigen Wände zu stoßen. Dann sitzen wir da.

Aber schweigen tun wir nicht. Wir reden: über das Wetter und den letzten Schnee, über die Elche, die letzten Donnerstag vorm Küchenfenster aufgetaucht sind, über die Kinder und wie praktisch es ist, dass der Kindergarten in der Stadt gleich nebenan ist, über den Bus, mit dem die Großeltern einmal die Woche ins Dorf fahren, nur, damit die Linie nicht eingestellt wird, über den Großvater und wie lange er mit seinen fast 80 Jahren den Hof wohl noch bewirtschaften wird. Wir reden und reden, während uns die Tropfen übers Gesicht laufen.

„Wenn die Großeltern nicht mehr hier sind", sagt Minna, „werden wir wohl nicht mehr herkommen. Keine Rauchsauna mehr, keine Elche vorm Küchenfenster, kein Preiselbeerpflücken im Sommer ..." Es ist, als schluckte sie eine Träne herunter. Aber das kann man im Dunkel der Sauna nicht erkennen.

War es das nun, das berühmte finnische Schweigen?

Egal. Man muss ja auch nicht immer alles verstehen wollen.

MICHAEL STÜHRENBERG

Das letzte Gefecht

Immer noch ist ihre Parole „Befreiung oder Tod“. Und immer noch gibt es die sozialen und politischen Ursachen für ihre Existenz. Dennoch: Die marxistische Guerilla in Lateinamerika marschiert auf ihr Ende zu. Die Ausnahme: Kolumbien. Besuch bei dem kolumbianischen „Ejército de Liberación Nacional“, der abenteuerlichen Resttruppe einer einst kontinentalen Bewegung.

Ein Schuss. Das Kreischen der Vögel verstummt, das Schnarchen auch. Nur der Regen prasselt auf die Plastikplanen über den Hängematten. Aber Sekunden später ist es mit der Ruhe vorbei. Stimmen ertönen: „Los chulos!“ Die Metzgerknechte! Die Armee hat das Lager gefunden. Sie greift an. Mitten in der Nacht, mitten im kolumbianischen Urwald.

Der „Ejército de Liberación Nacional“ (ELN), die Nationale Befreiungsarmee, versucht den schnellen Rückzug. Ein dumpfer Aufprall: Ho Chi-minh ist aus der Hängematte gefallen. „Que hubo?“ Was ist los?, fragt eine Stimme. Keine Antwort. Ho Chi-minh sucht seine Stiefel. Aus allen Ecken des Dunkels klacken Magazine, die in Gewehre geschoben werden.

Ho Chi-minh rennt hinunter zum Fluss. Taschenlampen blitzen auf. Lichtkegel kreuzen über dem Wasser und den dichtbewaldeten Steilhängen zu beiden Seiten. Aber der Feind bleibt in Deckung. Ho Chiminh, der zur *Grupo de Protección* gehört, muss mit fünf weiteren Kampfgenossen den Rückzug der übrigen 30 decken. Er hebt das Gewehr vor die Brust, watet los. Aufs andere Ufer zu, wo er die Chulos aufhalten wird, solange es geht.

Aber dann brüllt einer: „Falscher Alarm!“ Es ist Flavio, der Schwarze. Er kommt vom Wachposten auf dem Hügel gegenüber. „Der da hat auf Glühwürmchen geballert“, sagt er böse und richtet den Strahl seiner Lampe ins bleiche Gesicht des kleinen Esteban. Der Junge grinst nervös, weiß nicht, was er zu seiner Entschuldigung vorbringen kann. Er ist erst seit zwei Wochen in der Guerilla. Dies seine erste Nachtwache, und er hat die tanzenden Lichter für Taschenlampen gehalten. „Abwechslungsreiches Leben“, kommentiert Ho Chiminh.

Er würde gern wieder schlafen legen, aber zuerst muss geprüft werden, ob im Dunkeln keiner verloren gegangen ist. Jorge, ein kurzgeschorener Kommisskopp mit hervorquellenden Augen, ruft die Namen, die sich die *compañeros* ausgesucht haben, als sie in die Guerilla eintraten: Rodrigo! – presente! Esperanza! – presente! Tomas! – presente! Weil sie hübsch klingen: Gloria! – presente! Ivan! – presente! Oder nach Abenteuer: Osneider! Davidson! – presente! presente! Biblische Namen für die Gläubigen: Israel! – presente! Abraham! – presente! Und einen Spitznamen für José Manuel, weil er Schlitzaugen hat und eingefallene Wangen: Ho Chi-minh! – presente!

Alle anwesend: 36 ELN-Guerilleros. 32 Jungen, vier Mädchen, genauso viele Gewehre. Macht zusammen eine „Frente“, einen von 100 ELN-Stoßtrupps, die zwischen Amazonas und Karibik operieren. Jorge nickt zufrieden. Zurück in die Hängematten. „Buenas noches, compañeros, y hasta mañana!“

Morgen? Morgen wird wie heute sein, wie gestern, wie immer. Ho Chi-minh hat Recht. Die Guerilleros haben ein abwechslungsreiches Leben. Und ein ödes zugleich. Weil sie immer die gleichen Abwechslungen haben: die Natur, sich selbst. Und als Zeitvertreib die Armee, die Soldaten, die im Grunde auch zur Fauna dieses Landes gehören: wenn nicht als Chulos, dann einfach unter dem Sammelbegriff *plaga*. Ungeziefer.

Eine Woche zuvor ist eine Armee-Patrouille fast bis zum Lager vorgedrungen. Ivan, Wilma, Ricardo und Ho Chi-minh banden Grasbüschel in die Baumwollschlaufen, die sie an ihre olivgrünen Uniformen genäht hatten. Dann legten sie sich auf die Lauer, das Gesicht nach unten, das Gewehr unter dem Körper begraben. Und als die Patrouille vorbeitrabte: „Bumm! bumm! Sie starben, ohne zu begreifen, woran“, behauptete Ivan später im Lager, und mimte den Armeesprecher: „Vier Soldaten von Grasbüscheln erschossen!“ Darüber haben sie noch Tage gelacht. Abwechslung.

Wenn der Feind nicht von allein kommt, gehen ihn die Guerilleros suchen. Denn manchmal sind es die Armee-Offiziere schon leid, das Leben ihrer Soldaten bei Offensivaktionen im Dschungel zu vergeuden. Eigentlich ist es ihnen egal, welchen Zipfel Armut die Rebellen gerade besetzt halten. In 40 Jahren Gewalt hat sich die Armee an die ewige Unruhe im Land gewöhnt. Sie verteidigt nur das Wertvolle:

Städte, Goldminen, Kaffee-Plantagen, Ölfelder, Kasernen, die Reichen.

Aber wenn Ho Chi-minh, Ivan und die anderen die große Überlandstraße sperren, die zwei Tagesmärsche südlich ihres Lagers von Medellín nach Cartagena führt, schickt die Brigadekommandantur in Tarasá Truppen los. Ein paar Kilometer vor der Straßenblockade geraten sie meist in einen Hinterhalt. Die Guerilleros erschießen dann zwei, drei, vier Soldaten und verschwinden wieder im Dschungel. Abwechslung.

Ansonsten ist der ELN-Alltag ein monotoner Regelkreis: Morgens, nach dem Exerzieren, lernen die neu zur Truppe gestoßenen Kämpfer lesen und schreiben, die Älteren marxistisches Denken und Argumentieren. Danach schrubben sie mit Zahnbürsten den Matsch aus ihren Gewehren, basteln Tellerminen zur Deckung des nächsten Rückzugs, schaffen auf Maultieren Bohnen, Reis und Kochbananen von den Fincas, den kleinen Urwaldbauernhöfen der Umgebung, herbei. Und wenn Cristina, die Lagermutter, dreimal in die Hände klatscht, sieht's fast aus wie geordnetes Pfadfinderleben: Dann stellen sich die Revolutionäre artig zum Essenfassen an, vor der Küche, einer offenen Feuerstelle unter einem Palmendach.

Beim Essen reden sie meist über die Chulos. Manchmal streiten die Jungen auch über Fußball. Wer gewinnt die Meisterschaft? El America de Cali? Los Millionarios de Bogotá? Mannschaften, die sie nie zu Gesicht bekommen, die nur sonntags in Ho Chi-minhs altem Transistor kicken. Und wenn es gar nichts mehr zu tun und zu bereden gibt, klimpert Jiver, der 19-Jährige ohne Zähne, auf der Gitarre die ewiggleichen Lieder, in denen die wilde Romantik des Guerillalebens gefeiert wird. Doch sie selbst gehorchen den Geboten bürgerlichen Anstands. Das allabendliche Bad im Fluss nehmen die Mädchen in Schlüpfer und Büstenhalter, die Jungen mit bis zum Bauchnabel hochgezogenen Unterhosen.

Freie Liebe gibt es nicht. Sie würde zu Eifersüchteleien führen, zu einem Nachlassen der Disziplin. Jeder weiß, wer mit wem schläft. Wenn zwei dann heiraten, tun sie das weniger vor Gott als vor der Revolution: Nicht der Himmel, das irdische Elend hat sie vereint. Vor der Fahne schwört das Brautpaar Treue, tauscht statt Ringen die Gewehre, erhält vom Comandante den Segen, dazu Verhütungsmittel und eine Doppelhängematte.

Der graue Morgen bringt neue Abwechslung. Die ganze Nacht hat es in Strömen geregnet, auch nach Estebans Krieg mit den Glühwürmchen noch. Schäumend ist der Fluss bis unter die Hängematten der schlafenden Männer und Frauen gekrochen. Eine wilde, rotbraune Soße, die mit sich gerissen hat, was auf dem Boden lag: Sombreros, Teller, Stiefel, drei Zahnbürsten, Pachos Patronengurt.

Jetzt stehen die Compañeros am Ufer Spalier, breitbeinig, mit verschränkten Armen. Sträucher und Aste treiben vorbei, plötzlich ein ganzer Baum. Euklides wirft seinen Sombrero in die Luft, die anderen lachen, pfeifen, johlen. Oft, wenn die Elemente ihre Macht zeigen, geraten die Rebellen in diesen Zustand fassungslosen Staunens und wilder Freude. In der Gewalt, der völligen Maßlosigkeit der Natur, entdecken sie ihr eigenes Spiegelbild. Und sind fasziniert davon.

Halb sieben. „For-ma-ción!" Militärisch zerhackt Jorge die Order. In drei Reihen baut sich seine Truppe vor ihren Märtyrern auf: Camilo Torres und Ché Guevara, dem Befreiungstheologen und dem Berufsrevolutionär, auf Bettlaken gemalt und zwischen krummen Holzpfosten am Waldrand aufgespannt. Camilo und Ché haben gelehrt, woran die ELN noch immer glaubt: an die gemeinsame Revolution von Christen und Marxisten, an Land für kleine Bauern und ordentliche Löhne für Arbeiter, an Schulen für die Kinder der Armen und das gleiche Gesetz für alle, auch die Reichen. „Ni un paso atrás", brüllt Jorge, nicht einen Schritt wird die Revolution weichen, und „liberación o muerte", Befreiung oder Tod!

Lino tritt aus der ersten Reihe vor zur Fahnenstange. Seine knochigen Hände ziehen am Strick, langsam und zeremoniell, bis die schwarzrote Fahne als nasser Lappen in fünf Meter Höhe hängt. Jorge lässt die Hymne anstimmen. Über der mächtigen Dschungelwand im Rücken der Truppe zieht schwarz das nächste Gewitter auf. Donner grollt, ferne Blitze explodieren wie Leuchtkugeln hinter hochgetürmten Wolken. Regenzeit. Die Compañeros beeilen sich mit dem Singen: „Rot schwarz ist der Horizont, und der Morgen bringt die Freiheit."

Es ist das gleiche Ritual wie eh und je, es sind die gleichen Parolen aus den Hälsen braunhäutiger Bauernkinder, seit 20 und noch mehr Jahren. Generationen schnell verbrauchter Guerilleros sind ihnen vorangegangen, Camilo und Ché seit einem Vierteljahrhundert tot. Die hier kämpfen, sind vielleicht die Letzten. Denn von den sechs Guerillagruppen, die noch 1989 für „la nueva Colombia", das neue, brüderliche, sozialistische Kolumbien, kämpften, sind nur zwei übrig geblieben. Neben der ELN, der ältesten Untergrundarmee Kolumbiens, noch die FARC, die „Fuerzas armadas revolucionarias de Colombia"; zusammen ein paar tausend Mann, die revolutionären Restbestände.

Die anderen haben die Gewehre abgegeben, haben sich von der bürgerlichen Regierung amnestieren lassen, um in der Politik die Weiterführung des Krieges mit anderen Mitteln zu suchen. Am erfolgreichsten ist die „M-19“, die noch 1985 mit Waffen den Justizpalast von Bogotá besetzte. Bei der Wahl zur Verfassunggebenden Versammlung im Dezember 1990 wurde sie stärkste Partei, mit 27 Prozent. Ihr Führer, Jaime Navarro Wolff, nähert sich in jeder seiner Parlamentsreden ein wenig mehr dem konservativen Lager und schimpft die Guerilleros heute „Feinde der Demokratie“.

Neue Zeiten. In Lateinamerika geht ein Stück Geschichte zu Ende, die olivgrüne: Auf Kuba ist die Revolution in Armut gealtert, in Nicaragua wurde sie abgewählt. Guatemalas einst starke Rebellenfront hat sich nicht vom schmutzigen Krieg der achtziger Jahre erholt. Und El Salvadors „Frente Farabundo Martí“ musste nach zwölf Jahren Kampf und 80000 Toten einen Kompromissfrieden mit den regierenden Rechtsextremisten schließen. Der Aufstand der uruguayischen „Tupamaros“, der argentinischen „Montoneros“, des chilenischen „MIR“ ist in den Archiven siegreicher Militärs verzeichnet, als Subversion. Und in Brasilien und Venezuela erinnert sich kaum noch jemand an jene frühen siebziger Jahre, als eine Hand voll Guerilleros dort den „Foquismo“ probte, Ché Guevaras Rezept für den Sieg der Massen durch eine kleine schießende Avantgarde.

IN SEINEM Befehlsstand am Steilhang über dem Dschungel-Lager denkt auch Comandante Ezequiel, der 35-jährige ELN-Chef für Nordkolumbien, laut über Krieg und Frieden nach. „Wir verhandeln mit der Regierung“, gibt er zu. „Aber die Gründe, die uns 1964 in den bewaffneten Kampf trieben, bestehen noch immer. Hinter der demokratischen Fassade herrschen Ausbeutung und Gewalt. Das Volk lebt im Elend. 90 Prozent der Kolumbianer sind vom Gesundheitswesen ausgeschlossen, 70 Prozent sind unterernährt, und jedes Jahr sterben 45000 Kinder vor ihrem ersten Lebensjahr.“

Mit einer abgebrochenen Transistorantenne zeigt Ezequiel auf der Karte das Ziel des nächsten Großangriffs: eine Militärbasis. Die muss fallen, damit Feind wie Freund spüren, dass Kolumbien noch eine Guerilla hat. Auch wenn – oder gerade weil – es gegenwärtig, wie der Comandante meint, „algunas dificultades“ gibt, ein paar Schwierigkeiten.

Das aber sind Probleme, die Ezequiel nicht einfach aus dem Weg räumen kann wie ein paar Chulos oder eine Kaserne. Ihr Ursprung liegt in Osteuropa, liegt in den Trümmern des realen Sozialismus. Ezequiel nimmt ein Buch vom Tisch, ein Werk von Dissidenten der Guerilla-Bewegung, und findet auf Anhieb die Seite, die ihm wehtut: „Angesichts der Feststellung, dass in den so genannten sozialistischen

Staaten die Macht nicht in den Händen des Volkes lag; angesichts der tiefen Spaltung zwischen den Massen und der Linken“, steht dort geschrieben, „ist das Konzept der revolutionären Avantgarde nicht länger vertretbar.“ Die Massen könnten sich selbst organisieren, in Gewerkschaften, Parteien, Vereinen und Komitees.

„Das Volk glaubt nicht mehr an die Guerilla“, gesteht Ezequiel. „Aber auch nicht an die Regierung. Bei den letzten Wahlen gab es 70 Prozent Stimmenthaltung. Diese Menschen können wir auf unsere Seite bringen. Wir werden weiterkämpfen.“

Die Hände auf dem Rücken gefaltet, tritt Ezequiel vor die Hütte. Sein melancholischer Blick wandert zum Compañero Raúl hinüber, der dabei ist, auf einem Tischchen zwischen zwei Bäumen eine Mine zu basteln. Dann hinab auf den Fluss, wo die Elitekommandos für den geplanten Angriff trainieren. Das Gesicht und den nackten Körper mit Asche und Schlamm geschwärzt, waten sie wie Kraniche in den wieder zahmen Wassern; bereit, für die analphabetischen Massen Kolumbiens zu kämpfen, für 60 Millionen Lateinamerikaner, die am Rande des Verhungerns sind. Ezequiel gibt sich einen Ruck: „Das Volk braucht die Guerilla doch“, macht er sich wieder Mut. „Aber wir müssen uns neu legitimieren, dürfen nicht immer nur von der Zukunft reden. Wir müssen den Leuten zeigen, dass wir ihnen auch in der Gegenwart helfen können.“

Später Nachmittag. Aus den türlosen Eingängen der Hütten lugen die Gesichter der Frauen und Kinder von San Pablo. Die Männer wühlen um diese Zeit noch nach Gold, weiter unten, im Geröll und Schlamm der Mine. Cristina tritt als Erste aus dem Urwald, den Karabiner lässig über die Schulter gelegt. Kaum ist die Armee fort, marschiert die Guerilla wieder ein. Winkend, grüßend, schwitzend. Viva la guerrilla! Viva el socialismo!

Eine Alte kommt aus ihrer Hütte gerannt, umarmt die Genossin: „Hijita, warum trägst du denn jetzt ein Gewehr?“ Zwei Jahre lang hat Cristina in Zivil unter den 600 Goldgräbern von San Pablo gelebt, hat den Massen die kleine Revolution beschert. Sie organisierte eine Kooperative, richtete eine Schule ein, ließ eine „Junta directiva“, einen Minenrat wählen, gründete und leitete den Frauenverein. Die Compañeros sammelten Geld, um Medikamente gegen Malaria zu kaufen, sie verboten den Ausschank von Zuckerrohr- und Maisschnaps; keiner klaute mehr. Finanziert wurde das ganze Unternehmen von den unfreiwilligen „Steuern“, die Jorge Correas bezahlen musste, der „Reiche“, dessen Compañía Minera aus drei japanischen Baggern besteht. Es war das Paradies im Dschungel.

Bis eines Morgens schießende Soldaten aus dem Wald gestürmt kamen, dröhnende Hubschrauber Elitetruppen in den roten Schlamm absetzten. Sie hatten den von der ELN zur Armee übergelaufenen Noë dabei. Der half nun Guerilleros fangen und foltern. Cristina floh in den Dschungel, die Mitglieder des Minenrats wurden verhaftet, ihre Regierung durch einen Leutnant ersetzt. Die Armee blieb acht Monate, von der Revolution blieb nichts. Wer eine Pistole hat, besitzt das Land.

Jetzt, wo die ELN neuerlich einrückt, findet sie die uralten Zustände vor: Es wird wieder gestohlen und gesoffen in San Pablo, die Schule ist geschlossen, auch die Kinder müssen bei der Goldsuche ran. San Pablo – ein gammeliger Haufen Hütten inmitten einer aufgerissenen Mondlandschaft in der kleine Mineros nach dem großen Glück suchen. Sieben Tage in der Woche, von morgens bis nachts graben sie niedrige Höhlen in den Hang, schaufeln die Erde aufs Sieb und waschen ihre Ladung Hoffnung in einer Lache oder im Fluss, dem Río Tinto.

Sie verdienen fünfmal so viel wie die Bauern der Umgebung, zahlen dafür aber einen hohen Preis. Alle zwei oder drei Monate bekommen sie einen Malaria-Schub, liegen dann acht Tage flach.

„Gibt es irgendwelche besonderen Probleme?" Compañero Abraham, ein bärtiges Indianergesicht mit einem kleinen, runden Mund, blickt hinab auf die Menge der unter praller Sonne schwitzenden Minenarbeiter. Generalversammlung auf dem Fußballplatz. Es wird Bilanz gezogen, der Wiederaufbau beschlossen. Abraham steht auf einem aus der leeren Schule herbeigeholten Schreibpult. Cristina sitzt zu seinen Füßen, führt Protokoll. Zu klagen gibt es viel.

Die Minengesellschaft hat die von der Junta erlaubte Abbauquote überschritten. Statt drei stehen nun fünf Bagger in der Mine. „Sie betreiben Raubbau", ruft einer der Goldgräber, ein Alter mit tiefliegenden Augen und pergamentener Haut. „Und die Miete, die wir für ihre Maschinen zahlen, haben sie auch erhöht, um 2000 Pesos." Abraham nickt: Die Guerilla wird den Armen zu ihrem Recht verhelfen.

Aber auch das Misstrauen gegen die Kämpfer ist zurückgekehrt. „Was ist aus Pablito und Raul geworden?", fragt ein junger Mann in der ersten Reihe. Ein Raunen geht durch den schwitzenden Haufen. Pablo und Raul waren Mineros wie all die anderen auch, Volk der Guerilla. Aber Rauls Frau, Berta, ließ sich von der Armee als Informantin anwerben. Natürlich zog sie dann auch mit dem Feind aus San Pablo ab. Und plötzlich verschwanden Pablo und Raul, spurlos. Von der Guerilla umgebracht, glauben die Goldgräber.

Abraham steigt vom Pult. Ivan übernimmt. Er ist Experte für Sicherheitsfragen, in diesem Fall Exekutionen. Beschwörend hebt er die Hände, schüttelt den Kopf: „Compañeros! Wenn wir jemanden hinrichten, lassen wir die Leiche auf dem Weg, damit die Familie sie findet. Danach geben wir eine Erklärung ab. Und meistens fragen wir auch vorher, welches Urteil wir fällen sollen. Ihr wisst, wie wir verfahren. Erinnert euch!"

Einige nicken. Ja, sie erinnern sich. Zum Beispiel an Jaime Betancur alias El Cacho. Ein Viehdieb und Arme-Leute-Schinder, den die Guerilla eines Tages mit seinem Komplizen einfing und vor das „Volkstribunal" stellte. Das beschloss einen Kompromiss: Freiheit für den Komplizen, Tod für Betancur. Seine Hände auf den Rücken gefesselt, ließen sie El Cacho am Wegesrand niederknien und schossen ihm drei Kugeln in Kopf und Genick. „Aber einfach jemanden verschwinden lassen", empört sich Ivan, „das ist barbarisch."

Und noch eine Frage dringt aus der Menge hinauf zur Avantgarde auf dem Schreibpult: Wer wird San Pablo verteidigen im Fall des Falles? Die Armee weiß, dass die Leute in den Minen ein Nährstoff der Guerilla sind. Es ist wahrscheinlich, dass sie Spione zurückgelassen hat, auch Waffenverstecke im Dschungel. In Caucasia, einem Provinznest nur einen Tagesmarsch von der Mine entfernt, liegt das Hauptquartier der Todesschwadronen. Eine Strafexpedition gegen die aufrührerischen Goldgräber sei dort schon beschlossen, heißt es.

Vor drei Jahren haben die Schwadronen ein Exempel in der nahen Goldgräberstadt Segovia statuiert. Mit Rückendeckung der Armee. 43 Menschen haben sie dort an einem Abend erschossen. „Dem Fisch das Wasser ablassen", ist die Devise solcher Aktionen. Ist die Guerilla vom Volk getrennt, so das Kalkül, kann sie gegen einen in Anzahl und Ausrüstung überlegenen Feind nicht bestehen. In Guatemala, wo dieses Konzept am konsequentesten verfolgt wird, erklärte unlängst ein ehemaliger Verteidigungsminister in Generalsuniform: „Man muss nicht alle umbringen. Seit 1982 gewährten wir 70 Prozent der Bevölkerung Entwicklung, während wir 30 Prozent töteten."

„Wir werden ein Sicherheitssystem einführen", versucht Ivan das Volk auf dem Fußballfeld zu beruhigen. „Alle, die mit oder nach der Armee hier eingetroffen sind, müssen registriert werden." Ein Dicker drängelt sich vor zum Pult. Er trägt eine lange Machete am Gürtel und auf seinem bulligen Kopf eine Schirmmütze, die ihm die krausen Haare an den Schädel drückt.

„Ich habe keine Papiere", protestiert er, fügt vorsichtig noch ein „compañeros" hinzu. 100 scheele Blicke richten sich auf ihn.

„Die Bestimmungen sind klar", sagt Ivan eisern. Der Dicke stammelt etwas vom Unrecht in dieser Welt und dass er selbst einen Bruder in der Guerilla habe. Aber keiner hört mehr zu. Das Thema Sicherheit ist abgeschlossen. Auch wenn sich niemand sicher fühlt.

AM NÄCHSTEN MORGEN trifft ein Funkspruch vom ELN-Geheimdienst ein: Die Armee ist über die Rückkehr der Guerilla nach San Pablo informiert. Sie bereitet einen Hinterhalt vor. Schneller Aufbruch. Die Gesichter der Guerilleros sind gespannt, ihre Finger krampfen sich um den Abzug der Gewehre. In langer Reihe durchqueren sie die Sohle der Mine. Im Schlamm zu beiden Seiten des Weges schürfen die Goldgräber. Ihre Haut hat wieder die Farbe der Erde angenommen. Sie schauen kaum noch auf zur vorbeiziehenden Avantgarde der Revolution.

Osneiders Lippen bewegen sich stumm, er betet im Gehen. Bevor ihn die Guerilla rief, war er Messdiener. Er mag es nicht, wenn seine Leute großspurig behaupten, sie glaubten weder an Gott noch an die Gottesmutter. Wenn die Angst über sie kommt, so wie jetzt, beten sie doch alle heimlich, weiß Osneider. Sein hellhäutiges Gesicht ist fahl wie Friedhofsmarmor: „Lieber Gott, hilf mir, hilf mir." Aber am Grubenrand wartet die Armee noch nicht.

Nach zwei Tagen kommt der Trupp nur noch langsam voran. Cristina steigt nicht mehr vom Maultier, ihre Füße sind geschwollen. Osneider fühlt sich schlaff, schwitzt und friert: Malaria. Ivan hat wieder vom Tod seiner Mutter geträumt und ist mitten in der Nacht vom eigenen Weinen aufgewacht. Conrado hat Durchfall, hofft, dass es nicht Cholera ist.

Am Abend des dritten Tages haben sich die Guerilleros verirrt. Sie wollen Halt machen, ein Feuer anzünden, die Hängematten aufspannen. Aber es gibt kein Wasser. Also stolpern sie weiter den Berg hinauf, immer tiefer hinein ins Dunkel, immer verlorener auf der Suche nach dem revolutionären Weg.

Im Tal zur Rechten fallen Schüsse. „Los chulos?" Ivan schüttelt den Kopf: „Nein, Pistolenschüsse." Tief unten flackern winzige Lichter zwischen den Bäumen. Mühsam machen sich die Revolutionäre an den steilen Abstieg. Cristinas Maultier rutscht, stürzt. Die Schüsse werden lauter. Flavio und Ho Chi-minh entsichern ihre Gewehre. Sie laufen voraus, auf die Lichter zu.

Eine halbe Stunde später betritt der Rest der Gruppe die Finca im Tal. Die Hütte hat keine Wände, nur ein Dutzend Holzpfähle, die ein mächtiges Palmendach abstützen. In der Mitte modert ein Haufen brauner Kokablätter. Auf einem Betonsims, der den Hüttenboden gegen einen tiefer liegenden Schweinestall abgrenzt, brennen 30, 40 Kerzen; geisterhaft wie bei einer Voodoo-Messe. Oder einer Totenwache. Sechs Kokabauern sitzen stumm auf den Benzinkanistern. In der Kochnische unter dem Vordach steht ein Bauernmädchen. Auch sie zu einer Säule erstarrt. Stumme Panik blickt aus ihren weit aufgerissenen Augen. Ihre Hand liegt auf dem Rand einer Hängematte. Darin röchelt ein Kind.

„Buenas noches, compañeros!" Ho Chi-minh und Abraham schütteln die Hände, die ihnen die Männer wie ein Stück Holz hinhalten. Von den Pistolen, aus denen die Schüsse abgefeuert worden sind, ist nichts zu sehen. Einer der Bauern entschließt sich zum Reden: „Wir feiern. Heute ist das Fest der Kerzen." Ivan lächelt. Richtig, der 7. Dezember. Im Urwald weiß er manchmal kaum noch, welcher Monat überhaupt ist.

Conrado betritt die Hütte. Er hat die Nachhut gebildet. Mit übertriebener Lässigkeit streift er sich die Stiefel von den Füßen, hängt sein Gewehr an den Haken einer am Dachbalken befestigten Koka-Waage. Ein Wortschwall begleitet seine Ankunft: „Hola compañeros! Wie steht es hier? Läuft das Geschäft? Kommt nicht mal genug Geld rein, um den Kleinen zum Arzt zu bringen, wie? Wir Armen sind doch immer die Beschissenen. Deshalb führt die Guerilla diesen Krieg ..." Eine Stunde später redet Conrado immer noch. In einem zweimonatigen Kurs in der ELN-Kaderschule hat er das kleine Einmaleins im Umgang mit den Massen gelernt: das Wichtigste überhaupt.

Denn die Guerilla und ihr Erzfeind, die „Yankees", spielen heute nach denselben Regeln, wenn auch unter verschiedenen Voraussetzungen. Die US-Experten, die Lateinamerikas Regierungen im Anti-Guerilla-Krieg beraten, setzen inzwischen auf psychologische Kriegsführung; auf der Basis der Erkenntnis, dass jeder tote Bergbauer den Hass auf die Armee nährt und die Guerilla wachsen lässt. Ein US- Berater in El Salvador: „Das einzige Territorium, das wir besetzen müssen, sind die zehn Zentimeter zwischen den Ohren eines Campesinos."

Daran glauben auch die Rebellen. In kleinen Gruppen ziehen sie deshalb von Bauernhof zu Bauernhof, um die Herzen der Leute mit Worten zu gewinnen. An Conrados Seite sitzt der jüngste der Koka-Pflanzer, ein untersetzter Bauernjunge. Er schielt, und wegen seiner vorstehenden Schneidezähne steht ihm der Mund leicht offen. Doch dies wird sein großer Tag, der Erste in einem neuen Leben. Er hängt an Conrados Lippen, nimmt begierig jedes der komplizierten Worte auf. Fremde Worte, unverständlich zunächst, bis der Guerillero sie ihm in derbe Bauernsprache übersetzt:

„Explotación“ – Ausbeutung, erklärt Conrado mit erhobenem Zeigefinger, „das ist, wenn der Besitzer der Finca dir, dem kleinen Tagelöhner, 20 Pesos für jedes Kilo Kokablätter zahlt. Du machst die Arbeit, vom Losreißen der Blätter bluten die Hände. Am nächsten Tag lässt er dich die Blätter stampfen. Von morgens bis abends marschierst du im Benzingestank, immer im Kreis, wie ein Maultier, bis du vor lauter Ekel kotzt. Und er, der Besitzer, verkauft den Süchtigen vielleicht 50 Pfund im Monat, steckt sich 100000 Pesos in die Tasche. Was er umsetzt, ist deine Arbeit. Der Besitzer beutet dich aus.“

Die größten Schwierigkeiten hat der Junge mit dem „Socialismo“. Sozialismus ist Kuba, und Kuba ist schlecht.

„Woher weißt du das?“, fragt Conrado freundlich.

„Das Radio sagt, in Kuba nahmen sie den Eltern ihre Kinder weg. Und die Alten schlachten sie mit dem Messer, um Seife aus ihnen zu machen“, sagt der Kleine.

Conrado weiß Bescheid: der Armee-Sender. Er lehnt sich zurück, holt weit aus. Erzählt, erklärt, arbeitet bis spät in die Nacht. Für die Revolution. Bald wird auch dieser Junge zur Guerilla kommen.

Aus den Tiefen seiner Hängematte blickt Ho Chi-minh schläfrig zu den Bauern hinüber. Das Kind hustet, röchelt wieder. Seine Mutter beugt sich über das fiebrige Bündel, tupft ihm mit einem feuchten Lappen das Gesicht. Die Männer schlafen. Lang ausgestreckt liegen sie auf dem Boden, neben dem stinkenden Blätterhaufen. Die Massen – verarmte, verlauste, von der Regierung der Reichen vergessene Massen.

Ho Chi-minh schließt die Augen. Er macht sich um die Zukunft keine Sorgen: Generationen von Guerilleros werden folgen. Das Elend wird sie gebären, Unrecht und Gewalt werden ihre Taufpaten sein. Die Revolution wird triumphieren, und sollte es noch 100 Jahre dauern. Ho Chi-minh schläft ein.

Tage später im Urwaldlager wird die Rückkehr des Stoßtrupps gefeiert. Die Mission ist erfüllt. Am Flussufer brummt der Generator, unter der Glühbirne der Versammlungshütte singt Lino einen Tango. Mit hitzeroten Wangen kommt plötzlich Jiver hereingerannt, erstattet Ezequiel im Flüsterton Bericht. Das bärtige Gesicht des Comandante hellt sich auf.

„Compas“, unterbricht er Lino, „ich muss euch eine tragische Mitteilung machen: Heute, gegen zwei Uhr nachmittags, haben zwei Unbekannte“, er grinst, wiederholt: „zwei mit Macheten bewaffnete Unbekannte im Dorf Caceres einem Mann den Kopf abgeschlagen. Dieser Mann“, Kunstpause, Ezequiel lässt genüsslich die Spannung steigen, „dieser Mann war Noë!“

Die ganze Bande kreischt vor Freude. Cristina und Euklides fallen sich in die Arme. Noë, den Verräter von San Pablo, hat die Gerechtigkeit ereilt. „Die Massen haben ihn hingerichtet", glaubt Ho Chi-minh, grinst so breit, dass seine schmalen Augenschlitze nur noch einen einzigen horizontalen Strich bilden. Gute Nachrichten sind selten. Noë, der 19-jährige Judas, ist tot. Die Fiesta dauert bis in die Nacht.

JOHANNA WIELAND

„Hilflos, so verdammt hilflos“

„Mubbi“ sagen die Kinder in Uganda. Ein freundlich klingender Name für einen grausamen Überfall auf ihr Leben. Denn Mubbi, „der Räuber“, ist Aids. Und Aids nimmt ihnen alles weg, was Kinder in Uganda haben können. Die Eltern. Das bisschen Zukunft. Manchmal selbst das Essen vom Teller. Allein im Distrikt Rakai schlagen sich fast 26000 Waisen durch, und südlich der Sahara droht ein Rakai überall.

Noerina friert. Sehr aufrecht sitzt sie auf der Matte und versucht die Wogen der Kälte zu vergessen, die über ihren Körper laufen. Sie zittert, kaum merklich. Jedes Mal, wenn dieser Schauer kommt, scheint sich ihr Rücken ein wenig mehr zu strecken. Bis ein trockener Husten in ihre Glieder fährt und alle Haltung, alle Beherrschung hinwegfegt. Noerina gibt dann klein bei, und die Züge ihres Gesichts werden hilflos. Mit dem Zipfel des karierten Hemdes, das sie um die Taille gebunden hat, wischt sie sich über die Stirn.

Vor ein paar Monaten noch hatte Noerina gehofft, dass all das nur eine schwere Erkältung sei: Schließlich erholte sie sich doch jedes Mal wieder. Wenn auch nie mehr so richtig. Als sie dann den Ausschlag auf ihrer Haut entdeckte, als sie das Hemd von Woche zu Woche enger um den Leib binden konnte, wandelte sich die kleine Furcht zur großen Angst. „Es kann nicht sein!“, sagt Noerina. Sie sagt es leise, aber sehr bestimmt, und es klingt wie eine Beschwörung, wie ein Befehl an den eigenen Körper. Den Namen der Krankheit spricht Noerina nicht aus.

Es kann nicht sein, weil Noerina erst 20 Jahre alt ist und nicht sterben will. Es kann nicht sein, weil ihr dreijähriger Sohn Isaac die Mutter braucht und die zwölfjährige Prassy die große Schwester; weil Noerina den Bruder Mathias zur Schule schicken muss, jeden Morgen aufs Neue, sonst trödelt er. Und es kann nicht sein, weil die Bilder vom langsamen Tod der Mutter in Noerinas Erinnerung noch nicht blass geworden sind. Namuli Lustic ist im Dezember 1990 gestorben, und der Grabhügel zwischen den Bananenstauden hinter der Hütte beginnt gerade erst einzufallen.

Noerinas Gesicht wird starr, wenn sie von den letzten Lebenswochen ihrer Mutter erzählt. Mit einem herrischen Griff zieht sie Isaac zu sich heran. Das Kind rollt sich brav in ihrem Schoß zusammen und folgt mit dem Zeigefinger den Wespen, die aus den Löchern in der Lehmwand schlüpfen. Selbstvergessen summt es vor sich hin. Noerina streichelt Isaacs Haar.

Namuli Lustic war ein Jahr lang krank. Kurz vor ihrem Ende, als sie zu schwach war, um sich zu bewegen, hat sie auf ihrem Lager vor der offenen Tür gelegen und den Kleinen beim Spielen zugeschaut. Noerina hat ihre Mutter gepflegt. Sie hat die Bananenblätter und Matten alle paar Stunden ausgewechselt, als die Kranke nicht mehr kontrollieren konnte, was ihr Körper von sich gab. Sie hat ihr den Kopf gehalten, wenn sie sich übergeben musste. Sie hat die Gespenster aus den Fieberphantasien der Sterbenden verscheucht: „Mutter hat Stimmen gehört und immer geglaubt, jemand wolle sie auffressen.“

Die Mutter ist an Aids gestorben, so wie der Vater fünf Jahre zuvor. Noerina wird das Ergebnis ihres eigenen Bluttests in zwei Wochen erfahren.

Die Bäuerin Namuli Lustic, die erst 38 Jahre alt war, als ihr Leben zu Ende ging, hatte Angst um ihre Kinder. Die Tochter musste ihr versprechen, die Kleinen, das Haus, den Bananengarten nicht zu verlassen. Aber wohin sollte Noerina auch gehen? Isaacs Vater, der ihr einmal die Ehe versprochen und sie dann verlassen hat, ist mittlerweile mit einer anderen Frau verheiratet. „Wir sind allein“, sagt Noerina. Es klingt eher nüchtern als verzweifelt. Ihre Familie, so muss es die Zwanzigjährige, die so gern „viele, viele Kinder“ gehabt hätte, empfinden, ist keine Familie mehr. Aids hat aus ihr eine Notgemeinschaft gemacht, die ums tägliche Überleben kämpft.

Noerinas Schicksal ist in Rakai, einem Distrikt im Südosten Ugandas, so gewöhnlich wie die täglichen Beerdigungen. Hier, am Ufer des Victoria-Sees, ist das Virus schon sehr früh, zu Beginn der achtziger Jahre, aufgetaucht. Die Epidemie hat deswegen schneller als in anderen ländlichen Gebieten Afrikas ihren tödlichen Weg quer durch die Dörfer und durch alle Bevölkerungsgruppen genommen. Infiziert sind die Fischer am See, die Bauern im Landesinnern, die Barmädchen in den Kneipen an der Hauptstraße ebenso wie die Ehefrauen in ihren Hütten, die Lehrer wie die Händler. In Rakai ist die Liebe zwischen Mann und Frau gefährlich: Heterosexueller Kontakt ist der Übertragungsweg Nummer eins für das Virus.

„Ja, hier wird viel gestorben", sagt Noerinas Nachbarin lapidar. Sie ist mit ihrem vierjährigen Sohn Cato auf der Hüfte zu uns gekommen. Sie lacht mit einer Unbekümmertheit, die nur die unablässige Nähe zum Schrecken hervorrufen kann. „Fragen Sie nur! Fragen Sie!", sagt die Nachbarin und macht eine Bewegung, als wollte sie das ganze Dorf umarmen. „In Kimukunda gibt es keinen, der nicht jemanden in der Familie, einen Freund oder einen Nachbarn verloren hat."

Rund 20 Prozent der Erwachsenen in Rakai sind HIV-positiv und leben mit ihrem Todesurteil; die meisten, ohne es zu wissen. Sie werden das Virus weitergeben. „Lukonvuba holt die Starken", sagt Noerina. „Lukonvuba" ist die „unheilbare Krankheit", und mit den Starken meint Noerina die Menschen ihrer Generation: die Verliebten, die Mütter, die Väter. Von den rund 16 Millionen Ugandern sind nach neuesten Schätzungen des Gesundheitsministeriums in Entebbe 1,5 Millionen angesteckt; Aids ist die häufigste Todesursache in der Altersgruppe der Zwanzig- bis Vierzigährigen.

„Was wir erleben", sagt Doktor Warren Naamara, Direktor des staatlichen „Aids Control Programme", „ist nicht nur eine schreckliche Krankheit. Aids ist auch ein sozialer Albtraum, weil es den Zusammenhalt unserer Familien zu zerstören droht."

Die Großfamilie ist in Uganda, wie in allen armen Ländern Schwarzafrikas, das einzige soziale Netz, das wenigstens ein Stück Lebenssicherheit garantieren kann: Die Familie sorgt, von der Wiege bis zum Grab, für die Kinder, die Schwachen, die Kranken, die Alten. In Rakai zerrt die Epidemie an diesem Netz, und mit jedem Tod eines Vaters, jedem Tod einer Mutter wird es ein wenig brüchiger. Die Ersten, die herauszufallen drohen, sind gleichzeitig die Schutzbedürftigsten – Kinder wie Isaac, Prassy und Mathias. 1989 hat eine Studie der Kinderhilfsorganisation „Save the Children Fund" 26000 Waisen im Rakai-Distrikt gezählt – fast 13 Prozent aller Kinder unter 18. Wenn diese Kinder Glück haben, ist eine Großmutter, eine Tante, eine ältere Schwester wie Noerina da, die in die Mutterrolle schlüpfen kann. Manchen allerdings fehlt alles: Zuwendung und Schulbildung, Decken, Kleider und in den schlimmsten Fällen regelmäßige Nahrung.

Und all das soll nur der Anfang sein. In Uganda verdoppelt sich die Rate der Neu-Infizierten wahrscheinlich bereits alle sechs Monate. Die Weltgesundheitsorganisation WHO schätzt, dass zur Jahrtausendwende weltweit 40 Millionen Menschen HIV-infiziert sein werden – über 90 Prozent davon in den Entwicklungsländern. Allein in den subsaharischen Staaten könnten im Laufe dieses Jahrzehnts neun Millionen Kinder zu Waisen werden.

Slim heißt das Leiden überall in Ostafrika. Slim, weil Aids die Menschen aufzehrt und abmagern lässt. In Rakai haben die Leute der Plage noch andere Namen angeheftet: *Mukenena* – „das, was arm macht“. Und *Mubbi* – der „Räuber“. Er stößt in Uganda, das zu den ärmsten Ländern der Erde gehört, viele Familien über die Armutsgrenze hinweg in schiere Existenznot. Aids ist zu einer Überlebensfrage des ganzen Landes geworden. Denn das Virus raubt der Gesellschaft ihre produktivsten Mitglieder: Es grassiert in der dünnen Schicht der gut ausgebildeten städtischen Elite ebenso wie auf dem Land, wo fast 90 Prozent der Bevölkerung, zumeist als Kleinbauern, leben.

Mubbi, der Räuber, hat auch Noerinas Haus geplündert. Namuli Lustics Kinder besitzen kaum noch das Nötigste: drei verbeulte Kochtöpfe, zwei alte Kanister zum Wasserholen, eine große Schüssel, eine Hacke, ein Messer. In einem wackligen Holzregal stapeln sich ein paar bunte Plastikteller und Becher. Noerina und Isaac schlafen zusammen in einem Bett. Es hat eine Matratze aus Stroh und ist das einzige Möbelstück in der Hütte. Am dem Morgen, als wir Noerina zum ersten Mal besuchen, liegen Prassy und Mathias aneinander gekuschelt unter einer zerrissenen Decke auf dem blanken Boden.

Im Stall, in dem früher eine kleine Ziegenherde und zwei Kühe standen, sind ein paar Bündel Stroh und zwei zerbrochene Stühle übrig geblieben. Der Tod des Vaters hat die Kühe gekostet, der Tod der Mutter die Ziegen. Ein *witch doctor*, ein Zauberdoktor, hat sie als Preis verlangt, als er mit ritueller Magie die Krankheit aus dem Hause zu jagen versprach. Heute muss Noerina lachen, wenn sie an den verzweifelten Aberglauben denkt, der einige Quacksalber reich und viele Familien bettelarm gemacht hat. „Vier Ziegen haben wir verkauft, um den Heiler zu bezahlen. Die fünfte haben wir neben Mutters Bett festgehalten, damit die Krankheit auf das Tier überspringt.“ Natürlich ist mit dem „Doktor“ auch die verhexte Ziege verschwunden.

Seither gibt es keine Milch mehr für Isaac, und Noerina versucht sich zu erinnern, wann zuletzt Fleisch im Topf war. „Ich glaube, zu Ostern.“ Da hatte ihnen die Nachbarin ein Huhn geschenkt. „Aber sonst geht es gut“, sagt Noerina fast trotzig und wie zu sich selbst, „wir haben alles.“

Alles – das sind *matoke*, Kochbananen. Sie füllen den Magen, und es gibt sie, zu Brei gedämpft und ungewürzt, zum Frühstück und am späten Nachmittag noch einmal, wenn Prassy und Mathias von der Schule kommen. Die einzige Abwechslung im Bananeneinerlei sind Jamswurzeln und Süßkartoffeln. Noerinas Garten ist eine kleine, üppig grüne Wildnis, die ihren Schatten über die Hütte und den staubigen Hof legt, und Matoke braucht nicht viel Pflege. Die Stauden tragen gut, in den Wipfeln hängen die Bündel der gedrungenen Früchte.

Noerina holt aus und schlägt mit einem langen, scharfen Messer eine Kerbe in einen der weichen Strünke. Es ist nicht allzu schwer, die schlanken, glänzenden Stauden zu fällen. Die Bananenernte ist Frauenarbeit. Aber schon nach dem zweiten Schlag lehnt sich Noerina erschöpft an einen Baum. Mathias nimmt ihr das Messer ab und schlägt mit kleinen, ungezielten Hieben auf die Staude ein. Jeder Schlag droht den Achtjährigen umzuwerfen, und er braucht sein ganzes Geschick, um auf den Beinen zu bleiben. Dennoch ist er stolz auf seine Kraft und darauf, der älteren Schwester helfen zu können. Die Matoke, die von Mathias in die Küche geschleppt wird, reicht eben für den eigenen Topf. Selten verkauft Noerina eine Staude, für 250 ugandische Schilling, knapp 45 Pfennig.

Eine Busfahrt nach Masaka aber kostet das Sechsfache, und wo sie das Geld auftreiben soll, um sich im dortigen Krankenhaus das Ergebnis des Aidstests abzuholen, weiß Noerina noch nicht. Nur noch dieses eine Mal wird sie nach Masaka fahren.

Früher, als der Vater noch lebte und die Mutter im Garten arbeitete, seien sie reich gewesen, findet Noerina. Der Kaffee von der zwei Morgen großen Plantage brachte Geld – für Zucker und Salz, Seife und Kleider, für Schulgebühren und Petroleum. Auf dem Kaffeefeld am Dorfrand wuchert nun das Unkraut, die Büsche tragen kaum mehr, und Noerina hätte ohnehin nicht die Kraft, die prallroten Beeren noch zu ernten.

Noerina muss mit Jonny reden. Wenn Jonny nicht wäre. Er taucht alle zwei Wochen auf, immer dienstags und meistens am Nachmittag. Jonny kommt in einer roten Wolke, und er genießt seinen Auftritt: Die Kinder laufen zusammen, sobald sie in der Ferne das Knattern seines Motorrads hören. Wenn er vor Noerinas Haus bremst, braucht der Staub auf dem Weg Minuten, um sich zu legen. Jonny Kisassa ist *tata* – der „Vater“. Wie viele Kinder er hat, weiß der Vierzigjährige auf Anhieb nicht zu sagen. Da müsste er in seinem zerfledderten Schulheft nachschauen. 50 werden es wohl sein. Auf jeden Fall sind es zu viele. Jonny ist Gemeindearbeiter im Waisenhilfsprojekt des katholischen Missionskrankenhauses St. Joseph, das 70 Kilometer entfernt bei Masaka liegt.

Namuli Lustics Kinder mögen den schlaksigen Mann mit dem Lachen, das sein ganzes Gesicht in Bewegung bringt. Noerina kniet, in der traditionellen Geste weiblicher Ehrerbietung, vor ihm nieder und hält seine Hand. Jonny hat das Stück Seife mitgebracht, um das sie ihn gebeten hatte. Prassy wartet, die Hände schüchtern auf dem Rücken verknotet, auf die Zuwendung ihres Pflegevaters. Er zupft am zerrissenen Ärmel ihres Kleides. Es ist neben der Schuluniform ihr einziges.

„Das muss noch ein bisschen halten“, sagt Jonny und schaut sich nach Mathias um. Der sitzt, fein gemacht in seinem „He-Man“-T-Shirt, auf der Schwelle der Hütte und ahnt, was kommt. „Warst du in der Schule?“, fragt Jonny.

Mathias nickt stumm. Für einen Moment verschwindet die Freundlichkeit aus Jonnys Gesicht: „Was hast du gelernt?“

„Wir schreiben“, sagt der Achtjährige leise.

Jonny hatte Mathias' Mutter kurz vor ihrem Tod an der Kreuzung nach Sanje gefunden. Weinend war sie unter einem Baum zusammengebrochen; viel zu schwach, um den langen Weg ins Krankenhaus noch zu schaffen, aufgezehrt von der Tuberkulose und voller Angst um die Kinder. Sie hatte Jonny gebeten, das Schulgeld für die Kleinen aufzutreiben – irgendwo.

Seither zahlt Schwester Ursula, Jonnys Chefin, für jedes Kind die 12000 Schilling Schulgebühren pro Jahr. Das sind knapp 21 Mark. Und Jonny scheucht Mathias; mehr als Noerina, die so sehr mit der Angst ums eigene Leben beschäftigt ist, weiß der ehemalige Lehrer, was Schule für die Waisen bedeutet: Zukunft. In Rakai geht zwar weit über die Hälfte der schulpflichtigen Kinder wenigstens zur Grundschule, viele allerdings müssen sie schon nach wenigen Klassen verlassen. Und die Waisen sind die Ersten.

„Analphabeten gibt es hier schon genug. Es dürfen nicht noch mehr werden“, sagt Schwester Ursula Sharpe. Die Irin in der grauen Tracht der „Medical Missionaries of Mary“ ist die „Mutter“ der ungefähr 3000 Waisen im Hilfsprogramm des Krankenhauses. Vor fünf Jahren hat sie begonnen, einen mobilen Hauspflegedienst aufzubauen, hat sich in den Dörfern auf die Suche nach freiwilligen *aunties* und Tatas wie Jonny gemacht.

„Wollen Sie Zahlen?“, fragt sie. „1990 sind 505 unserer Aidspatienten gestorben. Sie haben 1349 Kinder hinterlassen.“ Ursula Sharpe knallt die Kladde auf den Tisch. „Und das sind nur die wenigen, die wir zu sehen kriegen.“

Bildung ist die erste Botschaft der resoluten Schwester vom roten Berg über Masaka. „Sie wissen doch, was Analphabetismus bedeuten kann“, sagt sie und legt ihre Hände ganz flach auf den Tisch, als müsse sie sich abstützen vor dem nächsten Satz: „Armut, Kriminalität, Prostitution und am Ende wieder dieses verdammte Aids.“

Sister Ursula hat, wie die Sozialpolitiker in den Ministerien in Kampala, Angst vor „südamerikanischen Zuständen“. Davor, dass aus den Aidswaisen soziale Drop-outs werden könnten – Straßenkinder, die, ohne familiäre Wurzeln und heimatlos, in den Slums der Städte untergehen. Das UN-Kinderhilfswerk Unicef schätzt, dass es weltweit bereits zehn Millionen völlig auf sich gestellte Kinder gibt, die als Bettler und Kleinkriminelle auf der Straße leben. Die Zahl der Aidswaisen in diesem Heer der Ärmsten wächst, in den afrikanischen wie den südamerikanischen Metropolen. Viele dieser Kinder sind drogenabhängig; viele müssen ihren Körper verkaufen, um zu überleben. In der sudanesischen Hauptstadt Khartum sind bereits sieben Prozent der Straßenjungen im Alter zwischen sechs und 14 HIV-positiv. Das ist der Kreislauf von Armut und „damned Aids“.

Noch gibt es in Kampala erst einige hundert Straßenkinder. Aber Sister Ursula, die so vital erscheint, dass Verzagtheit ihr gar nicht zuzutrauen ist, kann auch sehr verloren wirken, wenn sie sagt: „Wir haben keine Zeit mehr. Längst nicht mehr.“ Tischler und Schneiderinnen, Bäuerinnen und Bäcker möchte sie aus „ihren“ Kindern machen. Denn „einem Kind eine Ausbildung geben heißt es beschützen“, sagt sie, und zwar dort, wo die Kleinen hingehören: auf ihrem Land, bei ihren Bananen- und Kaffeefeldern.

Die Nonne holt Luft, als fasste sie wieder Mut: „Das ist doch eigentlich sehr einfach.“ Eigentlich ja. Doch Uganda, die einstige „Perle Afrikas“, hängt am Tropf von etwa 400 Milliarden Dollar Wirtschaftshilfe aus dem Ausland, während es für sein wichtigstes Exportgut Kaffee nur noch „peanuts“ bekommt, seit der Weltmarktpreis zusammengebrochen ist.

Aids ist also nur eine, nicht die einzige Bürde für das Land, das am Bettelstab geht. Und wie in anderen „Drittwelt“-Ländern droht die Epidemie, die sich zur Krankheit des verarmten Teils der Welt entwickelt, auch in Uganda die ohnehin schon überlasteten Erziehungs- und Gesundheitssysteme in den endgültigen Kollaps zu treiben.

Im Missionskrankenhaus von Ursula Sharpe sind manchmal die Hälfte aller Betten mit Patienten belegt, die an den „opportunistischen“ Aidserkrankungen wie etwa Tuberkulose leiden. Sorgfältig in Tücher gewickelt, gehegt und gepflegt, steht im Labor des Hospitals eine Kostbarkeit: das einzige „Elisa“-Gerät weit und breit, mit dem die Spenden für die Blutbank getestet werden können.

Die Laborschwester Davnet reißt den Deckel der Kühltruhe auf und zeigt auf den Stapel weißer Päckchen: „Es ist absurd! Im Augenblick drohen uns selbst die Testsets auszugehen.“ Immer mehr Frauen und

Männer kommen zwar zu den *sisters* auf dem Hügel, weil sie sich die staatliche Anti-Aids-Botschaft „Learn the facts and save your life!“ zu Herzen genommen haben und sich vor der Hochzeit testen lassen wollen. Aber Davnet muss viele wieder wegschicken. „Wohin werden sie gehen?“, fragt sie und versetzt der Kühltruhe einen Handkantenschlag. „Etwa den weiten Weg nach Kampala? Oder den in eine gefährliche Zukunft?“ Ein Set, mit dem die Laborschwester 100 Tests durchführen könnte, kostet 90 Dollar.

Das Plakat über Dr. Wilson Kigayazas Schreibtisch ist aggressiv und tut wohl. Auf ihm zerquetscht eine starke schwarze Hand die Buchstaben des Wortes Aids zu Splittern: „Help crush it!“

Doch der Doktor hat keine Lust, über „damned Aids“ zu reden. Er hat auch ohne die Epidemie genug Sorgen. „Vielleicht wollen Sie zur Abwechslung mal was über Malaria hören?“ Müde fragt er das und gleichzeitig offensiv. Im Mai 1991 wurden, so sagt er, fast 10000 Kinder unter 16 Jahren mit ernsten Malaria-Attacken im Hospital von Kaliziso eingeliefert. Und das sind nur die, die den Weg geschafft haben. Immer noch sterben im aidsgeplagten Rakai mehr Menschen an der Tropenkrankheit als an der Immunschwäche.

„Aber das interessiert Sie ja sicher nicht“, sagt Kigayaza und wirkt einen Augenblick lang so bitter wie Sister Davnet, wenn sie über die fehlenden Testsets spricht. Drei staatliche Ärzte, 28 Krankenschwestern und 15 Hebammen sollen sich um die 380000 Menschen in Rakai kümmern. In Kaliziso gibt es keinen Operationssaal, keine Blutbank.

So verfolgt Dr. Kigayaza die Suche nach dem Aidsimpfstoff in den High-Tech-Labors des reichen Nordens zwar mit Interesse – aber auch mit wenig Hoffnung. „Wenn es ihn geben wird“, sagt er, „wird es erst mal euer Impfstoff sein. Oder haben Sie eine Idee, wie wir ihn bezahlen könnten?“

„Hilflos, so verdammt hilflos“ fühlt sich Sister Ursula oft aber nicht nur wegen des materiellen Elends, das sie umgibt. Als ebenso furchtbar erlebt sie die seelischen Qualen jener Kinder, die das Sterben ihrer Eltern miterleben müssen. Manche verstummen vor Kummer. Andere bleiben voller Schuldgefühle zurück, wie jener Zwölfjährige, der weinend vor Ursula saß und sicher war, dass etwas falsch sein müsse an ihm, wenn doch alle stürben, die er liebte. Und welcher Schrecken, fragt sich die Nonne, muss in die Gemüter der Geschwister gefahren sein, die mit einer Rasierklinge das Gesicht der verstorbenen Mutter aus dem einzigen Familienfoto kratzten?

So hat Aids Leute wie den ehemaligen Lehrer Jonny zu Seelsorgern gemacht. Alle Hilfsorganisationen in den geplagten Distrikten setzen auf „Graswurzelpolitik“ mit Gemeindearbeitern wie ihm. Aber allzu viele Menschen, die irgendwann „genug hatten von den Tränen und den Beerdigungen“, gibt es in Rakai und Masaka nicht. Und es wundert Ursula nicht, dass die Stimmung in den Dörfern Resignation und Fatalismus ist: „Wie sollte es auch anders sein?“

Die Krankenschwester Josephine, die Apothekerin Elisabeth und Jonny versuchen, der Traurigkeit mit grimmigem Humor beizukommen. „Aidssafari“ hat jemand auf den Plastikeimer mit dem Reis geschrieben. Elisabeth stemmt den Kübel in den Landrover. Dann rückt sie ihre elegante Sonnenbrille zurecht. „Let's go!“, sagt sie. Jonny gibt Gas, und im Rückspiegel erscheint eine rote Staubwolke.

Hinter Kyotera, dem letzten größeren Ort vor der Grenze nach Tansania, endet die asphaltierte Straße. Die Piste, die von hier ins entlegene Herz des Subcounty Kiamba führt, windet sich um Hügel, die wie Zuckerhüte in der Landschaft stehen. In den schmalen Tälern zwischen ihnen glänzt wie mit Lack überzogen das Grün der Bananengärten, nur hier und da lugt ein Gras- oder Wellblechdach aus der Üppigkeit. Es ist diesig.

Nach drei Stunden erreichen wir den Marktflecken Kitende, eine Ansammlung ärmlicher Hütten, die sich rechts und links der Piste aneinander lehnen: einige Bars, aus denen misstrauische Männer linsen. Und einige „shops“, die kaum mehr anzubieten haben als ein paar angerostete Ölfunzeln, die aus alten Margarinetöpfen zusammengeschweißt sind, winzige Päckchen Aspirin, Matokestauden und Coca-Cola. In Marktflecken wie Kitende sind bis zu 25 von 100 Männern und 38 von 100 Frauen seropositiv; in der Altersgruppe der 20- bis 29-jährigen Frauen steigt die Rate gar bis auf 52 Prozent.

In der Mitte des Ortes steht die katholische Kirche, ein Backsteinhaus mit unverglasten Fenstern und Stroh auf dem Boden. Alle zwei Wochen wird das Gotteshaus zu Josephines Praxis. Draußen, im Schatten der Akazien, haben sich 20 Patienten niedergelassen; sie warten seit dem frühen Morgen auf den Landrover. Manche von ihnen haben Fußmärsche von mehreren Stunden hinter sich.

Auch Justine Namyondo, die ihr Kind auf dem Rücken zur Kirche getragen hat. Die dreijährige Jane ist krank, so krank wie der Vater, wie die Mutter. Die Kleine windet sich, wimmert, weil der Ausschlag auf Armen und Beinen juckt. Justine hält die Hände ihres Kindes umklammert. Es darf nicht kratzen. Behutsam pustet die Mutter über Janes Leib; ihr Atem bringt ein wenig Linderung. Die Dreijährige ist so mager, dass die Gummistiefelchen an ihren Füßen wie absurd große Fremdkörper wirken.

„Na du!“, sagt Josephine und nimmt das kreischende Bündelchen in den Arm. „Dir geht es doch schon viel besser!“ Beim letzten Besuch hatte Jane ein aufgedunsenes Gesicht und hustete heftig. Nun grapscht sie nach Josephines Hand und beginnt zu lachen. Für einen Moment scheint der gequälte Körper vergessen zu sein.

„Es kommt und es geht. Wir können nicht viel machen“, sagt die Krankenschwester und räuspert sich. „Um genau zu sein: eigentlich überhaupt nichts.“ Höchstens für ein bisschen Erleichterung kann sie sorgen: Justine Namyondo holt sich aus dem Geländewagen Medikamente für die nächsten zwei Wochen ab: Aspirin, Salbe für das Kind, auch ein Pfund Reis und ein wenig Milchpulver. Sie bittet noch um einen Rosenkranz. Die Apothekerin Elisabeth schlingt dem Kind eine Schnur mit blauen Plastikperlen um den Hals: „Medizin für die Seele.“

Jane hat noch ein paar Monate zu leben. Dann wird Schwester Josephine auf der kleinen gelben Karteikarte, die ausschließlich die wegen des Aidsvirus nicht mehr kurierbaren Krankheiten von „Fieber“ bis „Herpes Zoster“ registriert, hinter den Namen der Dreijährigen die Buchstaben „r. i. p.“ schreiben: requiescat in pace – sie ruhe in Frieden.

Die Wahrscheinlichkeit, dass eine Schwangere das Virus an ihr Ungeborenes weitergibt, liegt zwischen 25 und 40 Prozent. Bei Justine war das der Fall, weshalb Jane schon zum Tode verurteilt war, als sie auf die Welt kam. Lebenserwartung: höchstens fünf Jahre. 900000 HIV-infizierte Kinder, schätzt die WHO, sind bis Mitte 1991 in den Ländern der Subsahara geboren worden. Die Folge: Aids wird in absehbarer Zeit die Todesursache Nummer eins der unter Fünfjährigen in Uganda sein. Und wird alle Erfolge der jahrelangen Kampagnen gegen die Kindersterblichkeit zunichte machen.

„Es sind die Frauen“, sagt die erschöpfte Apothekerin Elisabeth am Ende der Sprechstunde, „die am schwersten an der Bürde tragen.“

Frauen wie Mary Namatovu. Wir treffen sie in einer Hütte in Kyakkonda. Sie sitzt auf dem Boden, und ihre Hände bewegen sich unablässig im Rhythmus der Flechtarbeit. Über ihrem Kopf hängen die Bilder ihrer Kinder an der Wand: eine strahlende Frau im Brautkleid, ein lachendes rundes Baby, ein junger Mann im weißen Hemd. Mary Namatovu ist vielleicht 60 Jahre alt und hat drei ihrer vier Kinder sterben sehen.

Der junge Mann war der Fleischer Thomas Namatovu. Als er, kurz nach seiner dritten Ehefrau, im Oktober 1990 starb, hinterließ er seiner Mutter ein fest gemauertes Haus, einen knappen halben Hektar Land mit Kaffeebüschen und Matokestauden, 16 Kinder und für jedes Kind eine Kuh. Kurz vor seinem Tod hatte er ein paar Tiere aus seiner Herde verkauft und dafür allen Kindern Kleider aus braunem Drillich nähen lassen.

Mary Namatovu zieht den zweijährigen Leonardi auf ihren Schoß, weil er plärrt. Sie putzt ihm die Nase und sagt: „Eigentlich bin ich in einem Alter, in dem die Kinder sich um mich kümmern müssten. Und nun ist es umgekehrt." Slim kommt der gläubigen Katholikin manchmal vor wie eine Heimsuchung Gottes, wie eine Strafe – nur für was?

Und wofür, fragt sie sich, habe sie den Terror des Bürgerkriegs überlebt; für diese Zukunft, in der die Liebenden Angst umeinander und voreinander haben müssen? Damals hat sich die Familie nachts in den Bananengärten versteckt, nicht im Haus, aus Angst vor den Söldnern Amins und dann Obotes. „Heute", sagt Mary Namatovu, „ist der Tod *in* unseren Häusern."

Für die 14-jährige Justine, das älteste Mädchen im Hause, war es keine Frage, dass sie nach dem Begräbnis des Vaters nicht mehr in die weiterführende Schule gehen würde. Sie hat sich nicht dagegen gewehrt. „Das Geld reicht nicht für alle", sagt sie nüchtern. Justine musste plötzlich erwachsen sein, die Hausmutter, und sie ist es, die am frühen Morgen darüber wacht, dass die elfjährige Sylvia Holz holt, die sechsjährige Fina die Becher wäscht und der vier Jahre alte Emanuel sich nicht an der offenen Feuerstelle die Hände verbrennt. Manchmal schreit Justine, manchmal steht sie mit gekreuzten Armen vor dem Küchenhaus, reckt sich und gibt die Kommandos. Keiner widerspricht ihr; aufeinander eingespielt wie ein Fußballteam erledigen die Kinder die morgendlichen Arbeiten.

Manchmal allerdings, meistens dann, wenn Paul, Rose, Sylvia, Gertrude, Noelina und Margaut in ihren grünen Schuluniformen zwischen den Sträuchern verschwunden sind, schlüpft Justine aus ihrer Rolle. Dann verwandelt sie sich in die Anführerin einer Räuberbande. Ausgelassen, einen Grashalm zwischen den Lippen und in einem zu kurzen, verblichenen Faltenrock jagt sie mit den Kleinen hinter einem Fußball aus alten Lumpen her. Und sonntags, wenn sie nach der Kirche die Freundinnen aus ihrer ehemaligen Klasse trifft, schiebt sich vor Justines Vernunft die Wehmut. Sie sei eine gute Schülerin gewesen, sagt sie, und sie hätte gern mehr gelernt.

Ans Lernen glaubt auch Achmed Kaggwa, an die Macht der Wörter. Der 29-Jährige ist Lehrer in der Kyakkonda Primary School. Zweimal wöchentlich steht auf dem Stundenplan für die Klasse von Sylvia, Justines Schwester, „Aidserziehung". Dann wird Achmed

Kaggwa zu einen flammenden Redner, der Wut und Verzweiflung in Aufklärung zu verwandeln sucht.

„Schreib das Wort an die Tafel!“, befiehlt er. „So groß du kannst!“ Sylvia reckt sich und malt ein ungelenkes A, ein I, ein D, ein S. „Buchstabiere laut!“ Sylvia murmelt ein paar Wörter; sie klingen wie Acquired Immune Deficiency Syndrome.

„Aids!“, schreit Achmed in den Raum und zischt das S: „AidsSS! Wie heißt der Killer?“ Die Klasse wiederholt das Wort. Die Hände auf dem Rücken verschränkt, rennt Achmed an der Tafel auf und ab, von der Tür zum Fenster und zurück. Viele Male. Immer wieder reißt er einen Arm in die Luft. „Wann bekommen wir AidsSS? Los! Wer sagt es?“

Die Jugendlichen senken die Köpfe, ein paar Mädchen kichern. „Wann? Schämt euch nicht! Wie heißt das gefährliche Spiel? Ihr wisst es alle!“

Jemand in der hintersten Bank nimmt sich schließlich ein Herz und murmelt: „Sex.“

„Ja! Das gefährliche Spiel heißt Sex! Sex! Sex! Keinen Sex! Sonst wird die Sonne auf eure Gräber scheinen und nicht mehr auf eure Köpfe!“

Achmed will Enthaltsamkeit und Treue in die Köpfe „hämmern“. Er glaubt, dass „wir einige retten werden“. Diese Hoffnung hält ihn aufrecht. Aber manchmal, beim Englischunterricht etwa, stehe er vor den Jugendlichen und schaue in ihre Gesichter. Und plötzlich springe ihn, sagt er, wie aus einem Hinterhalt der Gedanke an: „Wen wird der Killer erwischen?“ Denn ob sein Frontalunterricht mehr sein kann als der Versuch einer Gehirnwäsche – das weiß er nicht.

Uganda hat als eines der ersten afrikanischen Länder eine offensive, ehrliche Anti-Aids-Kampagne gestartet, hat in erstaunlich kurzer Zeit Vorbildliches geleistet. In den unwegsamen Hügeln, den gottverlassenen Dörfern von Rakai wissen mittlerweile bis zu 90 Prozent der Menschen, dass die Krankheit keine Hexerei und kein unabwendbares Schicksal ist. Doch Aufklärung über die Wege des Virus bleibt nur der erste, der allerkleinste Schritt. „Verhaltensänderung“ ist das Schlüsselwort. Das Angstwort.

„Wie sollen wir Verhaltensänderung messen?“, fragt Joseph Ssembatya, oberster Gesundheitserzieher im Distrikt. „Wie schnell, glauben Sie, lernen Menschen in der Liebe, beim Sex um?“

Spöttisch zeigt er auf meine Zigarette: „Ich vermute, Sie wissen, dass Rauchen Lungenkrebs verursacht. Wieso hören Sie nicht einfach auf?“

ALEXANDER SMOLTCZYK

Warten auf den Propheten

Seit 55 Jahren ersehnen die Bewohner eines kleinen Dorfes in Ostpolen die Rückkehr ihres verschollenen Wunderheilers und Welterlösers. Der Prophet Eliasz Klimowicz wäre heute 132 Jahre alt, doch seine Jünger Pawel und Michael hoffen weiterhin auf ein Mirakel.

Von Berlin-Hauptbahnhof sechs Stunden Bahn. Dann ab Warschau drei Stunden mit dem Auto. Immer Richtung Osten, immer den Wäldern nach, durch ein Land, wo die Dörfer leer und die Friedhöfe voll sind. Immer weiter, bis die Sandpiste irgendwo im Birkenwald von Grzybowszczyzna versickert. Da liegt, was einmal die Hauptstadt der Welt werden sollte: Wierszalin, das „Neue Jerusalem" des Bauernpropheten Eliasz und seiner Getreuen. Der Ort ist auf keiner Karte verzeichnet, und bald werden auch die letzten Jünger verschwunden sein, vom Wald verschluckt wie die Fundamente Wierszalins. Aber noch sind sie da, Pawel und Pola. Und Miniuk der Imker, der einmal Engel war.

Pawel Woloszyn hockt auf einem Holzstoß. Er hat einen moosgrünen Hut auf dem Schädel und darunter eine Brille, die das Licht zu zwei hellen Flecken auf der Greisenhaut bündelt. Woloszyn ist alt wie das Jahrhundert, redet ohne Unterlass mit einer hohen, heiseren Bussardstimme und zeichnet mit dem Zeigefinger Pläne in die Luft. Hinter dem Blockhaus steht ein kleines, wurzelhaftes Weib im Zwiebelbeet und schaut herüber. Pawel ist Erfinder und Pola seine Frau.

Jeder Baum hier auf der Lichtung ist Ersatzteillager. An den Ästen des Nussbaums hängen Treibriemen und Blattfedern, Ölflaschen und Zylinderköpfe. Drüben in der Birke hat Pawel Woloszyn Muttern und Flansche auf Draht gefädelt. Im Farn neben dem Zwiebelbeet liegt ein Schiffspropeller zwischen bemoosten Autoreifen, und überall stehen überwucherte Konstrukte aus Ketten, Holzgabeln, Stahlträgern, Draht und Leder, die nach einem unerdenklichen Prinzip zusammengefügt wurden. „Aber alles funktioniert“, verkündet Pawel Woloszyn von der Höhe seines Holzstoßes.

Auf dieser Lichtung endet die Geschichte einer Sekte, die zwischen den Weltkriegen die Bauern aus den Kirchen und in die Wälder trieb. Wo sie Hütten bauten, heilige Jungfrauen und Erzengel ernannten und auf den Weltuntergang warteten. Es war die Sekte des Eliasz, eines Ziegenhirten, der den Herrn gesehen hatte. Der den Irren Spucke auf die Stirne strich, Gebrechen heilte und ans Kreuz geschlagen werden sollte. Der mit seinen Jüngern die „Offenbarung des Johannes“ lebte, als wäre sie ein Rollenspiel. Mit Jüngstem Gericht und der Posaune des siebenten Engels.

Eines Tages war Eliasz verschwunden. Der Weltuntergang blieb aus. Die Rückkehr des Messias auch. Pawel ist einer der letzten Überlebenden. Er sitzt auf seiner Lichtung und wartet auf Eliasz. Die Zwischenzeit vertreibt er sich mit Erfindungen. Im Wald hat er den Panzerschrott des letzten Krieges gesammelt und auf seine Lichtung geschleppt. Er montierte Schwungräder an Robinien-Achsen, schraubte und lötete und wickelte, bis sie fertig waren: die Seil-Wickelmaschine, die dreifach regelbare Bandsäge, die pneumatische Honigschleuder. Aus Resten eines Wehrmachtstanks wurde der Heulastwagen, eine Eisen-Eiche-Konstruktion, mit der er schon zum Markt nach Krynki fuhr, als die anderen noch hinter ihren Kaltblütern trabten. „Ein bisschen eingerostet“, sagt Pawel der Erfinder und rupft einen Erlenspross aus dem Motorraum, „aber es funktioniert.“

Und drüben beim Ziegenstall, die Erhebung aus Feldsteinen, da unterm Farn? Das sei nichts, sagt Pawel. Das sei nur, wird er später sagen, das Fundament für das Jüngste Gericht. Aber darüber redet er nicht gern. Das ist seine Geschichte, zu ernst für Plaudereien. Nein, lieber spricht Pawel Woloszyn über seine letzte und größte Erfindung. Er habe sie an den Präsidenten Wałęsa geschickt, doch der Brief kam ungelesen zurück in den Wald. „Eine elektrische Turbine …“, krächzt Pawel. „Sie braucht nur zwei Meter Wasserhöhe und wird alle Atomanlagen überflüssig machen.“ Und er erzählt von Trambahnen, die dank seines Perpetuum mobile bald überall fahren könnten. Selbst hier im Wald von Grzybowszczyzna. „Es funktioniert.“

Alles funktioniert, alles hat seinen Platz auf Erden. Bei Pawel wird nichts weggeworfen. Alles ist ihm Material, jedes noch so nichtige Teil hat seine geheime Funktion in einer Welt, die nur richtig zusammengefügt werden muss, um errettet zu werden. Die Errettung der Welt, das ist Pawels Aufgabe. Dafür schraubt und drahtet und hämmert er. So lange, bis Eliasz wiederkehrt.

Es kam eine Hungersnot in das Land (1. Mose 12,10), als der Erste Weltkrieg vorüber war, und besonders schlimm war es in den Wäldern um Białystok. Die Äcker waren verwaist, die Menschen wohnten in Erdhöhlen. Sie kochten sich Suppen aus Feldmäusen und buken Baumrinde in ihr Brot.

Da erschien Eliasz. Ein Heiliger, der kaum lesen oder schreiben konnte. An dessen Schwielenhänden der Geruch von Mist und Tier war. Der aber predigte wie der heilige Johannes: „Ich sah die Sonne und den Polarstern in schrecklicher Helle. Dann kam ein Nebel und verdeckte die Sterne. Der Nebel wollte die ganze Welt verdecken, aber das Licht war stärker."

Die Bauern kannten den Mann. Er war aus der Gegend. Im Sommer 1862 geboren, dem ersten Jahr ohne Leibeigenschaft: Die Wälder gehörten noch dem Zaren, die Bauern nicht mehr. Der Junge wurde nach dem Propheten Elia getauft, dem Tröster der Elenden und Boten der Hoffnung auf Erlösung. Die Bauern erinnerten sich, dass dem kleinen Eliasz Nacht für Nacht die Jungfrau Maria erschienen sei. „Baue eine Kirche, Eliasz!", habe sie gesagt.

Als ihm sein Bart bis zur Brust reichte, lieh sich der Bauer Eliasz Klimowicz 950 Silberrubel und begann, das Fundament für seine Kirche zu mauern. Die Leute hielten ihn für verrückt: ein Bauer eine Kirche bauen ...! Als das Geld ausging, verkaufte Eliasz Haus und Hof und zog in einen Hühnerstall. Der Weltkrieg unterbrach das Werk, Eliasz flüchtete nach Russland. Die Bauern hatten ihn bald vergessen.

In Russland hatte das neue Jahrhundert als Zeitalter der Wanderprediger, Welterlöser und Wunderheiler begonnen. Eliasz schloss sich Johannes von Kronstadt an, einem Wunderheiler, der erklärte, dass Gott bisweilen in Gestalt barfüßiger, Zwiebeln kauender Muschiks auf Erden wandle. Eliasz spürte seine Berufung erstarken. Wozu die besten Jahre im Kloster verbringen? Es gab einen direkten Weg zu Gott und zu den Menschen: die Zukunft sehen, eine Kirche bauen. Und Wunder tun. Denn die Menschen brauchen Wunder. Vor allem in den Wäldern um Białystok. Nirgends ist Polen ärmer, nirgendwo wird so viel getrunken und gebetet wie hier im Grenzgebiet zu Weißrussland, wo die orthodoxe Minderheit lebt. Diese Menschen sind seit jeher von zwei Gespenstern begleitet: der Angst und der Armut. Die Angst blieb, auch als die Kriege vorbei waren. Die Armut blieb mit einem Sandboden, auf dem nichts wachsen will.

In dem Gestrüpp der Grenzwälder ist die Zeit mühseliger vorangekommen als anderswo. Nur einige Poststraßen und noch weniger Eisenbahnlinien verbinden auch heute die Weiler mit der Welt. Ein gottverlassenes, gottgläubiges Land. Im Distrikt Krynki sind alle Schulen geschlossen, bis auf eine. Manchmal ist es, als ob das Weltende längst eingetroffen wäre.

Gospodin pomiluj – „Herr, erbarme Dich." Jedes Jahr, so um den 18. August, kommen die Menschen und schleppen Kreuze nach Grabarka, dem Lourdes der polnischen Orthodoxie. Drei Tage lang pilgern sie fastend über das Katzenkopfpflaster, singen und legen sich nachts ins Heu. Zu Tausenden erkriechen sie auf Knien den Hügel zur Kapelle, um dort oben 36 Stunden lang ohne Pause zu beten und ihr Kreuz zu pflanzen. Dreimal umkreisen sie die Kapelle, murmelnd und sich bekreuzigend. Je blutiger die Knie, desto verklärter das Gesicht: Gospodin pomiluj.

Sie bringen in Flaschen und Einweckgläsern heiliges Wasser heim. Das Wasser Grabarkas heilte vor einem Vierteljahrtausend das Land von der Cholera. Heute geben die Frauen es ihren Männern gegen das Saufen und dem Vieh gegen die Rinderpest.

Und ich sah ein anderes Zeichen am Himmel, das war groß und wundersam (Offenbarung 15,1).

Die Białystoker Zeitung hatte unter der Überschrift „Die Heilige Jungfrau ist tot – Eliasz kehrt zurück" gemeldet, man habe die Greisin Tatjana Kowalczuk in ihrer Kate im Wald von Grzybowszczyzna gefunden, splitternackt und von heruntergerissenen Heiligenbildern umgeben. Die Frau sei, so zitierte der Text die Nachbarin, eine heilige Frau gewesen, Gefährtin eines Propheten namens Eliasz, der vor 50 Jahren im Dunkel von Wald und Zeit verschwunden sei. „Eliasz ist zurückgekehrt", habe die Sterbende geflüstert, als man sie am 18. November ins Spital von Krynki brachte.

Das Krankenhaus von Krynki ist eine ehemals zaristische Militärbaracke. Hierher kommt, um wen sich niemand mehr kümmert, und siecht dahin mit leerem Blick. Bei Tatjana sei das anders gewesen, meint ihr Arzt, ein knittriger, übernächtigter Kettenraucher: „Sie starb in der Gewissheit, ihren Propheten noch einmal getroffen zu haben. Sie wollte noch alles aufräumen für die Erlösung der Welt."

Tatjanas Hütte ist ein Blockhaus mit blauen Fensterrahmen, einen Steinwurf von Pawels Lichtung entfernt. Hier lebte Eliasz mit seinen heiligen Frauen. „Die Eiche dort war der Mittelpunkt des Universums", sagt Nadja, die Nachbarin, und rüttelt am Vorhängeschloss. Zwei Dielenzimmer mit Flickenteppichen, eine Altarecke. Die Wände verborgen unter Papierikonen und Marienantlitzen aus Stanniolpapier. Und das Bild eines Mannes, Öl auf Kiefer: ein Mann in schwarzer Kutte und mit weißem Tolstoi-Bart.

Unter dem Stroh der Scheune zieht die Nachbarin einen in Zeitungspapier gewickelten Lumpen hervor: „Der Umhang von Eliasz“, sagt die Frau. Im Stroh finden sich auch Lieder- und Traumbücher. Und Fotos: der Messias und seine Jünger in Filzstiefeln vor den Blockhütten. „Der da ist noch am Leben“, sagt die Nachbarin und tippt auf ein Foto. „Sie nannten ihn den Erzengel Michael.“

Und siehe, ein weißes Pferd, und der darauf saß, hieß Treu und Wahrhaftig (Offenbarung 19,11).

Michal Miniuk heißt der Bienenzüchter von Krynki. Er wohnt im Haus Nr. 109, dem letzten vor der Grenze zu Weißrussland. Der Imker war nicht immer Imker. Mumienhaft zusammengekrümmt liegt Miniuk, der Erzengel Michael, in seiner nach Naphthalin riechenden Kammer und horcht am Transistorradio.

Er hat jetzt keinen Schimmel mehr. Nur noch 20 Bienenstöcke. Aber er ist Eliasz treu geblieben: „Hört nicht, was die Leute sagen. Eliasz war ein guter Mensch. Er hat mich aus Suff und Hurerei errettet damals“, sagt er und erhebt sich mühsam, um ein Stück Wabe zu bringen und zwei Löffel. Graue Haarbüschel ragen ihm aus den Ohren, und wenn er Atem holt, rasselt es unter dem Kittel.

Eliasz habe Erfolg gehabt, als er nach dem Ersten Weltkrieg aus Russland zurückgekehrt sei, erinnert sich Miniuk. In jedem Dorf erzählte man vom Prediger mit dem Stallgeruch. Seine Sendschreiben hingen an Kirchentoren und Bäumen. Er spendete an Waisenhäuser, zahlte sackweise Schmiergelder an den Woiwoden und präsidierte vaterländischen Komitees. Und er baute seine Kirche fertig. General Piłsudski, der Befreier Polens, schickte einen Orden. Und ER schickte die Zerlumpten und Verwahrlosten, die Erniedrigten und Beleidigten, alle, die ohne Hoffnung waren. Und das waren nicht wenige.

Tausende kamen, um sich von Eliasz mit Spucke betupfen und heilen zu lassen. „Die Menschen“, sagt Miniuk der Imker, „knieten vor ihm nieder und küssten seine Schuhe. Sie trugen die Erde, die seine Füße berührt hatten, in Tüchern nach Hause. Selbst sein Waschwasser leckten sie von der Straße.“ Eliasz predigte wider die orthodoxen Prediger und deren Gebührensätze. Er selbst verlangte kein Geld. Er sagte den Bauern: Wählt einen von euch zum Popen, spart die Gebühren für Hochzeit und Taufe und Tod.

Die Kirchenoberen wurden unruhig. Ein ungeweihter Bauernprediger, der sich den Kirchstock füllen ließ? Das war Ketzerei. Der orthodoxe Patriarch machte sich mit einer Delegation auf den Weg, um die Hinterwäldler zu befrieden. Der Prophet sollte zur Nachbesserung in ein Kloster gesteckt werden. Zur allgemeinen Überraschung gehorchte Eliasz dem Inquisitor. Zwei Monate verschwand er hinter Klostermauern, die Bibel unterm Arm. Dann sprach sich herum, dass der Patriarch einen neuen Popen anstelle von Eliasz eingesetzt hatte. Eliasz zerriss seine Klosterkutte, ritt nach Grzybowszczyzna und verkaufte die Kirche – aus Trotz an eine Katholikin.

Das war der Bruch mit den Kirchenoberen. Aber Eliasz brauchte sie nicht mehr. Ein Neues Jerusalem würde er jetzt bauen, im Wald, und dort gäbe es keine Inquisitoren und Popen mehr. Seine Anhänger rissen ihre Bauernhöfe ab und trugen Bohlen und Nägel auf die Lichtung. Auch Pawel Woloszyn, der Erfinder, zimmerte sich und Pola eine Hütte und begann, den Plan für ein Windrad zu zeichnen.

Wierszalin wuchs Kate um Kate. Miniuk nagelte gerade an einer Armenküche, da kam Eliasz und sagte: „Erzengel Michael, hör auf zu hämmern. Das ist nicht deine gottgewollte Aufgabe. Du geleitest die Verstorbenen vor Gottes Thron." So wurde Miniuk Totengräber.

„Hier", sagt Miniuk ein Menschenleben später in seiner Stube, in der es nach Naphthalin riecht, und sticht mit einem Finger in die speckigen Seiten seiner Bibel. „Hier, lest nur", sagt er, und schon sind die Mattscheiben seiner Brille in Bewegung wie bei einem Tennisspiel: „Und das Tier, das gewesen ist und nicht ist, das ist der achte und ist einer von den sieben und fährt in die Verdammnis (Offenbarung 17,11). Genau wie Eliasz es prophezeit hat: die sieben Führer der KPdSU, und Gorbatschow ist der achte, der auch zur Hölle fahren wird." Und plötzlich ist aus Miniuk wieder der Erzengel Michael geworden, und der steht in seinen Pantoffeln aufgerichtet, hinter sich überm Bett das Imkerdiplom von 1964 und um sich die Apokalypse: Feuer und Donner, Baal und rotes Tier.

Nur eines macht Miniuk Sorge, zumal er nicht darüber sprechen kann, außer mit Pawel. Es ist sein Beruf, die toten Mitglieder der Sekte zu bestatten. Nun ist die Reihe an ihm. Doch wer begräbt den Totengräber? Der Batjuschka aus der orthodoxen Kirche etwa? „Niemals. Lieber wie ein Hund auf der Straße verrecken." Aber wer sonst? Alle sind tot, längst begraben vom Erzengel an der Mauer des Kirchgartens von Grzybowszczyzna, wo die Ketzer liegen.

Lasset uns freuen und fröhlich sein und Ihm die Ehre geben, denn die Hochzeit des Lammes ist gekommen, und sein Weib hat sich bereitet (Offenbarung 19,7).

1930 erscheint dem Propheten seine Muttergottes in Fleisch und Blut. Sie heißt Fiokla. Eigentlich „Tekla Jakowczuk. Geboren am 26. IX. 1881 in Pawly. Graumeliertes Haar, besonderes Kennzeichen: r. Wange Muttermal". So steht es in dem Personalausweis, den ein NS-

Amtskommissar 1943 ausgestellt hat. Aus dem Foto schaut eine hohlwangige, leicht schielende Bäuerin. Aber Fiokla war nicht Tekla Jakowczuk, was wusste schon ein deutscher Kommissar? Fiokla war jung, schön und schlau damals, und sie schaffte es binnen kurzem, den Heiland nach ihrer Pfeife tanzen zu lassen. „Wenn du Christus bist, Eliasz, dann lebe auch so. Schaff dir Jünger an!"

Eliasz vertiefte sich wieder in die Apokalypse und erkannte, dass es an der Zeit war, die Bibel zu leben. Die Passionsgeschichte wird zum Szenario. Ein bibelfester Tuchhändler namens Pawel Bielski wird zum Apostel Paulus erhoben und macht sich daran, Psalmen auf die Königin Fiokla zu verfassen. Ein Alexander Daniluk tritt die Nachfolge Petri an und klebt die Bäume im Wald mit Offenbarungen voll. „Höret: der Sohn Gottes, Jesus Christus, ist zum zweiten Mal auf die Erde herabgestiegen und wiedergeboren. Der König der Könige weilt unter uns. Für die Richtigkeit unterzeichne ich, Alexander Daniluk." Er schickt seine Offenbarungen noch Jahrzehnte später an Redaktionen und Regierungen. Im Oktober 1968 erhält er endlich eine Antwort des Obersten Sowjets der UdSSR mit der Zusicherung, man werde den Inhalt seines Schreibens auf Richtigkeit überprüfen.

Irgendwann im Jahr 1931 geschieht etwas, das nicht in der Bibel steht: Ein zweiter Prophet taucht im Dorf auf, ein auffallend hübscher Jungmann mit Bauerngesicht, der Regis heißt und sagt, er sei in Wahrheit Zar Nikolaus II. und verlange ein Abendbrot. Auf wunderbare Weise sei er aus Bolschewikenhand gerettet worden und seither auf der Flucht. Die Bäuerinnen fallen auf die Knie, und als der Zar beginnt, nächtelange Messen abzuhalten, schicken sie ihm auch ihre Töchter in der Hoffnung, Nikolaus werde sich erkenntlich zeigen, sobald er wieder auf dem Thron sitze.

Niemand weiß, wie viele Zarenkinder im Wald von Grzybowszczyzna gezeugt wurden, bis Regis im Herbst wieder verschwand. Die Dörflerinnen trauerten. Am meisten aber trauerte die Königin von Wierszalin. Denn auch Fiokla war dem falschen Nikolaus erlegen und seinen Messen nach Mitternacht.

Im Monatsbericht des Białystoker Woiwoden vom 10. Oktober 1932 findet sich unter dem Siegel „Geheim" der Eintrag, dass ein Eliasz Klimowicz unter Anschuldigung des Mordes verhaftet worden sei. Im Wald war die Leiche eines jungen Mannes gefunden worden. Doch Eliasz wird mangels Beweisen freigelassen.

Und die Könige der Erde auf Erden und die Großen und die Reichen … verbargen sich in den Klüften und den Felsen und sprachen zu den Bergen und Felsen: Fallet über uns und verberget uns vor dem Angesichte des, der auf dem Thron sitzt, und vor dem Zorn des Lammes (Offenbarung 6,15).

Eliasz' Predigten werden wilder, seine Träume düsterer. Er schreit seine Visionen heraus, spricht von stählernen Vögeln, aus deren Schnäbeln Feuer herniederfällt und deren Krallen die Äcker verwüsten. Er sieht Meere, die über die Ufer treten, und herabstürzende Himmel. Der siebente Engel würde seine Posaune blasen, und er, Eliasz, sei es, der solches gehört und gesehen habe.

Die Bauern haben sich vielleicht ein versöhnlicheres Ende der Predigt erhofft. Nach den Visionen sei Schweigen gewesen, erinnert sich Miniuk: „Sie glotzten sich an und hofften, ihr Messias werde nun auch sagen, was gegen diese Vögel zu tun sei" – und wann sie kämen, ob schon zur Ernte oder erst zu Mariä Verkündigung, wenn gesät wird.

Auf der Lichtung von Wierszalin sitzt Pawel Woloszyn, der spinnenbeinige Erfinder mit der Bussardstimme und dem Försterhut, letzter Bewohner des Neuen Jerusalem. Pawel glaubt an die Logik der Welt. Alles andere glaubt er auch, aber das ist Sache des Messias. Er sagt: „Ich bin kein Prophet, ich bin ein Erfinder. Alles geht mit rechten Dingen zu, denn die Natur hat ihren Rhythmus."

Er zeigt auf ein Bündel Zettel, die eng mit winzigen Zahlen und Linien bedeckt sind: „Das Wetter. Seit 60 Jahren führe ich Buch. Hier: Wenn es im 9. Januar zu warm ist, dann wird es am 9. Juli kalt sein. Ich irre mich höchstens um einen Tag, das Wetter stimmt immer." Denn Gott würfelt nicht. Gott sitzt irgendwo auf einer anderen Lichtung, führt Buch, erfindet und montiert, bis alles funktioniert, und manchmal schickt er einen Boten, um die Menschheit zu retten. Und manchmal nimmt er ihn auch wieder fort.

Weh, weh, weh denen, die auf Erden wohnen (Offenbarung 8,13).

Der Sommer 1936 war laut Pawels Kalender heiß und trocken. Da kam eine Gruppe von Pilgern nach Grzybowszczyzna. Sie schleppten ein Kreuz aus Eiche auf den Schultern. Einer ritt auf einem Pferd und sagte, er sei auf dem Weg nach Golgotha, ein anderer trug eine Dornenkrone im Gepäck, und alle sagten: „Eliasz ist unser Heiland. Aber wir wollen ihn prüfen. Lasst uns ihn kreuzigen! Und wenn er wiederaufersteht und das Himmelreich kommt, werden wir alle reich sein und ohne Sorgen."

Das war nicht böse gemeint. Stand es nicht so im Evangelium? Doch als ein Bauer, den sie Judas nannten, an die Tür des Propheten klopfte und Eliasz einen Kuss geben wollte, wich dieser vom Drehbuch ab. Er müsse vor der Kreuzigung noch beten, sagte Eliasz, sperrte die Tür zu und verschwand durch die Hintertür.

Danach war irgendetwas zu Ende. Selbst als der Prophet nach drei Tagen wieder aus dem Wald hervorkam, war er kein Auferstandener, sondern hungrig und zerkratzt und roch nach Harz und Schweiß. Auch das Weltenende wollte sich nicht einstellen. Eliasz ging das Geld aus. Die Spenden flossen spärlicher, das Geld vom Verkauf der Kirche war längst aufgebraucht. In Wierszalin brannten die Kerzen herunter. Die Bauern vergaßen das Zentrum der Welt.

Nur ein kleiner Kreis hielt Eliasz die Treue. Darunter Pawel und Pola, Tatjana und Miniuk. Und sonderbar: Im Spätsommer 1939 war es plötzlich so, als folgte die Welt den Visionen des Eliasz Klimowicz aus Grzybowszczyzna. Da waren sie, die stählernen Vögel und Racheengel in Scharen und Posaunen und Blut. Die Vernichtungsengel trugen Uniformen, die der Roten Armee oder die grauen der Deutschen. Und immer war Blut und Leid und Hass und Tod.

Am 17. September 1939 marschiert die Rote Armee in Ostpolen ein. Zwei Tage zuvor wird der Prophet Eliasz von weißrussischen Kommunisten als „Ausbeuterknecht“ liquidiert, wie sich der Krynkiner Dorfchronist erinnert: „Es war ein alltäglicher Tod in diesen Tagen, gewöhnlich wie ein Bissen Brot. Ein Tod ohne Prozess, ohne Zeugen, ohne Grab.“

„Unsinn!“, sagt Pawel, und das sagen alle, die die Apokalypse überlebt haben. Eliasz hätten sie nicht wie einen Hund verscharrt. Pawel sah seinen Messias vier Tage nach dessen Liquidation. „Ich verschwinde. In Wierszalin habe ich zu viele Feinde“, habe der Prophet erklärt und versprochen, noch zu Pawels Lebzeiten wieder zurückzukehren. Deswegen wartet Pawel.

Und siehe, ich bin bei euch alle Tage bis an der Welt Ende (Matthäus 28,20).

In Grzybowszczyzna stehen heute noch neun Gehöfte von einstmals 40. Die Blockhütten sind niedrig, als herrschte hier eine andere Schwerkraft, als saugte die Erde an den Gehöften. Die Dorfbewohner reden nicht gern über das, was hier vor einem halben Menschenleben geschah. Als schämten sie sich gegenüber den Städtern. Ohne sich eigentlich zu schämen. Aber doch ist in jedem Haus irgendwo ein Foto des Eliasz versteckt.

Wlodzimierz Supronik ist ein dürrer Greis, der das Dorf aus Blockhäusern, Starenkästen und Stockrosen nie verlassen hat. Beim Sprechen fährt ihm die Zunge im kahlen Mund herum wie ein Aal, den er immer wieder mit einem Taschentuch zurückstopfen muss. „Ja, ich erinnere mich“, sagt er. „Sie schliefen im Stroh vor der Kirche. In den Brunnen ging das Wasser aus, so viele waren es. Sie trugen Säcke und

Taschen voller Spenden. Bis zu 1000 Złoty täglich. Eliasz ist ein reicher Mann."

„Ist?" Der Aal verschwindet. Wlodzimierz Supronik muss sich um seine Rosen kümmern.

Die Leute sprechen von Eliasz, als könnte er jeden Moment zurückkehren, um sie zu erlösen. Im Alter von nunmehr 132 Jahren. Da ist jener Bauer aus Ostrów, der Eliasz als Berater im Kreml wiedererkannt haben will. Oder der Gemüsehändler von Krynki, der versichert, Eliasz in Russland getroffen zu haben: Der Prophet habe einen Sack Dörrpilze von seinen Jüngern erbeten. Sofort wurden säckeweise Steinpilze und Kartoffeln beim Händler abgegeben. Das erzählt der Mann und zeigt sein schönes, in unverhofftem Wohlstand erbautes Haus. Eliasz hat geholfen.

Die heilige Mutter Fiokla stirbt 1949 im Krankenhaus an Darmverschlingung. Der Apostel Paulus verfällt in tiefe Armut und bekehrt sich, kurz bevor er sein Leben 1954 ausseufzt. Der Erzengel Michael sitzt bei seinen Bienen und liest die Apokalypse. Die heilige Tatjana stirbt im Wahnsinn, aber glücklich.

Und Pawel? Der Konstrukteur des Neuen Jerusalem lebt und wartet: Die Zeit ist nahe. Er zeigt eine Postkarte. Zerknittert und fleckig, verehrt wie eine Reliquie. Eine Karte aus Sibirien, geschrieben mit ungelenker Schrift und datiert vom 14. Juni 1941: „Ich möchte Dich benachrichtigen, dass ich am Leben bin und gesund, was ich Euch auch wünsche. Danke für die Kartoffeln. Vergesst nicht einen alten, einsamen Mann im weiten, fremden Land. Eliasz."

Pawel ist wieder in seiner Kate verschwunden. Zehn Jahre bräuchte er noch für seine Turbine, hat der 94-Jährige in heiterer Zuversicht gesagt. Vielleicht kommt ja bis dahin der Messias zurück. Aber vorhin, beim Wasserlassen, da hat Pawel vor Schmerz geschrien, ein Bussardschrei. Die Prostata. Kaum wird er diesen Winter überleben.

Dann wird von den Jüngern des Eliasz bald niemand mehr übrig sein. Und irgendwann, wenn sich jemand in Jahren auf die Lichtung im Wald von Grzybowszczyzna verirrt, wird er moosige Fundamente sehen, ein Kreuz, Maschinen und Bäume, an denen Schraubenmuttern zu Ketten gefädelt sind. Und wird nicht wissen, dass hier einmal die Hauptstadt der Welt gestanden hat. Dass hier einmal Hoffnung war, auf einer Lichtung drei Stunden hinter Warschau, ganz im Osten, wo die Straßen unmerklich in Sandpfaden auslaufen. Wo doch keine Erlösung gewesen ist und auch nie sein wird. Weil der Sandboden nur die Hoffnung auf Wunder wachsen lässt und sonst nicht viel.

UWE GEORGE

Inseln in der Zeit

Im Süden Venezuelas erhebt sich ein Archipel von Tafelbergen, die bis zu 3000 Meter hoch über dem benachbarten Amazonas-Becken aufragen. Die meisten von ihnen hat noch nie ein Mensch betreten. Lange Epochen der Erdgeschichte haben sie isoliert überdauert – und mit ihnen eine einzigartige Flora und Fauna. Die Indianer nennen sie Tepui: „Häuser der Götter". Für die Naturwissenschaftler sind sie ein Prüffeld der Evolution, auf dem sie das größtenteils noch ungelöste Geheimnis der Artenbildung zu entschlüsseln hoffen.

Auf einmal spüre ich, dass mich etwas beobachtet. Zwei glänzende Punkte am düsteren Grund des Bergregenwaldes fixieren mich. Es sind die großen, metallisch schimmernden Facettenaugen einer riesigen Ameise, deren Länge ich auf mindestens dreieinhalb Zentimeter schätze. Mir ist, als beobachte sie jede meiner Bewegungen aufmerksam. Als ich ihr, neugierig geworden, näher komme, beginnt sie scharfe, zirpende Laute auszustoßen. Der Blickkontakt mit diesem seltsamen Lebewesen und diese Töne erregen eine elementare, instinktive Furcht in mir, und ich trete den Rückzug an, noch bevor ich den Warnruf meines Begleiters vernehme.

Seiner Größe und seinem Verhalten nach muss das Tier eine *gigantea solitaria* sein, die von Eingeborenen und Forschern mehr gefürchtet wird als die hier häufigen Giftschlangen und Skorpione. Das Gift aus dem Stachel dieses Rieseninsekts verursacht bis zu 24 Stunden lang grausame Schmerzen. Opfer erzählen, sie hätten das Gefühl gehabt, ihr Arm brenne bei lebendigem Leibe ab.

Ich befinde mich in einer entlegenen Ecke Südamerikas. Irgendwo hier in der Wildnis verläuft die Grenzlinie zwischen Venezuela, Brasilien und Guyana. Mit Hilfe ortskundiger Indianer vom Stamme der Pemó will ich mit Kollegen das Roraima-Plateau besteigen, das sich mit seinen senkrechten Felswänden wie eine unbezwingbare Burg fast

3000 Meter erhebt. Es ist einer von 115 Tafelbergen, die in einem wenig erforschten Areal im Süden Venezuelas verstreut liegen. Viele gehören zu den letzten weißen Flecken der Erde.

Zwar hat um 1800 der geniale Alexander von Humboldt bei seiner Befahrung des Orinoco die nördliche Peripherie von Guyana berührt, zwar ist sein ebenfalls naturforschender Landsmann Robert Schomburgk im Jahre 1838 bis zum Roraima-Tepui vorgedrungen und hat die erste wissenschaftliche Beschreibung eines Tepui nach Europa gebracht, aber dennoch sind bis jetzt erst sechs dieser Tafelberge erforscht worden. 65 hat dagegen noch niemals ein Mensch betreten. Sie liegen fast das ganze Jahr unter einer dichten Wolkendecke verborgen.

Die Indianer nennen diese Tafelberge *tepui*, „Häuser der Götter". Sie sind Überreste eines mächtigen Sandsteinplateaus, das einst die granitenen Urgesteine des so genannten Guayanaschildes zwischen der Nordgrenze des Amazonasbeckens und der Nordküste Venezuelas völlig bedeckte und im Laufe der Jahrmillionen durch Erosion abgetragen wurde. Forscher haben auf ihnen eine merkwürdige Tier- und Pflanzenwelt entdeckt, die es nur hier gibt. Darunter sind uralte Relikte – lebende Fossilien – längst vergangener Erdzeitalter.

Der Weg durch die dichte Pflanzenmasse wird zunehmend steiler und führt direkt in die Wolken. Es beginnt zu regnen. Stellenweise ist der Weg so steil und schlüpfrig, dass ich nur auf allen vieren vorankomme. Es riecht nach Moder: süßlich, schwer und aufdringlich. Drei, vier Meter, die ich mühsam hochgeklettert bin, rutsche ich auf schlüpfrigem, moosbedecktem Felsen wieder hinunter. Auf der Suche nach Halt greife ich in die Vegetation und reiße mir die Hände an dornenbewehrten Lianen blutig. Sobald mich die Anstrengung zwingt innezuhalten, bin ich im Geruch meines Schweißes wie in einer Hülle gefangen.

Humus gibt es hier höchst selten: Bevor er sich bilden kann, werden die pflanzlichen Ablagerungen vom Regen weggespült. Die Wurzeln der Bäume klammern sich um herabgestürzte Felstrümmer, während ihre Äste Wachstumsplattformen für Farne, Moose, Orchideen und Bromelien ausbilden. Schling- und Klettergewächse, die nicht selten den Saftstrom der Bäume abschnüren, um deren Platz an der Sonne zu übernehmen, verweben sich zu einer undurchdringlichen grünen Masse. Würger wachsen auf Würgern, und jeder wartet auf den Tod seines Nachbarn, um sich selber Lebensraum zu schaffen.

Der Wald endet an der Basis der senkrechten Felswand, deren

Oberkante bei dem Wetter nicht auszumachen ist. Wir klettern nun über bewucherte Felssimse an der Wand entlang höher und höher. Aus Rissen und Löchern in der Wand schießt Wasser wie aus einer dicken geborstenen Wasserleitung unter hohem Druck hervor. Auch von oben, von der in den Wolken verborgenen Kante des Plateaus, stürzt es auf uns herab. Immer wieder signalisieren dumpfe Aufschläge in der Vegetation tief unter uns, dass die strömenden Wasser Gesteinsbrocken mit in die Tiefe reißen. Irgendwo über uns auf dem Plateau grollen ferne Gewitter.

Die Dunkelheit bricht an, und wir haben die Oberkante der Felswand noch nicht erklommen. In der regenüberfluteten Wand aber können wir nicht übernachten. Gerade noch beim allerletzten Lichtschimmer erreichen wir in etwa 2800 Meter Höhe die Oberfläche des Plateaus.

Die Landschaft vor mir scheint einem Albtraum entsprungen zu sein. Als wäre es ein Steinbaukasten von Zyklopen, sind Felsblöcke und Zinnen jeder Größe und Form aufeinander getürmt. Sturm peitscht uns eiskalten Regen ins Gesicht. Im Schein unserer Stirnlampen stolpern wir noch ein paar hundert Meter weiter. An Zeltaufbau ist überhaupt nicht zu denken. Es gibt nicht einen einzigen Quadratmeter ebener Fläche. Was nicht nackter, glitschiger Fels ist, ist bodenloser Morast. Wie nasse Hunde verkriechen wir uns in die nächstbeste Höhle, die nicht viel mehr ist als das weit überstehende steinerne Dach eines pilzförmigen Felsens. Die Indianer, die uns begleiten, hasten zu einem anderen Unterschlupf und werden von Dunkelheit und Regen verschluckt.

Da bricht auch schon ein Gewitter von urzeitlicher Gewalt über uns herein. Die Länge der ersten Donnerschläge können wir noch messen – sie währen über eine volle Minute. Dann aber kracht Blitz auf Blitz in die Felsen, begleitet von sintflutartigen Wolkenbrüchen. So etwa stelle ich mir die Bedingungen in der Ur-Atmosphäre unseres Planeten vor, als die Erde ihre Gashülle und ihre Ozeane ausschwitzte und die Energien von Millionen Jahre andauernden Gewittern die Elemente zu immer größeren Molekülen zusammenschweißten, aus denen dann – so die These einiger Wissenschaftler – das Leben entstand.

Geborgen in unseren Schlafsäcken, unsicher, ob wir nicht unsere felsige Behausung mit Skorpionen teilen, starren wir in das Inferno. Die Blitze entfachen ein wahres Feuerwerk. Blendend zerplatzen sie auf den runden, vollkommen schwarzen Felsen und fließen wie eine Flüssigkeit nach allen Seiten hin ab. Ich erkläre mir dieses bedrohliche Phänomen so: Die Felsen sind mit einer lackartigen Schicht aus Eisen und Manganhydroxiden überzogen. Verwitterungsprozesse, aber auch Flechten, haben diese Metallverbindungen dem Gestein entzogen und als Kruste an der Oberfläche abgelagert. Wie ein Faradayscher Käfig leiten sie die elektrische Energie der Blitze ab.

Unter ohrenbetäubendem Krachen schlägt ein Blitz in die Felsplatte über uns ein. Ich spüre, wie sie vibriert, und fürchte, sie könne abbrechen und uns unter sich begraben. Das Gewitter währt die ganze Nacht. An Schlaf ist nicht zu denken. Noch einmal laufen vor meinem inneren Auge die Ereignisse der letzten drei Wochen ab.

DENN SO LANGE hatte es gedauert, bis wir hierher gelangt waren. Zunächst waren wir von der kleinen Ansiedlung Canaima aus mit einem Boot einen Tag lang den Carrao hochgefahren, um einen schon zu Lebzeiten legendären Einsiedler aufzusuchen. Wir fanden seine Hütte am Fuße des Auyán-Tepui, eines anderen Tafelberges.

Alexander Laime war ein alter Mann, mit dem freundlichen Gesichtsausdruck eines phantasiebegabten Kindes und dem muskulösen Körper eines 30-Jährigen. Das Erste, was er uns zeigte, war ein Lot neben der Eingangstür seiner Hütte. Damit überwachte Alejandro, wie ihn die Indianer der Gegend nannten, die Arbeit der Termiten, die das hölzerne Fundament seiner Behausung zerkauten. Tatsächlich zeigte das Lot bereits eine beträchtliche Neigung der Hütte an. Obwohl bereits 75 Jahre alt, hatte sich Alejandro darauf eingestellt, eine neue Behausung bauen zu müssen, die vierte in den 45 Jahren, die er nun schon hier lebt.

Stolz führte uns Alejandro dann seinen Garten vor. In jahrzehntelanger Mühe hatte er auf der eigentlich unfruchtbaren Urwaldlichtung Bananen, Maniok-, Kürbis-, Zuckerrohrkulturen, Mango-, Zitronen- und Orangenbäume herangezogen. Von den himmelstürmenden Felswänden hinter seinem Haus würden, so versicherte er, auf dem Höhepunkt der Regenzeit 20 Wasserfälle aus den Wolken herabstürzen. Acht waren es immerhin auch bei unserem Besuch.

Und dann erzählte uns der Alte die Geschichte, die alle Besucher zu hören hoffen: wie er hoch oben auf dem Auyán-Tepui Saurier entdeckt habe. Auf dem 700 Quadratkilometer großen Tafelberg befindet sich ein ausgedehntes Gewässernetz. Als Laime 1955 in einem der Flüsse nach Diamanten suchte, habe er, so erzählte er uns, drei fremdartige Kreaturen bemerkt, die sich wie Robben auf einem Felsblock im Fluss sonnten. Es gelang ihm, sich unbemerkt heranzupirschen, und er sah, dass es Tiere mit enorm langen Hälsen, uralten Reptiliengesichtern und vier schuppenbedeckten Flossen waren.

Wir blickten ihn etwas ungläubig an. Alejandro aber griff in sein Bücherbord, zog einen Band über prähistorische Tiere hervor und zeigte auf die Abbildung eines dem Leben im Wasser angepassten Plesiosauriers, der mit allen seinen Verwandten vor 60 Millionen Jahren ausgestorben ist. Genau so, versicherte er, hätten die Kreaturen ausgesehen, und kramte zum Beweis eine Zeichnung hervor, die er damals von seiner Entdeckung gemacht hatte.

Was einen über Alejandros Bericht zumindest nachdenklich werden lässt, ist, dass er Saurier von bescheidener Größe schildert, mit einer Körperlänge von nur 80 Zentimetern. Denn falls eine der vielen Saurierarten, die einst die Erde bevölkerten, hier tatsächlich überlebt haben sollte, dann könnte es nur eine der kleinen, ökologisch anpassungsfähigen sein, und nicht eine der Giganten, nach der einige Phantasten immer noch suchen. Vielleicht aber auch hat Alejandro nur einen „Perro de Agua" gesehen, eine tropische Fischotterart mit besonders langem Hals. Was der Einsiedler aber auch immer an jenem Tage im Jahre 1955 gesehen haben mochte – seine „Klein-Saurier" wurden Anstoß zu mehreren wissenschaftlichen Expeditionen.

Kaum irgendwo sonst auf der Erde haben sich Legenden und exakte Wissenschaften gegenseitig so befruchtet und so eng zusammengewirkt wie im Süden Venezuelas. Als ein verwunschenes Land hatte Anfang dieses Jahrhunderts Sir Arthur Conan Doyle, Erfinder des Meisterdetektivs Sherlock Holmes, Roraima in die Weltliteratur eingeführt. Angeregt durch Berichte, die er über merkwürdige, auf dem Tepui entdeckte Pflanzen und Tiere gelesen hatte, widmete er dem Tepui seinen phantastischen Roman „The Lost World".

El Mundo perdido, „die vergessene Welt", wurde zum geographischen Begriff für die ganze Region. In seinem 1912 erschienenen Roman lässt Conan Doyle seinen Helden Prof. Challenger die ausgestorbenen Saurier wiederentdecken, die in der Abgeschiedenheit Roraimas die Zeiten überdauert hatten. Der Schriftsteller regte damit nicht nur die Einbildungskraft seiner riesigen Lesergemeinde an, sein Buch wurde auch zu einer Art Initialzündung für die wissenschaftliche Erforschung der Region. Und tatsächlich zielte seine Phantasie nicht allzu weit an der Wirklichkeit vorbei. Das sollte ich bald selber erfahren.

IN DEN DARAUFFOLGENDEN Tagen unternahm ich mit einem erfahrenen Buschpiloten, den sie El Tigre nannten – was hier so viel wie Jaguar bedeutet –, stundenlange Flüge über dem Auyán-Tepui. Wir flogen durch riesige Cañons, durch Ansammlungen von Felspfeilern, zwischen denen die Wolken zu kochen schienen und die in Höhe und Ausdehnung mit Manhattan zu vergleichen sind. Ich blickte in schmale Klüfte, die den Tepui zerrissen und deren Tiefe sich nur meine Phantasie ausmalen konnte.

Dann steuerte El Tigre seine einmotorige Cesna im Tiefflug einen Fluss entlang, während ich intensiv nach Laimes Sauriern Ausschau hielt. Plötzlich verschwanden die Wassermassen in Felsspalten. Zwei, drei Flugsekunden weiter schoss das Wasser aus einer Felswand wieder hervor und stürzte kilometertief in die dichte Wolkendecke, die tief unten über dem Regenwald lag. Das war der Salto Angel, den die Geographen für den höchsten Wasserfall der Erde halten. El Tigre aber versicherte mir, dass es auf dem Höhepunkt der Regenzeit höhere, namenlose Fälle gebe.

Die Story von der Entdeckung dieses Wasserfalls ist in Südamerika so oft und auf so vielfältige Weise erzählt worden, dass sie bereits Legende wurde. Irgendwann Anfang der zwanziger Jahre saß der amerikanische Buschpilot Jimmy Angel in einer Bar in Panama City, als jemand ihm erzählte, er habe irgendwo im unerforschten Süden Venezuelas einen Fluss voller Gold entdeckt.

Wo genau? Der Mann war sicher, ihn wiederzufinden. Ohne Instrumente und Karten flogen die beiden los. Angel navigierte nach dem Daumen seines Partners. Schließlich landeten sie auf einem namenlosen Tafelberg in der Nähe eines Flusses. Und aus diesem Fluss schürften sie in weniger als einer Woche 30 Kilo Gold, und dann flogen sie zurück in die Zivilisation.

Den Rest seines Lebens verwandte Jimmy Angel darauf, den Goldfluss wiederzufinden. Eines Tages im Jahre 1935 flog er den Río Churún aufwärts, der in einem tiefen Cañon aus dem Auyán-Tepui herausströmt. An der Westwand des Cañons sah er dann den gewaltigen, einen Kilometer frei hinabfallenden Katarakt, der heute seinen Namen trägt.

Mit El Tigre und dem Einbaum eines Indianers versuchte ich nun, von der Basis des Auyán-Tepui aus sozusagen ins Innere des Tafelberges einzudringen, durch eine der vielen Felsspalten, die bei einer Breite von oft nur zwei Metern viele hundert Meter tief sein konnten. Die Indianer befahren diese Wildwasser, um nach Diamanten zu suchen, die von allen Seiten in die Schluchten stürzende Wassermassen aus dem Fels herauswaschen – für Unerfahrene wie uns ein gefährliches Unternehmen.

Während unserer Exkursion durch die Klamm, die so schmal und tief war, dass niemals ein Sonnenstrahl bis zu ihrem Grund hinabgelangte, stieg der Wasserstand plötzlich um einen Meter pro Minute, und man musste Obacht geben, mit der zunehmenden Strömung nicht auf einen der immerhin 30 bis 50 Meter herabstürzenden Wasserfälle innerhalb der Klamm zugetrieben zu werden.

Nach diesem Abenteuer ging es dann schließlich in Richtung Roraima-Tepui, dem eigentlichen Ziel unserer Expedition. Zunächst brachte uns ein Buschpilot zu dem kleinen Ort San Ignacio, 50 Kilometer vom Roraima entfernt. Ein paar Tage später starteten wir mit einem Hubschrauber zu einem Erkundungsflug zum Tepui. Wir wollten auf dem Tafelberg einen Platz ausfindig machen, an dem wir unser Camp errichten konnten. Was dann über Roraima passierte, werde ich sicherlich bis an mein Lebensende nicht vergessen.

Hingerissen von dem Panorama unter mir, fotografierte ich durch das geöffnete Fenster, als der Hubschrauber plötzlich von oben gepackt wurde. Für sechs Minuten geriet der Helikopter völlig außer Kontrolle, wurde an kirchturmhohen Felszinnen vorbei in bodenlose Cañons hinein- und hinausgeschleudert, vergleichbar einem Fetzen Papier, der bei Sturm durch Straßenschluchten gewirbelt wird. Sechs Minuten Todesangst. Aber wie jene Papierschnitzel durch den Stau der Luft nur selten eine Wand berühren und die Strömung, die sie hinabgerissen hat, sie wieder empor ins Freie hebt, so ähnlich überlebten wir das Unglück.

Wir wären fast das Opfer eines jener Luftwirbel geworden, die sich wie gewaltige Brandungswellen über den im Passatwind liegenden Tepuis bilden. Unser Hubschrauber war mit einer Turbine von etwas über 400 PS Leistung zu schwach, um diesem Wirbel zu widerstehen. Wir beschlossen, unter solchen Bedingungen nicht auf den Tepui zu fliegen, sondern – nur noch den eigenen Beinen vertrauend – ihn zu erklettern.

DA OBEN LIEGEN WIR nun nach jener blitzetosenden Nacht in unserer Felshöhle. Irgendwann muss ich wohl doch noch eingeschlafen sein. Das Geklapper von Tassen weckt mich, Tee wird aufgebrüht. Die Morgenluft ist klar und kalt. Von einer Anhöhe oberhalb unserer Höhle bietet sich ein überwältigender Anblick. Inmitten eines endlosen dichten Wolkenmeeres tief unter uns, das der Wald in der Nacht ausgeschwitzt hat, stehen wir auf einem steinernen Floß, dessen wilde Oberflächenformen alles übertreffen, was ich je gesehen habe.

In einiger Entfernung ragen andere Tepuis wie Inseln aus dem Wolkenmeer empor. Der Nächste – nur ein paar Kilometer entfernt – heißt Cuquenám. Die Indianer erzählen uns, dass schon mancher hinaufgeklettert, aber keiner je wieder heruntergekommen sei. Auch vom Cuquenám-Tepui stürzen Wasserfälle hinab in die Wolken. Dahinter liegen andere Tepuis, die noch nie von eines Menschen Fuß betreten worden sind.

Zehn Kilometer von hier entfernt können wir nach Bekunden der Indianer ein Camp errichten, was aber aufgrund der Geländeschwierigkeiten ungefähr einen Tagesmarsch bedeutet. Fast drei Kilometer hoch über der größten zusammenhängenden Waldregion der Erde im benachbarten Amazonasbecken marschieren wir durch eine Landschaft, zu der mir nur der Begriff Regenwüste einfällt: Der ständige Niederschlag wäscht alle für das pflanzliche Wachstum unerlässlichen, mineralischen Nährstoffe, die durch Verwitterung aus dem Gestein freigesetzt wurden, von dem Plateau hinunter. Das gleiche geschieht mit den meisten Humusstoffen.

Gleichwohl gibt es dort oben an manchen Stellen ein reiches Pflanzenleben. Die Pflanzen wachsen geschützt in Felsspalten oder bilden kleine Oasen inmitten sonst völlig steriler, ausgewaschener Sandpfannen. Diese Oasen sind oft nicht viel größer als Blumengestecke und bestehen aus bis zu 20 unterschiedlichen Arten. Es sind Lebensgemeinschaften von vielen Partnern. Zunächst bilden urtümliche Moose und Flechten kleine Deiche, zwischen denen sich Humusstoffe ansammeln können, die wiederum Lebensgrundlage für andere Siedler sind.

Auffallend viele Pflanzenarten lösen hier ihre Nährstoffprobleme als Fleischfresser. In den Bächen lauern mehrere Arten der Gattung *genlisea* auf Kleingetier, umschlingen, töten und verdauen es; in den Sümpfen und Tümpeln der Felswannen überraschen die winzigen Schlauchblätter mehrerer Utricularia-Arten vorbeischwimmende Ruderfüßer und Moostierchen mit ihrer tödlichen Schluckbewegung. Eine Pflanzengruppe mit dem schönen Namen *heliamphora*, was soviel wie Sonnenamphore heißt, bildet vasenförmige Fangtrichter aus, in die durch Nektar angelockte Insekten hineinrutschen und von besonderen Zellen der Krugwand wie in einem Magen verdaut werden. Manchmal gruppieren sich die Amphoren zu Gebilden, die bis zu anderthalb Meter hoch werden. Nur einmal zuvor, im Ruwenzori-Gebirge Ugandas, habe ich eine ähnlich fremd aussehende Vegetation gesehen, ja viele Pflanzen hier kamen mir vor, als stammten sie von einem anderen Stern.

Die Tepui besitzen, entlegenen ozeanischen Inseln vergleichbar, eine weitgehend endemische Tier- und Pflanzenwelt, also Arten, die nur hier vorkommen und nirgendwo sonst. Aber auch von Tepui zu

Tepui unterscheiden sich Pflanzen- und Tierarten voneinander. Ursache dafür ist die Isolierung der meisten Lebensvorgänge auf den Tepui über sehr große Zeiträume.

Lange war das erdgeschichtliche Alter der Tepui unter den Geologen umstritten. Denn in dem vorherrschenden Sandstein waren keinerlei Fossilien – auch nicht die kleinsten, die so genannten Mikrofossilien – zu finden, an deren entwicklungsgeschichtlicher Abfolge sich das Alter von Sedimenten ablesen lässt. So versuchte man, über gewisse Merkmale der Gesteinsbeschaffenheit zu einer Datierung zu gelangen. Die Ergebnisse variierten von 15 bis 500 Millionen Jahren. Ersteres erschien vielen Wissenschaftlern zu jung, Letzteres vielen zu alt.

Vor vier Jahren aber wurden alle diese Schätzungen als gründlich falsch erkannt. An einigen Stellen war einst glutflüssiges, aufsteigendes Magma zwischen die Sandsteinschichten gedrungen. Dieses Magma enthält bestimmte radioaktive Elemente, mit deren Hilfe sich per Radiometrie der Zeitpunkt zuverlässig datieren ließ, an dem die Gesteinsschmelze in den Sandstein eingedrungen war. Resultat: Das Ereignis fand vor 1,7 Milliarden Jahren statt. Der Sandstein musste demnach noch älter sein.

Sedimentgesteine dieses Alters sind äußerst selten. Fast alle, die älter als 600 Millionen Jahre sind, haben sich längst durch Druck und Temperatur als Folge plattentektonischer Vorgänge zu so genannten metamorphen Gesteinen verwandelt, etwa zu Gneis oder Granit.

1,7 Milliarden Jahre – das ist eine Zeitspanne, die tief in die Frühzeit der Erdgeschichte zurückreicht. Damals gab es allenfalls primitiv entwickelte Lebensformen in den Ur-Ozeanen, und es sollte noch 1,3 Milliarden Jahre dauern, bis Pflanzen und Tiere die Ozeane verließen, um das feste Land zu besiedeln. Die Sedimentgesteine des Roraima-Tepui waren bereits uralt, als Südamerika noch zusammen mit Afrika Bestandteil des Großkontinents Gondwanaland war, der vor rund 250 Millionen Jahren auseinander zu brechen begann.

Aber nicht nur geologisch sind die Tafelberge ungewöhnlich, sie sind auch klimatisch Inseln im Meer tropischer Urwälder. Ein Austausch von Pflanzen und Tieren zwischen beiden Welten ist so gut wie unmöglich. Die Umweltbedingungen sind allzu unterschiedlich: „unten“ 27 Grad Celsius Durchschnittstemperatur, „oben“ nur noch 10 Grad; „unten“ im Wechsel ausgeprägte Regen- und Trockenzeiten, „oben“ fast ganzjährig ein feuchtes, von stürmischen Passatwinden bestimmtes Lokalklima mit sehr häufigen schweren Gewittern. Darüber hinaus stellen die Steilflanken vieler Tepuis für die meisten Arten ein nahezu unüberwindliches Hindernis dar.

Vergleichbar den Galápagos-Inseln im Pazifik, ist der ausgedehnte Tepui-Archipel ein regelrechtes Prüffeld der Evolution. Viele Wissenschaftler sind davon überzeugt, dass die Lebensformen der Tepui Nachkommen einer Tier- und Pflanzenwelt sind, die früher auf dem einstigen ausgedehnten Plateau weit verbreitet war. Während davon nur die Inselberge übrig blieben, verselbständigten sich die Lebensformen auf den einzelnen Tepui und beschritten in ihrer weiteren Entwicklung eigene Wege. Isolation als Motor der Evolution? Vielleicht.

Die Forscher sind dabei, die Verbreitung der ursprünglichen Tier- und Pflanzenarten zu rekonstruieren: ein schwieriges Unterfangen. Aber in ihm liegt eine Chance, etwas über das noch weithin ungelöste Geheimnis der Evolution zu erfahren, für das auch Charles Darwin mit den seinerzeit verfügbaren Informationen keine befriedigende Antwort hatte: Was gibt den Anstoß zur Entstehung neuer Arten?

IM LAUFE DES VORMITTAGS steigen die Nebel an den Flanken des Tepui empor und verdichten sich über uns zu emporquellenden Stratokumuluswolken, aus denen schon bald die ersten Blitze zucken. Wir müssen uns beeilen, wenn wir unseren Lagerplatz noch vor dem nächsten Unwetter erreichen wollen. Das Gelände wird immer wilder, und bald habe ich das Gefühl, durch die ausgebrannten Ruinen einer zerbombten Stadt zu ziehen. Aber dann treten wir ein in einen kilometerlangen Cañon, der uns glauben macht, wir seien in ein Märchen versetzt: Der Grund besteht aus den schönsten weißen und rosa Bergkristallen. Gleich tonnenweise liegen die Kostbarkeiten umher.

Der Roraima und die anderen Tepui liegen im Herzen des legendären Goldlandes El Dorado. Schon wenige Jahre, nachdem Kolumbus die Neue Welt entdeckt hatte, verbreitete sich in Europa die Kunde von einem Land, das so reich an Edelsteinen und Gold sei, dass die Eingeborenen sich mit Goldstaub puderten. Hundert Jahre später unternahm der englische Entdecker Sir Walter Raleigh vier Expeditionen den Orinoco aufwärts, um das sagenumwobene Goldland zu suchen. In seinem 1596 erschienenen Werk „The Discoverie of the Large, Rich and Bewtiful Empyre of Guiana“ berichtete er von einem von Kristallen schimmernden Berg, dessen Glanz er über eine große Entfernung gesehen habe. Gemeint war der Roraima-Tepui. Raleighs Berichte lockten Abenteurer in Scharen ins Land.

Tatsächlich sind nicht nur Bergkristalle, sondern auch Amethyste, Topase und Aquamarine in dieser entlegenen Weltgegend überaus häufig. Ein paar Tage zuvor hatte ich inmitten des Urwaldes eine Diamantenmine besucht, in der der bis an die Zähne bewaffnete Eigentümer ein Karat des begehrten, durchsichtigen Kohlenstoffs pro Kubikmeter Erdreich gewann – doppelt so viel wie in den besten Minen Südafrikas.

Auch deutsche und holländische Gold- und Diamantenschürfer und -händler hatte ich in dieser Gegend getroffen. Zwei Tagesmärsche vom Roraima entfernt war ich durch ein Flusstal gewandert, wo glasklares Wasser auf einer Strecke von mehreren Kilometern über reinen roten Jaspis fließt und über Jaspisfelsen in die Tiefe stürzt. Eingefasst von üppiger tropischer Vegetation, angefüllt mit bunten exotischen Schmetterlingen, war mir auch dieses Tal wie die Landschaft einer Märchenwelt erschienen.

Am Ende des von Bergkristallen schimmernden Cañons errichten wir unser Camp. Weiter nördlich liegt ein so gut wie unerforschtes Areal, das alle Expeditionen, die bis hierher vorgedrungen sind, bis heute abgewiesen hat. Man nennt es Gran Labirinto del Norte, ein schauriges, mindestens zehn Quadratkilometer großes Gewirr aus Felsblöcken, kreuz und quer getrennt durch bis zu 50 Meter tiefe Spalten und zerfressen von Höhlen.

In der ersten Nacht werde ich durch einen unheimlichen Schrei geweckt. Er muss aus jenem Labyrinth kommen. Und noch einmal höre ich den gespenstischen Laut. Von diesen Schreien berichtet bereits Conan Doyle in seinem phantastischen Roman. Er musste davon gelesen oder gehört haben. Am nächsten Morgen brechen wir auf, um so weit wie möglich in das Labyrinth einzudringen. Wir betreten einen Hades ohne Dach. Düstere Nebelschwaden ziehen hindurch. Heftiger Dauerregen setzt ein. Das Fortkommen ist eine Qual. Die Stiefel saugen sich im Morast fest, und stellenweise ist die Vegetation so undurchdringlich, dass wir Umwege machen müssen. Für eine Strecke von 200 bis 300 Metern benötigen wir mehrere Stunden.

Niemals zuvor hat ein Geräusch mich mehr beunruhigt als jener nächtliche Schrei. Gleichwohl lockt mich die Neugier immer tiefer in das Labyrinth, an jeder Ecke bin ich darauf gefasst, auf etwas Schreckliches zu treffen. Und dann begegne ich tatsächlich einem höchst merkwürdigen Wesen: Unendlich langsam, wie in Zeitlupe, schreitet die Kreatur mit weit ausholenden Bewegungen ihrer Beine über einen nassen Felsvorsprung. Warzenübersät ist der Körper und das Auge vergleichsweise riesig. Es ist der Frosch *oreophrynella* – nicht viel größer als zwei Zentimeter.

Er kommt auf der ganzen Erde nur hier vor und gehört zu den urtümlichen Relikten längst vergangener Erdzeitalter, die auf den Tepui Zuflucht gefunden hatten. Nach Meinung des venezolanischen Biologen Professor Volkmar Vareschi, eines der besten Kenner der Region, blieben sie unverändert, weil die im Laufe der Erdgeschichte auftauchenden Neuerungen des Tieflandes als Konkurrenten erst gar nicht in Erscheinung getreten sind. Dazu kommt, dass bei der Kontinentalverschiebung der Gondwanaschollen sich zwar durchweg die Lage der Landmassen unter dem Äquator und die der Polkappen änderte, dass aber das Tepui-Gebiet, wie im Drehpunkt eines Rades, während aller Veränderungen unter dem Äquator blieb. Es genoss also durch alle Erdzeiten immer das gleiche tropische Klima, während es sonst auf der Erde mehrmals wechselte.

Der amerikanische Herpetologe Roy McDiarmid von der Smithsonian Institution hat mir vor unserer Expedition bestätigt, dass die nächsten Verwandten vieler der von ihm auf dem Neblina-Tepui gesammelten Amphibien und Reptilien in Afrika leben. Jerome G. Rozen vom American Museum of Natural History kommentiert: „Wir haben so viele neue alte Lebensformen auf dem Neblina-Tepui entdeckt, dass man wirklich wie Conan Doyle von einer vergessenen Welt sprechen kann.“

Auch der Frosch *oreophrynella* könnte also aus einer Zeit stammen, als die beiden Kontinente Afrika und Südamerika noch zusammenhingen, und durchaus ein Zeitgenosse der ausgestorbenen Saurier sein. Damit hätte sich dann die Phantasie des Sherlock-Holmes-Erfinders auf erstaunliche Weise bestätigt.

CAY RADEMACHER

ROM, 16. MÄRZ 1978

Auch mehr als 20 Jahre nach der Entführung und späteren Ermordung des italienischen Spitzenpolitikers Aldo Moro durch linksradikale Terroristen bleibt die entscheidende Frage offen: Haben rechte Verschwörer in Regierung und Geheimdienst die Rettung des christdemokratischen Politikers vereitelt?

Rom, 16. März 1978. Wie beginnt ein Albtraum? Niemand kann das wirklich sagen, denn Albträume kündigen sich nicht an, sie sind einfach da und umschließen ihre Opfer mit einer Kapsel aus Angst. Wie also beginnt ein Albtraum? Vielleicht so:

Kurz vor neun Uhr morgens auf dem Weg zur Kirche, denn wie immer soll die Tagesarbeit mit einem Gottesdienst beginnen. Tief zurückgelehnt auf dem Rücksitz eines großen Autos. Von draußen dringt gedämpft die ewige Kakophonie des römischen Straßenverkehrs. So vertraut, dass man nicht darauf achtet. Stattdessen Aktenstudium: politische Papiere oder Seminararbeiten von Studenten. Draußen schnurrt eine Vespa vorbei, vielleicht ein flüchtiger Blick hinaus: eine junge Frau auf dem Sattel. Der Wagen bremst an einer Kreuzung ab, wie schon tausendmal zuvor.

Plötzlich bellen Schüsse, ein Stoß, der Motor heult auf, das Auto steht, Lärm, eine harte Faust an der Schulter, die einen nach unten drückt, Glassplitter, Todesröcheln und Blut, viel Blut.

Tür aufgerissen, Bewaffnete schreien: „Raus!" Ein Fiat 132 – „Hinlegen!" Das Gesicht auf dem Boden vor der Rückbank. Vor dem Kopf die Füße eines Mannes. Eine unbestimmbare Zeit später – Minuten, Stunden? – raus aus dem Auto. Die Piazza Madonna del Cenacolo, helllichter Tag, keine Menschenseele zu sehen. Ein kleiner Lieferwagen, darin eine Holzkiste, 1,20 Meter lang, 80 Zentimeter breit – kleiner als ein Sarg. Hinein. Beine anziehen bis zur Brust, bewegungslos, Schmerzen. Ein Deckel drauf. Dunkelheit.

Italien in den siebziger Jahren: Das Land verharrt in einem Schwebezustand zwischen Lähmung und Revolte. Seit 1945 regiert die Democrazia Cristiana (DC). Die katholische Volkspartei ist die stärkste politische Gruppierung Italiens, vermag allerdings schon lange nicht mehr die absolute Mehrheit der Wähler zu gewinnen. Eine kleine Clique distinguierter Männer teilt sich die Macht in immer neuen und doch ewig gleichen Regierungen. Der Schriftsteller und Filmemacher Pier Paolo Pasolini prägt den berühmtesten Begriff für diese „Leere der Macht“: „Palazzo“, Synonym für die undurchsichtige, korrupte, ewige Herrschaft einer kleinen unangreifbaren Gruppe, Symbol der Lähmung in Politik und Gesellschaft.

Doch in Italien floriert auch die stärkste kommunistische Partei Westeuropas. In einer beispiellosen Erfolgsserie gewinnt der PCI – der Partito Communista Italiano – von Wahl zu Wahl an Stimmen. Die DC sei „una puttana“, höhnen die Kommunisten seit vielen Jahren in einem beliebten Spottlied, „eine Hure“.

Die Welle der Revolte von 1968 überschwemmt Italien besonders stark, auch weil es nach 1969 zu einer Serie rechtsradikaler Anschläge kommt. An den Demonstrationen beteiligen sich nicht nur Studenten, sondern auch viele Arbeiter. Eine Unzahl linker Grüppchen entsteht, es kommt zu Streiks, gelegentlich werden die Autos von Managern angezündet. Die meisten Attentäter bleiben anonym.

Um 1970 tauchen plötzlich Flugblätter auf, in denen sich eine Gruppe zu Anschlägen bekennt: die „Brigate Rosse“ (BR), die „Roten Brigaden“. Mit Attentaten in Firmen, vor allem in Mailand, verschaffen sich die Brigaden bei Arbeitern und Studenten Sympathie, sie werden stärker. Doch diese Stärke lässt sich nicht in politische Macht umsetzen. Streiks laufen ins Leere, die betroffenen Konzerne verlegen ihre Produktion einfach ins Ausland. Der Aktionismus, diese nervöse, ungeduldige Erwartungshaltung der immer neuen Kampfgruppen, schreit aber nach Erfolgen. Die BR beenden deshalb ihre Attacken auf Unternehmen und nennen ihre Umorientierung den „Sprung auf das Terrain des Staates“.

Das erste Opfer dieser neuen Strategie wird ein Staatsanwalt, den ein Kommando 1974 in Genua entführt. Einige Zeit später lässt es ihn wieder frei, obwohl keine Forderungen erfüllt worden sind. In den folgenden Jahren geraten die Brigate Rosse unter Druck: Eine neu aufgestellte Sondereinheit unter dem General Dalla Chiesa verhaftet die meisten Mitglieder der Führungsspitze. Daraufhin organisieren die BR sich neu, bilden in fast allen Großstädten neue Kolonnen. Der Mann, der die Terrorgruppe jetzt dominiert, heißt Mario Moretti. Und er schwört seine Genossen auf einen „Angriff auf das Herz des Staates“ ein.

Das „Herz des Staates" ist für Moretti die DC, und deren herausragendster Protagonist ist Aldo Moro. Der 61 Jahre alte Süditaliener ist ein zurückhaltender, schüchterner Mann, melancholisch, asketisch, mit einem Gesicht, das, so beschreibt es der Schriftsteller Leonardo Sciascia, geprägt ist von „uralter Müdigkeit" und „endloser Langeweile".

Der renommierte Rechtsprofessor ist aber auch ein Meister der Intrige im „Palazzo": seit 1946 ununterbrochen in wichtigen Ämtern und Positionen, Justizminister, Außenminister, Generalsekretär der DC, fünfmal Ministerpräsident. 1976 wird Aldo Moro Präsident seiner Partei und der eigentliche Architekt der neuen Regierung unter Giulio Andreotti (der auch schon dreimal Ministerpräsident war).

Moro gilt vielen in Italien als etwas weniger korrupt als seine Parteifreunde, doch paradoxerweise macht ihn das erst recht zur Zielscheibe beißender Kritiken. Vielleicht ist es enttäuschte Liebe: Von Andreotti erwartet niemand eine moralisch fundierte Politik – doch Moro, der integre katholische Intellektuelle, der aufgeschlossen ist für fortschrittliche soziale Ideen, gilt vielen Linken und Liberalen irgendwie als Verräter, der seine Talente an die DC verschwendet, statt Italien aus dem Sumpf des „Palazzo" zu führen.

Pasolini schreibt: „Vor allem Aldo Moro: eben (in einer rätselhaften Wechselbeziehung) derjenige, der am wenigsten von allen in die schrecklichen Ereignisse verwickelt zu sein schien, die von 1969 bis heute organisiert wurden, um die Macht zu erhalten ..."

Rom, 16. März 1978: Mario Moretti ist erregt und begeistert. Er fühlt sich wie ein Künstler, dem ein Meisterwerk gelungen ist. Monatelang hat er Moro überwachen lassen, bis er endlich zuschlagen konnte. Jetzt rast er am Steuer des Lieferwagens von der Piazza Madonna del Cenacolo und kurvt durch Rom. Bei der Polizei gehen in diesen Minuten die ersten, unklaren Meldungen von einem Attentat in der Via Fani ein.

Aldo Moro besitzt eine Wohnung am Monte Mario, einem Hügel nördlich der Innenstadt, vollgebaut mit gesichtslosen mehrstöckigen Häusern. In dem Auto, in dem der DC-Präsident an diesem Morgen zur Kirche fährt, sitzen außer ihm der Fahrer und ein Leibwächter; dem Wagen Moros folgt ein zweiter mit drei Carabinieri. Die Fahrzeuge sind nicht gepanzert.

Nachdem Moros Konvoi einige hundert Meter gefahren ist, fädelt sich Moretti – auf das Zeichen einer Vespa-Fahrerin hin – unauffällig vor dem Konvoi in den Verkehr ein. Dieser wird langsamer und hält an einer Kreuzung in der Via Fani an. Dort stehen vier Genossen in Uniformen von Alitalia-Stewards, die Mäntel verdecken kugelsichere Westen und Maschinenpistolen. Als der Konvoi stoppt, stürzen sie vom Bürgersteig und eröffnen sofort das Feuer. Die Carabinieri haben keine Chance; einer wird von drei Kugeln getroffen, einer von sieben, einer von acht, einer von neun, einer von 17.

Die Terroristen zerren Moro, der im Schock erstarrt ist, aus dem Auto und zwingen ihn in ihren Wagen; andere stellen sich bewaffnet an beide Enden der Straße und sichern den Tatort. Dann fliehen sie. Alles hat nur wenige Augenblicke gedauert. Zurück bleiben vier blutüberströmte Tote und ein Sterbender – und Dutzende blitzender Patronenhülsen auf dem Straßenpflaster.

Die Brigate Rosse sind zu dieser Zeit so stark wie nie zuvor, rund 120 Genossen leben in der Illegalität, dazu kommen ungefähr zehnmal so viele, die nach außen hin eine bürgerliche – „legale“ – Existenz vortäuschen. Zehn Terroristen sind direkt an der Entführung beteiligt, die anderen werden von nun an in allen italienischen Großstädten den Überfall durch Flugblätter und weitere Terrorakte propagandistisch begleiten.

Ein bürgerliches, unauffälliges Viertel im Südwesten Roms, Via Montalcini 8, Erdgeschoss. Hier haben Laura Braghetti und Germano Maccari vor Monaten eine 100-Quadratmeter-Wohnung gekauft, in die ein sorgfältig getarntes Gefängnis eingebaut worden ist: eine winzige Zelle hinter einer eigens hochgezogenen Wand, versteckt hinter einem Bücherregal – die moderne Variante des aus alten Schauergeschichten bekannten Schreckens, bei dem das Opfer in einer Kammer bei lebendigem Leibe eingemauert wird.

Moretti fährt in die Garage eines Supermarkts, wo Laura Braghetti auf ihn wartet. Sie laden die Kiste mit Moro in ihren Wagen um. Dutzende ahnungsloser Menschen müssen das sehen – es ist um diese Zeit schon ziemlich voll im Supermarkt. Aus der Kiste dringt kein Ton.

Unter dem Apartmentblock in der Via Montalcini 8 liegt eine Tiefgarage. Niemand beachtet Laura Braghetti, als sie das Auto in die zu ihrer Wohnung gehörende Box fährt. Ohnehin wäre auch nur die stets hilfsbereite und nette Bewohnerin aus dem Erdgeschoss zu sehen gewesen, der zwei junge, unauffällige Männer helfen, die jüngste Ergänzung ihrer Wohnungseinrichtung aus der Garage nach oben zu tragen.

Moretti ist zufrieden: fünf der „Digos“ geschimpften Polizisten erschossen und der angesehenste italienische Politiker entführt – alles nach Plan. Er ahnt noch nicht, dass von nun an nichts mehr so läuft, wie er es sich vorgestellt hat …

Endlich Luft, den Körper strecken. Eine Kammer, vielleicht drei Meter lang, etwas über zwei Meter hoch, nicht mal ein Meter breit. Eine Liege, eine winzige Kommode, eine Chemietoilette; so eng, dass man nur stehen, nicht herumgehen kann. In der Wand ein Belüftungsrohr und ein Mikrofon. Kein Fenster, keine Geräusche von draußen.

Ein schmächtiger, schweigender Mann, den Kopf unter einer schwarzen Sturmhaube verborgen. An der Wand eine große rote Fahne, darauf ein gelber fünfzackiger Stern und, in krakeligen Druckbuchstaben: BRIGATE ROSSE. Vielleicht jetzt so etwas wie eine winzige, fast pervers anmutende Erleichterung: Der Feind hat endlich einen Namen. Zu dem Maskierten, bemüht um eine ruhige Stimme, die ersten Worte: „Aha, ihr seid es, das habe ich mir schon gedacht."

Moretti ist aufgeregt, aber er hat in den Untergrundjahren Routine entwickelt, eine Kombination aus Vorsicht und politischer Zeremonie, die er nun einsetzt. Seine ersten Fragen wirken absurd angesichts der fünf Morde, die vor wenigen Minuten geschehen sind, haben aber eine rein praktische Bedeutung: „Wie fühlst du dich? Leidest du unter irgendwelchen Krankheiten?" Er muss wissen, ob sein Opfer Medikamente benötigt.

Sie haben Moros Taschen durchsucht und dabei eine kleine Whiskeyflasche und eine Menge bunter Pillen gefunden. Damit bekämpfe er seinen niedrigen Blutdruck, sagt Moro, von dem jeder Italiener weiß, dass er ein Hypochonder ist. Moretti gibt ihm nicht alle Medikamente zurück, und tatsächlich wird sich Moros Gesundheitszustand nicht verschlechtern. Allerdings leidet er in den ersten Tagen unter Klaustrophobie und Atembeschwerden.

Dann macht der Terrorist das später so berühmt gewordene Polaroidfoto des Opfers vor der Fahne, die Trophäe der Menschenjäger – und erzeugt damit, unfreiwillig, eine Ikone des Terrorismus-Jahrzehnts. Moretti wird nie begreifen, dass dieses Bild eines sichtlich gequälten älteren Mannes eine stärkere Wirkung auf die Öffentlichkeit hat als alle wortreichen Pamphlete der BR.

Während einer der Entführer – ebenfalls maskiert, aber schweigend – Moro nun zwingt, seinen dunklen Anzug gegen einen Trainingsanzug zu tauschen, setzt sich Moretti in der Wohnung Via Montalcini 8 an den Küchentisch und verfasst seine ersten Kommuniqués. Nach den Morden und der Entführung muss ihn jetzt so etwas wie der Rausch der Allmacht durchströmen.

Aldo Moro, „der unbestrittene ‚Theoretiker' und ‚Stratege' dieses christdemokratischen Regimes, das das italienische Volk seit 30 Jahren unterdrückt", schreibt er, der „Pate ... und treueste Exekutor der vom imperialistischen Hauptquartier gegebenen Befehle" in der Hand der BR! Im „carcere del popolo" erwarte ihn nun ein „Volkstribunal", das „die internationalen Strukturen und die nationalen Verbindungen der imperialistischen Konterrevolution" im Detail aufklären und publizieren werde. Dafür werde Moro „nach den Kriterien der PROLETARISCHEN JUSTIZ gerichtet!"

Doch in Wirklichkeit kann sich Moretti, der den Anschlag minuziös geplant hat, nur vage vorstellen, was jetzt folgen soll. Denn für ihn und seine Genossen ist die Welt durch die Herrschaft des SIM („Stato Imperialista delle Multinazionali") bedroht: durch eine finstere Verschwörung der Großkonzerne und rechtsgerichteten Geheimdienste, deren Zentrum in Washington sitzt. Hierbei spielt die DC die Rolle eines Werkzeugs in den Händen der CIA.

Heute, am 16. März 1978, soll wieder einem neuen DC-Kabinett das Vertrauen ausgesprochen werden, dem vierzigsten seit 1945. Und diesmal will die Kommunistische Partei zum ersten Mal die Regierung tolerieren. Ein Skandal: Kommunisten, die nicht mehr gegen Andreotti stimmen!

Moretti stellt sich die nächsten Tage so vor: Angesichts der Entführung und als Folge der von seinem Gefangenen zu erwarteten Geständnisse zahlloser politischer Untaten wird der verachtete Staat zusammenbrechen. Der PCI wird sich wieder seiner revolutionären Vergangenheit besinnen und gemeinsam mit den Brigate Rosse und anderen linken Organisationen durch Revolution die Macht erobern. Italien wird kommunistisch, der SIM besiegt, und Moretti und seine Genossen werden Helden des Volkes. Die Toten auf dem Weg zum Kommunismus zählen nicht, im Gegenteil: Hat nicht schon Lenin gesagt, dass die Liquidierung eines Klassenfeindes in der Klassengesellschaft der „höchste Akt der Humanität" sei?

Doch schon wenige Stunden später – die dazu ausgewählten vier großen Tageszeitungen haben Morettis Kommuniqué noch gar nicht erhalten –, muss der Terrorist fassungslos mitansehen, dass die Opposition sich keineswegs so verhält, wie er es sich vorgestellt hat, und dass für die meisten Italiener Mord keineswegs der höchste Akt der Humanität ist.

In jenen Wochen ist „der Staat" geschwächter, als die BR je haben hoffen können. Es gibt nur eine geschäftsführende Regierung – Giulio Andreotti soll ja erst an diesem Morgen vom Parlament das Vertrauen für die neue erhalten. Die Geheimdienste sind kurz zuvor wegen diverser Skandale zerschlagen worden und werden erst reorganisiert. General Dalla Chiesas Antiterroreinheit ist wenige Wochen zuvor trotz ihrer Erfolge aufgelöst worden.

Und die Polizei? Einer von Moros Leibwächtern hat sich seit Wochen beobachtet gefühlt und mehr Bewacher sowie eine gepanzerte Limousine verlangt – vergebens. Im Jahr zuvor ist in Deutschland Hanns-Martin Schleyer entführt und ermordet worden, aber in Italien scheint niemand damit zu rechnen, dass die BR so hoch zuschlagen könnten.

Und jetzt versagt die Polizei allenthalben: Viel zu spät und völlig ungeordnet werden nach den ersten Meldungen Straßensperren errichtet. Auf der eilends herausgegebenen Fahndungsliste stehen zwei Personen, die bereits in italienischen Gefängnissen einsitzen; zwei andere sind nachweislich im Ausland; zwei Fotos zeigen dieselbe Person – und fast alle Bilder sind mehr als zehn Jahre alt.

In den darauffolgenden Tagen wird die Konfusion noch größer. Am 18. März übergibt ein Fotograf der Polizei einen Film mit Bildern, die er wenige Minuten nach dem Anschlag in der Via Fani gemacht hat – doch das Material verschwindet und ist nie wieder aufgetaucht. Das Gleiche geschieht mit Tonbändern und Protokollen von Telefonaten, die bei Kontaktpersonen und Verdächtigen mitgeschnitten worden sind. Hingegen gehen die Polizisten sogar Hinweisen nach, die spiritistische Medien aus dem Jenseits bekommen haben wollen.

Tatsächlich können sich Moretti und seine Genossen in den nächsten Wochen nicht nur in Rom ohne größeres Risiko bewegen, sondern auch längere Fahrten quer durch Italien unternehmen. Die Polizei kontrolliert mehr als sechs Millionen Personen, doch kein Terrorist fällt auf. Sie durchsucht rund 37000 Wohnungen, doch Moros Verlies in der Via Montalcini 8 steht auf keiner Durchsuchungsliste.

Und doch wehren Staat und Gesellschaft – die 100 Jahre lang gegenüber der Mafia und zehn Jahre lang gegenüber links- und rechtsextremen Terroristen hilflos waren – sich diesmal. Schon eine Stunde nach der Entführung rufen die Gewerkschaften zum Generalstreik auf. Noch am selben Tag wird das Kabinett Andreotti im Parlament bestätigt. Besonders die Führung des PCI reagiert mit Wut und Scham darauf, dass sich die BR ebenfalls auf den Kommunismus berufen, und dringt auf besondere Härte.

Außerdem treibt sie die Angst, die Nähe zur Macht wieder zu verlieren. Ausgerechnet die Kommunisten, die Moretti zur Revolution zwingen will, stehen Andreotti und der verhassten DC von nun an eisern zur Seite. Der Regierungschef verkündet schon nach wenigen

Stunden die Linie des Staates: *fermezza*, Geschlossenheit – keine Verhandlungen mit den Brigate Rosse!

Dabei gibt es gar nichts zu verhandeln, zunächst jedenfalls. Erst nach drei Tagen erscheint Morettis Kommuniqué in der Presse, und dann ist dort nur von einem „Prozess" die Rede, aber nichts von einem Gefangenenaustausch, von politischen Forderungen oder Lösegeld. Nach dem Polaroidfoto gibt es lange kein Lebenszeichen mehr von Moro.

So weiß die Regierung weder, ob der Spitzenpolitiker noch lebt, noch, weshalb er eigentlich entführt worden ist. Und da es keine konkreten Forderungen der Terroristen gibt, können sich zwischen den Parteien auch keine Fronten bilden. Moretti lässt dem Staat, den er zerstören will, gar keine andere Wahl, als den BR so stark und geeint wie nie gegenüberzutreten.

Via Montalcini 8, 24. März 1978. Acht Tage halten die BR Moro nun schon fest, acht Tage, in denen nach dem ersten Kommuniqué nichts mehr nach außen dringt, kein Foto, kein Brief, keine Forderung: Es ist, als wäre Moro vom Erdboden verschwunden, lebendig begraben. Ausreichend Zeit für die Polizei, sich bei ihrer hilflosen Fahndung zu blamieren – und sie blamiert sich. Ausreichend Zeit für die Presse, aufgeregte Artikel zu publizieren – und sie bringt die wildesten Gerüchte. Ausreichend Zeit für die Genossen, neue Anhänger der BR zu werben – und sie sind erfolgreich dabei.

Ausreichend Zeit wäre auch für den PCI, sich von den Christdemokraten zu lösen und endlich wieder revolutionären Geist zu zeigen. Doch die Fermezza zeigt nicht den kleinsten Riss – im Gegenteil. Große Protestdemonstrationen finden in vielen italienischen Städten statt, in vorderster Reihe marschieren die Kommunisten. Das gnadenlose Vabanquespiel der Terroristen ist nicht aufgegangen. Was also tun?

Moretti tut, was er am besten kann: Er lässt schießen. An diesem Tag jagen Genossen aus Turin einem Lokalpolitiker in Mafiamanier Kugeln in die Beine. Das gleiche Schicksal werden in den nächsten Wochen noch 14 Gewerkschafter, Industrielle und Staatsdiener in verschiedenen italienischen Städten erleiden; vier von ihnen sterben.

Doch mit offener Gewalt allein, das hat inzwischen selbst Moretti begriffen, ist Italien nicht in die Revolution zu treiben. Also beschließt er zu tun, was er in seinem ersten Kommuniqué angekündigt hat: Moro einen „Prozess" zu machen.

Das Opfer ahnt nichts von der überwältigenden Welle des Mitgefühls und der Solidarität im Land, denn von der Außenwelt erfährt es nur etwas aus wenigen ausgewählten Zeitungsausschnitten. Ansonsten darf Moro nur Pamphlete der BR lesen – und in der Bibel, die man ihm auf seinen Wunsch gebracht hat. Er ist immer ruhig und höflich, beschwert sich nie, wird nie laut und betet viel.

Am 25. März endet für den Gefangenen die zermürbende Tatenlosigkeit: Moretti beginnt mit seinem „Verhör", setzt sich in die gruftartige Kammer und redet mit ihm. Moro bekommt Notizblöcke und Stifte. Bald hat er Dutzende, Hunderte von Blättern mit seiner steilen korrekten Handschrift vollgekritzelt und stundenlang mit seinem Bewacher diskutiert.

Seine Sprache – „Morologia" schimpfen seine Kritiker sie – ist berüchtigt wegen ihrer Gestelztheit und Unklarheit, trainiert in juristischen Seminaren und jahrelang im politischen Ränkespiel, das Festlegungen in öffentlichen Äußerungen stets ausspart. Eine „Sprache des Nichtsagens" nennt das der Schriftsteller-Politiker Sciascia. Jetzt steht dieser Sprachminimalist vor seiner größten Herausforderung: Aldo Moro redet und schreibt um sein Leben.

Auf das „Du" des Maskierten immer mit dem höflichen „Sie" antworten. Auf dessen Themen eingehen, ihm antworten, über Politik reden. Niemals Ungeduld zeigen oder Verachtung über seine Naivität, niemals laut werden oder unbeherrscht, und nie, niemals über die fünf Toten in der Via Fani reden!

Stattdessen Politik: der eigene Werdegang, Exkurse über die DC und deren Strömungen. Die DC ein Werkzeug Washingtons? O nein, weiß der Maskierte denn wirklich nichts von den schweren Konflikten mit Außenminister Kissinger, von dessen Misstrauen gegenüber Rom, weil dort der PCI gefährlich nahe an der Regierungsbeteiligung ist? Und wenn die Rede auf die Kommunisten kommt: Gibt es im PCI wirklich niemanden, der für die BR zuständig ist und zum Vermittler taugt?

Der andere, der doch die absolute Macht über Leben und Tod hat, stellt nicht mit schneidender Stimme immer neue Fragen, auf die nur hilflos zu reagieren wäre, er führt nicht das Gespräch, sondern lässt sich führen. Also gilt es, dem Maskierten zu zeigen, dass man keine willenlose Marionette ist, sondern ein Mensch: über die Frau reden, die Kinder Anna, Agnese, Maria Fida, Giovanni, über das Enkelkind Luca. Ein Hoffnungsschimmer: Wer miteinander redet, der schießt nicht.

Via Montalcini 8, 26. März. Ostern. Die ersten Briefe! Der Maskierte erlaubt drei Mitteilungen, eine an die Familie, eine an den Innenminister, eine an den Bürovorsteher. Natürlich lesen die Entführer alles mit, deshalb jedes Wort sorgfältig abwägen. Aber trotzdem: welche Erleichterung! Zum ersten Mal seit fast zwei Wochen absoluter Einsamkeit und Hilflosigkeit das Gefühl, wieder, wenn auch nur in Andeutungen, über das eigene Schicksal bestimmen zu können.

„Meine liebste Noretta, zum Osterfest möchte ich Dir und den anderen die herzlichsten und innigsten Wünsche zukommen lassen, voller Zärtlichkeit für die Familie und vor allem den Kleinen. Grüße Anna, die ich heute getroffen hätte. Bitte Agnese, Dir nachts Gesellschaft zu leisten. Mir geht es einigermaßen, werde gut verköstigt und aufmerksam behandelt. Ich segne Euch, sende Euch allen alles Liebe und umarme Euch herzlich. Aldo."

An Innenminister Cossiga schreibt er: „Lieber Francesco, ich sende Dir einen herzlichen Gruß; gleichzeitig sehe ich mich angesichts der schwierigen Umstände dazu veranlasst, Dich von einigen deutlichen und realistischen Erwägungen in Kenntnis zu setzen." Dann in klaren Worten ein Appell zu Verhandlungen: „Ich unterliege einer vollständigen und unkontrollierten Herrschaft und bin einem Volksprozess unterworfen, der nach Lage der Dinge forciert werden kann, sodass ich Gefahr laufe, bei meiner Kenntnis und meinem Gefühl für Zusammenhänge aufgefordert oder gezwungen zu werden, in einer Weise zu reden, die in bestimmten Situationen unangenehm oder gefährlich werden könnte ... Ich denke, dass ein vorbeugender Schritt des Heiligen Stuhls (oder anderer? wessen?) nützlich sein könnte ... Möge Gott Euch zum Besten erleuchten, damit Ihr nicht in eine schmerzliche Episode verwickelt werdet, von der sehr viel abhängen könnte."

Moretti überfliegt den mehrseitigen Brief: „Morologia" in Reinform. Das Opfer deutet das Leid der langen Isolation an, doch so abstrakt, dass es weder die BR provozieren noch die eigene Familie übermäßig beunruhigen soll. Und dann die Bitte um Verhandlungen, die viel mehr ist als das übliche, von Entführten erpresste Flehen, doch bitte auf die Forderungen der Täter einzugehen.

Moro nimmt seine Parteifreunde nicht nur in die moralische und politische Pflicht, er schlägt ihnen auch einen Deal vor. Es mutet wie bittere Ironie an, dass zu einem Zeitpunkt, da nicht einmal Moretti mehr weiß, wie es nun weitergehen soll, das Opfer selbst eine Erpressung formuliert: Kümmert Euch um ernsthafte Vermittler, den Papst oder jemand anderen, sonst werde ich den Terroristen einige der verheimlichten Skandale aus der italienischen Politik verraten!

Moros Unglück ist, dass sein Entführer die Brisanz dieses Briefes nicht erkennt. Moretti fällt nichts anderes ein, als ihn an die Zeitungen zu geben, mit folgendem Kommentar: „Er hat darum gebeten, einen geheimen Brief (derart dunkle Machenschaften bilden die Normalität in der christdemokratischen Mafia) an die Regierung und speziell an Bullenchef Cossiga zu schreiben. Es ist ihm gestattet worden, aber da wir die Angewohnheit haben, nichts vor dem Volk geheim zu halten, machen wir ihn öffentlich."

Moros Strategie, mögliche Enthüllungen als Druckmittel zu benutzen, kann nur funktionieren, wenn diese Drohung wenigen Männern an der Regierungsspitze bekannt wird. Wird sie dagegen außerhalb der geschlossenen Welt des „Palazzo" veröffentlicht, kann sich kein Politiker mehr davon beeinflussen lassen, denn damit gäbe er ja indirekt zu, dass er Skandale zu verheimlichen hat.

Moros winzige Chance, sein Schicksal noch einmal selbst in die Hand zu nehmen, ist schon gescheitert, bevor dieser Brief auch nur zugestellt worden ist.

Palazzo Viminale, 30. März. Hier tagt ständig ein ministerielles „Koordinierungskomitee", in dem hohe Militärs und die Chefs der diversen Polizei- und neu formierten Geheimdienstorganisationen hektisch versuchen, irgendeine Form von geordneter Fahndung zu organisieren. Gibt Moros Brief endlich einen Hinweis auf sein Versteck?

Warum erwähnt er den Papst? Ist es nicht absurd, dass ausgerechnet der Heilige Vater mit den Brigate Rosse verhandeln soll? Aber vielleicht ist das ein Zeichen, dass Moro glaubt, sein Verlies befinde sich irgendwo auf dem Gebiet des Kirchenstaates? Oder auf dem Gelände einer Botschaft? Jedenfalls außerhalb der Reichweite der italienischen Polizei?

Ministerpräsident Andreotti lässt derweil verlauten, der Brief sei eindeutig „erpresst" worden und gebe nicht Moros wahre Meinung wieder. In der Presse wird spekuliert, das Opfer sei „drogato", mit Drogen willenlos gemacht.

Am nächsten Tag bietet Papst Paul VI., der Moro seit über 30 Jahren kennt und schätzt, öffentlich seine Bereitschaft zur Vermittlung an und deutet der Regierung gegenüber vertraulich an, der Heilige Stuhl sei auch bereit, ein hohes Lösegeld zu zahlen. Doch Andreotti verbittet sich jede Einmischung in diese Angelegenheit.

Kein Politiker Roms nimmt, so scheint es, Moros Brief wirklich ernst.

Via Montalcini 8, 4. April. Tagelanges, endloses Warten, unterbrochen nur durch die Diskussionen mit dem Maskierten und die Augenblicke, wenn der zweite, ewig stumme Unbekannte Wäsche zum Wechseln bringt und die Mahlzeiten oder die Chemietoilette reinigt. Entwürdigend. Längst keine Hoffnung mehr, dass die Polizei das Verlies findet. Die einzige Chance: Verhandlungen!

Ist nicht die DC so etwas wie eine Familie? Männer, die einander seit 20, 30 Jahren kennen, Katholiken. Doch die Informationsfetzen, die die Bewacher hereinlassen, erlauben nur einen Schluss: Niemand reagiert.

Also wieder ein Brief, energischer, wütender, deutlicher. An wen? An Benigno Zaccagnini, den politischen Ziehsohn, jetzt Sekretär der Partei, einen Freund. Wenn jemand auf die Appelle reagiert, dann er: „Für Anklagen, die sich an alle in der DC richten, muss ich mit dem Todesurteil bezahlen ... Ich bin bereits verurteilt. Ich bin eine Geisel, die durch Eure brüske Entscheidung, eine Diskussion über einen Gefangenenaustausch abzulehnen, nutzlos geworden und im Weg ist."

Doch der Maskierte lässt den Brief so nicht passieren. Also in einer zweiten Version das Todesurteil nicht ansprechen. Und dann: „Moralisch gesehen, müsstest Du an meiner Stelle sein ... Und schließlich ist es meine Pflicht, in diesem entscheidenden Augenblick hinzuzufügen, dass ich vielleicht nicht hier wäre, wenn die Eskorte nicht aus administrativen Gründen den Erfordernissen der Situation völlig unangemessen gewesen wäre ... Ich halte es für nötig, festzustellen, dass ich dies in völliger Klarheit sage und ohne dazu gezwungen worden zu sein, der Klarheit jedenfalls, über die einer verfügen kann, der sich seit 15 Tagen in einer Ausnahmesituation befindet, der niemanden hat, der ihn tröstet, und der weiß, was ihn erwartet ... Dass Gott Euch erleuchte und es bald tue, so wie es erforderlich ist. Die allerherzlichsten Grüße."

Vielleicht ein letztes Zögern, bevor diese Zettel an den Maskierten gehen. Sie werden den Brief nicht nur Zaccagnini zustellen, sondern auch der Presse. Ist er erst einmal veröffentlicht, ist die politische Karriere gefährdet. Doch es gibt keine Wahl. Jetzt geht es nur noch ums eigene Leben!

Also die Drohung aus dem ersten Brief an die Partei wahrmachen: Skandale andeuten. Zwei-, vier-, sechsseitige Dossiers erstellen – über die Politik Italiens im Nahen Osten, die Finanzquellen der DC, den Einfluss der CIA und anderer US-Organisationen auf die italienische Innenpolitik, die notwendige Reorganisation der rechtslastigen

Geheimdienste, über den nie richtig aufgeklärten rechtsextremen Putschversuch von 1964, über den Lockheed-Bestechungsskandal, über die Beziehungen der reichen Familie Agnelli, über geheime Antiguerillastrategien der Nato. Dabei vage bleiben, keine Sensationen, keine detaillierten Enthüllungen. Doch allein die Tatsache, dass sich ein führender Politiker mit diesen schmutzigen Geschichten befasst, sollte die DC erschüttern.

Moretti liest die Seiten. Und findet darin kaum, was er haben zu wollen vorgibt, nämlich Informationen über den SIM. Während der „Verhöre" sitzt zudem ein Genosse vor dem Verlies und schreibt mit, was vom Mikrofon aufgenommen wird, sodass es Protokolle von den Diskussionen gibt. Doch Moretti, der schmächtige Mann, der so gern ein großer Revolutionär wäre, glaubt auch damit nichts anfangen zu können.

Was soll er, den doch nur der „bewaffnete Kampf" interessiert, mit diesen akkurat beschriebenen Blättern, in denen sein Gefangener in seiner berüchtigt unklaren Sprache all die schmutzigen Affären des verfilzten DC-Staates nur andeutet?

Hatte Moretti in seinen ersten Kommuniqués noch verkündet, von dem „Prozess" gegen Aldo Moro „alles zu veröffentlichen", so lässt er jetzt wissen, dass er die Ergebnisse des Verhörs irgendwann im Sympathisantenkreis zirkulieren lassen möchte. Schließlich gibt er das ganze Vorhaben sang- und klanglos auf, denn keiner der Genossen hat mehr Lust, hinter dem Mikrofon zu sitzen und mitzuschreiben. Der „Prozess" wird selbst nach den Standards der Terroristen zur Farce. Keine einzige der Moro-Denkschriften wird von den BR jemals publiziert.

Zentrale der DC in Rom, Piazza del Gesù, 4. April. Moros Brief ist nachmittags bei der Zeitung „La Repubblica" eingegangen. Noch am selben Tag versammeln sich Andreotti, Zaccagnini und andere führende Christdemokraten zu einer Krisensitzung. Wie soll man reagieren? Die Fermezza aufgeben? Zumindest auf Moros Vorwürfe, etwa die der mangelhaften Eskorte, eingehen? Oder wenigstens die moralischen Fragen diskutieren – als Parteifreunde, als Politiker, als Katholiken?

Vor allem für Zaccagnini, der den älteren Förderer verehrt, ja beinahe wie einen Vater liebt und der schließlich von Moro persönlich in die Pflicht genommen worden ist, wird es eine bittere Stunde. Aus Ratlosigkeit stimmt er den anderen zu. „Fermezza" bedeutet: keinerlei

Zugeständnisse – nichts, das den Terroristen wie der winzigste Sieg erscheinen könnte.

Nach der Sitzung geht ein kurzes Statement an die Presse: „Der von Aldo Moro unterzeichnete und an den Abgeordneten Zaccagnini gerichtete Brief zeigt, wie jeder Leser selber überprüfen kann, abermals den absoluten Zwang, unter dem derartige Dokumente verfasst werden, und bestätigt, dass ihm auch dieser Brief moralisch nicht zugeschrieben werden kann."

Mehr noch: In seinem Brief hat Moro auch zwei hohe christdemokratische Politiker – „Freunde" nennt er sie – als Zeugen dafür aufgerufen, dass er schon früher im Falle von Geiselnahmen für einen Gefangenenaustausch eingetreten sei, also sich nicht nur aus eigenem, sondern auch aus politischem Interesse immer für Verhandlungen erklärt habe. Einer der beiden erwähnten Männer bestätigt diese Aussage, doch der andere – Senator Emilio Taviani – leugnet dies rundheraus.

Via Montalcini 8, 9. April. Welche Infamie! Hilflosigkeit und Wut über Tavianis Verrat, aber die Möglichkeit, dem Senator einen Denkzettel zu verpassen, den er sein Leben lang nicht mehr vergisst. Ein neuer Brief:

„Bis hierher ist die Meldung durchgesickert, dass Senator Taviani meiner, übrigens nebenbei geäußerten Feststellung widersprochen hat … ohne dass es ihm offensichtlich etwas ausgemacht hat, einem Kollegen zu widersprechen, der sich in schwierigen Umständen befindet und nur über wenige und gelegentliche Nachrichtenmittel verfügt. … Das unvermutete und für mich in diesem Moment unverständliche Ausweichen des Senators Taviani, das ich wegen der Umstände, in denen ich mich befinde, für respektlos und provokatorisch halte, veranlasst mich, einen Augenblick diese Persönlichkeit zu betrachten, die seit mehr als 30 Jahren der DC angehört."

Dann zwei Seiten Spott und Klagen über die „unvermuteten und unmotivierten Kehrtwendungen" des Parteifreundes, dessen „gewisse Bedenkenlosigkeit" und Nähe zur extremen Rechten.

Niemand soll glauben, dass er, Moro, schon erledigt ist! Diese Gefangenschaft, diese Zäsur im Leben, wird nur der Beginn einer umfassenden Reform sein!

Diesen Brief gibt Moretti natürlich nur zu gern an die Presse. Vielleicht bricht ja doch noch die Fermezza zusammen! Er schreibt ein begleitendes Kommuniqué: „Wir nehmen die Tatsachen, die den Staatsverbrecher Emilio Taviani betreffen, unparteiisch und unvollständig vorweg, indem wir die Äußerungen des Gefangenen Moro übermitteln. Wir wollen auch keinen Kommentar zu dem abgeben, was Moro schreibt, weil es trotz der geschraubten moroteischen Sprache … mit Klarheit seine Meinung zum Ausdruck bringt, was Taviani, dessen Machtspiele in der DC und die Intrigen, in die er verwickelt ist, betrifft."

Palazzo Viminale, 10. April. Immer noch kein Fahndungserfolg. Doch spätestens nach dem letzten Brief ist den Politikern der DC klar, dass sie nicht nur ein riesiges Problem haben, wenn sie Moro nicht finden – sondern auch, wenn sie ihn finden. Es muss in diesen Tagen sein, dass zwei geheime Pläne für den Fall der Fälle ausgearbeitet werden – Pläne, für die zumindest Moros langjährige Weggefährten Andreotti und Cossiga ihre Zustimmung gegeben haben müssen.

„Piano Mike" besagt: Wenn Moro tot aufgefunden wird, soll es Massenverhaftungen aller polizeibekannten extremen Linken geben, ob sie nun mit dem Fall etwas zu tun haben oder nicht. Es ist eine Art blindwütiges Dreinschlagen.

„Piano Victor": Kommt Moro frei, wird er sofort in die Poliklinik Gemelli gefahren und isoliert, bis er wieder „ruhig" ist und „umerzogen" …

Via Montalcini 8, 14. April. Moretti weiß nicht, was er mit Moro anfangen soll. Der Gefangene ist, wie auch dieser selbst schon Tage zuvor erkannt hat, „im Weg". Von der bewaffneten Revolution ist das Land weiter entfernt als zuvor. Und mit Moros diversen Denkschriften und Enthüllungen glaubt Moretti nichts anfangen zu können. Er spürt, dass er in eine Sackgasse geraten ist. Und eine neue Strategie braucht.

Moro freilassen? Aber sähe das nicht wie eine Niederlage aus? Oder ihn liquidieren?

Moretti hat wahrscheinlich nie ernsthaft daran gedacht, sein Opfer leben zu lassen, doch nun spürt er, dass nach einer so langen Entführung eine Hinrichtung selbst gegenüber den eigenen Sympathisanten nur schwer zu rechtfertigen ist. Dieser Mord muss deshalb sorgfältig inszeniert werden.

Er setzt sich hin und schreibt ein neues Kommuniqué, das sechste der Brigate Rosse: „Die Vernehmung Aldo Moros hat die schändlichen Komplizenschaften des Regimes zum Vorschein gebracht und belegt mit Fakten und Namen die tatsächlichen und unerkannten Verantwortlichen."

Dann muss Moretti aufgefallen sein, dass nach dieser pompösen

Ankündigung natürlich jeder die Ergebnisse dieser „Vernehmung" lesen möchte – doch er hat ja, zumindest nach seinem Verständnis, gar nichts vorzuweisen.

Also ein Rückzieher. Man werde die Fakten irgendwann im Untergrund veröffentlichen, und überhaupt: „Es gibt keine Geheimnisse über die DC, über deren Rolle als Wachhund der Bourgeoisie und deren Aufgabe als Eckpfeiler des SIM, die dem Proletariat verborgen gewesen sein können … Deshalb sind keine ‚aufsehenerregenden Enthüllungen' zu erwarten."

Doch warum dann die ganze Entführung, die fünf Morde in der Via Fani, die weiteren Anschläge der letzten Wochen – nur um nach einem Monat festzustellen, dass man alles schon vorher gewusst hat? Aber natürlich stand Moros Schuld schon von Anfang an fest, und Moretti verkündet sein Urteil in einem lakonischen Satz am Ende seines Kommuniqués: „Aldo Moro ist schuldig und wird zum Tode verurteilt."

Morettis Erklärung geht am Abend des 15. April bei der Mailänder Redaktion der Zeitung „La Repubblica" ein. Es ist die politische Bankrotterklärung der Brigate Rosse. Doch damit ist das Leiden Aldo Moros immer noch nicht zu Ende.

Der Maskierte verkündet das „Todesurteil"; damit hat die Farce, die sie „Prozess" nennen, ein Finale. Wenn etwas den beinahe unerträglichen Druck noch steigern kann, dann dies: Jetzt haben sie sich entschieden. Die einzige Chance ist, dass sie nicht sofort schießen. Sie warten ab. Noch ist Zeit zum Reden, zum Verhandeln, auch wenn der Spielraum noch winziger geworden ist, jetzt, da sie sich öffentlich festgelegt haben. Jetzt, da sie den Tod schon ankündigen, müssen die Freunde in der Partei sich doch regen, muss sich etwas in der DC bewegen! Warten.

Palazzo Viminale, 20. April. Eine Veränderung? Zum Guten, zum Schlechten? Politiker und Polizisten rätseln über ein neues Kommuniqué der BR, unzweifelbar echt diesmal. (Kurz zuvor ist ein gefälschtes Kommuniqué aufgetaucht, des Inhalts, Moro sei bereits tot. Nie wird zweifelsfrei geklärt, wer hinter dieser Provokation steckt.) „Die Freilassung des Gefangenen Moro kommt nur in Zusammenhang mit der Befreiung kommunistischer Gefangener in Frage." Zum ersten Mal scheinen die Terroristen zu Verhandlungen bereit zu sein.

Doch die Forderung ist zugleich beunruhigend unpräzise, geradezu unerfüllbar, und so rätseln denn die Männer über den eigentlichen, vielleicht versteckten Sinn dieser Botschaft. Die Terroristen, die den

Anschlag in der Via Fani so generalstabsmäßig geplant haben, können doch nicht die darauf folgende Erpressung so stümperhaft vorbringen! Die BR haben nämlich einerseits ein präzises Ultimatum gesetzt – bis zum 21. April, 15 Uhr –, doch andererseits nicht einmal erklärt, welche Häftlinge sie denn nun freipressen möchten. Kein Politiker, kein Polizist geht in irgendeiner Weise auf dieses Ultimatum ein. Die Fermezza steht. Die Frist wird ohne Folgen verstreichen.

Via Montalcini 8, 20. April. *Ein neuer Anlauf. Irgendetwas muss sich doch jetzt tun!*

„Lieber Zaccagnini, ... dieser entsetzlichen und beängstigenden Probleme könnt Ihr Euch, auch vor der Geschichte, nicht mit der Leichtfertigkeit, der Gleichgültigkeit und dem Zynismus entledigen, die Ihr bisher im Verlauf dieser 40 Tage meiner schrecklichen Leiden an den Tag gelegt habt. Ich habe mit tiefer Bitterkeit und mit Erstaunen gesehen, wie Ihr innerhalb weniger Minuten, ohne jede ernsthafte menschliche und politische Bewertung, eine derart starre Haltung eingenommen habt ... Meine arme Familie ist in gewisser Weise erstickt worden ... Ist es möglich, dass Ihr Euch alle darin einig seid, meinen Tod zu wollen, um einer angeblichen Staatsraison willen, die irgendjemand Euch gehässigerweise einredet ...?“

Und dann in hilflosem Zorn: „Ich sage es ganz deutlich: Ich für meinen Teil werde niemandem verzeihen und niemanden rechtfertigen ... Ich beschwöre Euch, lasst nicht zu, dass eine so entsetzliche Entscheidung wie ein Todesurteil auf Anweisung irgendeiner Persönlichkeit, die von Sicherheitsproblemen besessen ist, getroffen wird ... Sagt so schnell wie möglich, dass Ihr keine übereilte und einfache, keine tödliche Antwort geben wollt ... Wenn Ihr nichts unternehmt, würde eine eiskalte Seite der italienischen Geschichte geschrieben werden. Mein Blut würde über Euch kommen, über die Partei und über das Land. Denkt gut darüber nach, liebe Freunde ...“

Dieser Brief wird Benigno Zaccagnini („Vor allem Du musst darüber nachdenken“, beschwört ihn der alte Freund, „Du hast die höchste Verantwortung“) am 21. April zugestellt. Auch die großen Tageszeitungen erhalten Kopien, doch diesmal weigern sich einige Redaktionen, den Brief abzudrucken. Die, die ihn veröffentlichen, sehen in ihm auch diesmal nichts anderes als ein Zeichen des ungeheuren Drucks, der auf dem Opfer lastet.

Dies ist nicht mehr die „Morologia“, die unklare, zu nichts verpflichtende Sprache. Da sind keine Ausflüchte mehr erkennbar. Klare Fragen zwingen zu klaren Antworten. „Ist es möglich, dass alle

Freunde in dieser dramatischen Stunde darauf verzichten, ihre Stimme zu erheben?" Es ist möglich.

Leonardo Sciascia wird später schreiben, dass der gläubige Katholik Moro „keine Angst vor dem Tod hatte, allerdings vor jenem Tod".

Vatikan, 21. April. Die Zeit drängt. Paul VI., alt und schon von tödlicher Krankheit gezeichnet, muss in diesem Drama etwas unternehmen. Die moralische Verpflichtung gilt gegenüber jedem Menschen in Not, aber besonders gegenüber dem Freund seit 30 Jahren. Doch hat nicht Regierungschef Andreotti unmissverständlich klar gemacht, dass es nichts zu verhandeln gibt? Würde ein zu weit gehendes Angebot des Heiligen Stuhls, etwa das Angebot, einen Geistlichen als Austauschgeisel zu stellen, nicht die Regierung desavouieren und so die tragische Affäre noch mehr eskalieren?

Also ein im Ton kniefälliger Appell Pauls VI., geschrieben von eigener Hand. Er beginnt mit „Männer der Brigate Rosse!" und endet mit der Bitte: „Lasst Aldo Moro einfach ohne Bedingungen frei!" Damit hat der Papst die Terrorgruppe gewissermaßen anerkannt, denn immerhin wendet er sich direkt an sie. Doch sein „ohne Bedingungen" liegt genau auf der Linie der Fermezza, denn es bedeutet: „Keine Verhandlungen!"

Via Montalcini 8, 22. April. *Alles ist verloren. Der Maskierte bringt Zeitungsausschnitte mit dem Brief des Heiligen Vaters. Nicht einmal Paul VI. will verhandeln, und wenn er es nicht tut, dann wird niemand es wagen. Es ist, als ob sich alle abgewendet hätten und schwiegen; als ob sie regelrecht darauf warteten, dass das Unaussprechliche geschieht!*

24. April. „Lieber Zaccagnini, … Wir sind beinahe in der Stunde null angelangt: Es bleiben mir nur noch wenige Sekunden oder Minuten. Wir stehen vor dem Augenblick des Gemetzels … Die DC soll nicht glauben, ihr Problem zu lösen, indem sie Moro liquidiert. Ich werde dableiben als unbeugsames Zeichen des Widerspruchs und der Alternative, um zu verhindern, dass aus der DC das gemacht wird, was man heute aus ihr macht … Wegen dieser offensichtlichen Unvereinbarkeit möchte ich, dass an meiner Beerdigung weder Vertreter des Staates noch der Partei teilnehmen sollen. Ich bitte, von den wenigen begleitet zu werden, die es wirklich gut mit mir gemeint haben und es deshalb wert sind, mich mit ihrem Gebet und mit ihrer Liebe zu begleiten."

Moretti hat das Ultimatum verstreichen lassen – es war nicht mehr als der erste Akt in einem sorgfältig inszenierten Schurkenstück. Noch ist es zu früh für die „Stunde null". Moretti befragt in konspirativen Treffen oder per Boten rund 200 Genossen und Sympathisanten im ganzen Land.

Fast alle sind für Moros Tod – weil dessen Freilassung eine „Niederlage" bedeuten würde. Nur zwei Terroristen sind dagegen, aber auch sie nicht aus Mitleid, sondern weil sie einen Verlust an Unterstützung innerhalb der Linken fürchten.

Moretti fügt dem bitteren Brief seines Gefangenen ein neues Kommuniqué bei. Es ist die achte Nachricht der Terroristen, die – fast eineinhalb Monate nach der Entführung – zum ersten Mal eine konkrete Forderung enthält: Aldo Moros Leben gegen die Freilassung von 13 inhaftierten Gesinnungsgenossen. Diese Forderung ist eine maßlose Provokation und auch als solche gedacht – einer der Genannten etwa ist erst wenige Stunden zuvor unmittelbar nach einem Mordanschlag verhaftet worden.

Moretti kalkuliert nüchtern, dass die Regierung die Freilassung von 13 terroristischen Mördern politisch nicht überstehen würde, allein schon, weil dann niemand mehr für die Loyalität der Polizei garantieren könnte (was Andreotti kurze Zeit später auch öffentlich zugeben wird).

Wenn die Regierung also, wie vorauszusehen, nicht nachgibt, dann haben die Brigate Rosse endlich einen Mitverantwortlichen für den Mord an Moro; schließlich können sie dann immer behaupten, sie hätten ihr Opfer ja freigelassen, wenn die Gegenseite nicht so stur gewesen wäre.

Zentrale der DC, Piazza del Gesù, 25. April. Heute ist der Tag der Befreiung Italiens vom Faschismus, ein symbolisches Datum – passend für einen symbolischen Akt. Schlimmer als die Entführung, als die Morde und ständigen Anschläge der BR sind Moros Briefe mit den bitteren Vorwürfen. Am Vortag sind auch die Sozialisten unruhig geworden; Bettino Craxi, deren Vorsitzender, hat öffentlich Verhandlungen gefordert. Er, Craxi, sei zum Nachgeben bereit.

Manchen Christdemokraten und Kommunisten erscheint dies schamlos, ja pervers: Craxi gebe Moro bereits verloren, doch in zynischer Kalkulation, nicht mit dem bald Unvermeidbaren in Verbindung gebracht zu werden, distanziere er sich kurz vor dem Mord noch rechtzeitig von der Regierung, um für sich und seine Partei jede Verantwortung abzulehnen.

Also veröffentlicht die DC an diesem Tag eine Erklärung von rund 50 Männern, die sich Moros „Freunde seit langen Zeiten“ nennen. Zaccagnini und andere hohe Funktionäre, aber auch Geistliche, sogar ein Kardinal sind darunter. Sie schreiben: „Das ist nicht der Mann, den wir kennen, mit seinen geistigen, politischen und juristischen Zielen, der seinen Beitrag zur Ausgestaltung der republikanischen Verfassung geleistet hat.“

Via Montalcini 8, 27. April. „Das ist nicht der Mann, den wir kennen …“ Dieses Papier ist eine Loslösungserklärung, ein schamloser Nachruf auf einen noch Lebenden, den man aufgegeben hat. Bei aller Trauer und Hoffnungslosigkeit – so einfach wird er es ihnen nicht machen, diesen „Freunden seit langen Zeiten“, für die ein Mord wohl die Erlösung sein soll!

An die Democrazia Cristiana:

„Es stimmt: Ich bin ein Gefangener und nicht gerade in einem erfreulichen Geisteszustand. Aber ich bin keinem Zwang unterworfen, ich erhalte keine Drogen, ich schreibe meinen Stil, so schlecht er auch sein mag … Und ich muss sagen, es hat mich zutiefst betrübt (ich hätte es nicht für möglich gehalten), dass einige Freunde … ohne meine Leiden zu kennen … die Authentizität dessen, was ich vertrete, bezweifelt haben … Woraus kann man nur herleiten, dass der Staat zugrunde geht, wenn, einmal nur, ein Unschuldiger überlebt und zum Ausgleich dafür eine andere Person ins Exil statt ins Gefängnis geht? …

Sie verachten die Konzentrationslager, aber wie behandelt man einen Gefangenen, der zwar einem äußeren Zwang unterliegt, doch geistig klar ist? … Ich sterbe, wenn meine Partei es so beschließt, in der Fülle meines christlichen Glaubens und der enormen Liebe zu einer beispielhaften Familie, die ich bewundere und von den Höhen des Himmels zu beschützen hoffe … Ich wünsche auf meinem letzten Gang, das wiederhole ich, keine Männer der Macht.“

Via Montalcini 8, 30. April. Bis heute ist nicht geklärt, was genau an diesem und dem folgenden Tag geschieht. Sicher ist, dass Moretti eine Tochter Moros von einer Telefonzelle am Hauptbahnhof aus anruft. „Sie haben nicht direkt interveniert, weil Sie falsch beraten worden sind“, wirft er ihr vor.

„Wir haben haben getan, was wir konnten“, entgegnet die Tochter.

„Das Problem ist politisch“, erklärt Moretti brüsk. „Nur eine direkte, sofortige, klare und präzise Intervention von Zaccagnini kann die Situation noch ändern. Wir haben schon eine Entscheidung getroffen, in den nächsten Stunden wird das Unvermeidliche geschehen. Ich habe nichts anderes mehr zu sagen."

Soll die Familie glauben, dass es doch noch eine Hoffnung gibt? Wenn das Morettis Kalkül ist, dann geht es auf: Am 1. Mai distanziert sich Moros Familie öffentlich von der Politik der Fermezza und fordert Verhandlungen: „Die Familie glaubt, dass die Haltung der DC völlig unzureichend ist, um das Leben Aldo Moros zu retten." Ein schwerer Schlag für Andreotti, dem mit Eleonora Moro nun eine neue, moralisch unangreifbare Gegnerin gegenübertritt. Aber er bleibt hart.

Moretti muss auch dem Opfer neue Hoffnungen gemacht haben, denn Moro schreibt an einem Tag über zehn Briefe an fast alle führenden Politiker des Landes. Der Tenor: Ihr müsst verhandeln! Und er verfasst eine neue, seitenlange Denkschrift, seine letzte: über die Zukunft der DC und seinen Austritt aus der Partei.

Es ist eine Kritik der verfilzten DC. Eine besonders harsche Abrechnung muss sich dabei Andreotti gefallen lassen. Und dann, fast ganz am Ende der 20 handschriftlichen Seiten: „Ich möchte mit Dankbarkeit bezeugen, dass mir dank der Großzügigkeit der ‚Brigate Rosse' das Leben gerettet und die Freiheit wiedergegeben worden ist."

Via Montalcini 8, 5. Mai. Moretti denkt überhaupt nicht daran, seinen Gefangenen freizulassen. Ein neues Kommuniqué, das neunte, das letzte: Es richtet sich gegen Andreotti, gegen PCI-Chef Berlinguer, gegen Craxi, gegen das ganze System des SIM. Und am Ende der kryptische Satz: „Wir beenden damit die Schlacht, die am 16. März begonnen hat, das gegen Aldo Moro verhängte Urteil vollstreckend."

Palazzo Viminale, am selben Tag. Unruhe im Krisenstab und bei der DC. Was bedeutet dieses seltsame Gerundium: „vollstreckend"? Haben sie Moro schon ermordet, tun sie es gerade – oder ist dies nur eine weitere der vielen vagen Drohungen? „Unsere ganze Aufmerksamkeit gilt dem Gerundium", erklärt ein christdemokratischer Zeitungsherausgeber. „Man muss bezweifeln, ob die Konzentration auf das Gerundium jemals dazu genutzt hat oder nutzen wird, ein Menschenleben zu retten", kommentiert Leonardo Sciascia bitter.

Und doch zeigt diese Todesdrohung zum ersten Mal Wirkung in der DC. Senatspräsident Fanfani und Staatspräsident Giovanni Leone rücken in den nächsten 72 Stunden von der Fermezza ab; Leone ist sogar bereit, ein Gnadengesuch für eine kranke Terroristin zu unterschreiben. Andreotti ist wütend, pfeift Leone zurück und isoliert die Kritiker in der Partei; auch der PCI hält weiter zu ihm.

Doch für den Morgen des 9. Mai ist eine Vorstandssitzung im Hauptquartier der DC angesetzt, und niemand kann sagen, ob dort nicht doch eine neue Strategie beschlossen werden könnte …

Via Montalcini 8, 5. Mai. Ein langer Abschiedsbrief an die Familie, ein Rückblick, eine Erinnerung an Noretta, an die Kinder, den Enkel. Da kommt der Maskierte herein und drängt. Ist es so weit? Noch ein paar hastige Zeilen ohne Anrede:

„In diesem Augenblick, da sich noch eine zarte Hoffnung abzeichnet, ergeht plötzlich und unbegreiflicherweise der Befehl zur Hinrichtung. Liebste Noretta, ich bin in Gottes und Deinen Händen. Bete für mich, erinnere Dich. Umarme die Kleinen fest von mir, alle. Möge Gott Euch allen beistehen. Ein Ss der Liebe an alle. Aldo." Es ist Moros letzter Brief – doch nicht der letzte Tag seiner Gefangenschaft.

Via Montalcini 8, 9. Mai. Moretti weiß: Wenn die DC auch nur das kleinste Zugeständnis, ja nur eine Geste in seine Richtung macht, dann werden alle Sympathisanten, ja sogar viele Mitglieder der Brigate Rosse für Moros Freilassung plädieren. Hat nicht selbst Renato Curcio, der inhaftierte Gründer der BR, öffentlich Verhandlungen verlangt? Wenn Moretti sein Opfer umbringen will, dann muss er das vor der nächsten Sitzung des Parteivorstandes der DC tun.

Es ist alles vorbereitet: Moretti hat Sand vom Strand besorgt und schüttet etwas in das Hosenbein von Moros Anzug. Sollen die „Digos" ihn ruhig finden und einer falschen Spur folgen! Es ist kurz vor 8.30 Uhr, rund eineinhalb Stunden vor der Vorstandssitzung der DC.

Der Maskierte kommt, in der Hand nicht, wie üblich, den Trainingsanzug zum Wechseln, sondern den dunklen Anzug vom 16. März. Damit ist alles klar.

„Fertig machen, wir müssen raus!", befiehlt er.

Ein Weidenkorb, gerade groß genug, um sich hineinzukauern. Doch die Dunkelheit dauert nicht lange, vielleicht nur zwei, drei Minuten. Eine Tiefgarage, drei maskierte, stumme Menschen, ein alter, roter, kleiner Lieferwagen, die Heckklappe geöffnet. Hinein, auf der Ladefläche hinlegen. Der schmächtige Maskierte hat zwei Pistolen mit großen Schalldämpfern.

Moretti drückt ab, elfmal. Unter den Kugeleinschlägen krümmt der Körper des alten Mannes sich auf der Ladefläche. Der Mörder wirft eine Decke über den Leichnam und fährt los. Mit einem kleinen Wagen – es ist ein roter Renault R 4 – bringen die Männer ihn zur Via Caetani, einem Ort, fast genau in der Mitte zwischen den Zentralen von DC und PCI – auch das ist vorher sorgfältig ausgekundschaftet worden. Das letzte, perfekte Detail.

Italien, nach dem 9. Mai 1978. Aldo Moro erhält kein Staatsbegräbnis, sondern wird im engsten Familienkreis bestattet. Einige Tage später nehmen Spitzen des Staates sowie der Papst in einer Messe Abschied von dem Toten; die Verwandten haben die Teilnahme verweigert.

Zwar können die Brigate Rosse in den dramatischen 55 Tagen der Entführung viele neue Mitglieder rekrutieren. Trotzdem ist dieser Mord für sie der Anfang vom Ende. Moretti und die meisten seiner Genossen werden innerhalb der nächsten drei Jahre verhaftet. Die Brigate Rosse gibt es schon bald nicht mehr.

Was bleibt, ist außer der Trauer ein schlimmer Verdacht: Was, wenn die Terroristen, wenn auch unfreiwillig, mit der Regierung zusammengearbeitet hätten? War es wirklich Hilflosigkeit, wie die Polizei sich verhielt – oder nicht vielmehr deren Gegenteil, nämlich höchst präzise Arbeit? Sollte Moro vielleicht gar nicht gefunden werden?

Das Szenario: Moro betrieb die Öffnung der DC hin zu den Kommunisten, was viele Rechtsgerichtete in der DC, in Militär und Geheimdienst und im Klerus alarmiert hatte. Einige der mit dem Fall betrauten Polizisten, Politiker und Juristen waren zudem Mitglieder der rechtsextremen Freimaurerloge „P 2". Kam ihnen die Entführung vielleicht gerade recht? So wären sie einerseits Aldo Moro losgeworden und hätten andererseits den besten Grund der Welt gehabt, gegen alle „Linken" härter vorzugehen …

Beweisen lässt sich nichts, doch es gibt merkwürdig viele „Zufälle": Die Telefonnummer eines hohen Polizeioffiziers (und P-2-Mitglieds) fand man später in den Notizen eines Terroristen; Moretti wohnte in Rom in einer konspirativen Wohnung, die einer Tarnfirma des italienischen Geheimdienstes SID gehörte; die Roten Brigaden druckten ihre Pamphlete auf einer alten Druckmaschine, die sich früher ausgerechnet im Besitz dieses Geheimdienstes befunden hatte.

Oder war es die Mafia? Zeigen nicht zumindest die fünf Morde in der Via Fani die Handschrift professioneller Killer? Es gibt die Aussage eines Mafioso, wonach an jenem Tag mindestens ein Boss der kalabrischen Mafia in der Via Fani dabei war.

Moretti und seine ehemaligen Genossen haben stets alle Kontakte zu Geheimdiensten oder Mafia energisch bestritten. Doch waren sie vielleicht unbewusst Werkzeuge anderer Interessen?

Womöglich gar war Regierungschef Andreotti selbst der Kopf der finsteren Verschwörung. Gegenwärtig muss er sich in Palermo und Perugia wegen angeblicher enger Kontakte zur Mafia vor Gericht verantworten. Außerdem wird ihm vorgeworfen, bei der Mafia die Ermordung eines missliebigen Journalisten – der mit Enthüllungen im Fall Moro gedroht haben könnte – bestellt zu haben. Zudem ist vor einer speziellen Kammer in Rom ein Verfahren eingeleitet worden, das klären soll, ob der damalige Ministerpräsident seinen Parteifreund Moro durch Tatenlosigkeit oder sogar mittels einer raffinierten Strategie bewusst in den Händen der Terroristen hat sterben lassen.

Es ist nicht der erste Versuch einer juristischen Bestandsaufnahme: Vier große Prozesse in Sachen Moro, ein parlamentarischer Untersuchungsausschuss, mehrere Folgeverfahren und eine Legion recherchierender Journalisten haben sich mit dem Fall befasst – und keine eindeutigen Beweise für solche Annahmen erbracht. Moros kritische Denkschriften sind 1990 in einer früheren konspirativen Wohnung der BR (die Jahre zuvor von der Polizei gründlich durchsucht und freigegeben worden war – eine weitere Panne) bei Renovierungsarbeiten unter einem Fenstersims aufgetaucht.

Doch all die Skandale der DC waren inzwischen aus anderen Quellen bekannt, die Democrazia Cristiana und der Staat des „Palazzo“ darüber längst zusammengebrochen.

Die meisten Mitglieder der Brigate Rosse sitzen noch heute im Gefängnis, aber genießen Hafterleichterungen – wie Mario Moretti, der heute Freigänger ist und bei einem Mailänder Sozialdienst arbeitet. Manche sind schon wieder auf freiem Fuß. Einige haben Bücher verfasst und treten in Talkshows auf. Doch trennt eine moralische Kluft sie auch heute von der Gesellschaft.

„Wir haben nicht eine Person getötet, sondern eine Funktion“, behauptet Moretti immer noch.

„Wir haben seitdem nie wieder Weihnachten gefeiert“, sagt eine von Moros Töchtern.

PETER SCHILLE

Die verkaufte Erde

Mitten in Arnhemland sitzen schwarze und weiße Australier an einer Festtafel beisammen: Nach jahrelangem Feilschen haben die Minen-Manager aus Sydney den Aboriginals ein Stück aus dem Herzen ihrer angestammten Reservation abgehandelt. Shortleg Frank, der Älteste des Clans, malt sein Zeichen unter den Vertrag und nimmt einen gewichtigen Scheck in Empfang. Und damit ist es besiegelt: Auf dem Territorium von Nabarlek entsteht ein riesiges Uran-Bergwerk.

Einmal werde ich nicht mehr daran denken: Wie sie schon morgens ihr Elend begießen, mit Bier statt Kaffee, und sich in den Schatten des Stuart Park verkriechen, im Herzen von Darwin, und weitertrinken, bis es Mittag wird. Kein Lunch, sondern Bier, sie nennen es *grog* oder *piss.*

Sie betrinken sich lautlos. Manchmal zerbrechen Flaschen, doch die Büsche im Park saugen das Klirren auf. Die braunen und schwarzen Männer und Frauen flüstern miteinander und reichen sich die *flagons zu,* die dickbäuchigen Glasballons mit südaustralischem Weißwein, Marke Kaiserstuhl. Sie werden nicht fröhlicher dabei, der Suff macht sie nur noch stiller.

Einmal werde ich nicht mehr daran denken: Wie sich die braunen und schwarzen Männer und Frauen ganz gelassen zu Tode trinken, ohne Erregung und Lust. Sie haben sich aufgegeben, die Australiden, die Ureinwohner des von der übrigen Welt isolierten Kontinents, englisch: *aborigines* – die vom Ursprung stammen; australisch: *abos, abs, boongs, boorries* oder *black bastards.* Sie selbst sprechen von sich als *aboriginals.* Sie leben nicht, sie träumen. In Darwin dachte ich, das sei der Anfang vom Ende. Später begriff ich, es war das Ende vom Ende.

Nicht nur im verschwitzten Darwin, im schwülen Norden Australiens, feiern sie in stummen Gelagen ihren Untergang. Überall, wo ich ihren Weg kreuzte, in den Wüsten und den Städten an der Küste, überall, wo weiße Händler Bars oder *Bottle Shops* unterhielten, löschten die Aboriginals ihr Leben und ihre Lebensangst mit *booze* aus, mit Alkohol aller Art.

Australien war ihr Besitz. Alle Tiere, alle Pflanzen, alle Schätze des an Schätzen reichen Kontinents hatten einmal den Vätern der braunen und schwarzen Trinker gehört: das Eisenerz von Pilbara im Westen, das Gold von Kalgoorlie, das Mangan von Groote Eylandt im Norden, die Opale von Coober Pedy, das Bauxit von Cape York und das Erdöl von Noonkanbah. Lange schon beuten die Weißen die Erde aus, die Aboriginals haben sie verloren. Einige von ihnen wollen wenigstens um den kostbarsten Reichtum kämpfen – um das Uran.

Mit einer flatternden Cessna fliegen wir von Darwin nach Osten, durch das Gepolter des Morgengewitters, es ist Regenzeit, und die Camps im Busch sind nur mit dem Flugzeug erreichbar, alle Wege unter Wasser. Rechts ein Regenbogen, links der Van Diemen Gulf, wir fliegen ins Aboriginal-Reservat an der Nordspitze des Northern Territory, dem tropischen Top End. Arnhemland hortet das meiste Uran Australiens.

Die drei Alligator River zerfließen im Regen, silberne Schauer schraffieren das Grün der Sümpfe. Landung in einer aufspritzenden Wasserlache – Mudginberri. Weiter mit dem Aluminium-Boot über namenlose *billabongs,* durchsichtige Regenzeit-Seen, nach Jabiluka. Von Jabiluka mit dem Jeep in die Berge. Zuletzt geht es nur zu Fuß weiter.

Hinter den Palisaden des Regenwaldes verbirgt sich, im Fledermaus-Dunkel einer Felswand, Malakunnunja. Ein mythischer Ort, geheiligt seit Ewigkeiten. Auf Storchenbeinen stelzt der alte Mann durch den Busch, unser Führer, mühelos weicht er den Peitschen des Schilfs aus, ihn schonen die Dornbüsche, uns zerfetzen sie Hemd und Haut. Schmatzender Schlamm. Überall haben die Laugen des Regens Risse in die Erde geätzt. Aus den Eukalyptusbäumen steigen Papageien und weiße Kakadus auf, sie krächzen wie Raben.

Wo die Felsen den Himmel verfinstern, in den schartigen Mauern des Djawumbah-Massivs, liegt Malakunnunja in einer Wölbung des Sandsteins. Beschirmt von Baumbarrikaden, den Widerhaken des Spinifex-Grases und schnell gekränkten Mimosen. Bewacht von Seeadlern, Beutelratten und panzerstarken Wasserbüffeln. Nur selten sucht noch eine Aboriginal-Familie Unterschlupf in der Nische, entfacht ein Feuer und starrt in den Regen.

Malakunnunja, eine Galerie der Steinzeit, bedeckt mit Ocker-, Rußund Kreide-Graffiti. Bilder aus dem australischen Heldenleben, tausend oder zehntausend Jahre alt, immer wieder übermalt und erneuert und fortgesetzt: Muskulöse Känguruhs ergeben sich bumerangschleudernden Jägern, Alligatoren krümmen sich unter einem Hagel von Speeren.

Archaische Harmonie. Wehe, wer ihre Ordnung bricht. Der alte Mann malt ehrfürchtig mit den Fingern die Linien nach. Er ist ein Aboriginal vom Clan der Mirrar Gundjeibmi, geboren unter den Mangroven von Muningrida, nach Jabiluka verschlagen von den Launen der Not. In Mudginberri findet er mitunter, im Schlachthof für Wasserbüffel, einen schlecht bezahlten Job als Knochenauslöser. Seine Haut ist fast schwarz, Bart und Haare sind wie mit Goldstaub gepudert. Seine Kleidung: eine nagelneue blaue Turnhose. Sein Name, sein weißer Name, ist Peter, seinen schwarzen verrät er nicht. Sein Englisch klingt fremd, geborgt.

Während seine schönen Hände das Totem einer blauzüngigen Echse erklären, ist Malakunnunja wieder verstummt. Unsere Scheu hat die Kakadus besänftigt. Die Hitze wiegt sich in den Zweigen, die Felswand glüht und summt. Doch gegen ein Uhr haben die Prospektoren von Jabiluka ihren Lunch beendet, ihre Bohrer zertrümmern wieder die Stille. Drei Bohrgestänge mahlen sich jaulend durch Sandstein und Schiefer.

Dort drüben in Jabiluka ist die Landschaft geformt wie ein Trog, aufgeworfen an den Rändern, deren wellige Säume Eukalyptus und Dornbüsche besetzen, den Westen begrenzt der Magela Creek. Die Bohrer rotieren Tag und Nacht, um Ausmaß und Umriss des Fundes präzise auszuloten. Schon ein paar Dutzend Meter unter dem Regenwald kann der Schatz gehoben werden.

207400 Tonnen Uranoxid, keine Tonne weniger, die Berechnungen werden täglich überprüft. 207400 Tonnen, mindestens: 40 Prozent des Urans, das in Australien geortet wurde, ruhen seit 1800 Millionen Jahren in diesem grünen Trog; das größte bekannte Uranvorkommen der Welt. Seit 1971 träumen die Manager der Bergbaugesellschaft Pancontinental von Jabiluka, der US-Konzern Getty Oil ist mit 35 Prozent an ihrem Traum beteiligt. Den Albtraum müssen die Aboriginals allein träumen.

Und Jabiluka ist nicht das einzige Urandepot der Region. In Nabarlek, 60 Kilometer nordöstlich, im Arnhemland-Reservat, lagern 9525 Tonnen Uranoxid. Ranger, 30 Kilometer südlich: 103000 Tonnen. Koongarra, weitere 20 Kilometer tiefer im Süden der Wildnis: 30000 Tonnen. Zusammengerechnet mehr als 400000 Tonnen Uran in einem Gebiet nur wenig größer als Hessen. 400000 Tonnen Uran, nur für den Export bestimmt, für Atomkraftwerke in Japan, Europa und den Vereinigten Staaten. Denn Australien besitzt für die eigene Stromversorgung billige Kohle im Überfluss. Die Regierung lehnt lokale Atommeiler ab, sie will das Teufelszeug loswerden.

Und dafür sollen die *abos* Opfer bringen, sie allein, denn es ist ihre Erde, aus der das Uran gegraben wird, ihre letzte Zuflucht. Warum schreien sie nicht auf vor Wut? Schreien nicht: Dies ist unser Land!

Dieses verwunschene faustkeilkantige Polygon, 150 Kilometer im Quadrat, der Uranarchipel von Arnhemland, es ist wahrhaftig ihr Eigentum. Noch 1965 war in Darwin beschlossen worden, seine Unberührtheit als eine Freistatt für Aboriginals nebst Fauna und Flora zu konservieren, für Menschen wie den alten Mann Peter, für Jabiru-Störche und Paperbark-Bäume, mit australidischen Wildhütern und australischen Verwaltern. Doch dann verkam der geplante Kakadu-National-Park zum Uranrevier.

Malakunnunja, die fossile Bilderwand, und Jabiluka, der fossile Urantresor, liegen dicht beieinander, getrennt nur von einem Streifen Regenwald, Steingeröll und den gleißenden Teichen des Magela Creek.

Wir stehen noch immer vor dem Fries in den Felsen. Der alte Mann Peter träumt sich von uns weg, er hat sich in jener mythischen Urzeit verloren, dem Glück ohne Ursprung, dem immerwährenden Gestern, das seine Leute *lalai* nennen, Traumzeit. Heute noch ist der Busch ringsum Teil des australischen Paradieses, trotz der Driller, trotz des 50-Mann-Bautrupps mit Koch und Kino und Club, trotz der genormten weißen Wohnmaschinen mit Klimaanlage, trotz des Fußball- und des Golfplatzes. Morgen werden sie hier eine Grube ausheben, einen qualmenden Schacht, ein Tagebau-Loch, 200 Meter tief, 2000 Meter lang, 700 Meter breit. Ihr Traum ist die Förderung von 9000 Tonnen moosgrünem Uranoxid im Jahr.

Und während der Zeigefinger des alten Mannes Peter der Ocker-Silhouette einer Riesenechse nachspürt, einer Goanna – ein dankbarer Jäger kritzelte sie einst auf den Felsen, damit die Beute niemals geringer werde –, während uns der wortlose Überlebenskünstler einführt in die Ästhetik seines Volkes, fällt mir ein, dass nach 18 Jahren intensiver Produktion Jabiluka wieder stillgelegt werden soll, dann wird der Uranhort erschöpft und ausgebeutet sein.

Gewaltige Denkmäler australischen Bergmannfleißes werden sich auftürmen, Abraumhalden, unvorstellbare 53 Millionen Tonnen schwer, ein Gebirge von zermalmtem Schutt. Die Ruinen von Fabrikanlagen, Quetsch- und Mahlwerken, Kesselhäusern und Lagerhallen werden verrotten, eine Geisterstadt ohne Funktion. Ausgewaschener Schlamm wird sich in kilometerweiten künstlichen Becken sammeln, in giftigen Seen, deren Dämme brechen können: Dann werden die Fluten der Regenzeit den radioaktiven Schleim hinausschwemmen in die Flüsse und Bäche und Billabongs. Die Eukalyptusbäume werden verdorren und das harte Spinifex-Gras. Das Wild wird sterben. Die Vögel werden davonfliegen. Die Menschen fliehen.

Arnhemland: abgebrannt.

Der alte Mann Peter verflucht an der Wand die Figur eines Weißen mit Tierschädel, der kleine Kängurus jagte, um sie als Hundefutter zu verkaufen. Unaufhörlich kreischen die Bohrer. Im Wind steht der Geruch von Dieselöl. Bevor Peter sich verabschiedet, ersucht er mich um zehn Dollar. Er benötige dringend Bier.

Um ihre Zustimmung für Jabiluka gebeten, haben die wenigen Kämpfer unter den Aboriginals NEIN gesagt. Das ist ihnen, laut Gesetz, gestattet. Deshalb weiß niemand, wann der Abbau beginnt. Jeder weiß indes, dass er beginnen wird.

Jabiluka, Ranger, Nabarlek, Koongarra: Das Drei-Strom-Land des Alligator River, dessen silberne Mäander die urangesättigte Weite umkreisen, ist eine der traditionellen Lebenszonen der Australiden. Schon vor 40000 Jahren sind ihre Vorfahren durch die Sümpfe, Lagunen und Schluchten gestreift, geleitet von der unendlichen Melodie ihrer Mythen. Ihr spirituelles Leben wurzelte in Urwelt-Fernen, in Lalai, der seligen Traumzeit. Geister regierten die Erde, Wondjinas, allmächtige Wesen mit Augen aus Feuer, Nasen aus Rauch, Mündern aus Wasser und Bärten aus Fels. Die Wondjinas segneten die irdischen Jagdgründe mit heiligen Zeichen, sie malten die ersten Bilder von Malakunnunja.

Ein unzerstörbarer Kontrakt verband die Menschen mit der Natur. Sie pirschten nach Kängurus und Echsen, gruben Yams-Wurzeln und fette Larven aus dem Schlamm, stillten ihren Durst mit dem Regenwasser der Billabongs. Alle Stämme achteten die Grenzen ihrer Nachbarn, sie stritten sich nur um Frauen. Damals lebten 300000 Menschen auf dem ganzen Kontinent, eine aus Asien eingewanderte Steinzeitgesellschaft von 500 Clans mit 500 Dialekten.

Doch dann stießen Weiße – *gubbah* genannt –, Menschen des 18. Jahrhunderts, auf die rückständigen Primitiven: Es war Hass auf den ersten Blick.

Die Expeditionen der weißen Eroberer ins Innere des Kontinents scheiterten anfangs jämmerlich. Die forschen Abenteurer und Pfadfinder verhungerten und verdursteten. Noch 100 Jahre später waren die

Siedler dem neuen Besitz nicht gewachsen, sie unterlagen der Rauheit seiner Wüsten, Steppen und Berge. Da sich die braunen und schwarzen Männer und Frauen weigerten, ihr Wohn- und Jagdrevier der Habgier der britischen Konquistatoren auszuliefern, wurden sie ausgerottet.

Nur 90000 Aboriginals überlebten den einseitigen Bürgerkrieg. Sieben Generationen später sind ihre Körper im 20. Jahrhundert angekommen, ihr Geist nicht: tote Seelen in verwahrlosten Menschenhülsen. Ihre Vernichtung wurde zwei Jahrhunderte lang als Gentleman-Sport gepflegt, als *abo-hunting,* ihre Unterdrückung war ein nationales Anliegen. Sie zu verachten galt als zivilisiert. Eine Regierungskommission registrierte den verbreiteten Wunsch, die *abos* sollten auf einer Insel vor der Küste versammelt und dort bombardiert werden. Der „Kommissar für Gemeinschaftsbeziehungen" resümiert: „Faktisch herrscht Apartheid."

Labile Menschen werden von dem Abscheu verändert, den sie erregen, ihre Identität zerbricht, ihre Würde, ihr Selbstbewusstsein. Eines Tages entsprachen die australischen Ureinwohner beinahe dem Bild, das die Weißen sich von ihnen gemacht hatten. Immer und immer als Parasiten missachtet, verhielten sich die Aboriginals schließlich wie Bettler und Clochards: wie Gastarbeiter im eigenen Land.

Wenn im Juni die Dürre einsetzt, wenn die spiegelnden Seen erblinden, die Bäche schrumpfen, wenn Arnhemland vergilbt und sich in roten Staub hüllt, wenn die Pfade und Wege wieder passierbar werden, dann erwachen die Kinder der Steinzeit nicht mehr aus ihrer Agonie. Anstatt aufzubrechen und loszustürmen, wie Mythen und Traditionen es fordern, versinken sie tiefer in ihren Träumen. Sie haben die Kraft verloren, das alte Leben zu leben. Sie haben den Glauben an ihre Kultur aufgegeben, Bier und *booze* sind ihr Trost. In ihren Seelen haben die Weißen Platz genommen, sie verdämmern, somnambul wie Zombies; Untote, im Paradies der Erinnerung.

Im Dezember 1972 bewies der australische Ministerpräsident Gough Whitlam großes Erbarmen mit den Aboriginals, die sich in der Welt der Weißen abquälten. Er schlug seinen Mitbürgern vor, die Braunen und Schwarzen als ihresgleichen gelten zu lassen. Diesem Einfall eines sozialistischen Menschenfreundes verdankt der Kontinent eine Hölle von neuen Konflikten und neuem Leid.

Von nun an wurden die Aboriginals zu den Menschen gerechnet. Gezählt, nicht länger geschätzt wie Vieh. Ergebnis: 120000. Das Gesetz schützte künftig auch sie. Verliehen wurde ihnen das Wahlrecht, das Recht, umherzuziehen und zu lagern nach Belieben, auch außerhalb der Reservate, auch außerhalb der Sperrstunden. Die Städte öffneten sich ihnen, sie sollten sich assimilieren. Sie durften fortan Weiße nicht nur begehren, sondern auch berühren, sogar heiraten. Versprochen wurde ihnen der gleiche Lohn der Weißen für gleiche Arbeit.

Das Erbarmen mit ihnen war so groß, dass man ihre Ansprüche auf die alten Stammesterritorien überprüfte, sofern es sich um Jagd- und Wohnbezirke in Steppe und Regenwald handelte, um Einöden, unwegsam und menschenleer und arm, um Inseln und fieberverseuchte Küstenstriche. Die Regierung ließ die Ureinwohner lesen und schreiben lehren. Die Australiden durften sich als Australier fühlen. Zum ersten Mal nach 200 Jahren der Verfolgung wurden ihre Bedürfnisse ernst genommen.

Voller Argwohn, doch voller Hoffnung quälten sie sich ab, ihren weißen Mitbürgern zu gleichen. Sie verkleideten sich als Weiße. Sie redeten die Sprache der Weißen. Sie bürdeten sich eine fremde Kultur auf. Sie hatten Millionen Vorbilder: Sie tranken. Ihre Frauen prostituierten sich. Sie lungerten herum. Von nun an wurde auch ihnen Arbeitslosenunterstützung zuteil. Fürsorge, Kindergeld, Wohnungsbeihilfe, Sozialhilfe. Die weißen Australier bedauerten bald, ihnen so großes Erbarmen bewiesen zu haben. Die Labour Party des Ministerpräsidenten Whitlam verlor im Dezember 1975 die Regierungsgewalt an die Konservativen von Malcolm Fraser.

Der ehrenwerte Paul Everingham, Parteigänger von Frasers Liberal-National Country Party, ist der erste Premier des jungen Bundesstaates Northern Territory. Als ich wissen will, wie das Los der Aboriginals zu verbessern sei, wird er zornig, und ziemlich formlos wirft er mich nach einer Viertelstunde aus seinem gekühlten Büro im neuen Darwiner Regierungsviertel.

„Was unternehmen Sie gegen die Armut Ihrer braunen und schwarzen Bürger? Deren Arbeitslosigkeit? Diskriminierung? Den allgemeinen Rassismus? Alkoholismus?"

Everingham: „Die wollen doch gar nicht arbeiten!" Beweis: die Statistik des Northern Territory – 10,3 Prozent der Weißen, jedoch 73,8 Prozent der Aboriginals seien unbeschäftigt. In Wahrheit werden Jobs für Schwarze, als Tagelöhner oder Rinderhirten, immer rarer.

Everingham tobt weiter: „Die haben genug Geld, bloß vertrinken sie alles." Beweis: Das Arbeitslosengeld für einen ledigen Aboriginal betrage 150 australische Dollar im Monat, etwa 300 Mark, die Sozialhilfe für eine unverheiratete Aboriginal-Frau 80 Dollar.

Everingham: „Nicht wir Weißen sind die Rassisten – *sie* sind es, die *abos!*" Beweis: An eben diesem Tag berichten die „Northern Territory

News" von einer Rede der Darwiner Bürgermeisterin Dr. June Stack. Der Rassismus im Top End habe einen unerträglichen Höhepunkt erreicht, klagt die Politikerin. Niemals zuvor seien die Beziehungen zwischen Schwarz und Weiß derart schlecht gewesen, denn das unsoziale Verhalten der Aboriginals in der Öffentlichkeit reize die weiße Mehrheit und provoziere deren Hass.

Ich kann das nicht begreifen: Still wie Steine liegen die Aboriginals unter den Bäumen der Parks und den Vordächern der Häuser, sie trinken, manchmal zerbrechen Flaschen, die braunen Männer und Frauen aber bleiben fast unsichtbar.

Ihre Gesundheit ist erbarmungswürdig. Paul Everingham weiß Bescheid: Die Mehrzahl ist sterbenskrank. 26 Prozent der Alten sind erblindet, Opfer der Trachomen, einer Infektionskrankheit, die nur Slumbewohner heimsucht und vor 200 Jahren noch unbekannt war in Australien. Alle Plagen scheinen nur sie zu überfallen: Tuberkulose. Lepra. Syphilis. Unterernährung und Vitaminmangel, besonders bei Babys – Folgen der innigen Bekanntschaft mit der weißen Kultur. Seit Whitlams Zeiten gibt die australische Bundesregierung jährlich bis zu 150 Millionen Dollar für die Aboriginals aus. Sie hofft, den Genozid rückgängig machen zu können.

Oder handelt es sich inzwischen um einen Geno-Suizid, um den kollektiven Selbstmord eines Volkes mit Alkohol und Apathie?

Die kämpferischen Wortführer unter den Ureinwohnern quälen sich ab, eine Zurück-in-den-Busch-Bewegung in Gang zu setzen, die Heimkehr zu den wilden Ursprüngen als Überlebensziel auszurufen: Verlasst die Städte! Erobert die Wälder aufs Neue. Obwohl die Regierung dieses „Outstation Movement" finanziell fördert, sprechen die Weißen ihm allen Sinn ab.

Paul Everingham: „Das ist nichts als Schein, das ist Show. Die haben längst verlernt, wie Wilde zu leben."

Die Aboriginals sind von hohem Wuchs. Fragil fast. Wie auf Storchenbeinen stelzen sie durch eine Aura ewiger Resignation. Ihre Haut ist braun oder schwarz in hundert Nuancen. Sie haben fliehende Stirnen. Über ihren Augen wölben sich wuchtige Brauen. Ihre Nasen sind platt. Vieler Leiber sind aufgeschwemmt vom Bier. Die meisten tragen nur Lumpen. Doch sie sind sanft, höflich und schüchtern wie Kinder.

Seit unter den wüsten und waldigen Jagdgründen der Ureinwohner Uran entdeckt wurde, wird ihnen das Recht auf eigenes Land wie ein Almosen gewährt. Mit bürokratischen Finten und Finessen hat die Bundesregierung den Uranarchipel in Arnhemland installiert, mit

Methoden, die jener schwarzbärtige Brite John Batman einführte, als er 1829 für hundert Sheffielder Küchenmesser und das Geglitzer einer Handvoll Amulette von den Ureinwohnern eine fruchtbare Küstenregion eintauschte, die heute Melbourne heißt.

Das Ranger-Uran-Abkommen, am 3. November 1978 hastig in einem Darwiner Hinterzimmer mit Unterschriften versehen, wurde, so behaupten die Aboriginals, mit Drohungen erpresst. Einer der Erpresser sei Ministerpräsident Malcolm Fraser gewesen, er habe geschworen: „Wenn ihr nicht nachgebt, setzen wir das Eigentumsgesetz außer Kraft und bauen das Uran entschädigungslos ab – im nationalen Interesse."

„Was habt ihr unternommen?", frage ich Galarrwuy Yunupingu, den Chef des Northern Land Council, der Interessenvertretung der Aboriginals. „Habt ihr euch nicht gewehrt?" Galarrwuy Yunupingu hat nachgegeben, er unterschrieb. „Mir zitterten die Knie."

Deshalb sind heute die Ranger-Manager auch keineswegs verpflichtet, die ausgeschachteten Krater nach beendeter Produktion wieder aufzufüllen. Niemand weiß, wer später einmal Jabiru bewohnen wird, die synthetische Minenstadt am Mount Brockman, am Ende des Arnhem Highway: jene 3500-Menschen-Siedlung, die nur für die Familien der vier Zechen gegründet worden ist – für Ranger, Nabarlek, Jabiluka und Koongarra. Wird diese *ghost town* planiert werden, dem Erdboden wieder gleichgemacht?

Werden die *abos* aber dafür nicht überschüttet mit Geld, fragen mich die weißen Verteidiger der Uranpolitik. Erhalten sie nicht Millionen zum Ausgleich, 25 Jahre lang, solange Uran geschürft wird? Vier Millionen Dollar im voraus und dann, bis ins 21. Jahrhundert hinein, an jedem 3. November 5,7 Millionen als Anteil am Gewinn!

„Anderthalb Millionen liegen schon auf einer Darwiner Bank", klagt Toby Gangaly, einer der schwarzen Landbesitzer des Ranger-Gebietes, er weiß nicht, auf welcher, er will es gar nicht wissen. Ein Aboriginal-Millionär, der seine Millionen verachtet. Toby Gangaly vom Maielli-Clan, Wildhüter in Nourlangie, ehrenwertes Mitglied des Land Council, fragt mich, den Fremden, der nichts begreift von seiner Qual, er fragt mich und lächelt zerbrechlich dabei: „Würdest du das Geld nehmen?"

„Ja", sage ich. „Nein", sage ich. „Ich weiß nicht."

So standen die Dinge, als die Leute von Nabarlek sich entschlossen, ihre Erde zu verkaufen. Einige hatten gekämpft, die anderen hatten wie immer von Bier geträumt. In Nabarlek war ich Zeuge der grotesken Niederlage von Kämpfern und Trinkern.

Vom Wetter und von den Jahrtausenden rund geschliffene Monolithen bedecken das Gelände, unter dem schon in fünf Meter Tiefe, wie die Geologen von Queensland Mines wissen, Uranerz von hochgradiger Reinheit ruht: Aus einer Tonne Nabarlek lassen sich 22 Kilogramm Uranoxid gewinnen, siebenmal mehr als in Jabiluka, die Prospektoren haben einen Ertrag von insgesamt 9525 Tonnen Uranoxid errechnet.

Im Schutz der ausgehöhlten Felsenkugel lebten die Gunwingku-Leute, die zwei alte Männer, Shortleg Frank Nalowed und den zahnlosen Silberkopf Salomon, als ihre Chefs akzeptieren. In der Präuranperiode hausten sie in roh gefügten Verschlägen, Lumpenzelten, zugigen Hütten. Wo sollten sie Arbeit finden? Darwin ist weit. So unterhielt sie der Staat mit monatlichen Wohlfahrtsschecks.

In Oenpelli, der Methodisten-Mission jenseits der Flüsse, und im Laden von Cahill Crossing kauften sie ein, Tabak, lappiges Weißbrot, blutrote Marmelade und Corned beef. Ihre Leibspeise, Hundefutter in Dosen, das ausschließlich Kängurufleisch enthält, war immer zuerst aus den Regalen verschwunden.

Oft litten sie Hunger, viele wurden krank. An Bier war schwer heranzukommen, seit die Regierung Arnhemland trockengelegt hatte. Ein Geisterleben: Nur selten noch spürten sie den Fährten der Wasserbüffel nach. Sie waren 44 Menschen. In der Regenzeit verschanzten sie sich unter den Riesensteinen, fischten ein wenig und würzten ihre Mahlzeiten mit den Knospen der Wasserlilien.

Kein schönes Leben, sagt Shortleg Frank, der Chef. Er schätzt sein Alter auf 60 Jahre. Sein rechtes Bein hat er. bis auf einen Stumpf, als Jüngling eingebüßt. Ein eifersüchtiger Urabunna schoss es ihm ab, als er mit dessen junger Frau zu lange im Gras lag.

„Nabarlek" nennen die Gunwingku ihre felsige Heimat: nach den scheuen grauen zwergwüchsigen Kängurus auf den rostroten Plateaus von Arnhemland. Seit dem 22. März ist Nabarlek der Name für die Unterwerfung einiger brauner Männer und Frauen unter den Willen von Uranschürfern. An diesem 22. März, einem tropischen Durchschnittsherbsttag – Höchsttemperatur 45 Grad, Luftfeuchtigkeit 89 Prozent –, an diesem von einem leichten Nordost bewegten Donnerstag soll in Nabarlek ein Vertrag unterzeichnet werden. Ein Fest wird gefeiert, der Wohlstand der Partner wird wachsen: Die Firma Queensland Mines aus Sydney darf zehn Jahre lang die Heimstatt der Gunwingku ausbeuten, 1000 Tonnen pro Jahr.

Auch Shortleg Frank macht ein Geschäft. 30 Millionen Dollar, 60 Millionen Mark, wird er für sich und die Seinen kassieren, 4,5 Prozent vom Verkaufspreis des Urans. Knapp ein Drittel des Millionenberges gehört ihm. 70 Prozent teilt sich der Northern Land Council mit verwandten Clans und benachbarten Gemeinschaften. Die Dollars werden von einem weißen Treuhänder verwaltet und vermehrt und sollen allen Stämmen im Northern Territory, mehr als 25000 braunen und schwarzen Männern und Frauen, Glück und Segen spenden.

Zur Feier der Unterzeichnung haben sich alle Freunde der Gunwingku-Leute versammelt, etwa 100 Menschen. Queensland Mines arrangiert ein Bankett. Ein Scheck wird überreicht, 110000 Dollar, die erste Rate der Pacht für das Minengelände, 110000 Dollar – „das sind 20 Jeeps oder 200 Fässer Bier“, raunt der weiße Anwalt in Shortleg Franks Ohr.

Als sich die Festversammlung vor der Kantine des Camps eingefunden hat, als die Manager aus Sydney ihre Aktenköfferchen verstaut haben, als auch Shortleg Frank im neuen gelben Hemd und Salomon mit neuem Gebiss neben dem smarten Galarrwuy Yunupingu, dem Klassensprecher der nördlichen Aboriginals, an der Tafel der weißen Bosse Platz genommen haben – es ist schon fünf Uhr nachmittags –, da zieht ein Unwetter heran und überfällt uns, wie ein Angriff erzürnter Wondjinas.

Der Eukalyptuswald in den rostroten Felsen keucht, er biegt sich unter den Attacken des Sturms. Seine Wipfel färben sich braun wie Himmel und Erde. Sie zucken, ein Meer gischtender Zweige, sie ducken sich vor der Kanonade des Donners und den Geschossen des Regens. Wir haben uns in die weißen Wohnbüchsen der Arbeiter geflüchtet. Blitze spalten die Wolken. Die Schlacht dauert zehn Minuten, dann stiftet ein Regenbogen Frieden.

Endlich liegt der Vertrag auf dem Tisch, nach jahrelangen rüden Verhandlungen. Dieser Augenblick soll die Tricks der Queensland-Mines-Manager aus dem schwarzen Gedächtnis löschen. Shortleg Frank hat sie mir alle aufgezählt: Im Juni 1970 ließen die Geologen Explorationsschächte in der Nähe von Gabo-Djang bohren, dem Heiligtum der Großen Grünen Ameise, um den zitternden Gunwingku zu demonstrieren, wie mächtig Sydney ist. Im August 1970 boten sie Shortleg Frank eine Abfindung von 5000 Dollar an. Im Februar 1974 erhöhten sie ihr Angebot auf drei Millionen. Im Frühjahr 1975 denunzierten sie in einer kontinentweiten Anzeigenkampagne die Weigerung des Clans als „unaustralisches Verhalten“.

Shortleg Frank konnte sein NEIN nur noch stottern. Obwohl das neue Eigentumsgesetz seine Ansprüche auf das Stammesgebiet seiner Ahnen stützte, gab er Ende 1978 schweren Herzens nach.

Der Finger des weißen Anwalts zeigt Shortleg Frank, wohin er sein

Kreuz zu malen hat. Dann unterzeichnen: Galarrwuy Yunupingu und Toby Gangaly, es unterzeichnen alle 44 Grundeigentümer von Nabarlek, alle Geschwister und Vettern und Onkel Shortlegs, es unterzeichnen die Vertreter der Clans aus Oenpelli, Muningrida und Milingiba, schweigend ziehen sie Signaturen über das weiße Papier.

Es unterzeichnen ferner die Manager von Queensland Mines: Jim Milner, der Chairman, ein erzfrommes Lächeln im roten Gesicht, John Lawler, sein Geschäftsführer, Paul Anthony, sein Chefgeologe. Dann lehnt sich Milner zurück, bietet Galarrwuy Yunupingu eine helle Zigarre an und nennt ihn James.

Das Bier wird verteilt, starkes australisches Bier in gelben und grünen Dosen, eiskalt, herangeflogen aus Darwin. Die Aboriginals umklammern die beschlagenen Büchsen wie Waffen gegen ihre Angst. Sie trinken wie immer, ohne Erregung und Lust. Männer und Frauen betrinken sich gleichermaßen. Ihre Kinder tragen das kalte Büfett ab, Portionen für Riesen. Die Eltern trinken, trinken, trinken, bis sie gurgelnd umkippen.

Auch die Weißen betrinken sich, eilig, denn das Feiertagsbier wird knapp. Doch selbst beim Trinken sind sie den Uraustraliern überlegen, und sie lachen über die braunen und schwarzen Bierleichen.

Nabarlek: das Ende eines wilden Idylls. Der Beginn der Industrie im Busch. Der Mond steigt auf, er sieht aus, als sei er zu groß für dieses Fest. Er taucht die Felsen und die Bäume und die Betrunkenen in ein sanftes Licht. Das Bier ist ausgegangen. „Früher haben sie den Geist aus ihren Träumen empfangen“, sagt der Chairman Jim Milner zu mir, „heute empfangen sie ihn vom Bier.“

Ein dicker schwarzer Mann in rotem Hemd torkelt an uns vorbei, er jammert: „Was haben wir getan? Was haben wir getan? Unsere Erde verkauft!“ Er setzt eine Bierdose an die Lippen, doch sie ist leer. Er lallt und heult und schreit auf uns ein, englisch, wir sollen seine Klage verstehen.

Jim Milner sagt: „In vier Wochen, gleich nach der Regenzeit, fangen wir an. Bald werden die ersten 300 Tonnen nach Japan gehen.“

GÜNTHER MACK

Im Labyrinth des Mitleids

Irgendwo auf der Erde droht eine Hungerkatastrophe. Medien berichten, humanitäre Organisationen rufen zu Spenden auf, und schon bald steht das Notwendigste bereit – Geld, Nahrungsmittel und Menschen, die helfen wollen. Ein Projekt der Deutschen Welthungerhilfe in Moçambique aber macht deutlich, welche Hürden der Hilfe im Wege stehen, bis sie die Hungernden endlich erreicht.

Diese Anrufe am Montagmorgen. Erst ist eine Sozialarbeiterin am Apparat. Sie hat am Samstag den schrecklichen Film über Afrika gesehen. Ihr stehen noch vier Wochen Urlaub zu, und sie könnte sofort losfliegen. Sie will einfach helfen, in Somalia oder sonstwo. Sie sagt, sie könne zupacken und verlange nicht mehr als eine ausreichende Versicherung.

Dann ruft ein Bauer an. Auch er hat den Film gesehen, und über das Wochenende ist ihm klar geworden: Da musst du helfen. Der Landwirt kann zwei Hänger Mais vorbeibringen, sofort, und kostenlos natürlich.

Den Seufzer „Um Gottes willen, bitte nicht!" hält Erwin Kopp zurück. Der Mann von der Deutschen Welthungerhilfe (DWHH) weiß, dass seiner Organisation nichts Besseres passieren kann, als dass Menschen sich spontan an sie wenden, um anderen zu helfen. Also dankt er den Anrufern für ihr Engagement. Und erklärt der Sozialarbeiterin taktvoll, dass es ein hohes Maß an Professionalität verlange, Menschen Tausende Kilometer entfernt zu helfen, und dass man dafür Spezialisten mit ordentlichen Verträgen brauche.

Der Bauer hört verblüfft, dass diese Spezialisten Informationen über Essgewohnheiten der Menschen in Afrika gesammelt haben, an die sich die Welthungerhilfe wenn irgend möglich hält. Zum Beispiel, dass man dort weißen Mais isst. Der in Deutschland übliche gelbe Mais unterscheidet sich zwar vom weißen nur durch ein wenig Karotin. Afrikaner betrachten das fremdfarbige Gewächs trotzdem mit

Misstrauen, munkeln von potenzdämpfenden Beimischungen. Darum die Bitte: Lieber Geld statt Mais spenden.

Und was geschieht mit dem Geld? Kopp ist erleichtert, dass ihm die Frage an diesem Morgen erspart bleibt. In der TV-Wirklichkeit verstreichen zwischen Spendenaufruf und Nahrungsausgabe in Notstandsgebieten allenfalls Tage. Tatsächlich vergehen zwischen Hilferuf und erster Hilfe in der Regel sechs bis acht Monate – und schwieriger als die Organisation der Nothilfe ist es, Spendern zu erklären, weshalb das so ist.

Über 50 Millionen Mark hat die Deutsche Welthungerhilfe im vergangenen Jahr mit Bitten um Spenden auf ihre Konten gelenkt. Unter 20000 gemeinnützigen Institutionen, die in Deutschland für alle möglichen wohltätigen Zwecke vier Milliarden Mark kassieren, zählt die DWHH zu den großen, gleich nach den konfessionellen Werken und dem Deutschen Roten Kreuz.

Mit vier Mann begann sie vor 30 Jahren, heute kümmern sich rund 100 Mitarbeiter im In- und Ausland um Notfälle der Dritten Welt. Auf Verwaltungsdeutsch, unverkennbar die Muttersprache der modernen Samariter, heißt das: Seit Bestehen der DWHH wurden 3250 Projektmaßnahmen im Gesamtvolumen von rund 880 Millionen Mark gefördert, darunter 254 Nothilfeprojekte. Addiert man die Zahlen der größeren deutschen Organisationen, kommt man seit 1960 auf über 45000 Aktionen.

Die Zahl ist imposant, aber sie bleibt stumm. Sie vermittelt keine Vorstellung von dem mühsamen Geschäft, eine in Deutschland gespendete Mark in einen Napf Maisbrei zu verwandeln. Sie sagt nicht, ob Hilfe hilft oder schadet. Das kann nur der Einzelfall. Zum Beispiel die Geschichte vom Projekt Nothilfe für Nampula in Nord-Moçambique.

Denn noch während Erwin Kopp in Bonn seinen Anrufern Rede und Antwort steht, zeichnet sich im Büro der Welthungerhilfe der nächste Notfall ab. Dieser Montagmorgen wird später in den DWHH-Archiven als **1. Tag** des „Nothilfeprogramms für Dislozierte in der Provinz Nampula" festgehalten werden.

MOÇAMBIQUE, DISTRIKT NAMPULA. Mit jedem Tag wachsen die Elendssiedlungen entlang der Straßen in dieser Provinzregion um einige Dutzend Familien. Ein gutes Zeichen. Endlich herrscht Frieden. Während des Krieges, als Renamo-Rebellen das Land terrorisierten, waren die Bauern zu Hunderttausenden in die größeren Orte geflüchtet. Andere – mehr als eineinhalb Millionen – retteten sich in Lager jenseits der Grenzen. Zurück blieb ein fast menschenleeres Land, in dem nicht mehr gesät und nichts mehr geerntet wurde.

Jetzt strömen die Flüchtlinge zurück aus den Lagern in den Nachbarländern Simbabwe und Malawi. Ihr Ziel: Nampula. Wo andere schon Hütten aus Ästen und Gras am Wegrand errichtet haben, lassen auch sie sich nieder. Und warten.

Seit gut drei Jahren gibt es in Nampula eine Außenstelle der Deutschen Welthungerhilfe. Das kleine Team kümmerte sich um Bauern, die unter den fragwürdigen Schutz einiger Regierungssoldaten geflüchtet waren. Die deutschen Helfer konnten die Stadt auf dem Landweg kaum noch verlassen, die Renamo nahm als erste afrikanische Guerilla auch humanitäre Organisationen ins Visier.

Jetzt sind die Verbindungswege wieder frei. Die abgemagerten, abgerissenen Menschen, die den deutschen Hungerhelfern entlang der Pisten in bislang unzugänglichen Bezirken begegnen, haben von ihrer Regierung keine Hilfe zu erwarten. Die war schon vom Frieden überfordert, erst recht vom Krieg; und vor den Nachkriegsproblemen steht sie vollends hilflos – es ist die typische Voraussetzung für Hilfsaktionen von außen. Die Zeit drängt allerdings sehr. Am Ende ihrer Flucht fehlt den Entwurzelten die Kraft, sich selber zu helfen.

30. Tag: Heinz Peter Seidler überschlägt die Zahlen, die ihm die Kollegen aus Nampula durchgegeben haben, und konzipiert die Hilfsaktion. Für 30000 Menschen könnten sie ein Notprogramm auf die Beine stellen. Das reicht hinten und vorne nicht, aber es ist auch mehr als nur ein Tropfen auf den heißen Stein.

Seidler leitet in Moçambiques Hauptstadt Maputo das Landesbüro der DWHH. Er hält Kontakt zur Regierung und zur Renamo, zu zahlreichen Repräsentanten von UN-Organisationen und multinationalen Hilfsagenturen. Seit einiger Zeit registriert er, dass sich das alte Polana-Hotel an der Küste des Indischen Ozeans wieder mit *international experts* füllt. Die große Dürre im südlichen Afrika hat auch Moçambique getroffen. Verschlimmert durch den Krieg, sackte die letzte Ernte noch 60 Prozent unter den kümmerlichen Ertrag der Jahre davor. Jetzt strömen die Berufshelfer aus Europa und den USA ins Land – und Getreide, 200000 Tonnen für die moçambiquanische Regierung.

Überfluss in Zeiten des Mangels, das klingt wie Glück im Unglück. Tatsächlich aber bedeutet es, dass Moçambique kaum je wieder auf eigenen Füßen stehen wird. Denn Nahrungsmittelhilfe macht Schwache nicht stark, sondern abhängig. Sie wirkt wie eine Droge, und Hilfsorganisationen, die Nahrungsmittel einsetzen, sind immer in Gefahr, zu Kleindealern des weltweiten Nahrungsmittelkartells zu werden.

Rund zwölf Millionen Tonnen Getreide werden Jahr für Jahr als Nahrungsmittelhilfe in die Dritte Welt gepumpt. Dabei unterscheiden die Experten drei Formen von Hilfe:

Der größte Teil, 65 Prozent, wird als so genannte „Programmhilfe" geliefert. Sie beseitigt nicht etwa den Hunger in Afrika – sondern Weizenberge und Milchseen in Europa, Australien und Nordamerika: Regierungen in Mangelländern erhalten von Regierungen in Überschussländern kostenlos oder erheblich verbilligt Nahrungsmittel; das Empfängerland verkauft sie preisgünstig auf dem inländischen Markt und füllt mit dem Erlös die maroden Staatskassen auf.

Es gibt Vorschläge, die schlimmsten Auswirkungen dieses Deals abzufedern; Märkte der Mangelländer sollen nicht mit zu viel und zu billiger Ware überschwemmt, die Erlöse sollen in sinnvolle Entwicklungsprojekte investiert werden. Das eigentliche Übel aber bleibt. Denn diese Hilfe wirkt wie eine Prämie für unfähige und untätige Regierungen; sie erspart es ihnen, sich um die eigene Landwirtschaft zu kümmern. Sie begünstigt städtische Schichten, die bevorzugt beliefert werden, sie fördert die Landflucht, und: Sie demoralisiert die Bauern. Am Ende ist das Empfängerland tatsächlich unfähig, sich selber zu ernähren. Und die Überschussländer haben einen weiteren Markt erobert.

Die „Projekthilfe" hat einen besseren Ruf. In sie fließen 25 Prozent aller Nahrungshilfen. Straßen- und Dammbauten, Aufforstungen und Terrassierungen werden von staatlichen oder privaten Organisationen mit Nahrungsmitteln statt mit Geld gefördert. Das ist sinnvoll, wenn unmittelbar nach einer Katastrophe Menschen wieder auf die Beine geholfen werden soll. Doch auch hier tritt schon bald Gewöhnung ein, unterbleiben selbstverständliche Gemeinschaftsarbeiten, wenn nicht mit Lebensmitteln dafür bezahlt wird. „Befreite Völker sind nicht dankbar, sondern anspruchsvoll": Diese Bismarcksche Sentenz gilt analog auch für vom Hunger befreite Völker.

Nur zehn Prozent der Nahrungsmittellieferungen fließen als so genannte „Nothilfe". Und auch die setzt das lähmende Gift der Gewöhnung frei. Die Experten in Moçambique schlagen deshalb der DWHH-Zentrale in Bonn vor, das Projekt Nampula auf acht Monate zu begrenzen. Zudem sollen nicht nur Nahrungsmittel, sondern auch Saatgut, Hacken, Äxte und Macheten geliefert werden. Es gilt, den Menschen ein Leben wie vor dem Ausbruch der Wirren zu ermöglichen. Das ist bescheiden, aber realistischer als manche entwicklungspolitische Deklamation.

40. Tag: Das Gebäude an der Bonner Adenauerallee 134, in dem die Zentrale der Deutschen Welthungerhilfe sitzt, genügte einst dem Repräsentationsbedürfnis der späten Adenauerjahre. Heute wirken die Büros überbelegt und untermöbliert. Doch gerade dieser Eindruck dezenter Dürftigkeit ist willkommen. Im Kampf um Spender und Spenden gibt es kein einträglicheres Argument als minimale Verwaltungskosten; mangels besserer Kriterien fragt zumal der deutsche Geber streng: „Wie viele Pfennige meiner Mark kommen draußen an?" Und die DWHH antwortet stolz: „Der Verwaltungsanteil beträgt nur 3,5 Prozent" – ganz so, als wäre das kostspielige Spezialwissen der Helfer zum Nulltarif zu haben.

Post aus Moçambique kommt bei der Welthungerhilfe in Bonn auf den Tisch von Gerhard Schmalbruch. Der promovierte Philologe hat einige Jahre in portugiesischsprachigen Ländern Afrikas gearbeitet, er kennt die Lage, die Leute, die begrenzten Möglichkeiten zu helfen. Er weiß, was es bedeutet, dass Moçambique auf der Armutsliste afrikanischer Staaten mit 80 Dollar Einkommen pro Kopf und Jahr auf dem letzten Rang steht.

60. Tag: Die Besprechungen Schmalbruchs auf dem internen Dienstweg – Abteilungsleiter, Generalsekretär, Gutachter, Vorstand – verlaufen routinemäßig. Die DWHH betreibt seit Jahren Projekte in Moçambique, die Außendienstler halten die Zentrale informiert, Katastrophen kommen hier so wenig überraschend wie kritische Standardfragen der deutschen Öffentlichkeit: Warum kümmert ihr euch überhaupt um Moçambique? Warum konzentriert ihr euch nicht auf Somalia, wo jede ordentliche Organisation aktiv ist? Wer entscheidet überhaupt, wem geholfen wird und wem nicht – wer spielt hier Herrgott?

Bernd Hoffmann, der Generalsekretär der DWHH, wehrt ab. „Wenn hier jemand spielt, dann die Medien mit den Helfern": Unter dem Druck der veröffentlichten Meinung reagierten die Helfer mehr, als dass sie agierten. Hoffmann hasst die ewig gleichen zwei Fragen: „Gibt es schon Tote?" Und: „Ist es so schlimm wie in Äthiopien?" Kein Interesse an Differenzierungen und stillen Dramen: Äthiopien ist der Maßstab. Seit eine BBC-Reportage aus dem Lager Korem 1984 binnen Stunden eine weltweite Hilfskampagne entfachte, will kein Medium die große Not- und Hilfswelle verpassen.

Der Sog globaler Kampagnen ist der Schrecken kleiner Hilfsorganisationen. Wo kein Tag ohne Somalia-Bericht vergeht und Bilder wie aus Äthiopien auf den Titelseiten stehen, erwartet jedermann, voran die Spenderklientel, dass eine ernst zu nehmende Hilfsorganisation auch am Brennpunkt Süd-Somalia dabei ist – ungeachtet des Umstands, dass die internationalen Organisationen dort einander auf den Füßen stehen, dass das Land überversorgt ist wie schon einmal vor zehn Jahren, dass Somalias Kriminelle sich am Überfluss noch mehr bereichern als am Mangel und – nicht zuletzt – dass für den Preis der kostspieligen Transportflüge nach Somalia in anderen Ländern zehnmal so viele Menschen versorgt werden könnten.

Die DWHH hat sich entschlossen, den Erwartungen zu widerstehen. Bernd Hoffmann: „Je stärker alle Scheinwerfer auf ein Land konzentriert sind, desto mehr Menschen leiden in anderen, ohne dass davon noch irgendjemand Notiz nimmt."

120. Tag: Der Hilferuf aus Moçambique und die Überlegungen der Zentrale ergeben nun endlich die erste, noch zahlreichen Änderungen ausgesetzte Projektvorlage, Aktenzeichen AFW 336/MOZ 47–92/SO. Für die Notverpflegung hält man sich an den von der UN-Flüchtlingsorganisation genannten Tagesbedarf: pro Flüchtling 1930 Kilokalorien, 45 Gramm Protein, 45 Gramm Fett. Macht für 30000 Menschen in acht Monaten 2880 Tonnen Mais, 700 Tonnen Bohnen, 180 Tonnen Öl, 20 Tonnen Trockenfisch, 10 Tonnen Salz. Für insgesamt 2,1 Millionen Deutsche Mark.

Dem soll die Hilfe zur Selbsthilfe folgen: Saatgut für 430000 Mark, Hacken, Äxte, Macheten und anderes Gerät für 639000 Mark. Und weil in Moçambique derzeit kein Material bei den Empfängern ankommt, das nicht von der DWHH selbst transportiert wird, benötigt das Projekt auch fünf Lkws, einen Pick-up, Ersatzteile und Personal. Ergibt samt Betriebskosten rund 1,8 Millionen Mark.

Die insgesamt 39 Einzelposten addieren sich am Ende zu einer Summe von 5,2 Millionen Mark. Das sind zehn Prozent der Spendeneinnahmen von 1992. Noch ein paar ähnliche Notfälle, und die Spendenkonten der Bonner Helfer wären schon im ersten Quartal erschöpft – vorausgesetzt, die DWHH finanzierte solche Projekte vollständig aus eigener Kraft.

Doch gerade das tut sie nicht. Für jedes Nothilfeprojekt, zumal wenn es kostspielige Nahrungsmittelhilfe einschließt, steuern private Organisationen in der Regel selber nur zwischen fünf und zehn Prozent der Ausgaben bei. Der Löwenanteil stammt aus fremden, mit Steuergeldern gefüllten Töpfen – eine Verbindung, von der beide Partner profitieren: Ohne staatliche Gelder wäre die DWHH wie jede andere private Organisation außerstande, nennenswerte Hilfe zu leisten; ohne private Hilfsorganisationen und deren Ortskenntnis in vielen entlegenen Gebieten wäre aber auch die Regierung nicht fähig, gezielt zu helfen. Also tut man sich jeweils für kurze Zeit zusammen.

Der große Partner erzwingt dabei allerdings eine charakteristische Verwandlung: Die Menschen in Moçambique schwinden aus dem Blick, auch deren Not, die den Hilfsimpuls ausgelöst hat; Mitleid mutiert zum Verwaltungsakt. Jetzt geht es um Mittel der öffentlichen Hände, betreut von Beamten und Behörden, die Rechnungshöfen rechenschaftspflichtig sind. Von Stund an senken sich Sprache und Logik der Verwaltungsjuristen über das Projekt Nampula.

Kein großes Projekt wird von einem einzigen staatlichen Geber allein finanziert. Also zerlegen die DWHH-Mitarbeiter es in kleinere Pakete, formulieren unterschiedliche Anträge auf Finanzierungsbeihilfe, vergessen nicht ein Dutzend Kopien für vor- und nachgeordnete Dienststellen, Koordinicrungsbüros, Botschaften und Behörden und wählen den passenden Adressaten.

Als Erstes das Auswärtige Amt. Die Welthungerhilfe bittet um 639000 Mark für den Kauf von Hacken, Töpfen, Decken, Stoff, Seife. Das AA ist auf Katastrophen eingerichtet. Der Etat „Humanitäre Hilfe" umfasst pro Jahr zwar nur 145 Millionen Mark, doch im Falle neuer Katastrophen gibt es gelegentlich die Chance, Nachtragshaushalte zu beantragen.

Das AA ist für private Hilfsorganisationen nicht nur wegen seiner geräuschlosen Finanzierung von Gerät und Material ein angenehmer Partner. Es müht sich seit zwei Jahren auch um etwas, wovon jeder vernünftige Bürger irrigerweise annimmt, dergleichen funktioniere längst: Koordination der an Soforthilfe beteiligten Helfer und Organisationen.

Ein harziges Geschäft. Die kleinen Organisationen fürchten im Schatten der großen um ihre Identität, säkulare Organisationen fürchten Imageschäden durch Kontakt mit konfessionellen; das Rote Kreuz hat aufgrund der Genfer Konvention eigene Rechte und globale Pflichten; kirchliche Werke haben weltweite Partnerstrukturen und müssen entsprechende Rücksichten nehmen. Dr. Hansjörg Eiff, der Beauftragte der Bundesregierung für humanitäre Hilfe, koordiniert im AA den Arbeitsstab für Sofort-, Katastrophen- und Flüchtlingshilfe. Die Repräsentanten der wichtigsten Hilfsorganisationen kommen dort regelmäßig zusammen, stimmen Einsatzpläne für Notfälle ab, informieren einander über Pläne und Projekte.

Auch die Welthungerhilfe hält Eiffs Team über ihre Nothilfeaktion in Moçambique auf dem Laufenden – und das AA signalisiert diesmal auf dem kleinen Dienstweg, dass im Etat leider keine Mittel mehr für Nampula aufzutreiben seien. Die DWHH wird das Projekt also kürzen und den eigenen Anteil an der Finanzierung vergrößern müssen.

125. Tag: Der nächster DWHH-Antrag – 1,996 Millionen Mark für Mais und fünf Lkw – geht an das Bundesministerium für Wirtschaftliche Zusammenarbeit und Entwicklung (BMZ). Doch im BMZ wird man nicht gern mit Not- und Katastrophenhelfern in Verbindung gebracht. Ein Entwicklungsministerium ist für Entwicklungsprojekte da, für Hilfe zur Selbsthilfe mit langfristigen Perspektiven in Zusammenarbeit mit *einheimischen* Partnern im Empfängerland. Nothilfe aber – das ist für das BMZ das krasse Gegenteil dieser Arbeit: Sie muss schnell sein, hat keine Perspektive und wird von *europäischen* Spezialisten abgewickelt.

Der Agrarlobby ist es zu verdanken, dass das BMZ trotz prinzipieller Bedenken seit vielen Jahren dennoch über einen Etat für Not- und Nahrungshilfe verfügt. Getreu dem gefährlichen Wunschdenken, dass die deutschen Agrarüberschüsse für Hungerländer allemal ein Segen sind, steht zu deren Beseitigung ein Etat von rund 225 Millionen Mark bereit, zudem 100 Millionen aus Sonderetats. Etwas abseits des Ministeriums verwaltet Volkmar Becker im Referat 211 für Welternährungsfragen den Titel 686/08/24. Kaum ein deutsches Speisungsprogramm zwischen Afghanistan, Somalia und Simbabwe, das ohne ihn zustande käme – gleichgültig, ob über diesem Projekt nun die Flagge des Roten Kreuzes oder der Caritas weht.

Ganz im Sinne der Politiker, die die Beseitigung von Agrarüberschüssen gern mit Nächstenliebe kombinieren, wird die Lieferung von deutschem Weizen, deutschem Mais und deutschem Milchpulver im BMZ gern bewilligt. Die restliche Arbeit übernimmt die mächtige BALM, die Bundesanstalt für landwirtschaftliche Marktordnung. Sie liefert jede gewünschte Menge in jeden Hafen, frei Quai.

Jahrelange Diskussionen über die problematischen Auswirkungen von Nahrungshilfe für Entwicklungsländer haben allerdings auch das BMZ umdenken lassen. Was heißt umdenken – ein Erdrutsch ist passiert: Seit kurzem dürfen bis zu 40 Prozent des Etats statt für Agrarprodukte aus Europa jetzt für Nahrungsmittel aus der Dritten Welt ausgegeben werden. Geld, das seit Jahren in Bonn als Entwicklungshilfe deklariert wurde, tatsächlich aber Deutschlands Überfluss entsorgte, erreicht endlich den richtigen Empfänger: Überschüsse aus der Dritten Welt werden damit für Mangelgebiete in der Dritten Welt aufgekauft. „Dreieckskooperation" nennen die Spezialisten diese Förderung des Süd-Süd-Handels.

210. Tag: Der ominöse „Bewilligungsbescheid" des BMZ trifft bei der Welthungerhilfe ein. Das BMZ sagt die Finanzierung zu, allerdings nur für drei Lkws. Es geht um Millionen.

Der schwierigste Finanzier bei solchen Projekten ist die Europäische Gemeinschaft. Sie hat das größte Konto für Nahrungshilfe, rund 1,5 Milliarden Mark. Sie hat aber auch die höchsten Hürden vor den Kassen aufgebaut. Nur zehn bis fünfzehn Prozent des Etats dürfen für Käufe in der Dritten Welt ausgegeben werden – und nur, wenn Europas Bauern die gewünschten Waren wirklich nicht anbieten. Und dass diese den Kollegen in den armen Agrarstaaten freiwillig nicht die kleinste Nische lassen, demonstrieren etwa Frankreichs Farmer, die jetzt auch Sorghum, afrikanische Hirse, als Europaprodukt in den Markt drücken.

Wer sich mit dem grünen Finanzriesen EU an einen Tisch setzt, sollte also einen langen Löffel haben. Die DWHH leitet darum den nächsten Antrag – 1,2 Millionen Mark für Saatgut, Nahrungsmittel, Transport- und Personalkosten – nicht nur an die EU-Kommission in Brüssel. Eine Kopie geht gleichzeitig an eine nur Insidern bekannte Institution namens „EuronAid“ im niederländischen Regierungssitz Den Haag.

EuronAid ist die Antwort der europäischen Hilfsorganisationen auf die EU. Die 25 größten – darunter die Deutsche Welthungerhilfe – haben EuronAid als eine Art Service-Station für alle privaten europäischen Organisationen gegründet, die trotz der entmutigenden Prozeduren in Brüssel Nothilfe beantragen. 350 Anträge von 80 Organisationen im Umfang von rund 1000 Schiffsladungen laufen im Jahr über die Bildschirme der EuronAid-PCs. Als EuronAid anfing, galten noch über 90 Prozent der Anträge normalen Entwicklungsprojekten. Heute sind 70 Prozent Katastrophen- und Nothilfefälle. Entwicklungshilfe wird durch Katastrophen in den Hintergrund gedrängt.

Bei EuronAid erhält auch der Nampula-Antrag der DWHH die letzte Feinabstimmung für den Hürdenlauf durch die EU-Verwaltung. Der Start erfolgt nach dem wöchentlichen Meeting zwischen einem EuronAid-Experten und einem EU-Vertreter in Brüssel.

220. Tag: Während der letzte DWHH-Antrag in sechs Wochen gut zehn Stationen der EU-Institution durchläuft, verwandelt Martin Winterhoff in der Zentrale die Finanzierungszusagen des Bonner Entwicklungsministeriums in Ware. Der gelernte Bankier hält seit elf Jahren den Geschäftskontakt zu einem kleinen Kreis erprobter Händler, zu Brokern, Spediteuren, Ausrüstern, Versicherungsmaklern, Schifffahrtsagenturen, Wareninspekteuren. Er holt Angebote ein, vergleicht, feilscht, schließt Verträge. Auch wegen dieser vorgeschriebenen Prozeduren hätte der Mais eines spendefreudigen, aber unerfahrenen Bauern keine Chance, nach Afrika zu kommen.

250. Tag: Was von Deutschland aus auf den Weg nach Nampula zu bringen ist, nehmen jetzt Frachter an Bord, die den Hafen Nacala in Nord-Moçambique anlaufen sollen.

Ein erheblicher Teil der Mittel aber ist den DWHH-Außenbüros in Nampula und Maputo für Beschaffungen an Ort und Stelle überwiesen worden. Hacken und Macheten etwa besorgen indische Händler in der Region erheblich preiswerter, als es die DWHH in Deutschland kann, zumal Transportkosten entfallen. Und welche stimulierende Wirkung selbst von kleinen Nahrungsmittelaufkäufen auf tote Märkte ausgeht, beobachten die Bonner Helfer in den vom Bürgerkrieg verwüsteten Gebieten jedes Mal mit Staunen. Plötzlich sind auch wieder, Gott weiß woher, alte portugiesische und indische Händler und Farmer da und kündigen mehr Mais und Bohnen nach der nächsten Ernte an. Etwas Bargeld wirkt Wunder.

Tatsächlich hat es mit der Dürre im Norden von Moçambique ein Ende, was – dank des Informationsdienstes der FAO – längst jeder weiß, der professionell mit der Planung von Nahrungshilfe zu tun hat. Diesem Dienst der UN-Organisation für Ernährung und Landwirtschaft sind auch EuronAid und die DWHH angeschlossen.

Die FAO residiert in Rom zwischen Caracalla-Thermen und Circus Maximus. Entwicklungsexperten haben an dieser 6000-köpfigen Behörde vieles zu bemängeln, doch das „Globale Informations- und Frühwarnsystem" der Römer findet fast vorbehaltlose Anerkennung. Aus den unablässig einlaufenden Daten des europäischen Meteosat-Satelliten und der amerikanischen NOAA-Satelliten erarbeitet die FAO ein lückenloses Bild über Intensität und Verbreitung von Regenfällen sowie der Vegetation in jeder Region. Über Nord-Moçambique zeigt die Grafik starke Regenfälle. Beobachter vor Ort ergänzen die Satellitenfeststellungen.

Doch nicht wenige Regierungen in Entwicklungsländern sind an schlechten Erntevorhersagen interessiert: Denn miserable Prognosen garantieren ihnen billiges Getreide aus Überschussländern. Die Wetterkundler der FAO weisen Fragen nach politischem Druck auf ihre Arbeit dennoch zurück: „Wir sind Techniker, keine Diplomaten."

Auch Brüsseler Dienstwege haben irgendwann ein Ende: Ein „Official Letter" der Food Aid Community (FAC) wird aufgesetzt – jetzt müsste die Hilfe für Mocambique eigentlich ohne weitere Schwierigkeiten anlaufen. Hans Le Noble wird aktiv, der stellvertretende Generalsekretär von EuronAid, der wie Martin Winterhoff vom deutschen Entwicklungsministerium den Kontakt zu Händlern und Brokern hält.

Da sich trotz des FAC-Briefes noch keineswegs die Tore zu den überquellenden EU-Lagern öffnen, schreibt er pflichtgemäß die bewilligten Nahrungsmittel auf dem europäischen Markt aus – Dauer: drei bis vier Wochen – und arrangiert die Transporte nach Moçambique, Dauer: vier bis sechs Wochen. Genehmigt die EU Ankäufe auf lokalen Märkten im Notstandsgebiet, wird die Prozedur zwar kürzer, aber nicht einfacher.

Ein Beispiel: 20 Tonnen proteinreicher Trockenfisch für Mütter mit Kleinkindern dürfen in Moçambique gekauft werden, vorausgesetzt, der Fisch ist nicht teurer als in Europa. Und das muss erst einmal festgestellt werden. Die Wanderung der Lachse ist einfacher zu verfolgen als der Entscheidungsweg der Frage: Welcher Trockenfisch für Moçambique?

Fax von EuronAid an Welthungerhilfe Bonn: Trockenfisch mit Vorbehalt o.k.

Bonn an DWHH Maputo und Nampula: Erbitten Info, zu welchen Konditionen Trockenfisch vor Ort zu bekommen ist.

Maputo kontaktiert regionale Händler und lokale Fischer; das Angebot wird von Maputo zur DWHH-Zentrale nach Bonn geschickt, von dort zu EuronAid nach Den Haag, von Den Haag zur EU nach Brüssel. Brüssel beauftragt seine mit Trockenfisch vertrauten Marktbeobachter in Europa und in Moçambique, das Angebot aus Maputo zu prüfen.

Rückmeldungen von Maputo nach Brüssel: o.k. (vielleicht).

Brüssel an Den Haag: o.k.

Den Haag an Bonn: o.k.

Bonn an Maputo/Nampula: o.k.

280. Tag: Die Schwierigkeiten dauern bis zuletzt an. Die Verhältnisse in Moçambique sind nicht so, dass Waren risikolos transportiert und gelagert werden könnten. Der Hafen Nacala im Norden, über den Nampula versorgt wird, gilt als relativ friedlich, verglichen mit Maputo im Süden, wo Diebesbanden derart skrupellos abräumen, dass die DWHH den Hafen zeitweilig von der Zielliste gestrichen hat. „Schwund" gibt es auch in Nacala, aber keinen „strukturellen Schwund" wie in Maputo, erläutert Hans Le Noble.

Tricks sollen helfen, die Hilfsgüter ans Ziel zu bringen. Größere Mengen werden auf mehrere Schiffe aufgeteilt, drei Partien zu 1000 Tonnen haben mehr Chancen als eine zu 3000 Tonnen. Container werden vor der Verschiffung zugeschweißt – was nicht ausschließt, dass selbst die nach der Ankunft in Afrika nicht vom Dach aus geöffnet und über Nacht von einer Menschenkette geleert werden.

Die Überfälle regulärer Truppen haben zwar aufgehört, doch jetzt marodieren uniformierte und zivile Banden auf private Rechnung. Der Bitte der Regierung von Moçambique, einigen zehntausend entlassenen Soldaten beim Übergang ins Zivilleben zu helfen, hat sich die DWHH bislang entzogen.

Niemand bezweifelt zwar, dass dergleichen nötig wäre, um dem Land das Schicksal Angolas zu ersparen. Aber wer weiß, ob die Soldaten ihre Kalaschnikows tatsächlich gegen Hacken eintauschen würden, ob Offiziere sich ein Leben ohne Dienstwagen, Casino und Ordonanz noch vorzustellen vermögen? Sicher ist nur, dass künftig auch Renamo-Rebellen in der Regierung sitzen werden und die Zahl der Hände zunimmt, die sich selber bedienen.

An dieser Stelle ist zurückhaltend – schließlich will die DWHH weiter in Moçambique arbeiten – das letzte Problem anzudeuten, mit dem das Projekt AFW 336/MOZ 47–92/SO konfrontiert wird. Wie viele Hilfsorganisationen hat auch die DWHH enge Zusammenarbeit mit einheimischen Partnerorganisationen in ihren Statuten festgeschrieben, ein schönes Zeichen postkolonialer, antipaternalistischer, partizipatorischer Denkweise.

Aber das Ideal kollidiert mit der Wirklichkeit. Moçambique war in Theorie und Praxis ein Einparteienstaat. In Nampula gibt es deshalb weit und breit nichts anderes als Dependancen einer Zentralbehörde. Es wäre wirklichkeitsfremd, von diesen einen höheren Standard zu erwarten, als ihn die Zentrale vorgibt – und der ist beklagenswert. Unter diesen Voraussetzungen arbeitet die Welthungerhilfe mit ihrer zuständigen Partnerorganisation sehr gut und eng zusammen und hat im Übrigen vom Löschen bis zum Verteilen ein scharfes Auge auf die Waren.

390. Tag: Einige Dutzend Rückkehrer aus Flüchtlingslagern in Malawi haben sich in einem Dorf bei Nampula zur Essensausgabe aufgestellt. Es gibt Mais und Bohnen aus dem Projekt AFW 336/MOZ 47–92/SO. Schiere Routine, seit Bonn und Brüssel Gelder für den lokalen Aufkauf von Bohnen und weißem Mais bewilligt haben. Neu ist, dass heute auch Speiseöl aus EU-Beständen eingetroffen ist – 13 Monate nach Feststellung der Notlage. Keine Kamera ist zugegen, CNN wird nicht berichten. Nächstenhilfe à la Alltag.

Stoßseufzer des EuronAid-Chefs Bernd Dreesmann: „Das glaubt uns doch niemand, dass es so schwer ist, anderen Leuten zu helfen.“

RAINER JOEDECKE

14 Tage über Feld und Flur

Der Autor wanderte durch ein kleines Stück Oberschwaben und fand: Nur wo man zu Fuß war, war man wirklich.

Vier Zentimeter auf der Landkarte entsprechen einem Kilometer in der Wirklichkeit, so steht es auf der Karte. Die winzigen Strichbüschel auf ihr sind in der Wirklichkeit gelbe Löwenzahnwiesen mit rehbraunen Kühen, die Dreiecke und Kugeln mit gepunkteter Standlinie sind Wälder, die schmalen Bänder sind Wege mit rosa und weiß blühenden Apfelbäumen, und wenn ein einfaches Kreuz eingezeichnet ist, dann steht das in der Wirklichkeit am Wegrand im Gras mit einem gemalten Christus oder einem aus Eisenguss, frisch bronziert in Gold oder Silber: „Gott beschütze unsre Fluren." Die schwarz ausgefüllten Kästchen mit den Namen daneben sind die Bauernhöfe, das Galgenhöfle zum Beispiel.

Hinter dem Galgenhöfle auf einer Anhöhe steht ein Kreuz. „Moine Bube hän neilich dort obe g'scharrt. Do hän se Boinle g'funde z'hauf", erzählt die Bäuerin. Der Großvater vom Bauern hat den Galgen noch gesehen. „Das war der Galge vom Fürschte von Zeil", erinnert er sich, und: „Wenn se früher da so oin arme Landstreicher erwischt hän, na hän se den da g'henkt. Da habe dann alle Baure aus der Gegend zammakomme müsse und zueluege, wie se den g'henkt hän, damit sie wieder Respekt hän vor de Fürscht."

Die Gerichtsbarkeit hat er Gott sei Dank heute nicht mehr, der Fürst. Ich weiß nicht, ob ich sonst so leichten Sinnes durchs Land gehen würde, da ich mit meinem Rucksack und meinen zerfransten Hosen und den langen Haaren selber wie ein Landstreicher aussehe.

Zwei Wochen bin ich übers Land gegangen, von Willerazhofen nach Bad Schussenried, nicht weit von Ulm, und zurück nach Bad Waldsee. Kreuz und quer über einen Quadratmeter Karte im Maßstab

1:25000; in der Wirklichkeit: ein Stück Oberschwaben 25 mal 25 Kilometer, Deutschland en detail. Geschlafen habe ich, wie es gerade kam, im Wald, beim Bauern, im Gasthaus. Im Wald war 's umsonst, beim Bauern hab ich gearbeitet für Kost und Logis, im Gasthaus hab ich bezahlt. Mal hat mich ein Kuckuck geweckt, mal ein Rebhuhn, mal habe ich Hasen geweckt, von denen ich glaube, dass sie noch nie einen Menschen gesehen haben, aber sie waren mir nicht böse, sondern bauten sich auf und winkten mir mit den Vorderpfoten.

Einmal habe ich ein Rudel Rehe gesehen, vielleicht waren es auch Hirsche, was weiß ein Städter von Rehen und Hirschen? Gar nichts, er weiß noch nicht einmal mehr, wie gut die Luft sein kann. Ich hab das auch nicht mehr gewusst, bis ich auf einmal, mitten im Wald, Spaß am Atmen hatte.

„Ja, hän Se koi Auto?", fragt mich die Bäuerin in Haslanden, bei der ich am Brunnen Wasser trinke. „Ja doch", sag ich ihr, „aber ich reise auch gern zu Fuß, da sieht man mehr."

Sie schüttelt ungläubig den Kopf. „Ja gibt 's des au no!" Der Bauer kommt dazu, grüßt, schaut mich prüfend an, wie er wohl auf einer Viehauktion einen Bullen prüfend betrachtet. „Mir bräuchtet an kräftigen Kerle auf acht Tage zum Heuen", sagt er. Acht Tage sind mir zu viel, aber zwei Tage würd ich 's machen.

Tage später nimmt mich der Durach Karl in Willerazhofen. Zwei Minuten, nachdem ich seinen Hof betreten habe, bin ich schon im Stall beim Ausmisten und Füttern. Dann fahre ich mit dem Bauern auf die Weide, wir setzen einen Zaun. Um acht Uhr abends sind wir wieder auf dem Hof. Er fragt mich: „Hän Se scho an arge Hunger? Sonscht mähe mir no a Wies." Gibt man zu, einen argen Hunger zu haben? Also mähen wir mit zwei Traktoren, bis es finster wird. Um neun Uhr gibt's Essen, Brot, Butter, Wurst, Käse und Süßmost.

Wir sprechen über die Landwirtschaft. „M'r hat scho seine Vorteil als Bau'r. M'r isch sei eigner Herr, koin'r kann oim kündige, ond so viel m'r schaffet, so viel verdienet m'r au. 'S Lebe isch billiger wie in der Stadt, und m'r hat au koi Gelegeheit, 's Geld zu verputze, weil m'r ja dauernd schaffet. Im Sommer schaff i jeden Tag meine 15 Stund. Freilich, anbunde bischt wie a Kettehund. Mir könnet it weg, nie, ob des Oschtern isch, Pfingschte oder Weihnachte."

Karl ist 36, seine Frau Leni 30. Sie sind zwei Jahre verheiratet und haben ein Kind, Franzl, 18 Monate. Der Franzl schaut mich an wie ein Weltwunder. „D'r Bue hätt no it oft an Fremde gsehe", sagt Leni, als müsse sie sich entschuldigen, „zu uns kommt eigentlich 's ganze Jahr niemand, und mir komme au it furt."

Der Hof hat 50 Morgen, hauptsächlich Wiesen, 17 Kühe, etwas Jungvieh, 15 Schweine. Fast die ganze Arbeit macht der Karl allein, seine Frau hat zu tun mit dem Haushalt und dem Kind. Außerdem kriegt sie bald wieder eins, sie ist im siebenten Monat.

Um zehn Uhr fallen dem Karl die Augen zu. Wir gehen schlafen. Die Kühe vorm Haus läuten mich in den Schlaf. Am nächsten Morgen wache ich um sieben auf. Schlechtes Gewissen, der Karl arbeitet schon, „seit fünf", sagt Leni.

Ich gehe hinunter in den Stall, füttern und ausmisten. Um halb neun sind wir fertig mit dem Stall und frühstücken, danach wasche ich mein einziges Hemd. Strahlendes Wetter. „Heut müsse m'r tüchtig schaffe. I glaub, morge wird 's schlecht", sagt Karl. Wir schaffen tüchtig beim Heumachen, der Karl ist zufrieden mit mir. Um eins gibt 's Essen, riesige Schnitzel mit Kartoffelsalat. Nach dem Essen putze ich die Milchkammer, der Karl holt die Kühe von der Weide. Als er zurückkommt, sagt er zu mir: „Die Olga hat a Kind kriegt drauße."

Ich schau ihn blöd an, er lacht: Olga ist eine Kuh. Er nimmt eine Schubkarre, wir gehen auf die Weide. Da liegt das Kalb ganz frisch und neu und blinzelt in die Sonne, Olga steht daneben. Der Karl packt das Kalb in die Karre, fährt los zum Stall, Olga trottet nebenher, auf eifersüchtig-mütterlicher Tuchfühlung mit ihrem Kind.

Nachmittags sind wir wieder beim Heuen, die Frau hilft auch mit, siebenter Monat oder nicht. Sie recht nach, der Kleine sitzt im Gras und spielt mit den Blumen. Abends wieder der Stall, dann Zäune versetzen. Als wir an der Jungviehweide vorbeikommen, geht der Karl hinein, und die ganze Herde kommt angerannt. Dann krault er die Kühe am Rücken, ausführlich, eine nach der anderen. Es kommt zu Eifersuchtsszenen. Die jungen Kühe drängeln und schubsen sich wie Teenager, wenn Rex Gildo Autogramme gibt.

„Des brauchet se, die Viecher", meint der Karl, „genauso wie die Mensche." Seine Kühe kennt er alle mit Namen und auf den ersten Blick: „Da schaut a jede ganz anders aus. Die kann m'r gar it verwechsle. Nur die Laie, die meine, die Kühe schauet alle gleich aus, wenn se nur die gleich Farb hän."

Der Karl ist nicht sentimental oder romantisch, aber er sieht seinen Hof auch nicht als Milchfabrik oder seine Wiesen als Futterlieferanten. „Wenn i so a schöne Wies schneiden muss, dann tut's mir oft selbst Leid. Aber dann schau i daneben, da wo's no steht, und da woiß i: Da wachst es ja au wieder."

Dass die Bauern nicht romantisch sind, weiß man eigentlich auch in der Stadt. Man hält sie eher für grob, stur, verschlossen. Ich habe keine dieser Eigenschaften finden können. Trocken und sachlich sind sie hier, so wie ihre Höfe – hat jemand etwas gegen trockene Sachlichkeit?

Hier gibt 's keine auf alt restaurierten Höfe mit geschnitzten Giebeln und Butzenscheiben. Wenn 's nötig ist, wird der Hof neu und glatt verputzt, perlgrau oder beige, man baut Kippfenster ein und Alutüren. Für Brauchtum und Trachten hat man keine Zeit; es gibt auch keine Touristen hier, die für so etwas bezahlen und glauben, der Bauer wäre verdorben, wenn er keine Krachledernen mehr anhat und die Kühe nicht mehr mit der Hand melkt.

„Die Fremden" ist ein abschätziges Wort auf dem Land, aber der Fremde ist willkommen. Ich habe in meinen 14 Tagen Wanderschaft nicht ein unfreundliches Wort zu hören bekommen und bin fast jeden Tag zum Essen eingeladen worden, zum Trinken und auch zum Schlafen, und wenn man dem Fremden etwas zum Essen bringt, so nimmt man das beste Geschirr, und die Bäuerin fragt, ob das Bier nicht zu kalt ist, und holt frisches Brot – das alte essen sie selber.

Wenn man mit dem Auto reist, braucht man eine Straße, für das Fahrrad braucht man mindestens einen Weg, zu Fuß braucht man nur noch den Boden unter den Füßen. Kein Zaun, kein wegloser Wald kann den Reisenden zu Fuß aufhalten. Man fährt nirgends vorbei, alles, was am Weg liegt, erlebt man auch. Zwar kommt man nicht so weit, aber da, wo man war, da ist man auch gewesen. Einen Reisenden, der zu Fuß durchs Land kommt, den man begutachten, den man prüfen kann, während er sich langsam zu Fuß – das ist von vornherein ein Zeichen friedlicher Absicht – nähert, begegnet man mit freundlichem Interesse. Aber was soll der Bauer sagen, wenn einer mit dem Auto auf den Hof gefahren kommt, aussteigt und fragt, wie 's so geht?

„Whs." auf der Karte entspricht einem Wirtshaus in der Wirklichkeit. Ich lasse keines aus, dazu gibt es zu wenig. Im Durchschnitt, habe ich errechnet, geht man hier sechs Kilometer, bis man auf ein Wirtshaus stößt. Meist sind die Wirtshäuser am Werktag geschlossen. Die Bauern haben zu tun, wer soll also kommen? Doch geschlossen oder nicht, man kriegt trotzdem etwas, wenn man Durst oder Hunger hat. Man muss nur die Wirtin finden, in der Küche, im Stall oder auf dem Feld.

Anna Bräuchle, 72, erzählt mir ihre Lebensgeschichte. Ein kleines, verfallenes Häuschen am Ortsausgang von Schussenried mit einem ebenso kleinen Obstgarten. Als ich vorbeikomme, versucht sie gerade, ein weißes Kaninchen mit Namen Hansi aus einem überdachten Gehege in den Garten zu locken. Hansi hockt in der äußersten Ecke und will nicht raus. So kriecht halt die Anna mit ihren 72 Jahren zum Hansi und holt ihn. Wir kommen ins Gespräch.

Sie erzählt: „Mit dreizehneinhalb bin i aus der Schul komme. Am nächste Tag hat mi mei Mutter gweckt um fünfe in der Früh. Da hätt i solle zehn Stück Vieh füttre, putze und ausmiste. Bei de Baure hat's nix wie Arbeit gebe früher. M'r hän koi Vergnüge kennt. Mei ganzes Lebe han i g'arbeitet – immer für andre. Sechs Mädle han ich großzoge, die send jetzt alle weg. Vor achteinhalb Monat isch d'r Maa gschtorbe und am gleichen Tag oins von meine Mädle." Sie kämpft mit den Tränen, wischt sich mit der Schürze übers Gesicht, ich möchte sie gern trösten.

„Jetzt han i halt no meine Hase. 58 sind's jetzt. Die bringe nix, die fresse bloß. Aber ohne die Viecher könnt i net lebe, jetzt wo ich ganz alloi bin." Das Futter für ihre Hasen holt sie einmal in der Woche mit dem Leiterwagen von der Gemeindewiese, vier Kilometer hin, vier Kilometer zurück. Und den riesigen Stapel Holz vorm Haus hat sie allein gespalten, mit Axt und Keil. „Des war a Birnbaum, 30 Meter hoch, der älteste Baum im Ort. Der hätt scho de Dreißigjährige Krieg g'sehe."

Dann zeigt sie mir noch ihr Album mit Bildern von ihren Töchtern und ihren Hasen und Hühnern, und zum Abschied krieg ich noch ein Stück Kuchen. „I würd Ihne ja gern an Hase mitgäbe, aber da könnet Sie au nix afange damit, wenn Sie auf Wanderschaft sind." Der Kuchen von der Anna schmeckt gut.

Auf der Karte ist ein kleines Ried eingezeichnet. „Torfstich" steht dabei. Ich will mir das ansehen. Nasse Füße hole ich mir – Torfstechen tut keiner.

Als ich aus dem Ried komme, sehe ich auf der Anhöhe einen Hof. Der Heudorfer Alois steht da mit seinem Sohn Otmar, vier, und schaut mir zu, als ich vorsichtig über die elektrischen Weidezäune steige. Otmar hat einen grünen Filzhut auf mit heruntergeklappten Ohrenschützern – bei 25 Grad im Schatten. „Der Bue lässt de Huet nit los, seit er ihn auf z'letscht verlore hätt. Der ganget mit 'm Huet ins Bett, wann m'r ihn lasset."

Otmar geniert sich und versteckt sich hinter seinem Vater. Alois fragt mich nach Woher und Wohin, dann lädt er mich ein: „Jetzt kommscht ond probierscht mein Moscht." Ich setze mich in die Küche, Alois holt Most aus dem Keller. Über dem warmen Herd summen die Fliegen. Nach einer Weile fragt mich der Alois, wo ich immer schlafe unterwegs. Wie 's kommt, sag ich, im Gasthaus, beim Bauern, im Freien.

„Sehet Sie, wenn ich Sie so anschau: Ich würd Sie schlafe lasse bei mir“, sagt er, und das tut mir sonderbar gut, „obwohl i schlechte Erfahrungen hab. Das war 1951, im Sommer. Da isch oiner vorbeikomme mit 'm Fahrrad, des het er gschobe, weil 's kaputt war. I war grad drauße, und er fragt mich, ob i net a Drähtle hätt, damit er sei Fahrrad repariere kann. I helf ihm, und mir flick des Rad. Nachher fragt er, ob er net oi, zwoi Tag bleibe könnt bei uns, er würd au mithelfe. I geh mit ihm zum Vatter, ond er fragt ihn. Mei'm Vatter war 's recht, weil m'r grad viel Arbeit g'hätt hän. So isch er drei Tag bliebe, von Donnerstag bis Samstag. Er hat bei uns gschlafe und mit uns g'esse. Donn isch er weiterg'fahre. Auf 'n Montag in der Nacht isch er wiederkomme und hat bei uns ei'broche und hat 'n Vatter im Bett verschosse.“

Er schaut mich an, schweigt und sagt dann: „Wie ka mer des mache? Bei Leut schlafe und esse und dann einbreche und se verschieße? Freilich nachher auf 'm Gericht hat er scho gsagt, dass ihm des Leid tut ond dass ihn mei Vatter guet behandlet hätt. Aber davon is der Vatter au nit lebendig worde.“ Ich trink meine zweite Halbe Most aus, dann gehe ich.

Der Most hat 's in sich, ich fang an zu pfeifen, und später mache ich einen Mittagsschlaf im Wald. Nachmittags in Grabenried treffe ich endlich einen beim Torfstechen, den Birner Franz, 70, einen kleinen, rundlichen Alten, einen Landmann wie von einem Bruegel-Bild. Er hebt gerade die oberste Schicht, das Gras, ab, darunter kommt der Torf. Die Graswasen, die er absticht, sind so exakt rechtwinklig, als ob er die Stiche mit dem Lineal vorgezogen hätte.

„Es tut kaum no oiner Torf steche heutzutag, 's isch zu viel Arbeit. I han früher meine acht- bis neuntausend Wase gschtoche am Tag. Wenn 's dann Sommer war und 's hat seine 30 Grad ghätt, da warscht am Abend so müd, da hat nit amal mehr des Bier gschmeckt. Aber luschtig war 's früher. Da ware m'r oft 20, 30 Leut nebeneinander im Ried, und da ware au junge Mädle dabei. Und wenn 's amal net so pressiert hat, da hat m'r sich a Feuer gmacht, Kartoffle brate, gscherzt ond gsunge ond Dummheite gmacht mit de Mädle. Die Mädle! Ja, beim Torfschteche isch no koiner hoilig worde!“

Abends miete ich ein Zimmer in einem Gasthaus in Bad Waldsee. 16 Kilometer bin ich heute gegangen. Ich esse saure Kutteln. In der Gaststube übt die Wirtin Diktat mit ihrer Tochter.

Mutter (bemüht hochdeutsch): „Dann nimmt sie das Besteck aus der Schublade.“

Tochter: „Du moischt Beschtegg?“

Mutter: „Nadürli Beschtegg! Was denn sonscht!"

Tochter: „Warum sagscht es dann nit!"

Um neun Uhr liege ich für zwölf Mark inkl. Frühstück in einem schönen schwäbischen Bett mit Unterbett und riesigem Federplumeau. Ich träume von einer blauen Schublade voller weißer Kaninchen, da lieg ich drin.

Pfingstsamstag. Herrliches Wetter, ich schlafe trotzdem bis neun. Weil Pfingsten ist, mache ich einen Frühschoppen mit Weißherbst auf dem Weg durch Bad Waldsee. Ich kaufe mir die „Schwäbische Zeitung" und lese, dass ich keinen fehlerlosen Brief zu schreiben brauche, um die 24-jährige Landwirtin Anneliese kennen zu lernen. „Ein kurzes Brieferl genügt, in dem Du schreibst, dass Du es ernst meinst und bald heiraten willst, genügt, um eine fleißige Helferin und Hausfrau und vor allem eine nette Frau zu bekommen."

So einfach ist das. Und wenn mir Anneliese zu schlicht ist, könnt ich die Veronika haben, ein „waschechtes, bildhübsches Schwabenmädl", das nicht mehr „so allein sein will. Aus ihren strahlend braunen Augen sprechen Treue und Einsamkeit. Muss sie noch lange einsam bleiben? Oder kümmerst Du Dich heut noch um sie?" Ach, Veronika!

Als ich aus Bad Waldsee raus bin, in den Wiesen, plötzlich dumpfes Gewittergrollen aus der Ferne. Der Himmel ist wolkenlos. Es ist auch kein Gewitter – es sind Rocker!

Zwölf schwere Maschinen mit Schwarzledernen drauf kommen mir auf dem Feldweg entgegengeröhrt. Der Pulk hält vor mir in einer Staubwolke. „Ja heiligs Herrgöttle, dueschd du wandre?" Die Jungs haben ein Emblem auf dem Rücken: ein Motorblock mit „MC Freudenstadt" drumrum. Wilde Käppis, einige mit langen Haaren und schütteren Bärten. Trotzdem sehen sie irgendwie anständig aus, no hard rock.

Ich frage, ob sie Rocker sind. „Noi, Rogger send m'r koine, m'r hän alle Arbeit oder ganget in d' Schul." Einer protestiert: „Rogger send m'r aber au!" Großes Gelächter. Sie fragen, ob ich ein Stück mitfahren will. Als ich dankend ablehne, verstehen sie das nicht. „Denk draa, des koscht Füß, des Marschiere!" Eines von den Mädchen: „Und des kan de Kopf koschte, des Fahre ohne Helm!"

Bei Haidgau, mitten in den Löwenzahnwiesen, ein Fußballfeld. Eine Bubenmannschaft trainiert. Als sie sehen, dass ich fotografiere, geben sie ihr Letztes. „Kommet m'r jetzt in d' Zeitong?" Ich sage, dass ich es nicht weiß, vielleicht. Ich frage, wie sich ihre Mannschaft nennt. Großes Geschrei. Der Anführer nimmt mich am Arm.

„Schreibet Se … äh… schreibe Se … SV Haidgau."

Zwischenrufe: „Noi, 1. FC Haidgau", „Superstar", „1. FC Haidgau Superstar", „Noi, FC net." Sie einigen sich schließlich auf „1. FC Superstar Haidgau".

Ich frage, ob ich schreiben kann, dass sie oberschwäbische Meister sind. „Noi, des könnet Se it schreibe, des stimmt net. Ab'r gege Ziegelbach gwenne m'r alleweil. In unsrer Klasse bis 13 Jahre send m'r Spitze!" Dann soll ich noch die Mannschaftsaufstellung aufschreiben. Ich weigere mich. Wenigstens den Kapitän. Gut. Also: Der Kapitän des 1. FC Superstar Haidgau heißt Alois Vögele. Vielleicht sollte man sich den Namen merken.

Ich komm ins Wurzacher Ried. Weite Flächen mit Schilf, das im Wind zittert und klappert und rauscht. Birken glitzern im Gegenlicht, von ferne läuten die Glocken, und die Vögel zwitschern aus Leibeskräften, sodass man meint, es platzt noch mal einem der Hals.

In Bad Wurzach geh ich wie immer, wenn 's eine gibt, zuerst in die Wirtschaft. Ich setz mich an einen Tisch zu zwei jungen Burschen und drei Mädchen. Sie wundern sich, dass ich zu Fuß gehe, wo ich doch ganz normal aussehe und auch kein Pfadfinderabzeichen trage. Sie sind aus Reichenhofen, zwölf Kilometer weg. Ich frage nach der Umgebung hier. Sie wissen nichts. Angelika schaut mich innig an: „I glaub, Se hän Recht, dass Sie z' Fuß gehn. M'r fahret immer mit 'm Auto na, da sähet mer nix. M'r kennet net amol unser oigens Land." Ich lad sie ein zum Mitkommen und verspreche ihr eine schöne Rast im Wald. Sie lacht, wird ein bisschen rot, und dann spricht die praktische Schwäbin: „Noi, um die Jahreszeit isch es im Wald z' feucht."

Sonntags bin ich in Bad Wurzach. Um neun ist Hochamt. Der Pfarrer singt die Messe auf Hochschwäbisch. Die Kirche ist gesteckt voll. Selbst die Jungen gehen hier in die Kirche, wenn sie auch nicht besonders fromm tun. Die Pfarrer wissen hier, dass sie noch was zu sagen haben.

Anschlag an einer Scheune in Lippertsweiler: „Wer aus eigener Schuld ab Aschermittwoch bis einschließlich Pfingstsonntag nie zu den Sakramenten gegangen ist, hat sich durch schweren Ungehorsam gegen die von Christus gestiftete Heilseinrichtung versündigt und sich innerlich von Christus losgesagt. Er muss diese Todsünde durch ernsthafte Buße und Beichte sühnen! Jedoch besagt diese Sünde nicht den Austritt aus der Kirche! Nehmen wir es wieder ernst! Die Ewigkeit ist lang!"

Später am Vormittag bin ich in Ziegelbach. Da stellt sich der Wurzacher Bürgermeister zur Wiederwahl vor. Er ist zwar einziger Bewerber, aber Wahlkampf muss sein. Im Saal vom Gasthaus „Adler“ im ersten Stock haben sich etwa 60 Männer, ein Mädchen und ein Kind versammelt. Die Blaskapelle Ziegelbach, 16 Mann, spielt, dass die Wände wackeln und die Flaschen auf dem Tisch hüpfen, die Bauern hören mit eisernen Gesichtern zu. Die Musik setzt aus, der Bürgermeister steht auf und spricht eine gute halbe Stunde. Er bringt ein paar lustige Einlagen, die Bauern lachen, klatschen, sonst hören sie unbeweglich und aufmerksam zu, keine Proteste. Während der Rede serviert die Kellnerin Bier, Wurst und Semmeln. Die Wurst gibt 's direkt vom Tablett in die Hand.

Nach der Rede bittet man um Wortmeldungen. Der Gastwirt vom „Adler“ meldet sich als Erster. „Mit der Straßenbeleuchtung bei uns, da liegt es noch im Argen. Da isch oifach zu wenig Schwung dahinter. I muss von meim Gasthaus aus die Leut abends in d' Nacht nausschicke.“ Dann geht 's um Baugenehmigungen, einen Parkplatz, Straßennamen. Der Gastwirt meldet sich noch mal: „Wir haben ja Sterbefälle in Bad Wurzach und auch in Ziegelbach. Und jetzt geht 's darum“, er wird laut und aufgeregt, „dass da neulich oiner gschtorbe isch, un oiner von unsere Musikante, der wo bei d'r Stadtverwaltung arbeitet, net freikriegt hätt für die Beerdigung! Wenn oiner stirbt, da müsset doch die Musikante frei kriege! Da müsse m'r den arme Kerle beerdige ohne Musik!“

Auf dem Tisch vor mir macht eine Fliege Handstand und kratzt sich mit den Beinen am Hintern. Der Bürgermeister kommt noch einmal auf die Rivalitäten unter den einzelnen Orten zu sprechen. „Des isch doch a Schmarrn mit de Rivalitäte. Wir müsse zammearbeite. Des gibt 's doch nimmer wie früher, dass oiner totgschlage wird, nur weil er von am andre Ort a Mädle poussiert hat!“

Nachmittags bin ich in Hauerz beim Fußball. Da ist zwei Tage lang Pfingstturnier mit Mannschaften aus der Umgebung und von weiter her. Ein Festzelt ist da und ein Sanitätszelt mit zwei Sanitätern und einer riesigen Arzneikiste, die auch für die Weltmeisterschaften gereicht hätte.

Auf dem Platz in einer Mulde direkt unter der Kirche sehe ich das Spiel FSV Stadeln gegen TSG Bad Wurzach. Die Wurzacher spielen ziemlich kläglich, und deshalb ist vor ihrem Tor eine Menge los, zur Pause steht 's 5:1, am Ende 9:1. Es gibt keine Verletzten, denn auf dem Land braucht man seine Knochen am nächsten Tag wieder zum Arbeiten. Die Tore werden über Lautsprecher aus der Küche eines Hauses am Spielfeldrand angesagt. Dreimal gibt der Sprecher den Wurzachern ein Tor, das die anderen geschossen haben. Zwischen den Ansagen überträgt der Lautsprecher eheliche Diskussionen aus der Küche, leider ein bisschen undeutlich.

Die Stimmung unter den 200 Zuschauern ist gut. Der Vereinskassierer und ein Helfer gehen rund ums Feld und kassieren die 2,50 Mark Eintritt. Sie haben keine leichte Arbeit, gezahlt wird erst nach längeren Diskussionen, vor allem über die Frage, ob die Qualität des Gebotenen den Eintrittspreis rechtfertigt. Das trifft die Guten jedes Mal direkt mitten in die Vereinsehre, und sie regen sich so auf, dass man um ihre Gesundheit fürchten muss. Zwei Buben fahren mit einem Leiterwagen ums Feld und verkaufen Bier und Limo. Die Stimmung der Zuschauer ist wirklich gut. Man ist unter sich, hat zu trinken, und jeder hat einen guten Platz.

Ein kleiner Bub zu seinem Vater: „I find, de Wurzacher send guet!“ Der Vater nimmt einen tiefen Schluck aus dem Maßkrug. „Zum Heue vielleicht, nexscht Woch.“

Abends bin ich im „Stadtwirt“. Ich werde an den Stammtisch eingeladen. Der Schreiner sitzt da, der Briefträger, ein Holzfäller, der Spengler und der Wirt. Sie fragen mich aus nach Woher und Wohin, Warum und Wieso. Der Spengler lädt mich ein: „Du siescht anschtändig aus, i würd di bei m'r schlafe lasse, den Platz hätt m'r scho no auf d'r Couch. Mei Sohn isch au viel unterwegs auf Tournee bei de Baure. Der isch Vermesser, und da wird er au überall eiglade. M'r halte noch was von der Gastfreundschaft.“

Der Schreiner meint: „Des tät meine Kinder au net schade, des Wandre. Ab'r was tun se? Nafahre und nahocke!“ Ich werde zum Bier eingeladen. Ich will auch eine Runde bezahlen, aber da ist nichts zu machen. „Lass dei Geld schtecke, du brauchscht es. M'r freut sich doch, wenn m'r jemand trifft von außerhalb, mit dem m'r schwätze ka.“

Ein paar Bier später kommen zwei junge Burschen hereingestolpert, Arm in Arm. Zwei solide Bauernburschen mit roten Köpfen, Händen wie Suppenteller und Haaren wie von der Mähmaschine geschnitten. Der eine hat ein paar Pflaster im Gesicht. Leicht schwankend stehen sie in der Gaststube und schauen glasig rundum.

Der Schreiner schüttelt den Kopf: „Die zwoi Bursche send wie d' Kind'r. Geschtern hän sie sich furchtbar gschlage, und heut send se wieder die beschte Freind.“

VOLKER HANDLOIK

Wo der Horizont kein Ende hat

Patagonien, das Südland Argentiniens, ist eine weite, winddurchtoste Pampa, gesäumt von der herrischen Schönheit der Kordilleren. Hier grasen Abertausende von Schafen, gehütet von Gauchos wie Nereo Corso – Rittern der Einsamkeit am Ende der Welt.

Am Ende der Welt gibt es ein krummes Haus aus Blech. Es zittert im Wind. Die geriffelten Wände machen singende Geräusche, die Hunde liegen unter den Bodenbalken und schauen dem Sturm zu, der das Gras biegt – und sonst geschieht gar nichts. Am Ende der Welt hat das Jahr keinen Anfang und kein Ende. Es gibt Schnee und Sonne und Dinge, die getan werden müssen. Und es gibt Wind. Immer Wind.

Nereo Corso liegt auf seinem Bett und hört der Nacht zu. Seit 36 Jahren liegt der alte Mann nachts auf diesem Bett, aber Zeit ist für ihn bedeutungslos. Wären da nicht die Kalender, die er Jahr um Jahr sammelt und die zwischen Maismehlsäcken unter seinem Bett lagern wie seine alten Reitstiefel. Manchmal, wenn der Wind an seinem Haus rüttelt und er nachts wach ist, dann steht er auf und schaut sich bei Kerzenlicht die Kalender an: Isabel Perón und Generäle mit verspiegelten Sonnenbrillen, elegante Blondinen aus Buenos Aires, Polospieler und Gauchos mit Pluderhosen und großen Messern am Gürtel. Die Gauchos kennt er fast alle, jedenfalls, wenn sie aus Patagonien sind.

Nein, er wüsste nicht, an was er sich besonders erinnern sollte. 36 Jahre in der Steppe Patagoniens, da wird man gleichmütig, selbst angesichts der herrischen Schönheit der Kordilleren. Schafauftrieb, Schafabtrieb. Sommer. Winter. Mitunter ist da ein Puma, den man jagt, und immer allein. Da wird die Welt überschaubar, selbst in Patagonien, wo der Horizont kein Ende hat und wo morgens die Wolken gemasert sind wie rostiges Eisen.

Nereo Corso liegt angekleidet auf seinem Lager aus Schaffellen. Abgelegt hat er nur seinen schwarzen Hut, sein Halstuch, den Gurt mit den beiden Messern, seine Stiefel. Jetzt ist es Winter, die Nächte sind lang. Sein Schlafraum ist klein, abgetrennt von der Küche, einen Ofen gibt es nicht. An der Wand über seinem Kopf klebt ein Bild der Jungfrau von Luján, der Schutzheiligen der Reisenden. Es ist rissig, gelb, und das Jesuskind sieht fleckig aus. Nereo Corso ist ein Gaucho, er ist ein *puestero*: Alleinsein ist sein Beruf. In Patagonien, Provinz Santa Cruz. Zwischen Kordilleren-Gletschern, dämmerblauen Seen, brauner Steppe.

Patagonien ist Schafsland, endloses Land. Wer hier lebt, der ist nicht einsam – der will es sein. Die wenigen Städte sind wie Fremdkörper, Wucherungen auf dem flachen Land, künstliche Steinerhebungen. Und daher findet man das wirkliche Patagonien nur in eben diesem Nichts, in der Leere, die Pampa heißt; im Unbenennbaren, das nur im Weg besteht. Und man findet es natürlich auf den *estancias*, den Schafsranches, umfriedeten Inselchen gleich, an denen das Leben angeschwemmt wird. Sie sind wie Fluchtburgen in einer Welt, in der vor Zeiten nur der überleben konnte, der wanderte. Manche sind herrschaftlich, manche heruntergekommen, viele verlassen.

Wie ein einsames Geißeltierchen im Urmeer, so streckt nun die Estancia ihre Fühler aus: Und an der äußersten Spitze kleben die *puestos* – kleine, krumme Häuser aus Blech am Ende der Welt, Wachposten im Schafsland gegen Pumas und Winterstürme. Bemannt von einem Gaucho, dessen Pferden, dessen Hunden und einem Radio, für das er selten Batterien hat.

Das kleine Radio aus Bakelit ist Nereo Corsos kostbarster Besitz, es hat eine große Suchscheibe und einen zerbrochenen roten Zeiger. Er nennt es *parlanchín*, Schwätzer. Das Radio ist seine einzige Verbindung zur Außenwelt, die für ihn aus ein paar verlorenen Estancias in der Umgebung und dem Städtchen El Calafate besteht, 135 Kilometer entfernt. Dazwischen nur Pampa und Felsen und Flüsschen und Guanako-Herden, die furchtsam fliehen, wenn man sich ihnen nähert. *El campo* ist dies, das Feld.

Hätte Nereo Corso nicht Parlanchín elf Monate und drei Wochen im Jahr, wäre er isoliert in seinem Puesto, mit nichts als dem Wind. Die eine verbleibende Woche im Sommer treibt er die Schafe zur Schur auf die Estancia Santa Teresita, einen halben Tagesritt entfernt. Hier kauft er, was er für die nächsten elf Monate und drei Wochen brauchen wird: Mais, Mehl, Bohnen, Salz, Zucker, Kartoffeln, Seife, Mate-Tee. Stiefel vielleicht und Patronen ganz sicher. Fleisch hat er ja. Gemüse braucht er nicht. Batterien für das Radio – das ist das Wichtigste, und Öl für die Lampe, aber beides hält nicht lange, die Winter, die dauern endlos.

Gelegentlich reitet ein anderer Puestero bei ihm vorbei. Man isst einen Spießbraten, trinkt einen Mate, schweigend. Und so vergehen die Monate, die Jahreszeiten und Jahre. Nur die Kalender zwischen den Maismehlsäcken unter dem Bett zählen den Lauf der Zeit.

Auch eine Uhr hat Nereo Corso nicht. Seine Pferde, die vor Morgengrauen schnobern, sind seine Uhr; und die Hunde, die bellen, wenn es hell wird. Er selbst ist eine Uhr. Daher weiß er, dass es jetzt neun Uhr sein muss. Nereo Corso knipst also Parlanchín ein, Mittelwelle 840 Kilohertz, „Radio Lago Argentino", die Klatschecke Patagoniens. Der Landbote. Der Jahrmarkt.

Dies ist seine heilige halbe Stunde. Da mag es schneien, dass die Schafe in der Landschaft versinken und darin aussehen wie schmutzige Papiertaschentücher, da kann der Wind böse an seinem Haus rütteln: Um neun Uhr hört er „Radio Lago Argentino".

„Manuel Fuiguero von der Estancia Alta Vista hat sich beide Beine gebrochen, als sein Pferd vor einem Hasen scheute." Nereo Corso nickt, das ist das Ende für Pferd und Gaucho. Er kennt Fuiguero zwar nicht, doch er tut ihm Leid.

„Die Dueños der Estancia Los Alamos suchen einen Vorarbeiter. Er muss seine eigenen Pferde und Hunde mitbringen. Er darf noch niemanden getötet haben." Wieder nickt Nereo Corso. Das erinnert ihn an Felipe, den Nachnamen weiß er nicht mehr. Es war vor zwei Jahren im Frühling, Nereo Corso ritt in die Berge, auf Pumajagd. Als er an einem Puesto vorbeikam, sah er, wie ein Puestero einen Gaucho an den Füßen aus der Hütte zog. Der Puestero war betrunken, der Gaucho tot, erschossen; beide waren gute Freunde gewesen. Ein Jahr später war der Mörder wieder auf freiem Fuß und bat um Arbeit auf derselben Estancia.

Seit diesem Tag im Frühling reitet Nereo Corso nie ohne seine brasilianische Pistole. Auch nachts legt er sie geladen unter die Jungfrau von Luján, und das Trinken hat er aufgegeben. Freunde? Hat er sowieso nicht gehabt.

„Don Enrique aus dem Gaucho-Altersheim ‚Befreiung' in El Calafate, Ecke Roca/1° de Mayo, bittet seine Kumpels von der Estancia La Verdadera Argentina, ihn doch mal zu besuchen. Sie möchten doch ein großes Stück Rindfleisch mitbringen", plaudert das Radio weiter. Die Estancia La Verdadera Argentina gibt es längst nicht mehr, sie ist verlassen wie so viele andere auch. Wolle bringt nicht mehr viel in Patagonien. Nereo Corso knipst Parlanchín aus. Wie lange er wohl noch auf seinem Puesto aushalten kann? 36 Jahre sind eine lange Zeit.

Nereo Corso, der Puestero, ist 68 Jahre alt. Als er acht war, schickte ihn sein Vater zum ersten Mal auf einen Puesto. Später arbeitete er in einem nordargentinischen Bergwerk als Maultiertreiber. Jahre danach kam er nach Patagonien zurück und diente in einer kleinen Stadt als Polizist. Weshalb er nach zwei Jahren die Uniform wieder ausgezogen hat, will er niemandem erzählen. Nun sitzt er hier am Ende der Welt und zählt Schafe, und daran wird sich nichts ändern.

Nereo Corso ist mittelgroß, weißhaarig und sein Gesicht schwarz von der Sonne. Seine Hände sind schrundig und knotig wie altes Treibholz. In seinem Gürtel stecken zwei Messer; die *hoja*, die Klinge – und der auch als Waffe benutzte *facón*. Über seine ausgetretenen Stiefel hat er die Schäfte von einem abgelegten anderen Paar gezogen, doch der Pampawind pfeift dennoch hindurch. Und er trägt eine Pluderhose, nebst Halstuch und schwarzem Hut das wichtigste Requisit der Gauchomontur.

Zu einem Gaucho gehört selbstverständlich auch ein Töpfchen, in dem er sich seinen Mate aufbrühen kann, das ist meist aus ausgehöhltem und getrocknetem Flaschenkürbis. Dazu ein Trinkröhrchen für das heiße, bittere Getränk. Nereo Corsos ist aus Silber, mit Pferdeköpfen als Goldeinlage: der Stolz eines jeden Gauchos – das muss sein, sei er auch noch so arm. Am unteren Ende ist das Röhrchen mit einem tropfenförmigen Sieb versehen, damit keine Teeblätter ins Röhrchen hineingeraten.

Ohne Mate überlebt kein Gaucho bis zum nächsten Tag – er brüht und brüht und nuckelt endlos aus seinem Topf. Nereo Corso beginnt den Tag und beschließt ihn mit Mate, den er so oft aufbrüht, bis er mild geworden ist und er den grünen Klumpen in einen Eimer schüttet und sagt: „Der schmeckt jetzt wie für Gringos!“ Über seinen linken, kleinen Finger lässt er heißes Wasser aus dem Kessel laufen, er prüft die Temperatur. Nereo Corso ist ein Meister im Brühen von Tee, ein *cebador*. Schade, dass er es nicht oft beweisen kann.

Der erste Mate ist getrunken. Der Tag beginnt. Nereo Corso schaut aus dem kleinen, beschlagenen Fenster. Er sieht seine Hunde, die auf ihn warten. Er sieht, wie der Wind bläst. Nereo Corso öffnet die Tür, geht sein Pferd satteln. Über ihm ächzt der Himmel, schwer und grau. Im Westen zeichnen sich die wüsten Zacken des Monte Fitz Roy ab, gleich dahinter liegt die chilenische Grenze. Nereo Corsos Hütte steht nur ein paar hundert Meter entfernt von den Ufern des Lago Viedma, eines Sees von boshafter Stille, an dessen Westufer ein Gletscher träge im Wasser liegt.

Vor Abschluss des argentinisch-chilenischen Grenzvertrages von 1881 gab es in der Provinz Santa Cruz keine weißen Siedler; der erste, der 1903 an den Lago Viedma kam, war ein Däne. Das ganze weite Gebiet um den 50. Breiten- und den 70. Längengrad herum war selbst Argentiniern und Chilenen bis zum 19. Jahrhundert unbekannt. Charles Darwin, der von 1832 bis 1834 die Küsten und auch das Binnenland erforschte, war sich sicher, dass auf Patagonien „der Fluch der Unfruchtbarkeit lastet".

Er irrte sich. Schafzüchter von den Falklandinseln entdeckten, wie gut sich auf dem Festland Wolle produzieren ließ – wenn man nur die Indianer wegschaffte. 1869 wurde deren Zahl auf 24000 geschätzt, der Zensus von 1895 meldete nur noch 5500; heute gibt es kaum noch patagonische Ureinwohner. Für die großflächige Landnahme der Schafzüchter waren die Indianer nur der Feind. Auf den um 1880 geführten großen „Wüstenfeldzug", der das Schicksal der Ureinwohner besiegelte, sind die Argentinier noch heute stolz.

Dass Patagonien nicht nur schier endlos aussieht, erschließt sich jedem, der es durchmisst. Es reicht etwa vom 38. Breitengrad bis Feuerland. In den fünf argentinischen Provinzen Patagoniens leben 1,5 Millionen Menschen, nur wenig mehr als in München, aber dies auf einer Fläche doppelt so groß wie Deutschland. In der Provinz Santa Cruz, in der sich die Estancia Santa Teresita befindet, kommen auf zehn Quadratkilometer sieben Einwohner.

Dies ist ein Land, das immer schon Wagemutige angezogen hat. Waliser als Bergleute, Basken als Walfänger, Engländer und Schotten als Estancieros, Skandinavier und Deutsche als Bauern, Jugoslawen als Händler und Handwerker.

Und was ist nun ein Gaucho? Nereo Corso – und der muss es eigentlich wissen – sagt, ein Gaucho ist ein „hombre del campo". Ein Mann vom Feld. In der argentinischen Literatur ist der Gaucho eine legendäre, fast schon mythische Figur. Der große Jorge Luis Borges besingt ihn in einer Milonga:

Man erzählt sich, eine Frau
hätte ihm den Rest gegeben;
früher oder später gibt uns
allen mal den Rest das Leben.

„Martín Fierro", ein Gaucho-Epos aus dem letzen Jahrhundert, ist das Nibelungenlied der Argentinier. Diverse Präsidenten beliebten sich in Öl als Gaucho konterfeien zu lassen, mit Pluderhosen und rotem

Hemd, lässig auf einem Diwan dahingestreckt, ganz wie eine männliche Odaliske.

Ungeklärt ist sogar die Herkunft des Wortes „Gaucho", manche vermuten jedoch, dass es vom Ketschua-Wort „guacho" abstammt – das bedeutet „Waise". Und verwaist sind sie in der Tat. So sagt eine moderne Milonga:

Hat keine Söhne und keine Frau,
keine Freunde, kein' Beschützer,
doch alle sind seine Herren,
und niemand da, der ihm wohl will …

Nereo Corso bestreicht einen Draht säuberlich mit Hammelfett, rollt ihn zusammen und steckt ihn in die Satteltasche. Dazu packt er zwei Petroleumfackeln ein. Die Wolken über dem See sind bedrohlich schön, wie Quecksilber, die Hunde tanzen aufgeregt um das Pferd herum; sie wissen, was die Vorbereitungen bedeuten – es geht auf Pumajagd. Den Draht wird Nereo Corso später zu einer kunstvollen Falle flechten.

Pumas jagt man nur in deren Höhlen. Nereo Corso hat vor ein paar Tagen in den Bergen frische Spuren gefunden, sie wiesen auf die Sommerweiden, dicht beim See. Er steckt seine brasilianische Pistole hinten in den breiten Gürtel. Einmal die Woche zieht er aus, den knapp zwei Meter langen und manchmal 100 Kilo schweren silbrigen Räuber zu stellen. Allerdings kann der Puma, *el león*, auf seiner Jagd 40 Kilometer in einer Nacht wandern.

Winters kommt er die Berge herab und reißt Schafe, in harten Wintern tötet er besonders viele. Die Estancieros fürchten ihn, stellen *leoneros* ein, Pumajäger. Seit eine Schafsranch nach der anderen aufgeben muss und somit weniger Pumas gejagt werden, hat sich die Zahl der Großkatzen vervielfacht. Sie sind immer gieriger, immer dreister geworden. Schafe sind ein leichtes Opfer – anders als Nandus oder Guanakos oder Rinder. Einmal in der Woche zieht Nereo Corso mit seinen Hunden in die Berge, manchmal liegt er ganze Nächte auf der Lauer; ein erlegter Puma ist den *dueños*, den Estancia-Herren, 250 Dollar wert – dafür muss Nereo Corso einen ganzen Monat arbeiten.

Der Gaucho lässt sein Pferd den Weg selber finden. Es stakst durch Bäche, tastet sich an Hasenbauen vorbei, umrundet Dornensträucher. Die Hunde bleiben immer hinter dem Reiter, ihr Gekläff ist längst verstummt, sie wissen, worum es geht. Allein im Feld hätten die Hunde keine Chance, einmal hat Nereo Corso sein ganzes Rudel von acht Hunden verloren, als eine Silberlöwin sie auf den Felsen erwischte. Langsam reitet er die Hänge hinauf, das karge Land unter ihm entrollt sich düster und prachtvoll, und die verhangene Sonne sieht aus wie eine Olive in einem Glas voller Öl. Hasen springen von hier nach da, aber die Hunde rühren sich nicht mal. Winters ist dies Land schön. Bei den Bergen am Río Cóndor sieht Nereo Corso Punkte, die sich bewegen: Es sind Reiter.

Wo kommen sie her? Er muss es wissen, vielleicht haben sie ihm den Puma verscheucht, dann braucht er gar nicht weiterzureiten. Er nimmt sein Feuerzeug aus einer Satteltasche, steigt ab und geht zu einem riesigen, wintertrockenen Moosberg. Er zündet ihn an. Und noch einen zweiten. Dann tritt er den ersten wieder aus. Und wedelt mit dem Hut den Rauch über dem zweiten Moosberg auseinander, lässt ab, beginnt abermals: „Kommen oder gehen?"

Vielleicht haben sie dies von den Indianern gelernt, wer weiß, aber es gibt unter den Puesteros ein ausgeklügeltes Rauchsignalsystem, mit dem sie sich über das Feld hinweg unterhalten. Ein Moosberg oder zwei oder drei, welchen macht man zuerst wieder aus, wo und wie wedelt man?

Die Reiter auf dem fernen Hügelzug zünden ebenfalls Moosberge an. Eins, zwei, drei, vier. Machen sie wieder aus: „Wir reiten südwärts über die Berge zum Lago Argentino; bis bald."

Gegen Mittag ist Nereo Corso auf dem Höhenzug angekommen, er kann jetzt ostwärts die Estancia Santa Teresita sehen, wie sie eingezäunt durch schlanke Pyramidenpappeln in der fahlen Sonne glimmt. Die Pappeln sind von Menschen angepflanzt, Windbrecher. Nereo Corso ist bei den Felsen angelangt, irgendwo hier müssen die Höhlen sein, die Hunde verharren still. Sie wittern den Feind. Sie fürchten ihn. Nereo Corso lädt seine brasilianische Pistole – auf sie ist er sehr stolz. Der alte Mann nimmt die mit Petroleum getränkte Fackel und beginnt, in einen winzigen Höhlengang hineinzukriechen, die Hunde winseln angstvoll.

Nereo Corso verspürt einen Windzug, der die Fackel flackern lässt; das ist gut, und das ist schlecht. Gut ist es, weil es zeigt, dass die Höhle noch einen anderen Ausgang hat, der Puma also nicht zum Äußersten gereizt wird. Er flieht lieber. Schlecht ist es, weil er flieht. Doch Nereo Corso kriecht weiter, der Leib und die Knie tun ihm weh. Das ist ihm alles schon längst zu schwer. Er hält die Pistole mit der Rechten und zielt immer nach vorn. Gut ist ebenso, dass der Puma hier nicht springen kann. Auch er muss kriechen. Wann immer er kann, spuckt Nereo Corso an die Wände, hinterlässt seine Reviermarke. Er kichert. Es riecht nach Katze. Streng.

In diesem Winter hat Nereo Corso neun Pumas erlegt, ihre Felle hängen in der Kammer neben der Küche. Er hat die Krallen erhalten und die Zähne, und im Kopf stecken je zwei Murmeln als Augen. Der Dueño will die Felle lediglich sehen, anfangen kann er damit auch nichts. Das Fleisch isst Nereo Corso selber. Pumakeulen sind eine Delikatesse, fast so gut wie Nandufleisch. Das Geld, das Nereo Corso für seine Pumas erhält, interessiert ihn eigentlich nicht. Denn er braucht nichts. Monat um Monat, Jahr um Jahr sammelt es sich beim Besitzer der Estancia, ohne dass Nereo Corso etwas davon in Anspruch nimmt. Grundnahrungsmittel sind frei, und nur Ausgaben für Mate, Seife und andere Extradinge werden vom Lohn abgezogen, aber das merkt er nicht.

Früher brachte er seinen kargen Lohn auf die Bank, aber seit die Inflation in den achtziger Jahren alles vernichtet hat, vertraut er Banken nicht mehr. Was sollte er auch mit den Pesos? In die Stadt ist er seit Jahren nicht gegangen. Niemand da, den zu besuchen sich lohnt. Früher hatte er mal einen Bruder. Aber auch der ist längst aus seinem Leben verschwunden.

Nereo Corso stößt die Fackel nach vorn. Irgendwo glitzert etwas. Bernsteinfarben. Augen. Nereo Corso schießt und schießt in den dunklen Gang hinein, er muss sofort treffen – zwischen ihm und dem Räuber ist nur die Fackel. Aber er hat den Puma nicht getroffen. *Mala suerte*, Pech.

Mit dem Draht baut Nereo Corso jetzt eine Falle, obwohl er bezweifelt, dass der Puma je wieder in diese Höhle gehen wird, vielleicht verschwindet er ja aus dem Gebiet der Estancia, obwohl Nereo auch das bezweifelt. Er dreht eine Art Schlaufe vor dem Höhlenausgang zusammen. Sollte der Puma seinen Kopf hindurchstecken, so bekäme er ihn nicht wieder frei und würde verhungern.

Nereo Corso richtet sich auf, knabbert an einem steintrockenen Maiskeks. Er reitet jetzt die Schafherden kontrollieren. Wie viele tote Tiere es da wohl geben mag. Es wird noch ein langer Tag. Ganz in der Ferne sieht er einen weißen Fleck über eine schmale Straße wanken. Das muss Walter sein.

Walter steigt aus dem Fahrerhäuschen und klappt die Tür zu. Was Parlanchín, das Radio, für Nereo Corso ist, das ist Walter für die Leute auf den Estancias. Er verkauft nicht nur Sättel, Zaumzeug, Sporen, Reithosen, Seife, Cola, Bier, Taschenlampen und tausend andere nützliche Dinge – Walter verkauft auch Nachrichten. Walter kennt Patagonien wie niemand sonst. Er ist der *mercachifle*, der fahrende Kiosk. Heute macht er auf Santa Teresita Halt. Er wird er einen Tag bleiben.

Um den Kastenwagen herum stehen erwartungsvoll die Leute von der Estancia. Da ist Gauchito, das Gaucholein. Er ist erst 17 Jahre alt, ein bisschen einfältig und hat eine Zahnlücke. Die Gauchos mögen ihn, weil er gut Leder flechten kann und freiwillig die Öfen heizt. Da ist El Mono, der eigentlich Luis Raniquero heißt, aber sie nennen ihn den „Affen", weil er so lange Arme hat. Und Gordito, „der Fette", der Mechaniker, der das Leben auf der Estancia verabscheut. Aber was soll's. Woanders gibt es keine Arbeit.

Und dann steht dort der *capataz*, gewichtig, mit verhangenen Augen. Der Vorarbeiter, ein Halbindio mit riesiger Nase, zerkautem Schnurrbart und Händen so groß wie Kälberköpfen. Auf einer Estancia kommt ein Capataz gleich nach dem Herrgott. Auch der Koch humpelt herbei, El chileno nennen sie ihn, weil er auf der anderen Seite der Kordilleren geboren ist. 75 ist er, früher war er mal Anarchist, heute glaubt er an die *brujería*, die Hexerei von der Insel Chiloé.

El chileno ist stocktaub, und man muss ihm aufschreiben, was man essen möchte. Aber da gibt es für den Chilenen nicht viele Varianten: Fleisch morgens, Fleisch mittags, Fleisch abends. Er schläft gleich neben der Küche in einer Kammer, die mit Heiligenbildern übersät ist. Den ganzen Tag sitzt er in einem alten Sessel neben dem gusseisernen Ofen und starrt in das Feuer.

Die Männer sind in die Küche gegangen. Der Koch stellt eine gargantuanische Schüssel mit Fleisch auf den Tisch: Gekochtes, Gegrilltes, Gebratenes. Dazu gibt es Kartoffelbrei und Berge pappigen Weißbrots. Die Gauchos sitzen an einem Tisch. Der Vorarbeiter zusammen mit Walter an einem anderen. Das ist Gesetz. Oyarzun, der Vorarbeiter, hat auch einen eigenen Schlafraum, einen eigenen Ofen. Von seinem Fenster kann er auf den See blicken, dazwischen liegen die Gräber früherer Gauchos. Dort gehen die Leute von Santa Teresita nicht gern hin, manchmal sehen sie da Lichter über das Feld schweben.

Um die Jahrhundertwende ist Santa Teresita von einem Wollmagnaten aus Chile errichtet worden; im Laufe der Jahrzehnte hat sie die umliegenden kleinen Estancias geschluckt und zu Puestos gemacht. Heute besitzt Don Manuel, der Dueño, 14000 Schafe und einige hundert Rinder. Rentabel, so sagt man, wird eine Farm erst ab 40000 Schafen. Im Süden der Provinz gibt es welche mit 90000 Schafen – und mehr. In der Küche ist es jetzt still, das Feuer knattert, es riecht nach Hammelfett, und zu hören ist nur die Stimme von Walter. Walter erzählt Geschichten.

Walter ist der Sohn deutscher Einwanderer, er ist nie aus der Provinz herausgekommen, sein Deutsch verrät alte, schwäbische Mundart. Sein Zuhause ist der Lastwagen, darin hat er ein Bett. Manchmal transportiert er auch die Huren aus Calafate übers Land, er sammelt sie in den Bars „Zum großen Judas“ und „Zum armen Gaucho“ auf. Walter lädt sie an seiner Strecke an den einzelnen Estancias ab und nimmt sie auf dem Rückweg wieder mit. Ohne Walter würden die Gauchos bis an ihr Lebensende niemals Frauen sehen.

Walter erzählt, wer wo wieder sein Land verkauft hat. 30 Prozent der Estancias in der Provinz Santa Cruz sind verwaist, 600 Schafzüchter haben aufgegeben – zum ersten Mal seit der Landnahme verlassen mehr Leute Patagonien als kommen. Stattdessen sieht man neue Besitzer, die ihre Estancias einzäunen, mit Warnschildern versehen, von Wachdiensten kontrollieren lassen. Und dies in einem Land, in dem früher jeder jederzeit überall hinreiten konnte.

Die Gauchos aber, sie leben ihr Leben nebenher. Das ist für sie alles ohne Bedeutung.

„*Verdura*“, schnaubt Oyarzun, der Capataz, verächtlich: „Gemüse.“ Der Vorarbeiter sitzt an seinem Fenster, draußen springen die Hunde hoch und bellen freudig. Walter hockt in seinem fahrenden Landkaufhaus auf einem Stapel Lederzeugs wie ein asiatischer Stammesfürst und macht Strichlisten. Später wird der Dueño alles bezahlen und dann den Gauchos vom Lohn abziehen. Walter verteilt Bier, obwohl er das nicht darf. Gauchos trinken entschieden zu viel, und dann werden sie unberechenbar.

Oyarzun putzt seine Messer und seine beiden Pistolen, sie sind wunderschön. Ihm gegenüber kniet Gauchito und flicht ein neues Halfter, er hat seine Unterlippe vor Anstrengung eingesaugt. Man sitzt beieinander bei einem Mate, kurze Mittagspause, dann muss man ins Feld reiten, die Schafe zu neuen Weiden treiben oder die Rinder markieren. Ist zwar eine ruhige Zeit für die Gauchos, der Winter, aber die Tage sind kurz. Oyarzun ist Gauchitos Idol.

Oyarzun lebt in der falschen Zeit, und er weiß es. Er hätte gern im vergangenen Jahrhundert gelebt, als die Gauchos mit der *bola* auf Guanako-Fang über die Steppe ritten. Oder als Lanzenreiter die Regierungstruppen das Fürchten lehrten. Oder als Männer wie Oyarzun sich nehmen konnten, was sie wollten. Töten, wen sie wollten. Das war keine große Sache. Der Schriftsteller Jorge Luis Borges berichtet von einer Begegnung, die er in den Dreißigern mit einem alten Gaucho in Buenos Aires hatte: „Señor“, sagte der Gaucho völlig ernsthaft, „ich habe zwar oft im Gefängnis gesessen, aber bitte glauben Sie mir, immer nur wegen Totschlags.“

Oyarzun ist berühmt in Patagonien. Er ist 42 und breit wie die Anden. Er kann noch mit der Bola, jenem gefährlichen Wurfgeschoss, das aus drei Steinkugeln am Ende miteinander verbundener Lederseile besteht, bis auf 50 Meter Enfernung einen Nandu erwischen. Er hat 42 Pumafelle in seiner Kammer. Sein Sattelzeug ist weithin bekannt.

Er besitzt zwölf Pferde und acht Hunde, er ist stolz auf sie. Als Oyarzun elf Jahre alt war, schlug er seinem Stiefvater die Axt über den Schädel. Er lief aus der Stadt und wurde Pferdejunge auf einer Rennbahn und lernte alles über Pferde. Später zog er umher von Estancia zu Estancia, bis er wusste, was ein Gaucho wissen muss. So wurde er irgendwann Capataz, der Stellvertreter des Herrgotts.

Und so sieht das Leben eines Gauchos aus. Im Frühling – in Patagonien sind dies September und Oktober – werden die Widder von den Schafen getrennt, damit die Muttertiere nicht zur Unzeit tragend werden. Im Sommer werden die Tiere markiert, kastriert und geimpft. Dann treibt man sie zum Scheren zusammen. Dafür reisen eigens Mannschaften aus dem Norden an, ein Gaucho würde niemals zur Schurschere greifen. Im Herbst werden die Tiere zur Befruchtung zusammengebracht – auf einen Bock kommen 25 Schafe – und die Lämmer den Muttertieren weggenommen. Die alten Tiere werden geschlachtet.

Später bringt man die Schafe von den Sommerweiden zu den tiefer gelegenen Winterweiden; die „Augenschur" beginnt. Hierbei wird den Schafen die Wolle in der Augengegend getrimmt, damit sich dort kein Eis während des Winters verklettet, die Tiere somit freie Sicht zum Grasen behalten. Im Winter reiten die Gauchos über das Feld und schaufeln Weideflächen von Eis und Schnee frei, brechen angefrorene Schafe von der Erde los, treiben die Herden auseinander. Um dem eisigen Wind zu trotzen, stehen die Tiere mitunter so dicht zusammen, dass sie sich gegenseitig ersticken – zehn bis 15 Prozent einer Herde kommen winters um; in manchen harten Wintern auch 40 Prozent.

Vier bis fünf Kilogramm Wolle gibt ein Schaf, das Kilo bringt einen Dollar. Ein Schaf braucht zum Grasen in Patagonien drei bis vier Hektar Weideland – in manchen Regionen sogar sieben –, in der nördlichen Pampa húmeda bei Buenos Aires können auf derselben Fläche 85 Tiere weiden.

Oyarzun und Gauchito haben ihr stummes Zwiegespräch beendet. An manchen Tagen sagen sie gar nichts. Gelegentlich erzählt der Vorarbeiter, wie 's früher war. Als er anfing. Nie aber erzählt er, dass er mit einer der Huren aus El Calafate eine Tochter hat. Angelita heißt sie, wie seine beste Stute. Aber Gauchos haben keine Familie. Sie sind verwaist. So sitzt also Oyarzun an manchen langen Winterabenden am Fenster und liest wieder den Brief, der ihm sagt, dass er eine Tochter hat, und er weiß nicht, ob ihn das freuen soll. Dann ist er verzweifelt und zerissen in seinem Herzen – was soll er nur tun? Familie oder das Feld?

Oyarzun und Gauchito reiten nach dem Mate in die Berge, zu den Schafherden, der Wind reißt ihnen die Wörter vom Mund. Eine Hundemeute fegt kläffend hinterher. Walter in seinem Laster macht Striche. Der „Fette" hadert mit seinem Leben. Der ehemalige anarchistische Koch brät das nächste Schaf. Fürs Abendbrot.

Nereo Corso sitzt an seinem Tischlein und spielt Karten. Es ist dunkel geworden, die Pferde und die Hunde sind versorgt, der Tag neigt sich dem Ende zu. Draußen randaliert der Wind und lässt das Haus erzittern. Nereo Corso hat ein paar Kartoffeln geschält, dazu gibt es Öl und Schafswurst und Knoblauch. Nereo Corso spielt *truco*, ein Kartenspiel, aber das macht eigentlich allein keinen Spaß, obwohl er ziemlich geübt darin ist, sich selbst zu betrügen.

Er muss noch Holz sammeln, von staubtrockenen Südbuchen, Überresten der Wälder, die hier einst standen, ehe die großen Estancias sich dehnten. Vielleicht wird er heute Nacht die große Lampe nehmen und Jagd auf Hasen machen, man brauchte die nur anzuleuchten – und dann, peng. Immer nur Hammelfleisch, das ist selbst ihm zu viel. Vom nahen See holt er sich das Wasser, dann und wann hockt er sich nieder und schaut in die schwarzen Wellen, aber näher kommt er dem See nicht. Kein Gaucho, der je geangelt hätte.

Nereo Corso macht die kleinen Arbeiten, die man abends immer macht. Zaumzeug flicken, am Sattel nähen, Pistole ölen, keine großen Dinge. Worauf Gauchos Wert legen, ist *tranquilidad*, Ruhe. Nur nichts überstürzen, morgen ist es auch nicht anders als heute, ganz bestimmt nicht.

Irgendwann wird er sich auf sein Schaffell legen, und der Wind wird an seinem kleinen krummen Haus aus Blech rütteln und durch die Fußbodenritzen flüstern. Vielleicht wird Nereo Corso dann aufstehen und in seinen Kalendern blättern und Blondinen aus Buenos Aires anstarren und rassige Pferde, und ihm wird nicht einfallen, was in diesem oder jenem Jahr damals gewesen ist, hier, am Ende der Welt.

Und irgendwann wird Nereo Corso tot sein. Aber das wird sicherlich kaum jemand merken.

DIE AUTOREN

Jörg-Uwe Albig, geboren 1960, lebt als Reporter und Schriftsteller („Velo“) in Berlin. Er schreibt seit mehr als zehn Jahren regelmäßig für GEO. Seine Kuwait-Reportage ist in GEO Nr. 9/2000 erschienen.

Andreas Altmann, geboren 1949, war unter anderem Hausmeister, Nachtportier und Schauspieler, ehe er zu schreiben begann. 1991 Gewinner des Egon-Erwin-Kisch-Preises für die beste deutschsprachige Reportage des Jahres. Lebt in Paris. Sein Text über einen LKW-Trip von Kenya nach Burundi wurde im Oktober 1989 im GEO-Special „Ostafrika“ veröffentlicht, die Reportage über die Flussfahrt auf dem Kongo in GEO Nr. 9/1990.

Wolfgang Büscher, geboren 1951, ist Reporter der „Welt“ in Berlin. Sein Tagebuch einer Reise zu den Schamanen Nepals ist in GEO Nr. 9/1999 abgedruckt worden.

Rainer Fabian, geboren 1935, berichtet seit 15 Jahren aus Brasilien, lange Zeit als Korrespondent des „Stern“. Seine Reportage über die Kakao-Fazenda ist in GEO Nr. 6/1998 erschienen. Er lebt in Rio de Janeiro.

Peter-Matthias Gaede, geboren 1951, ist der Chefredakteur von GEO. 1981 gewann er den Theodor-Wolff-Förderpreis, 1985 den Egon-Erwin-Kisch-Preis. Sein Portrait des in bleierner Zeit erstarrten Paraguay ist in GEO Nr. 4/1989 publiziert worden. Er lebt in Hamburg.

Uwe George, geboren 1940, ein vielfach ausgezeichneter Dokumentarfilmer, Buchautor und Fotograf, ist seit 1979 GEO-Redakteur, seit 1994 GEO-Expeditionsleiter. Seine Beschreibung einer Expedition zu den Tafelbergen Venezuelas ist in GEO Nr. 4/1986 veröffentlicht worden. Im Herbst 2001 ist sein jüngstes GEO-Buch erschienen: „Sahara-Expeditionen durch Raum und Zeit“. Er lebt in Hamburg.

Volker Handloik, geboren 1961, wurde im November 2001 in Afghanistan während einer Recherche für den „Stern“ erschossen. Seine Patagonien-Reportage ist in GEO Nr. 12/1998 abgedruckt worden.

Rainer Joedecke, geboren 1940, war lange Zeit Fotograf, ehe er ab 1976 begann, Textreportagen zu erarbeiten. Seine „Wanderung durch Oberschwaben" ist in der GEO-Erstausgabe vom Oktober 1976 erschienen. Im Januar 2001 ist Joedecke in Berlin gestorben.

Christoph Kucklick, geboren 1963, hat Politik und Sozialwissenschaft in Hamburg und Washington D. C. studiert und ist seit 1999 GEO-Redakteur. Sein Portrait von Los Angeles ist im Juni 2000 im GEO-Special „Kalifornien" veröffentlicht worden.

Günther Mack, geboren 1936, war bis Januar 2001 GEO-Redakteur und steht der Redaktion auch weiterhin publizistisch zur Seite. Er lebt in Hamburg. Die von ihm verfasste Rekonstruktion eines Einsatzes der Deutschen Welthungerhilfe ist in GEO Nr. 10/1993 erschienen.

Harald Martenstein, geboren 1953, ist Leitender Redakteur des „Tagesspiegel" in Berlin. Seine Kiribati-Impressionen wurden in GEO Nr. 11/1996 gedruckt. Er ist verheiratet und hat einen Sohn.

Cay Rademacher, geboren 1965, ist seit 1999 GEO-Redakteur. Er hat in Köln und Washington D. C. Anglo-Amerikanische Geschichte, Alte Geschichte und Philosophie studiert. Er hat sich auf historische Rekonstruktionen spezialisiert und ist auch Textredakteur des Geschichtsmagazins GEO EPOCHE. Seine Rekonstruktion der Entführung und Ermordung Aldo Moros ist in GEO Nr. 5/1998 erschienen. Er lebt in Hamburg mit seiner Frau und zwei Kindern.

Petra Reski, geboren 1958, lebt als Journalistin und Schriftstellerin in Venedig, entflieht aber regelmäßig nach Sizilien. Ihr jüngstes Buch „Meine Mutter und ich" handelt vom Ruhrgebiet in den sechziger Jahren. Ihr Text über die Bande zwischen Kirche und Mafia ist in GEO Nr. 3/2001 erschienen.

Christoph Reuter, geboren 1968, ist seit Sommer 2002 Reporter des „Stern". Seine Mekka-Reportage wurde in GEO Nr. 9/1997 veröffentlicht.

Johanna Romberg, geboren 1958, ist seit 1987 Redakteurin bei GEO. Kisch-Preisträgerin 1987 (2. Preis) sowie 1993 (3. Preis). Sie lebt mit ihrem Mann und zwei Söhnen bei Hamburg. Ihr Text über das Schweigen der Finnen ist in GEO Nr. 12/1998 erschienen.

Walter Saller, geboren 1956, lebt als freier Autor in Berlin und schreibt regelmäßig für GEO. Sein Text über Haiti ist in GEO Nr. 12/2000 publiziert worden.

Michael Schaper, geboren 1956, seit 1990 bei GEO, ab 1994 als Geschäftsführender Redakteur für die Reportagen zuständig, ist seit August 2002 Stellvertretender Chefredakteur. Er hat dieses Buch redaktionell betreut. „Heimkehr in die Fremde" ist in GEO Nr. 9/1993 erschienen. Er lebt bei Hamburg, verheiratet, drei Kinder.

Peter Schille, geboren 1940, war bei der „Münchner Abendzeitung" und der „Zeit", ehe er 1976 zu GEO kam. 1985 wechselte er zum „Spiegel". 1987 Kisch-Preisträger (1. Preis). Seine Reportage über den Landverkauf der Aboriginals wurde in GEO Nr. 12/1980 gedruckt. Peter Schille ist im April 1991 gestorben.

Alexander Smoltczyk, geboren 1958, Kisch-Preisträger 1994 (2. Preis) und 1995 (1. Preis) ist seit 1997 Reporter des „Spiegel" und lebt in Berlin. Die Reportage über die Menschen, die in einem kleinen polnischen Weiher auf die Rückkehr ihres Propheten warten, ist in GEO Nr. 1/1995 erschienen. Er ist Vater einer Tochter.

Michael Stührenberg, geboren 1952, ist seit vielen Jahren regelmäßiger GEO-Autor, vor allem mit Beiträgen aus Afrika und Lateinamerika. Sein Text über die Guerilla in Kolumbien wurde in GEO Nr. 1/1993, die Reportage über den Totenkult auf Madagaskar in GEO Nr. 4/1997 veröffentlicht. Er lebt mit Frau und drei Kindern in Paris.

Andreas Wenderoth, geboren 1965, lebt als freier Autor in Berlin. 1996 wurde er mit dem Theodor-Wolff-Preis ausgezeichnet. Sein Tagebuch einer Reise mit der Transsibirischen Eisenbahn ist in den GEO-Ausgaben 3/1999 und 4/1999 erschienen.

Johanna Wieland, geboren 1958, ist seit 1993 Redakteurin bei GEO. Sie ist für ihre Reportagen vielfach ausgezeichnet worden; zuletzt erhielt ihr GEO-Buch „Menschenkinder" (über die ersten Lebensmonate dreier Neugeborener in Vietnam, Kenya und Hamburg) die Auszeichnung „Wissenschaftsbuch des Jahres 2000" von „Bild der Wissenschaft". Sie lebt in Hamburg.

Andreas Wolfers, geboren 1958, seit 1993 bei GEO, ist seit 1999 Geschäftsführender Redakteur der Reihe GEO-Special. Seine Reportage über den Papstbesuch in der Dominikanischen Republik ist in GEO Nr. 1/1993 erschienen. Er ist verheiratet, Vater von zwei Kindern und lebt in Hamburg.